Filosofia do Estilo

Coleção Estudos
Dirigida por J. Guinsburg

Conselho Editorial: Anatol Rosenfeld (1912-1973), Anita Novinsky, Aracy Amaral, Augusto de Campos, Bóris Schnaiderman, Carlos Guilherme Mota, Celso Lafer, Dante Moreira Leite, Gita K. Guinsburg, Haroldo de Campos, Leyla Perrone-Moisés, Lúcio Gomes Machado, Maria de Lourdes Santos Machado, Modesto Carone Netto, P.E. Salles Gomes, Regina Schnaiderman, Robert N.V.C. Nicol, Rosa R. Krausz, Sábato Magaldi, Sergio Miceli, Willi Bolle e Zulmira Ribeiro Tavares.

Equipe de realização — Tradução: Scarlett Zerbetto Marton; Revisão: Vera de Campos Toledo; Produção: Lúcio Gomes Machado; Capa: Moysés Baumstein.

Obra publicada com a colaboração da

UNIVERSIDADE DE SÃO PAULO

Reitor: Prof. Dr. Orlando Marques de Paiva

EDITORA DA UNIVERSIDADE DE SÃO PAULO

Presidente: Prof. Dr. Mário Guimarães Ferri

Comissão Editorial:

Presidente: Prof. Dr. Mário Guimarães Ferri (Instituto de Biociências). **Membros:** Prof. Dr. Antonio Brito da Cunha (Instituto de Biociências), Prof. Dr. Carlos da Silva Lacaz (Faculdade de Medicina), Prof. Dr. Pérsio de Souza Santos (Escola Politécnica) e Prof. Dr. Roque Spencer Maciel de Barros (Faculdade de Educação).

Gilles-Gaston Granger

FILOSOFIA DO ESTILO

EDITORA PERSPECTIVA

EDITORA DA UNIVERSIDADE DE SÃO PAULO

Título do original francês: **Essai d'une Philosophie du Style**

© Librairie Armand Colin, 1968.

Direitos em língua portuguesa reservados à
EDITORA PERSPECTIVA S.A.
Av. Brigadeiro Luís Antônio, 3025
Telefone: 288-8388
01401   São Paulo   Brasil
1974

FICHA CATALOGRÁFICA

(Preparada pelo Centro de Catalogação-na-fonte,
Câmara Brasileira do Livro, SP)

G785f

Granger, Gilles Gaston.
    Filosofia do estilo; tradução de Scarlett Zerbetto Marton. São Paulo, Perspectiva, Ed. da Universidade de São Paulo, 1974.
    ilust. (Estudos, 29)

    1. Estilo (Filosofia) 2. Matemática — Filosofia 3. Semântica (Filosofia) 4. Significado (Filosofia) I. Título.

    CDD-100
    -149.94
17.   -510.01
18.   -510.1

74-0516

Índices para o catálogo sistemático:

1. Análise lingüística: Filosofia 149.94
2. Estilo: Filosofia 100
3. Matemática: Filosofia 510.01 (17.) 510.1 (18.)
4. Semântica: Filosofia 149.94
5. Significado: Semântica: Filosofia 149.94

Sumário

1. Conteúdo, Forma e Prática 13

   Uma noção generalizada do trabalho: I,2 e I,3; Estilo e individuação: I,4; A individuação ocorre em diferentes níveis: Observações sobre o objeto industrial: I,5; É possível uma "estilística" geral?: I,6 e I,7; Por uma estilística da prática científica: I,8 a I,12.

   ## PARTE 1. O ESTILO NA CONSTRUÇÃO DO OBJETO MATEMÁTICO

2. O Estilo Euclidiano e a Noção de Grandeza 29

   Matemática e linguagem: II,2 e II,3; Método e objeto destes três capítulos: II,4; O problema das grandezas geométricas em Euclides: II,5 a II,7; O estilo da "álgebra geométrica": II,8 a II,12; O número e a grandeza: II,13 a II,16.

3. Estilo Cartesiano, Estilo Arguesiano 57

   A redução cartesiana do objeto geométrico: III,4 a III,8; Redução arguesiana e "metafísica" da Geometria: III,9 a III,11; A perspectiva como transformação: III,12; O objeto "projetivo": III,13; Demonstração, metáfora e axiomática: III,14 a III,16.

4. Nascimento do Estilo "Vetorial" 87

   Da idéia de referencial à idéia de base: IV,5 a IV,7; Transformações e gênese hierárquica dos seres geométricos: IV,8 e IV,9; A "ideologia" hamiltoniana: IV,10 e IV,11; A via algébrica: IV,12 e IV,13; A intuição e o cálculo: Os Quatérnios como operadores: IV,14 a IV,17; Dois projetos de uma "teoria da extensão": IV,18 e IV,19; O objeto matemático e as grandezas "extensivas": IV,20 a IV,22; A idéia de espaço vetorial nas duas teorias da extensão: IV,23 a IV,27; As variantes estilísticas e a unidade da estrutura: IV,28 a IV,32; Apêndice: Nota Sobre o Estilo de Klein.

PARTE 2. ESTILO E ESTRUTURAS DE LINGUAGEM

5. O Problema das Significações 133

    O que é uma significação?: V,3 a V,11; Na linguagem: significação e informação: V,12 a V,18; Possibilidade de uma semântica: V,19 a V,23; Os sistemas significantes não-lingüísticos: V,24 a V,28.

6. Sintaxe e Semântica 169

    A análise matemática das sintaxes: VI,3 a VI,5; Autômatos, gramáticas gerativas e categorias gramaticais: VI,6 a VI,9; A organização do sentido: VI,10 a VI,18.

7. A Análise Estilística Funda uma Estética da Linguagem 217

    A pluralidade dos códigos como condição de estilo: VII,4 a VII,7; Três modalidades da "codificação múltipla": VII,8 a VII,11; Estilo estético e individuação da mensagem: VII,12 a VII,15; O estilo e a "beleza": VII,16 a VII,18; Um jogo de xadrez sem tabuleiro: VII,19 a VII,21.

PARTE 3. PARA UMA ESTILÍSTICA DAS CIÊNCIAS DO HOMEM

8. A Imagem da Ação na Construção do Objeto Científico 251

    A ação neutralizada: VIII,2 a VIII,5; A ação como comportamento: VIII,6 a VIII,13; Equilíbrio e ação: a teoria dos jogos: VIII,14 a VIII,20; Equilíbrio e ação: a psicologia genética de Piaget: VIII,21 a VIII,24; Ação e significações: VIII,25 a VIII,28.

9. As Novas "Matemáticas Sociais" 291

   Problemas de tópicos: as condições da medida: IX,4 a IX,8; Problemas de tópico: a álgebra das relações e os liames de parentesco: IX,9 a IX,13; Problemas de estratificação: IX,14 a IX,21; Problemas de interpretação: programas lineares: IX,22 a IX,25; Problemas de interpretação: a axiomática das probabilidades: IX,26 a IX,32.

Conclusão X,1 a X,6 339
Índice Onomástico e de assuntos 347

A MEU PAI

Toda prática e toda produção incidem sobre o individual: não é o homem, com efeito, a quem o médico cura, senão por acidente, mas Cálias ou Sócrates ou qualquer outro indivíduo assim designado, ao qual aconteceu ser, ao mesmo tempo, homem.

ARISTÓTELES. *Metafísica.* A.981 a. 15

1. Conteúdo, Forma e Prática

I, 1.

A relação de forma a conteúdo até agora tem sido considerada pouco sistematicamente pelo pensamento moderno como processo, como gênese, isto é, em suma como *trabalho*. Insiste-se geralmente em sua oposição e complementaridade enquanto resultados de atos já realizados; mas o que constituirá o objeto principal desta obra é sua produção conjunta, seu estado nascente e até certo ponto seus caracteres históricos.

Certamente não é possível que um ensaio de filosofia das obras humanas não abranja uma análise estática das estruturas. Reencontrar a verdade do kantismo, tornando-o completamente independente de um idealismo e de uma filosofia da consciência, para integrá-lo, ao contrário, numa filosofia da prática, tal é o sentido desta análise estática, quando se quer defini-la por pontos de referência históricos. Em outros lugares, já demos alguns passos nesse sentido. Em compensação, se fosse necessário caracterizar o outro aspecto que aqui nos propomos considerar, arriscar-nos-íamos a dizer que se trata de reencontrar o aristotelismo enquanto filosofia dinâmica das estruturas, mas liberto de seus paradigmas biológicos e independente de uma ontologia. Evidentemente, o que mais uma vez afirmamos aqui é que não pretendemos absolutamente trazer à luz, à maneira do historiador, qual seria a mais profunda intenção das filosofias que acabamos de invocar. Que estes nomes sejam apenas, se assim se quiser, os signos daquilo que a leitura de Kant, de Aristóteles ainda tem o poder de sugerir.

Uma noção generalizada do trabalho

I, 2.

Dizíamos: a relação de forma a conteúdo *como* trabalho... Na verdade, é necessário ir mais longe. Do ponto de vista da análise das obras, o que é, com efeito, o trabalho, senão uma certa maneira de relacionar, suscitando-os, uma forma e um conteúdo? Esta definição seria, por certo, demasiado abstrata se se quisesse propô-la ao sociólogo, ao psicólogo, ao historiador. Estes, que consideram o trabalho enquanto *fato* humano, objeto possível de um conhecimento científico, fazem aparecer, entre as condições efetivas de sua manifestação em nossas sociedades, traços concretos que então designam legitimamente como essenciais.

Para fixar o vocabulário, precisamos aqui que a palavra "prática", a que recorreremos com freqüência, corresponde exatamente a este enriquecimento de ponto de vista. A prática é a atividade considerada com seu contexto complexo e, em particular, com as condições sociais que lhe dão significação num mundo efetivamente vivido. O trabalho tal como o definimos seria, então, apenas uma das estruturas da prática. Um exame mais cuidadoso mostraria talvez que ele é *a* sua *estrutura* constitutiva; não temos ainda o direito de emitir um juízo a esse respeito.

Mesmo para aqueles que aceitam a idéia de uma transformação futura das relações sociais, de uma supressão da exploração, de um desaparecimento das classes, não será preciso convir que, nesse mundo novo, a noção de trabalho deveria subsistir desembaraçada necessariamente das implicações historicamente dominantes de serviço social assim como de pena, coerção e espoliação? Subsistiria então uma determinação como a proposta para designar em geral a atividade prática objetivando-se em obras. Notemos que não se trata de reduzi-la completamente a seu ato de produção. Pode-se muito bem chegar ao extremo de conceber esta dialética efetiva da forma e do conteúdo, como exercendo-se entre um conteúdo que seria a pessoa mesma e a existência do "trabalhador", e uma forma que seria configuração, ritual, cerimônia. É dessa ordem o "trabalho" de representação de tantas personagens importantes em nossas sociedades. Atividade parasita, estéril, dir-se-á; mas um juízo dessa natureza sobre o rendimento de um trabalho só pode ter sentido num contexto historicamente definido. Em todo caso, não há dúvida de que o resultado deste "trabalho" improdutivo seja por excelência de natureza social, convencional mesmo, e que nisto absolutamente não se distingue de toda espécie de *produto*.

Sem tomar como tema estas formas extremas e, por assim dizer, degeneradas, queremos refletir sobre estes aspectos do trabalho, cujos produtos não são nem bens fungíveis, nem diretamente instrumentos de produção. A obra do matemático, a organização da linguagem, não são os resultados de um trabalho neste sentido generalizado Mas as relações de forma a conteúdo aí se apresentam de tal modo que o observador superficial poderia pensar que só subsistem "formas" sem "matérias", sem conteúdo verdadeiro. Daí, sem dúvida, as diversas modalidades que pôde assumir segundo os tempos e os costumes a distinção entre o trabalho manual e os trabalhos do espírito. Ora é o preconceito platônico face à matéria que domina e, neste caso, o trabalho "manual" só pode convir às classes inferiores; ora é uma espécie de preconceito inverso que ordena a desconfiança em relação a "intelectuais" de toda sorte, cujos trabalhos absolutamente não fornecem produtos. Talvez as análises que se seguem contribuam para reduzir e explicar esses dois preconceitos numa perspectiva única sobre o trabalho. Mas, é evidentemente num nível muito mais concreto que a questão deveria ser colocada de modo válido: um problema deste gênero pede um exame detalhado dos fatos e um recurso à História.

I, 3.

No nível em que se coloca nossa análise, uma primeira observação bastante geral diz respeito à distinção de dois aspectos associados das relações forma-conteúdo. Muito mais que por seus processos, os dois diferem pelo deslocamento do acento colocado num ou outro dos pólos. No primeiro, é a forma que se acentua, enquanto modelo abstrato, coordenado a um conteúdo empírico-prático átono. Este é o aspecto que mais impressiona no trabalho do sábio e, especialmente, de maneira hiperbólica, no do matemático.

No segundo, é o conteúdo prático que leva o acento, enquanto produto, relacionado com uma estrutura abstrata átona. É assim que nos aparece, inicialmente, o trabalho do operário ou, num grau muito menor, o do técnico e, mais particularmente, toda atividade de produção empírica, que pareça guiada apenas pelo faro, rotina ou acaso.

Formulamos a hipótese de que esses dois aspectos *coexistem* em todo trabalho, no sentido generalizado, trabalho que se dá, pois, ao mesmo tempo, como estruturação e aplicação, podendo um dos aspectos dominar e mascarar o outro. E estes dois aspectos constituem dois movimentos complementares de determinação prática do *individual*.

Determinação prática é, aliás, um pleonasmo; o individual somente pode ser apreendido numa atividade prática e a crença na possibilidade de seu conhecimento teórico poderia ser designada como a figura moderna da ilusão transcendental. A intenção que gerou esta obra quase não pretende ir além de uma verificação desta hipótese sobre casos exemplares, deliberadamente escolhidos como particularmente desfavoráveis à sua demonstração.

Estilo e individuação

I, 4.

O conhecimento científico, processo de conceitualização, consiste, em primeiro lugar, em reduzir o que é experimentado na percepção como individual, isto é, como momento concreto vivido em tal situação. Esse termo designa, pois, uma categoria não do conhecimento mas da prática confusa, imediata; a ela devem-se referir todos os aforismos de uma sabedoria popular ou assim tornada, como a frase de Heráclito de que nunca nos banhamos duas vezes num mesmo rio. Ora, todo um aspecto do pensamento laborioso orienta-se para a recuperação desse individual vivido. No fim das contas, o mistério da criação estética não deriva sobretudo do fato de a obra de arte tender a revelar não somente uma *universalidade sem conceitos,* mas também uma *individualidade conceitualizada?* A perfeita dualidade destes dois paradoxos, dos quais se sabe que só o primeiro deu lugar às análises ainda insuperadas da *Crítica do Juízo,* não corresponde, quanto ao trabalho do artista, ao duplo movimento que há pouco sugeríamos? A criação estética enquanto trabalho é, deste ponto de vista, uma das tentativas humanas para superar a impossibilidade de uma apreensão teórica do individual. Daí, as interpretações radicalmente especulativas da obra de arte que apenas sublinham, cremos nós, uma de suas faces e que justificariam, numa perspectiva bem geral, que se expulsassem realmente os poetas de uma República como a de Platão. Se vimos, ao contrário, no ato estético um *trabalho,* ele se manifestará como um dos caminhos autênticos que os homens escolheram para ultrapassar, ao mesmo tempo, a prática imediata e a redução científica na apreensão do individual.

Não é, contudo, a obra de arte que tomaremos como tema, a não ser episodicamente, mas a obra científica. No entanto, o ponto de vista que assumimos é exatamente aquele que se crê convir de ordinário ao estudo das obras de arte. Nós nos propomos, com efeito, tentar uma espécie de filosofia do *estilo,* definido como *modalidade de integração do individual num processo concreto que é trabalho* e que se apresenta necessariamente em todas as formas da prática.

No caso da empresa científica, o individual, segundo nos parece, só pode ser definido na sua oposição às estruturas.[1] Estas, em relação ao vivido, à prática, deveriam ser interpretadas como rede de referenciação informacional, cujos elementos têm valor "opositivo, relativo e negativo". O próprio vivido prático, enquanto mensagem efetiva que faz parte desta linguagem, apresenta constantemente *redundâncias* ou, se se quiser, sobredeterminações. Assim, por exemplo, de um fragmento da cadeia falada pronunciada por um locutor, mil traços aparentemente não pertinentes ao sistema da língua sobrecarregam a mensagem e a individualizam. Deste ponto de vista informacional, a noção de individual toma um sentido operatório no processo de conhecimento de uma ciência prolongada em prática. Na medida em que esta redundância não apareça distribuída de modo totalmente aleatório e, em seu tratamento, se esbocem certas constâncias, há *estilo.* Uma tal concepção faz ressaltar naturalmente o caráter essencialmente relativo da individuação, uma vez que a própria redundância de uma mensagem é relativa a tal nível de estruturação, que uma modificação da grade lingüística desloca as redundâncias ou as reduz, podendo também fazer aparecer outras novas. E a própria possibilidade que se postula de uma análise do estilo supõe que os elementos redundantes do vivido interpretado pela Ciência não constituam de modo algum um conteúdo absoluto, uma matéria irredutível e informe.

A individuação ocorre em diferentes níveis:
Observações sobre o objeto industrial

I, 5.

Para ilustrar esta relatividade da estruturação e da individuação, tomemos como exemplo o objeto estereotipado pro-

---
1. Algumas primeiras indicações neste sentido foram apresentadas em **Pensée** *formelle et sciences de l'homme* (2. ed. Paris, 1967, Cap. VII) e em *L'Histoire comme analyse des oeuvres et comme analyse des situations* (Médiations, 1, Paris, 1961).

duzido pela indústria moderna. Sendo um dos traços essenciais do objeto industrial a mais exata uniformidade de produção, a perfeita possibilidade de troca recíproca, é lugar-comum notar que uma das condições da indústria, pelo menos na sua fase nascente e na fase contemporânea, é uma luta contra a individuação. O objeto-padrão, no entanto, pode ter um estilo?

Certamente, tais objetos como toda realidade concreta, por idênticos que pareçam, não deixam de ser individuados: basta ter a vista aguçada e usar talvez meios que aumentem e purifiquem nossa percepção natural. Mas há de se convir que esta individuação não apreensível diretamente, não sendo vivida nas condições ordinárias da prática, deve ser negligenciada aqui. De qualquer modo, ela é de natureza aleatória e, uma vez que depende de pormenores erráticos, incontroláveis, não poderia, portanto, constituir o suporte de um estilo. Contudo, tais objetos podem testemunhá-lo num outro nível. A assumpção de estereotipia já constitui uma modalidade estilística: trata-se de apagar a individualidade do material mais do que de pô-la em evidência, como faz o artista. De outro lado, o modelo do objeto indefinidamente reproduzido pela máquina já é o resultado prático da realização de uma estrutura mais abstrata: a *idéia* de uma máquina de escrever, de um tecido, de uma sopa desidratada... O estilo industrial refugia-se, por assim dizer, numa zona nitidamente delimitada no inferior da escala das oposições sucessivas forma-matéria. Enquanto para a obra de arte e mesmo para o produto artesanal, a individuação é procurada ou aceita em todos os níveis, para o produto industrial ela é, na medida do possível, rejeitada em níveis elementares da percepção imediata das formas visuais e da textura do material. O mais aperfeiçoado tratamento industrial caracteriza-se exatamente pelo banimento de toda redundância: a máquina — pelo menos a que conhecemos hoje — fala uma língua rigorosa, da qual se excluem todo encavalamento, toda sobredeterminação. Estamos autorizados, sem dúvida, a ver aqui a conseqüência de uma penetração, particularmente bem sucedida, do pensamento formal na prática, pois o despojamento, que muitas vezes, então, nos parece insipidez, é o reflexo concreto da abstração que condiciona o trabalho do geômetra. Mas talvez seja esta apenas uma das fases, um dos estilos possíveis de uma prática racional. Se ao filósofo for permitido sonhar, ele imaginará futuras *máquinas de redundâncias,* máquinas para produzir singularidades. De certo modo, é nesta direção que se orienta ainda obscuramente, por exemplo, a pesquisa de uma tradução mecânica. O tratamento da redundância, a superposição de vários níveis de estruturações subordinadas umas às outras serão, já são mesmo, as tarefas que uma aperfeiçoada máquina de informação deve poder efetivar. Numa nova era da técnica, as máquinas continuarão, evidentemente, a produzir objetos padronizados mas, sem dúvida, serão capazes de fabricar também objetos individuados.

Dir-se-á talvez que este suposto sucesso nada mais é do que uma alienação definitiva do estilo, já que tais máquinas receberiam, por assim dizer, delegação do poder humano de modelar, de adaptar formas a conteúdos. A máquina torna-se, no sentido exato, um robô, um ser que *trabalha*. Isso é verdade; pode ser lastimado, mas é necessário então que se lamente o conjunto da evolução técnica. Parece-nos preferível observar que, deste modo, trabalho e estilo seriam, sem dúvida alguma, reportados aos mais altos níveis da prática. Eis aí a feliz conseqüência desta mobilidade da oposição forma-conteúdo, da relatividade da individuação, da multiplicidade dos níveis onde o estilo aparece.

É possível uma "estilística" geral?

I, 6.

O que denominamos um estilo não é pois uma simples modalidade de expressão, um tipo determinado de simbolismo. Tratar-se-ia então de uma categoria do pensamento formal puro e é nisso que numerosos trabalhos de estética levam a crer. Decidimos definir um conceito de estilo como *uso* do simbolismo; o que diz respeito não somente à própria textura deste último, mas também à sua relação com uma experiência que o envolve. Em outros termos, parece-nos que um simbolismo, tomado estritamente em si mesmo, não tem, propriamente falando, estilo e que se poderia enunciar uma espécie de princípio de relatividade dos sistemas simbólicos; os componentes de estilo de um sistema variam com o referencial, o ponto de aplicação de seu simbolismo. Seja, por exemplo, num domínio bastante simples, uma escrita considerada como transcrição de uma língua. Só há verdadeiramente estilo se se considerarem as relações da escrita com o representado que é a língua, fonológica ou fonética; manifestando a transcrição de uma estrutura de preferência à outra já uma tomada de posição estilística. A redundância que esta escrita admite, seus equívocos, individuam seu uso em relação à língua considerada. O emprego do alfabeto latino para transcrever línguas fonologicamente tão diferentes como o francês, o inglês, o vietnamita, dá lugar a fatos de estilo. Do mesmo modo, o problema da romanização do chinês compete essencialmente à estilística, no sentido em que a entendemos aqui; problema neste caso excepcionalmente complexo e sugestivo, a que esperamos voltar. Mesmo neste nível ainda muito abstrato, aparecem entretanto posições estilísticas, relativas ao uso de um simbolismo, mas que, evidentemente, reagem à textura do próprio simbolismo. Ocorreria *a fortiori* o mesmo aos níveis mais concretos de individuação da escrita por um escrevedor.

É óbvio que se trata aí de uma forma particularmente esquemática de realização prática das estruturas. Ela é indicada aqui apenas para fazer compreender o sentido geral dos fatos que qualificamos como estilísticos; mas ela não poderia dar senão uma falsa idéia da extensão e da importância de seu domínio.

I, 7.

Toda prática, com efeito, comporta um estilo e o estilo é inseparável de uma prática. Seu estudo pressupõe, com certeza, uma pesquisa positiva, um ensaio de conhecimento científico das modalidades desta: uma tecnologia e uma psicossociologia do trabalho, entendido neste sentido geral que propusemos de início. Mas uma verdadeira "estilística" não se confundiria com o conjunto destas disciplinas. Já empregamos, sem qualquer precaução, a expressão *"fatos* de estilo". Injustamente, sem dúvida, pois o estilo, tal como é encarado, não se reduz precisamente aos fatos. Faz parte também, e essencialmente, do que chamamos, na falta de expressão melhor: significações. Suponhamos, por ora, que uma significação é *o que* resulta da colocação em perspectiva de um fato no interior de uma totalidade, ilusória ou autêntica, provisória ou definitiva, mas, em todo caso, vivida como tal por uma consciência. Uma vez que o fato de estilo nasce, por assim dizer, do contato das estruturas, funcionando como projetos, e de uma situação vivida como dado de um ato possível, é inseparável, por natureza, de uma significação: é o fato significativo por excelência ou, se se quiser, o fazer propriamente humano. Se se aceita, então, distinguir a reflexão filosófica da Ciência, baseando-se essencialmente em que a segunda constrói estruturas de objeto e a primeira interpreta significações, vê-se que nosso estudo do estilo se apresenta como disciplina filosófica, fazendo parte de uma meditação sobre as obras humanas. Mas então, mesmo que se aceitasse, sem objeções, a idéia de uma estilística da obra de arte, de uma estilística da obra científica, de uma estilística da ação política..., a noção de uma estilística geral poderia ainda constituir um problema. É possível tal disciplina?

Qual seria seu estatuto, como se integraria na economia de conjunto de um pensamento filosófico?

Evidentemente, não seria nada que pudesse se assemelhar a uma disciplina normativa, a uma espécie de arte poética ou de casuística generalizada. Menos ainda algo que pudesse levar a crer numa ontologia das formas ao gosto de Woelfflin. Cremos que a empresa deveria apresentar uma certa analogia com a de uma Estética Transcendental.[2] Mas, ao invés de tomar como texto o sensível, e o mais passivo aspecto da percepção, analisaria as condições *a priori* do trabalho, como dialética efetiva e eficaz das formas e conteúdos. A expressão *a priori* que aqui introduzimos não poderia ser a réplica exata do termo kantiano. Significa que as condições examinadas, a que remonta a análise a partir das obras, não são encaradas aqui como produtos e conseqüências numa situação causalmente determinada, mas que o ator as propõe a si próprio — ou, mais comumente, que elas lhe são oferecidas por sua civilização — como quadros de um projeto. Nem por isso são eles, de modo algum, características originárias, intemporais, definitivas de uma subjetividade pura. Aproximam-se *a priori* um pouco das regras de um jogo, bem coercitivas e constitutivas no interior de um tipo de atividade determinada, mas que se pode deliberadamente modificar, ou porque o jogo acaba ou porque se quis mudar o seu desenho. É verdade que é uma comparação ainda enganosa, na medida em que as coerções do jogo são aparentemente arbitrárias, enquanto as que definem um estilo não o são no mesmo grau.

Procurar as condições mais gerais da inserção das estruturas numa prática individuada, tal seria a tarefa de uma estilística ou, se se admitisse sem sorrir tão pomposa expressão, de uma "ergologia transcendental"... Tal disciplina não deveria, de modo algum, apresentar-se como uma exploração, sob um novo ângulo, da vida transcendental de um Ego, o que seria então apenas uma fenomenologia do trabalho.

---

2. A palavra será empregada nesta obra, não exatamente em sua acepção kantiana, mas no sentido em que já o era em *Pensée formelle et sciences de l'homme*. Ei-lo aqui: denominamos transcendental toda condição formal de conhecimento que determina *a priori* um tipo de objetividade. Dizemos: "formal", para afastar toda determinação causante, tal como, por exemplo, a que faz depender diretamente uma categoria objetiva da natureza de um instrumento de observação ou, ainda, de um acontecimento da história humana. Dizemos: *a priori* para sublinhar o caráter constitutivo da determinação transcendental, que não desempenha, nos processos de conhecimento, o papel de um produto da experiência, mas, ao contrário, de um plano de organização, ou ainda, como é dito em várias oportunidades de um projeto de objetivação. Mas, o "transcendental" não se identifica com uma estruturação *ne varietur* da experiência, conforme às normas íntimas de uma subjetividade. Pode-se bem, se se quiser, pretender considerá-lo, num momento dado do desenvolvimento da história humana, como o sistema das formas segundo as quais o sujeito constitui seu objeto; mas se com efeito só pode funcionar pondo-se — implicitamente pelo menos — como legislador da objetivação, não deixa de ser precário e é o resultado de uma gênese cujos *rastros* a história das Ciências e da Cultura em geral nos revela e que a epistemologia se esforça por restaurar. Todo o final do § 1.7 é um comentário dessa idéia do transcendental.

É necessário partir das obras, de acordo, aliás, com o próprio princípio da análise transcendental de Kant; mas, é necessário considerá-las como as obras mais ou menos perfeitas de uma atividade laboriosa. A consciência kantiana dá forma, sentido e unidade; mas, absolutamente não *trabalha,* sua atividade é gratuita. Bem ao contrário, o sujeito a que nos referimos efetiva tarefas. Reconhecemos que não é a determinação histórica concreta deste trabalho que nos interessa aqui, mas apenas as condições mais gerais desta prática. É possível isolá-las, pô-las em evidência, sem voltar a uma atitude especulativa e a um postulado idealista sobre a função do sujeito? Um dos objetivos deste ensaio é mostrar essa possibilidade de uma estilística geral, através do estudo de algumas práticas variadas.

Por uma estilística da prática científica

I, 8.

Filósofo das ciências, não tentaremos efetivar este plano num domínio que nos seja por demais estranho. No entanto, não dissimulamos a importância — para pôr à prova as sugestões precedentes — de um estudo estilístico das práticas sociais mais concretas, de ação política, por exemplo; ou ainda da prática artística e mesmo, sem dúvida, do que Henri Lefebvre colocou em relevo e analisou, de um ponto de vista bastante diferente, sob o nome de "vida cotidiana".

Será a prática científica, contudo, que constituirá a matéria essencial de nosso ensaio. Aliás, por isso, a tarefa será ainda mais difícil. Com efeito, a prática científica parece pôr entre parênteses o individual e, por conseguinte, virar as costas ao *estilo*. Nada mais impessoal, menos individuado do que a Ciência. Não nos cansamos de repetir que ela só visa ao geral. Aparentemente, o sucesso universal da empresa científica seria até mesmo a morte do estilo. Em outro lugar, estudamos esse aspecto formal do pensamento científico. Sem dúvida, a Ciência é de fato, como tentamos mostrar, "construção de modelos abstratos, coerentes e eficazes, dos fenômenos", e o objeto que ela constitui e descreve é essencialmente estrutural. Mas, o individual permanece no horizonte da Ciência. Se é verdade que não há ciência puramente especulativa e que todo processo de estruturação está associado a uma atividade prática, o individual aparece necessariamente, de início, como o lado negativo das estruturas.

I, 9.

Que tal modo de estruturação tenha sido escolhido de preferência a outro — adotado mais tarde, por exemplo, num novo contexto prático —, para construir o modelo de um certo fenômeno, eis aí o que resulta desta negatividade ou, se se quiser, esta indeterminação ou, melhor ainda, sobredeterminação. A multiplicidade das estruturas possíveis aparece evidentemente ao historiador consciencioso que recusa fechar os olhos aos projetos abortados, aos devaneios, às heresias do pensamento científico. Ele poderia intervir *post festum* para justificar, ratificar, legalizar, nos seus pormenores, as concepções efetivamente adotadas. Suponhamos que este exercício não seja de seu gosto. A pluralidade dos modos de estruturação deve, então, ser levada a sério e constituir matéria para uma meditação sobre o estilo... Um outro aspecto desta reflexão dirá respeito à noção de *unidade estrutural* de um sistema. Uma construção de Matemática pura, tanto quanto uma construção de Física, tende a apresentar-se como um conjunto unificado, cujos elementos, mesmo quando tomados de empréstimo, são assimilados no sistema. Algumas vezes, este resultado é atingido de uma só vez, mas a história das ciências fornece também muitos exemplos de unificação progressiva, através de diferentes estados de uma mesma teoria. Teremos ocasião de examinar algumas amostras desse curioso *trabalho,* análise delicada, mas preciosa em razão do jogo sutil da forma e do conteúdo que aí se revela.

I, 10.

A individuação da prática científica, no entanto, efetua-se ainda num outro nível, que se poderia designar como o de uma *caracterologia científica*. Há para o trabalhador científico tipos de individuação objetivamente determinados à maneira dos "caracteres" definidos pelo psicólogo? Conhece-se a célebre distinção esboçada por Poincaré entre matemáticos intuitivos e matemáticos calculadores. Contudo, sem cair nos excessos de uma tipologia sumariamente sistemática e convencional, é difícil recusar algum crédito a esta idéia. Mas, uma caracterologia do pensamento científico só pode ser uma disciplina positiva, fazendo parte ela mesma da Ciência. Uma análise epistemológica não poderia substituí-la. Bem ao contrário, dela deveria tirar partido como de um dado objetivo. Não tentaremos, pois, propor algum esquema caracterológico abstrato e malfundado. No entanto, gostaríamos de precisar aqui o que nos parece ser o estatuto correto de uma caracterologia.

Parece-nos que o sistema de traços que definem um tipo não devem ser interpretados como fatores interagentes, nem mesmo como coerções estatísticas, espécie de condições que estão nos limites da determinação de um comportamento.

Colocar-se nessa perspectiva "energética" é ir ao encontro das dificuldades com que se depara toda esquematização mecanicista dos fatos humanos, fundada sobre a resolução de um sistema em elementos homogêneos. A organização caracterial, se tem alguma realidade, não poderia ser efetiva no próprio plano da dinâmica psicológica: o traço de caráter não deve ser concebido como uma força entre outras forças, nem o caráter como um equilíbrio resultante. O valor de um traço e seu poder determinante são da mesma natureza que os de um signo num sistema simbólico e o próprio caráter deveria ser pensado como *plano informacional,* isto é, um pouco como a estrutura de uma língua, cuja existência não se confunde com a realização física, ocorrente, das frases e dos fragmentos da cadeia falada. Um tipo caracterial seria, então, concebido como uma grade de organização e interpretação dos comportamentos de um indivíduo. E isso corresponderia analogicamente à fala saussuriana. A posição respectiva de uma psicologia diferencial e de uma caracterologia deveria ser entendida, por exemplo, como a da Fonética em relação à Fonologia. O caráter não mais apareceria desde então como um dado imutável; suas transformações eventuais seriam da natureza das mutações de estruturas lingüísticas. De outro lado, um traço de caráter só poderia ser definido no sistema das oposições e correlações em que se integra. Para tomar um exemplo simples, assim como a categoria de "tempo" reveste sentidos muito diferentes conforme seja considerada em francês, em grego antigo ou em russo, também a "emotividade" (para uma caracterologia de tipo Heymans-Wiersma-Le Senne) conforme seja um traço do tipo "colérico" ou do tipo "nervoso"... A "emotividade" não é uma entidade independente, um componente suscetível de se combinar com outras entidades; é o nome dado a uma categoria relativa, a uma das "dimensões" informacionais de um sistema. Falar do caráter de um indivíduo, é, pois, defini-lo como *organismo de recepção e de emissão de mensagens:* encontra-se assim, talvez, justificada a intuição de uma certa tradição filosófica quanto à superficialidade do caráter — que ela opõe à personalidade. Mas, também encontra-se renovado o problema da relação entre caráter e meio. São oferecidas a nós, então, as mesmas dificuldades e as mesmas perspectivas que o lingüista, o historiador da língua, o sociólogo da linguagem encontram, quando se aplicam à economia das mudanças lingüísticas.

I, 11.

Um terceiro nível de individuação do pensamento científico deve ser, pelo menos, mencionado. Trata-se da mais aparente individuação, se bem que não a mais fácil de apreender. Os acontecimentos da história das ciências, todo o *caput mortuum* da análise histórica que se vincula à contingência, contribuem evidentemente para singularizar os atos de criação científica de uma maneira que parece decididamente escapar de um pensamento racional do devir. Sem se expor ao ridículo de "explicar" todos os incidentes e os acidentes que parecem demarcar o tempo da história das ciências, cremos que se poderiam interpretar por uma análise bastante cuidadosa quase todos esses acontecimentos como manifestações sensíveis e signos aparentes de situações concretas complexas, onde o descobridor não desempenha, de modo algum, o papel de receptor de uma mensagem fortuita, mas o do ator que se apodera praticamente de uma *conjuntura*. É no domínio das ciências experimentais que se poderiam produzir as demonstrações mais convincentes desta tese. Quase não teremos ocasião de aplicá-la, pois o setor da prática científica que escolhemos não se presta a análises conjunturais evidentes. No que se refere à Matemática, em razão de seu caráter mediato em relação à prática, a noção de conjuntura que nela se aplica permanece num nível elevado de abstração. No que diz respeito às disciplinas históricas e sociológicas, é, ao contrário, a relativa imediatez de sua objetivação da prática que dá à conjuntura seu sentido pleno, mas que torna também sua análise ambígua. Nosso propósito tampouco é o de desenvolver esse estudo nos dois últimos planos indicados para a individuação do pensamento científico. Nós nos contentaremos em examinar sobretudo o primeiro plano, esboçado no § 9; não que ele ofereça em si mesmo um campo de investigação tão mais fácil, mas antes porque a exploração dos dois outros exige a acumulação de materiais históricos e empíricos que estamos bem longe de pretender possuir.

I, 12.

Será, pois, essencialmente, pelo seu lado mais abstrato, que encararemos uma estilística da Ciência, apresentada como um primeiro ensaio de uma estilística geral. Nem por isso a adoção deste ponto de vista, comparado ao de uma epistemologia no sentido estrito, deixa de representar um passo dado na direção de um estudo concreto das obras. As análises que nos propomos empreender visarão quase apenas a uma determinação provisória, mas suficientemente precisa desta categoria: o estilo, enquanto possa servir para considerar as relações entre a teoria e a prática. Um ensaio anterior sobre o papel do pensamento formal nas ciências do homem pareceu-nos conduzir naturalmente a colocar em termos rigorosos o problema do estilo. Por oposição à estruturação *manifesta* e *temática* operada pela Ciência sobre seus conteúdos, o estilo é esta estruturação *latente* e *vivida* da própria atividade científica, enquanto constitui um aspecto da prática.

Nosso método de investigação, se tributário das novas idéias introduzidas em Filosofia pelos fenomenólogos, não é, no entanto, uma fenomenologia. Partiremos sempre das obras singulares do pensamento e procuraremos instituir comparações adequadas a propiciarem o aparecimento de analogias, mutações, degenerescências de estruturas.

A primeira parte desta obra, que é como o seu preâmbulo, propõe uma análise de alguns fatos de estilo no mais abstrato domínio da criação intelectual: o da Matemática. A última parte esboça um estudo do estilo no domínio das ciências do homem. Entre as duas, coloca-se um exame estilístico da linguagem; neste último domínio, a noção de estilo retorna às suas origens e quisemos fazê-la tocar a terra natal, antes de partir novamente em direção às paisagens insólitas abordadas no final do livro. Mas este retorno ao sentido usual da palavra *estilo* não deveria ser encerrado com uma simples retomada dos temas tradicionais. Pensamos que a perspectiva aqui proposta deve permitir dar uma nova consistência a considerações sobre o uso da língua e é o que tentaremos mostrar.

O objetivo perseguido é, pois, justamente o de estabelecer a possibilidade de uma *estilística geral,* mas também o de indicar uma direção de estudos cujo interesse se manifesta mais particularmente no domínio das ciências do homem. É neste espírito que tentaremos conduzir nosso propósito.

Parte 1.
O ESTILO NA CONSTRUÇÃO DO OBJETO MATEMÁTICO

2. O Estilo Euclidiano e a Noção de Grandeza

II, 1.

Propusemos uma primeira definição de estilo: modalidade de integração do individual num processo concreto que é trabalho (I, 4). Se partimos desta orientação prévia, como pretender reencontrar a noção de um estilo na Matemática? O paradoxo de uma individuação da obra do geômetra parece-nos justamente bastante apropriado para constituir um caso extremo exemplar do sentido do individual para o pensamento científico.

Na Matemática, o trabalho tem isto de singular: a estrutura por ele edificada é diretamente visada na sua mais completa abstração. Nem por isso ela deixa de ser extraída, contudo, do fundo de uma *experiência,* que se situa em níveis variados de abstração. Pode-se falar já, sem dúvida, de uma experiência matemática ainda ingênua no próprio interior da percepção.[1] Em todo caso, não poderia haver caracterização universal de um plano de abstração específico para a estruturação matemática. Cada episódio, coletivo ou individual, do trabalho matemático se estabelece num nível mais ou menos adiantado de abstração. Mas esta abstração é,

---

[1] Consultar a esse propósito os trabalhos de PIAGET e do CENTRO DE EPISTEMOLOGIA GENÉTICA; em particular, *Assimilation et connaissance,* Estudos V Paris, 1958, e FRAISSE e PIAGET. *Traité de psycho expériment.,* Paris, 1963, t. VI, Cap. 16.

antes de tudo, vivida como experiência, em parte herdada, em parte conquistada pelo gênio individual. É desta experiência que virão os elementos "intuitivos", isto é, aqueles que o trabalho assume e recorta como dados, opondo-os — mais ou menos expressamente — às estruturas que suscita. A passagem do amorfo ao estruturado, portanto, nunca é o resultado da imposição de uma forma vinda toda constituída do exterior, θύραθεν segundo a palavra de Platão. O trabalho *suscita ao mesmo tempo forma e conteúdo* no seio de uma experiência, sem dúvida ela própria já estruturada, mas num nível inferior de abstração. O fato de estilo vai consistir aqui essencialmente nas modalidades desta colocação em oposição. Sendo dada uma certa estrutura, cuja colocação em evidência é a razão de ser da obra, várias possibilidades, em geral, se apresentam para pô-la adequadamente no seio da experiência matemática do criador. Os elementos que escapam à grade assim constituída, chamamo-los de redundantes, na medida em que não são visados como portadores de um sentido ainda não representado de outro modo. Constituem uma espécie de resíduo não-explorado. Mas, percebe-se que a determinação deste resíduo não depende univocamente da própria estrutura, seja porque um autor pôde apresentar várias maneiras sucessivas de constituir, em sua experiência, uma mesma estrutura, seja porque vários autores apresentam cada um uma variante da constituição de uma estrutura idêntica em suas experiências respectivas.

O estilo aparece-nos aqui, de um lado, como uma certa maneira de introduzir os conceitos de uma teoria, de encadeá--los, de unificá-los; de outro lado, como uma certa maneira de delimitar a carga intuitiva na determinação desses conceitos. Tomemos um exemplo prévio, de que nos limitaremos a apresentar os aspectos mais evidentes. A noção de número complexo pode ser introduzida de várias maneiras, naturalmente conservando as propriedades operatórias que caracterizam o seu sistema como estrutura algébrica. A representação trigonométrica faz intervir um ângulo *(argumento)* e um número real *(módulo);* o matemático dinamarquês do século XVIII, que a propôs, queria estabelecer um cálculo referindo-se, ao mesmo tempo, a grandezas e a "direções". [2] Aliás, pode-se encarar o ser matemático assim constituído de duas maneiras: ou como um elemento estático — um vetor —, ou como um *operador* aplicado a vetores, operador que se decompõe numa "dilatação" e numa "rotação". No segundo

---

2. Ele quer mostrar: "não apenas que todas as operações impossíveis podem ser evitadas — e esclareceremos, acrescenta — a proposição paradoxal que afirma que o possível, às vezes, pode ser tentado por meios impossíveis — mas também que a direção de todas as linhas retas de um mesmo plano pode ser expressa analiticamente, bem como seu comprimento, sem se confundir o espírito com novos signos ou novas regras". (WESSEL. Sur la représentation analytique de la direction. In: *Mémoires de l'Ac. roy. de Danem.*, 1799).

caso, a carga intuitiva da imagem geométrica sugere uma construção imediata das leis da multiplicação dos complexos, considerada como composição de transformações. O primeiro caso, em compensação, presta-se a uma passagem natural das coordenadas polares às coordenadas cartesianas: o número complexo é, então, determinado por um par de números reais, componentes respectivos de seu vetor representativo, e a construção de suas propriedades aditivas é imediata.

Mas, é possível ainda considerar esta noção de complexo como uma matriz quadrada regular, de forma geral:

$$\left\| \begin{array}{cc} a & b \\ -b & a \end{array} \right\|$$

sendo a e b reais quaisquer. A álgebra dessas matrizes é, como se sabe, isomorfa em relação à dos complexos $a + bi$ anteriormente introduzidos, mas a maneira de abordar sua existência matemática é bem outra: são propriedades diferentes que se tornam imediatas, numa nova esfera de intuição operatória própria ao sistema das matrizes. Por exemplo, a propriedade paradoxal da unidade complexa: $i^2 = -1$ deixou de ser estranha; ela não é nada além do que a identidade, banal no mundo matricial:

$$\left\| \begin{array}{cc} 0 & 1 \\ -1 & 0 \end{array} \right\|^2 = \left\| \begin{array}{cc} -1 & 0 \\ 0 & -1 \end{array} \right\| = - \left\| \begin{array}{cc} 1 & 0 \\ 0 & 1 \end{array} \right\|$$

Um último modo de introdução dos números complexos, muito mais abstrato do que os anteriores, responde, no entanto, diretamente à questão originária de que é proveniente a noção de imaginário: como representar, em todos os casos possíveis, as raízes de uma equação algébrica.

Deste ponto de vista, o sistema dos números complexos pode ser considerado como o corpo de extensão dos reais que contém uma raiz de $x^2 + 1 = 0$. Demonstra-se que esse corpo é isomorfo em relação ao quociente do anel dos polinômios em x, em relação a coeficientes reais, pelo ideal principal que $x^2 + 1$ engendra. Em outras palavras, o corpo dos complexos é isomorfo em relação ao sistema dos polinômios em x *módulo* $x^2 + 1$. Aos polinômios divisíveis por $x^2 + 1$ corresponde, pois, o zero do corpo dos complexos, e aos polinômios da forma: $P(x) \cdot (x^2+1) + (ax+b)$ correspondem os complexos $ai + b$.

Estas diferentes maneiras de se aprender um conceito, de integrá-lo num sistema operatório e de associar-lhe implicações intuitivas — cujo alcance é necessário então limitar exatamente — constituem o que denominamos de fatos de estilo.[3] É evidente que o conteúdo estrutural da noção não é afetado aqui, que o conceito enquanto objeto matemático subsiste identicamente através desses efeitos de estilo. No entanto, nem sempre é assim e encontraremos posições estilísticas que ordenam verdadeiras variações conceituais. Em todo caso, o que sempre se modifica é a orientação do conceito para tal ou tal uso, tal ou tal extensão. O estilo desempenha, pois, um papel talvez essencial, ao mesmo tempo, numa dialética do desenvolvimento interno da Matemática e na de suas relações com mundos de objetos mais concretos.

Matemática e linguagem

II, 2.

Dir-se-á que o estilo, aqui, diz antes respeito à linguagem e à apresentação do que à construção dos conceitos; o que é verdade até certo ponto. Mas, sob a condição de se dar à linguagem sua plena importância no processo científico: a Ciência só pode se constituir num universo simbólico. De modo geral, a linguagem recorta o plano de referência que torna possível o aparecimento de informação. Fora daí, a prática permanece um processo imediato, mais ou menos imitável, mas não verdadeiramente transmissível, nem suscetível de transformações dirigidas e cumulativas engendrando um eventual progresso. Um "movimento hábil" dispensa descrições e análise, mas não pode servir, então, de ponto de partida para uma melhoria técnica. A expressão, ao contrário, recorta unidades de informação talvez grosseiras, mas que favorecem a possibilidade de uma combinatória, de uma pesquisa coletiva, de uma renovação da prática.

Para a Matemática, a linguagem é, ainda mais diretamente, parte integrante da atividade científica: modificando a definição kantiana, a Matemática poderia ser qualificada de ciência "por construção de linguagem"; não que seja necessário aderir à tese nominalista que reduz o objeto matemático à própria língua que o matemático institui. Nem esta concepção, nem aquela segundo a qual o objeto matemático seria, ao contrário, um ato intuitivo revestido de uma vestimenta lingüística contingente, parece-nos convir.

Falando da originalidade de Gaspard Monge na Matemática, Michel Chasles escreve: "Ele situa-se na origem de uma nova maneira de escrever e de falar esta ciência. Com efeito, o estilo liga-se tão intimamente ao espírito dos méto-

---

3. Um outro exemplo seria fornecido pela teoria clássica das proposições, que pode ser apresentada ou como uma álgebra booliana, com as duas operações de conjunção e de diferença simétrica, ou como uma grade distributiva e complementada, com a relação de implicação material definindo uma ordem parcial.

dos que deve caminhar com eles, do mesmo modo que deve, se tomar a dianteira, influenciá-los poderosamente e também nos progressos gerais da Ciência" *(Aperçu Historique,* 1837, §18, p. 207). A criação de uma linguagem matemática não é tão-só um acontecimento exterior ao desenvolvimento da Ciência. Está, ao mesmo tempo, ligada ao conteúdo do conhecimento matemático e às condições que constituem a sua infra-estrutura. Uma invenção lingüística neste domínio acha-se, de certo modo, situada no ponto de encontro do universo formal, que é a Matemática realizada, e do sistema dos atos concretos que constituem as relações dos homens entre si e com o mundo. Aliás, é esse o estatuto da linguagem em geral; mas na Matemática, onde a construção lingüística se quer unívoca, esta inserção do formal num conjunto de atos lingüísticos é particularmente delicada. Inicialmente, ela se singulariza pelo fato de só poder desenvolver-se verdadeiramente pela escrita: "o espaço" informacional oferecido pela cadeia falada tal como é percebida não se presta bem à recepção e à transmissão de mensagens que devem veicular essencialmente *combinações de informações referentes à sua própria estrutura.* As línguas naturais faladas podem quando muito *descrever* objetos e propriedades de objetos estruturais. Dir-se-á: "A soma dos quadrados dos lados de um triângulo retângulo é igual..." para descrever o que a estrutura figurada do simbolismo *mostra* diretamente: $a^2 = b^2 + c^2$. Mas, desde que as propriedades estruturais ultrapassem um certo grau de complexidade, sua descrição torna-se tão difícil de ser compreendida que toda manipulação, toda análise, toda demonstração acham-se paralisadas. Evidentemente, ocorre com certeza, em compensação, que indicações descritivas facilitem, por sua carga concreta, a inteligência das fórmulas. A bem da verdade, não é que a Matemática não possa ser totalmente expressa numa linguagem linear como o é a cadeia falada e mesmo numa linguagem estritamente unidimensional — seqüência de signos unívocos sobre a fita de uma máquina —, condição que essa cadeia falada evidentemente não preenche, uma vez que põe em jogo, ao mesmo tempo, o registro fonológico, o registro prosódico e a própria mímica. Com efeito, basta propiciar-se um léxico suficientemente volumoso para que toda propriedade figurada corresponda a uma das combinações das sucessivas marcas que aparecerão ao longo da cadeia. O privilégio da escrita multidimensional não é, pois, uma condição "transcendental" da objetivação das estruturas: é um fato de estilo. Mas, uma Matemática assim transcrita "em fitas" torna-se, sem dúvida alguma, inexplorável para um receptor humano. No entanto, não ocorre o mesmo com uma máquina; ao contrário, é vantajoso concebê-la como tratando de informações lineares, sendo o crescimento do volume das mensagens facilmente compensado pela rapidez das operações. A completa transcrição de um problema para o uso da máquina, ou seja, a programação, não se apresenta como uma tradução pura e simples; pois, já gerou a pesquisa de uma codificação das operações mais usuais *para a máquina,* que tende a constituir, numa certa medida, uma nova linguagem... Pode-se prever que a extensão do tratamento mecânico dos problemas matemáticos terá algumas conseqüências na própria organização das estruturas: exemplo bastante marcante do interesse epistemológico de um fato de estilo.

II, 3.

Se é cedo demais, talvez, para examinar de modo válido este exemplo, os que iremos interpretar nos mostrarão igualmente renovações da linguagem. O que é, pois, uma linguagem nova na Matemática? Não é apenas o decalque puro e simples, através de meios diferentes, de conceitos retomados de um outro sistema. A adoção de uma nova grade para veicular informações referentes à estrutura dos objetos em geral equivale quase sempre à determinação de categorias novas, e o deslocamento do terreno em que se ergue a construção do objeto faz aparecer novos resíduos da redução formal. Em termos tradicionais, um novo embasamento intuitivo é, explícita ou implicitamente, pouco a pouco constituído. A formação de uma teoria vetorial, que terá alguns de seus aspectos analisados mais adiante, seria um exemplo suficientemente bom. Poder-se-ia nela mostrar o contraponto de dois movimentos estilísticos: o recurso à "intuição" geométrica, terreno em que se estabelece a linguagem clássica dos vetores, — a construção de uma álgebra, cujas leis de composição transpõem e enriquecem as das grandezas escalares. Para este segundo estilo que se poderia denominar leibniziano, o "terreno" intuitivo é de natureza combinatória e se achou cada vez mais reduzido pelo desenvolvimento consciente da formalização.

Método e objeto destes três capítulos.

II, 4.

A indicação desse exemplo poderia levar a crer que nosso método de investigação vai consistir numa história dos conceitos. Não é esse exatamente o nosso propósito. Tratar-

-se-á antes de discernir a pluralidade dos modos de expressão e de construção de um conceito, de fazer compreender como esta pluralidade se liga a diferentes maneiras de praticar e mesmo, se se quiser admitir esta fórmula, de *viver* o simbolismo. Documentos particularmente preciosos nos serão fornecidos, às vezes, pelo exame das sucessivas refundições de uma exposição que se mostrou mal compreendida em sua primeira versão ou modificada em função de uma evolução das próprias idéias de seu autor.

Sem dúvida, estas considerações são inseparáveis de um exame do desenvolvimento dos conceitos e até mesmo, toda vez que possível, de uma referência às condições históricas concretas do trabalho do matemático; mas é somente enquanto variações do uso de um instrumento simbólico que essa história nos interessa. Assim, procuraremos estudar a constituição de um estilo no tratamento de uma noção particularmente rica por nós escolhida: o conceito de *grandeza,* o de ser *geométrico* e o de ser *algébrico* parecem-nos constituir três temas inseparáveis, progressivamente extraídos de uma mesma noção intuitiva originária. Efetuaremos três cortes nesse devir, em níveis correspondentes a momentos decisivos da organização simbólica; este será o objeto de três capítulos: o que abre este preâmbulo tratará do estilo euclidiano; o seguinte de uma oposição particularmente significativa de duas tomadas de posição estilísticas no tratamento do ser geométrico: Descartes e Desargues; o terceiro, enfim, estudará o estilo "vetorial", considerado em sua gênese em alguns matemáticos originais do século XIX: Moebius, Hamilton, Grassmann.

O problema das grandezas geométricas em Euclides

II, 5.

Antes mesmo de abordar a questão das grandezas geométricas, uma observação parece impor-se aqui a quem quer que tenha somente percorrido os *Elementos* de Euclides. É que, de modo geral, a matemática euclidiana, mais do que qualquer outra, sugere exteriormente a idéia de um estilo. A demonstração de uma proposição dos *Elementos* desenrola-se, com efeito, segundo uma espécie de ritual, que só tem comparação, em poesia, ao esquema das obras de forma fixa. Proclus, em seu *Comentário,* denomina e define com precisão as diferentes partes da demonstração "perfeita", de que os *Elementos* nos oferecem centenas de exemplos. O teorema — ou o problema — inicia-se por um enunciado ou πρότασις que indica de modo universal o que é dado e o que é procurado. O ἔκτεσις especifica os dados, designando-os por meio de símbolos. O διορισμὸς retoma em termos específicos o que é necessário demonstrar no caso exposto pelo ἔκτεσις. A κατασκευή, ou construção "acrescenta", diz Proclus, "o que falta aos dados para se descobrir o que se procura". A demonstração, ou ἀπόδειξις, estabelece as inferências que decorrem da construção, e a conclusão enfim, ou συμπέρασμα, retoma nos mesmos termos o enunciado da πρότασις, encerrando assim no círculo fechado de um percurso estritamente escandido o motração a um conjunto bem definido de signos.

Sem dúvida, esta preocupação de conservar uma espécie de cerimonial do pensamento compete, em parte, ao que denominaríamos uma retórica, e as relações a serem estabelecidas com o leitor. Mas, também diz respeito, e mais profundamente, ao próprio conteúdo das mensagens, pois exprime, por assim dizer, metaforicamente, esse aspecto do objeto matemático que se revela diretamente nas mais modernas formulações simbólicas. A demonstração do teorema consiste em explorar um objeto *formal,* e o discurso que o expõe volta a fechar-se sobre si mesmo. A instituição posterior de linguagens simbólicas manifestará essa mesma propriedade de modo mais profundo, reduzindo explicitamente a demonstração a um conjunto bem definido de signos.

A beleza do estilo euclidiano se oporia à dos estilos axiomáticos modernos, de certo modo, como, na linguagem de Hegel, a beleza "simbólica" das tumbas e estátuas do Egito se opõe à beleza "clássica" dos templos e figuras da Grécia. Nas primeiras, a forma rígida e grandiosa se impõe com força ao conteúdo que exprime; nos segundos, ela o desposa e o equilibra. Se a indicação de um terceiro termo "romântico" fizesse compreender melhor esta comparação, escolheríamos então Arquimedes, cuja riqueza e profundidade de idéias fazem, às vezes, rebentar a vestimenta da demonstração formal. Numa linguagem kantiana, desta vez, seria mesmo necessário dizer que o sentimento de admiração suscitado no amador pela leitura de Arquimedes é equivalente ao sublime dinâmico, enquanto a leitura de Euclides evocaria antes o sublime matemático ou estático, de que se falou na *Crítica do Juízo.*

Não é, todavia, a essa estética *exterior,* que queremos nos vincular. Por mais interessante que ela possa ser, exigiria, de outro lado, uma análise precisa e detalhada das condições concretas da criação da obra. Dissemos, não sem pesar, que este não poderia ser o nosso propósito.

II, 6.

Procuraremos caracterizar o estilo euclidiano num nível mais oculto. A noção de grandeza geométrica tal como aparece, progressivamente formalizada, em diferentes livros dos *Elementos*, deve fornecer um excelente exemplo de estilização científica. Para a intuição ingênua — pelo menos, para a nossa, já educada por séculos de uma prática social das operações de medida — a grandeza geométrica não coloca problemas, isto é, a idéia de número é espontaneamente aplicada à intuição de um segmento de linha, e até de um fragmento de superfície. Sem dúvida, são, como se sabe, os geômetras da roda de Platão que, depois dos pitagóricos, trouxeram à luz esta dificuldade da medida que constitui a existência de grandezas irracionais. Eudoxo, o mestre de Platão, já tinha, muito provavelmente, inventado a teoria das proporções que é desenvolvida no livro V dos *Elementos*. Euclides beneficiou-se, pois, dos conhecimentos já acumulados pelos matemáticos durante dois séculos.[4] Mas, reúne em sua obra os dados esparsos de um problema que ele teve o mérito de colocar — e, até certo ponto, de resolver — num admirável espírito de universalidade. Com efeito, a questão não é inventar um método particular para superar tal dificuldade de medida, mas encontrar princípios gerais que permitam ajustar o sistema dos números e a noção ainda muito intuitiva de ser geométrico linear ou superficial: o que se quer dizer quando se postula que os objetos geométricos têm uma grandeza?

O problema é tratado e retomado sob diferentes aspectos nos livros I e II, no livro V, no VII e no X. Nos dois primeiros livros, é enunciado o que os historiadores denominaram álgebra geométrica. Euclides parte das operações intuitivas de adição de segmentos e de áreas quadrangulares, cuja medida se identifica com o produto das medidas dos lados. Desenvolve por meio do procedimento de "aplicação das áreas", já conhecido pelos pitagóricos, uma teoria das identidades do segundo grau, interpretadas como igualdades de medidas de áreas. No livro V, aparece a teoria eudoxiana abstrata e geral das relações de grandezas; é então que se aborda verdadeiramente o problema da medida. No livro VII, os números, que intervêm nas teorias anteriores, mas cujo papel, a bem da verdade, não estava claro, são definidos e estudados em si mesmos. No livro X, finalmente, Euclides desenvolve sua teoria das grandezas irracionais.

---

4. Não colocamos aqui o problema da genealogia da obra euclidiana e das justaposições possíveis de trechos pitagóricos ou eudoxianos que aí se desvendam (cf. a esse respeito VAN DER WAERDEN, *Die erwachende Wissenschaft*, Basiléia, 1956). Deste ponto de vista, não há dúvida de que o edifício euclidiano aparece como composto. Contudo, ao nosso propósito basta que as suas partes tenham sido efetivamente reunidas e refundidas num corpo unificado.

Percebe-se por este resumo que o problema das grandezas geométricas é abordado por vários prismas, sem ser verdadeiramente colocado sob a forma radical e unificada que satisfaria de modo pleno o pensamento moderno. Contudo, o tratamento euclidiano da grandeza não é em nada comparável a uma simples justaposição de procedimentos técnicos de cálculo. A geometria dos *Elementos* institui uma doutrina da medida das grandezas perfeitamente rigorosa, conforme as exigências modernas, e completamente independente de sua racionalidade.

II, 7.

A noção ingênua de grandeza geométrica acompanha naturalmente a do número. Mas, o caráter mais diretamente abstrato deste permite uma formalização muito mais fácil das propriedades operatórias da multiplicação e da divisão. Uma primeira dificuldade para a construção de uma métrica rigorosa apresenta-se, pois, já ao nível de um algoritmo operatório: é necessário definir com precisão e eficácia o que é multiplicar e dividir grandezas que não sejam mais dadas como simples números, mas como áreas e comprimentos. A álgebra geométrica, fornecendo os meios para construir figuras retilíneas de superfície igual e formas diferentes, permite, como veremos, dar um sentido à multiplicação e à divisão dos segmentos de retas. Mas, uma vez superada esta primeira dificuldade técnica, resta justificar a transferência intuitiva das propriedades do número às grandezas geométricas.

É esse o objetivo da teoria das proporções, que define, com uma elegância rigorosa, a igualdade e a desigualdade das "relações" de grandezas e, através disso, dá o meio de se operar sobre as próprias grandezas.

Já se vê como a maneira euclidiana consiste em dominar a intuição, em lhe explicitar as evidências, em dar um estatuto às mesmas. As relações entre o ser combinatório dos números e o ser geométrico "extenso" são essencialmente regradas por este trabalho do matemático de Alexandria. Teremos de observar, pois, este tratamento da intuição como um dos fatos estilísticos mais significativos do procedimento euclidiano. Antes de se iniciar um estudo mais pormenorizado, convém pôr em relevo, desde já, o traço que nos parece o mais geral em toda elaboração da grandeza. É que o "dado intuitivo", longe de ser simplesmente depurado, retificado e, depois, introduzido de uma só vez no sistema, acha-se clivado, distribuído em vários níveis do edifício.

Inicialmente ele aparece no nível das *construções espaciais,* para dar sentido à igualdade das grandezas e, mais especificamente, das áreas. Da mesma maneira, a assimilação dessas áreas a grandezas de segunda espécie, construídas a partir dos comprimentos por uma operação análoga ao produto aritmético, é aqui um dado intuitivo. É através dele que a álgebra geométrica se enraíza, por assim dizer, no livro I dos *Elementos*.

A seguir, ele aparece no nível da *medida* das grandezas — μεγέθη — e de suas relações. A noção determinante que permite aqui reduzir a intuição aos limites de um esquema operatório é a de múltiplo de uma grandeza, que combina esta última com o número inteiro. Essa noção de múltiplo, como justaposição de uma mesma grandeza iterada um certo "número de vezes", é evidentemente intuitiva. Mas, é simples e construtiva; pois, permite a Euclides introduzir, de modo puramente combinatório, a definição das grandezas comparáveis e das relações iguais de grandezas. Aí, sem dúvida, acha-se a idéia central da teoria eudoxiana. Euclides deu-lhe a forma que dá toda a beleza ao seu livro V.

Enfim, a intuição aparece num terceiro nível, que é o do *número inteiro*. A definição que lhe é dada no livro VII — uma multidão composta de unidade: τὸ ἐκ μονάδων συγκείμενον πλῆθος —, recobre simplesmente a intuição da construção do número por adições sucessivas. Mas, todos os pressupostos verdadeiramente eficazes para o desenvolvimento da Aritmética são tirados da teoria geral das grandezas, de que o número inteiro é manifestamente uma espécie, sem que, aliás, Euclides enuncie esta propriedade essencial que permanece tacitamente fundada numa intuição aritmética. Contudo, sem nunca terem sido explicitadas sob forma de temas, as propriedades fundamentais das operações aritméticas já são utilizadas nesta teoria das grandezas, onde os números desempenham, por sinal, o papel de operadores exteriores ao conjunto das próprias grandezas. De tal modo que se pode falar em uma espécie de *círculo* da teoria euclidiana, círculo que caracteriza talvez, em diferentes níveis de abstração, toda empresa de redução axiomática: utiliza-se necessariamente como "ferramentas", sob uma forma ingênua, o que se tornará o próprio objeto da descrição axiomática: eis aí uma necessidade da colocação em obra de um tal estilo.

Mas, seria vão querer associar, de modo rigoroso, esses três níveis da intuição euclidiana. Basta que a própria divisão do tratamento da grandeza indique que são distintos no todo e suportam, cada um, uma parte diferente do edifício. Se fosse necessário designar cada uma dessas camadas intuitivas com um adjetivo marcante, diríamos que a primeira é sobretudo "topológica", a segunda "métrica", a terceira "algébrica". Designações bastante sugestivas, mas evidentemente inexatas, uma vez que essas palavras fazem parte inteiramente de uma outra era do pensamento matemático e correspondem justamente a uma tematização abstrata e axiomatizada dos pressupostos operatórios. Essa primeira estruturação da intuição encontrada em Euclides, simples recorte, talvez mais do que articulação, vai, no entanto, servir-nos de guia na análise de seu estilo.

O estilo da "álgebra geométrica"

II, 8.

No início dos *Elementos,* os seres geométricos são introduzidos pelas definições, axiomas e noções comuns; e o são, a bem da verdade, enquanto seres quantificados, mas de um modo ainda muito rude e ingenuamente intuitivo sob aparências metafísicas.

É assim que o *ponto* é "o que não tem partes", a *linha,* "um comprimento sem largura", a *superfície,* "o que tem largura e comprimento apenas"; e mais, as "extremidades de uma linha" são pontos, as "extremidades de uma superfície", linhas. Aqui, intuição métrica e topológica combinam-se como era de se esperar, uma vez que sua dissociação será justamente o resultado de uma elaboração bem posterior. A noção vaga de dimensão algébrico-topológica está evidentemente subjacente às definições euclidianas. Os seres de uma e de duas dimensões — sem falar do ponto, de dimensão nula — são introduzidos, de início, no livro I, para se estudar as condições de sua congruência; pelo menos, até a proposição 35, a isso parece limitar-se a ambição do autor dos *Elementos.*

A *noção comum* n° 4 afirma que "coisas — entenda-se figuras — que coincidem (ἐφαρμόζοντα) são iguais (ἴσα)". Os historiadores notaram que essa proposição, por seu conteúdo especificamente geométrico, teria seu lugar antes entre os postulados do que entre as noções comuns. [5] De fato, trata-se de uma espécie de princípio estratégico articulando a intuição com um conceito já formalmente constituído, que é o da igualdade; as três primeiras noções comuns, enunciam com efeito, as propriedades abstratas essenciais da igualdade: a transitividade e a regularidade em relação à adição e à subtração (se $a=b$ e $a'=b'$, então $a \pm a' = b \pm b'$). A quarta noção comum tem, pois, por função permitir a aplicação

---

[5]. Cf. a erudita análise de HEATH, em sua edição dos *Elementos,* v. I, pp. 224/232. Daí utilizamos várias observações.

da igualdade aos objetos da intuição geométrica, pela operação de fazer coincidir. O uso que Euclides faz desse método de demonstração de uma igualdade, nos teoremas 4 e 8, indica que ele também postula, então, implicitamente, a recíproca da noção 4: se duas figuras são iguais, elas coincidem. A equivalência assim suposta entre a congruência e a igualdade restringe evidentemente, de modo draconiano, o sentido deste último conceito, que somente se aplica, como observará Proclus, às figuras "de mesma forma" (ὁμοειδῆ). Uma métrica assim definida pelo transporte das figuras e pela congruência visualmente realizada reduziria, pois, o aspecto quantitativo da geometria à comparação de objetos intuitivamente semelhantes. Ela só poderia constituir o primeiro momento de uma teoria das grandezas geométricas. Pode-se pensar, com Heath, que Euclides herdou esse tratamento da igualdade de uma tradição já antiga; e talvez o procedimento de fazer coincidir não o satisfizesse plenamente, pois ele só o emprega em duas ocasiões. Contudo, sendo dada a importância das proposições assim demonstradas na economia da obra — dois casos fundamentais de igualdade dos triângulos — a intuição de congruência não deixa de permanecer uma peça essencial da teoria das grandezas geométricas. Mas, nas últimas proposições do mesmo livro, Euclides vai abrir ao cálculo o conceito de igualdade e, por conseguinte, o de grandeza, desligando-os da intuição das formas das figuras.

II, 9.

É ao longo da 35ª proposição que se opera a mutação do sentido da igualdade, sem, aliás, que Euclides a mencione e sem que, a bem da verdade, daí resulte uma verdadeira ambigüidade. Esse teorema diz que "paralelogramos que têm mesma base e são compreendidos entre as mesmas paralelas são iguais entre si". É claro que os dois paralelogramos em questão não são aqui suscetíveis de se superporem e que sua "igualdade" se reveste de um sentido novo, mais abstrato, que introduz, pela primeira vez nos *Elementos,* a idéia de grandeza de um ser, independentemente de sua morfologia. A passagem tácita de uma a outra concepção da igualdade efetua-se na demonstração, particularmente engenhosa e elegante (Fig. 1). Euclides faz aparecer dois triângulos, AEB e DFC, *iguais* no sentido da congruência. Suprime de cada um deles uma mesma superfície DEG; os restos S e T, em virtude da 3ª noção comum, são *iguais,* mas, desta vez, no sentido abstrato. É que, com efeito, a supressão — ou a adjunção — de uma mesma área a duas superfícies congruentes não preserva, em geral, a congruência e que é necessário, se se quiser aplicar as três primeiras noções comuns às figuras, abandonar a congruência como critério da igualdade. Euclides evidentemente faz isso, sem nenhum embaraço, tor-

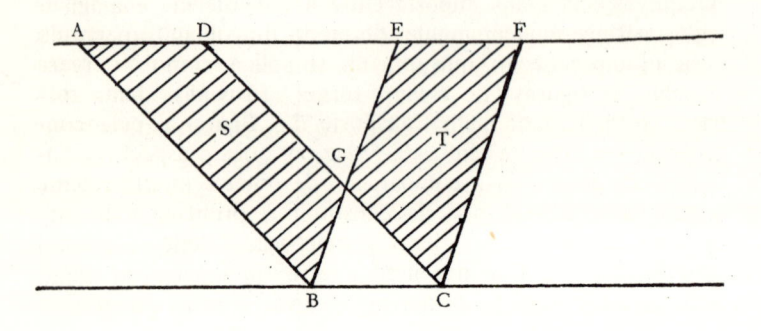

Fig. 1. Euclides I, 35.

nando possível, desse modo, o cálculo das áreas. A lógica intuitiva da congruência dá lugar à lógica menos ingênua da igualdade; progressivamente, no decorrer do livro II, a noção de igualdade entre duas áreas aparecerá como implicando uma relação entre comprimentos de segmentos. De tal modo que se atinge o ponto culminante dessa "álgebra geométrica" com a proposição 11 do livro II: "dividir uma linha reta de modo que o retângulo descrito sobre essa reta e um dos segmentos seja igual ao quadrado descrito sobre o outro segmento". O problema, aqui, é justamente construir *comprimentos,* determinados por igualdades de áreas, representando evidentemente, em linguagem algébrica moderna, uma relação do segundo grau entre grandezas. Mas, no fim do livro II, a noção de medida dos comprimentos ainda não foi esclarecida. Isto, pois, é apenas uma preparação intuitiva para um verdadeiro tratamento algébrico das grandezas. É particularmente instrutivo, para convencer-se da redução progressiva operada por Euclides sobre o corpo das intuições primitivas, comparar II, 11 com VI, 30, que lhe é exatamente equivalente, mas que vem depois da teoria eudoxiana das proporções, dando um sentido formal rigoroso à noção da medida. O enunciado de VI, 30 é bem conhecido: "dividir uma reta finita dada em média e extrema razão", isto é, de tal modo que um dos segmentos seja média proporcional entre o outro segmento e a reta inteira.

A *tática* da demonstração não difere nos dois teoremas: Euclides faz uso, em um e em outro, do procedimento de construção denominado "aplicação das áreas", ligado, como vamos ver, à teoria da igualdade. Essa mesma doutrina da igualdade das áreas constitui, pois, o fundamento intuitivo — embora, como vimos, já elaborado — da tática construtiva das figuras. Mas, ao nível de uma *estratégia* da demonstração, tudo mudou. Os procedimentos de II, 11 ordenam-se para pôr em evidência a igualdade das duas superfícies, como se indicou no enunciado, se bem que, na demonstração de VI, 30, as mesmas figuras sejam construídas, mas para nelas aplicar a proposição 14 do mesmo livro, que estabelece a proporcionalidade recíproca de seus lados.

Uma nova mutação opera-se, pois, no aparelho conceitual euclidiano com a teoria do livro V. Teremos de examiná-la em si mesma. Voltemos agora aos dois primeiros livros e à sua teoria das igualdades de áreas, para aí seguir mais de perto o desenvolvimento de uma álgebra geométrica.

II, 10.

Uma vez dado o passo que leva da congruência à igualdade, é possível, pois, um cálculo das áreas e o seu instrumento essencial é o procedimento dito de aplicação das áreas. Este método, segundo Proclus, é antigo e foi descoberto pela "musa dos pitagóricos". Trata-se de construir, sobre um certo segmento de reta, um paralelogramo de ângulo dado e de área igual à área de um triângulo dado. Euclides lhe dá a solução em I, 44, apoiando-se na proposição 42, que fornece a construção de um paralelogramo igual a um triângulo dado, e na proposição 43, que enuncia a igualdade dos paralelogramos opostos construídos num paralelogramo por um ponto de sua diagonal.

Assim, em nenhum momento da demonstração, aparece a composição das superfícies a partir dos comprimentos, que só poderá se fazer reconhecer depois de uma teoria da medida. Todos os procedimentos apresentam-se como transformações de figuras, preservando as áreas. De modo que, assim que o procedimento for abertamente posto em obra para determinar uma linha, como no livro II, na proposição 11 anteriormente comentada, esta linha surgirá da construção, não enquanto comprimento extraído de uma combinação de comprimentos, mas, por assim dizer, como subproduto de uma manipulação de áreas, como elemento arbitrariamente isolado de uma superfície. Sem dúvida, seria pretender uma excessiva ingenuidade querer imaginar Euclides insensível à significação métrica desse cálculo. O velho Proclus, em seu *Comentário,* interpreta de muito boa fé a aplicação euclidiana em termos de cálculo dos comprimentos: "Por exemplo, sendo dado um triângulo, cuja área é de 12 pés, e uma reta de 4 pés de comprimento, aplicamos a esta uma área igual ao triângulo, se tomarmos o segmento inteiro de 4 pés e acharmos quantos pés deve ter a largura para que o paralelogramo seja igual a do triângulo". É verdade que ele se refere, então, ao livro VI, onde Euclides podia, com todo rigor, medir grandezas. Mas, não há dúvida de que esse mesmo pensamento já esteja implicitamente presente nos últimos teoremas do livro I e oriente intuitivamente o II. O fato estilístico notável é justamente que Euclides soube calar-se e construir uma álgebra das áreas, que, a rigor, só supõe a noção de sua igualdade.

II, 11.

É pois, no fim do livro I, que aparecem as proposições que vão fundar a teoria desenvolvida no livro II. Não é talvez sem interesse o estudo pormenorizado da inserção da álgebra geométrica na geometria do triângulo, que constitui em grande parte o livro I. Nós nos permitiremos, pois, uma pequena digressão sobre a estrutura do livro I.

Pode-se repartir as 47 proposições do livro em três grupos naturalmente ligados entre si.

O primeiro, que compreende as proposições de 1 a 26, desenvolve uma teoria dos triângulos e da congruência. O axioma das paralelas aí não é utilizado; no entanto, a proposição 16 supõe uma hipótese tácita sobre a infinidade das retas, [6] que não é verificada para o caso riemaniano do ângulo obtuso-geométrico elíptico — e liga, pois, essa teoria a uma classe de geometrias que compreende as que satisfazem o quinto postulado.

O segundo bloco de proposições (de 27 a 34) constitui uma teoria das paralelas. O seu eixo é a proposição 29, que recorre explicitamente ao axioma V. A noção de paralelogramo aparece no teorema 34; e será fundamental para a teoria das áreas, que constitui o terceiro grupo (de 35 a 47).

Nosso propósito aqui não é empreender uma análise crítica da estrutura lógica do livro, tentando restaurar os postulados implícitos ou as remessas eventualmente negligenciadas por Euclides. Desejamos simplesmente examinar as relações entre o sistema da *dedução* euclidiana tal como é efetivamente formulada e a organização das proposições em grupos segundo seu *sentido*. Organizemos, para esse fim, um esquema das remissões a que cada demonstração dá lugar. As proposições, designadas por seu número, aparecem como os

[6]. "O ângulo externo de um triângulo é maior que cada um dos ângulos internos não adjacentes".

vértices de um diagrama, cuja relação de ordem parcial, representada por um traço, corresponde à relação: *"a* serve para demonstrar *b".* O exame do diagrama assim obtido (Fig. 2), permite fazer aparecer a articulação do livro em três maciços e descrever, na medida do possível, essa divisão, por meio de caracteres dedutivos. Um grupo, como o do triângulo (de 1 a 26), é caracterizado pela presença de vértices pendentes[7] tais como 12, 14, 15, 17, 21, 25 e 26. Constitui um subdiagrama com estrutura de árvore. Um grupo liga-se a outro por ramificações remetendo a um ou vários vértices: o grupo das paralelas ramifica-se no grupo de triângulo em 4, 13, 15 e 16; o grupo das áreas ramifica-se nos dois anteriores em 23, 29, 31, 33 e 34. De um ponto de vista estritamente gráfico, isto é, dedutivo, é evidente que essa descrição de um maciço é amplamente arbitrária, uma vez que não é de modo algum unívoca. Justifica-se apenas pelo sentido dos conceitos postos em jogo em cada um dos grupos de proposições. É a noção de triângulo que constitui a unidade do primeiro, a de área a unidade do terceiro. Uma ordem *semântica* superpõe-se, pois, arquitetonicamente à ordem estritamente dedutiva e dirige a apresentação das proposições. A ordem linear, sublinhada pela numeração dos teoremas, é apenas grosseiramente significativa, já que o liame dedutivo determina no diagrama apenas uma ordem parcial. É por isso que propomos duas apresentações tipográficas desse diagrama, uma levando em conta a ordem total artificial das proposições, a outra ressaltando o caráter parcial da ordem dedutiva. Vê-se que o segundo grupo de proposições que introduz a noção de paralelas situa-se dedutivamente quase no mesmo nível que os primeiros teoremas do primeiro grupo. O grupo das áreas, ramificado essencialmente em 34, acha-se no prolongamento imediato do grupo das paralelas.

O essencial do livro I, pois, orienta-se bastante nitidamente para as noções constitutivas de uma álgebra geométrica.

II, 12.

Esta é desenvolvida, como sabemos, no livro II, cujas quatorze proposições equivalem a diferentes identidades usuais da Álgebra. O que impressiona e choca o leitor, à primeira vista, é o caráter redundante das proposições demonstradas que, no estilo algébrico moderno, aparecem todas como aplicações diretas de regras elementares de cálculo. A

---

7. Terminologia de BERGE, em *Théorie des graphes,* Paris, 1958.

46 FILOSOFIA DO ESTILO

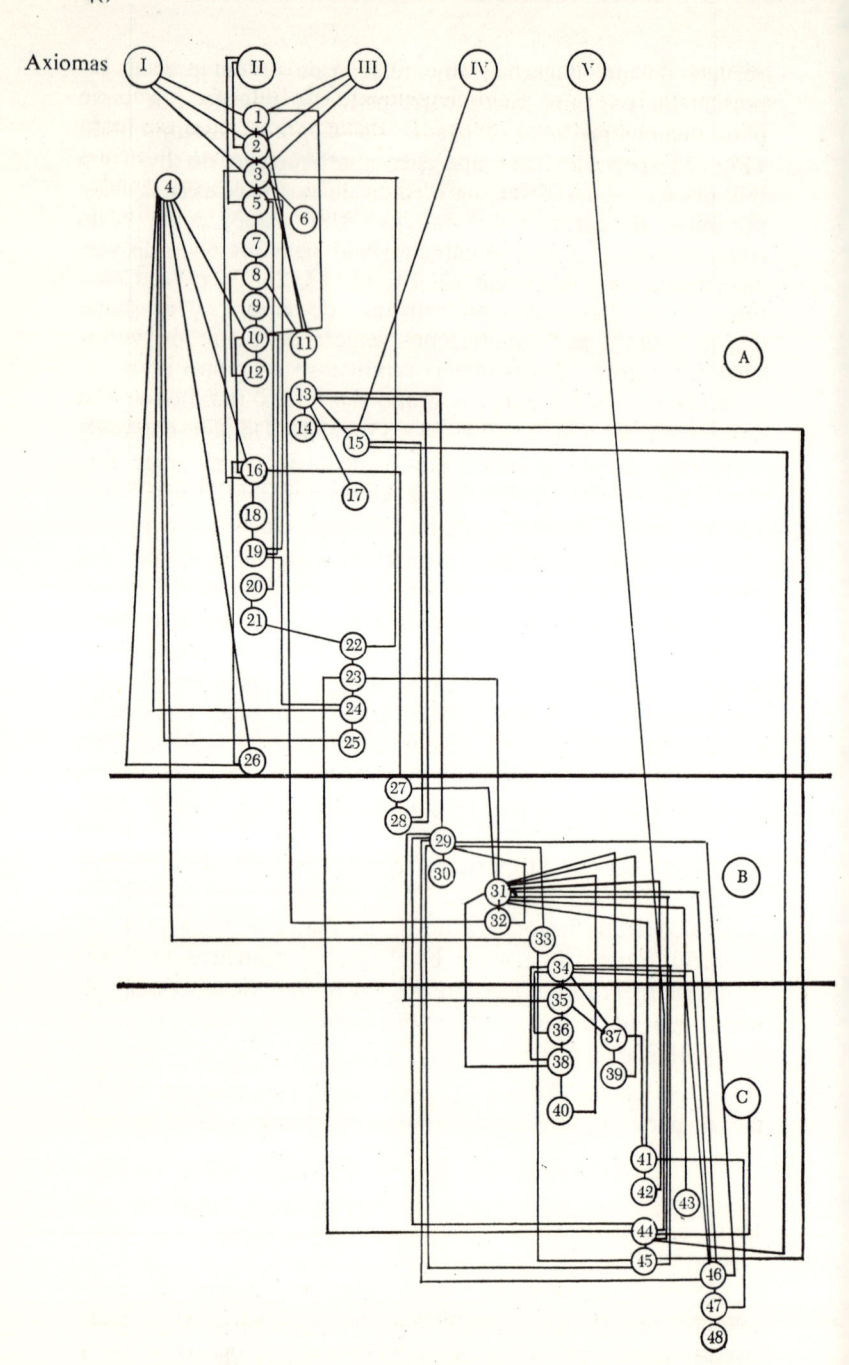

Fig. 2. Diagrama das Dependências lógicas das proposições de Euclides I.

N.B.: *Omitiu-se uma linha ligando o axioma V à proposição 29.*

incapacidade do geômetra de realizar essa economia de meios demonstra o caráter insuficientemente abstrato da noção de grandeza utilizada no livro II. Insuficiência que faz com que Euclides pareça preocupar-se aqui muito menos com uma redução dos teoremas a uma proposição fundamental do que em expor à luz o *método*. Pode-se distinguir nessa exposição duas etapas nitidamente marcadas. Até o teorema 8, trata-se explicitamente de *construir áreas*. Retângulos e quadrados são efetivamente nomeados e construídos sobre a figura. A partir do teorema 9, essa prática é abandonada e tudo se passa como se as expressões "quadrado" e "retângulo" fossem apenas designações simbólicas que não precisassem de modo algum ser concretizadas. Além disso, o teorema dito de Pitágoras (I, 47) é utilizado daqui por diante diretamente como *regra* e instrumento nas demonstrações.

A álgebra geométrica não poderia ir mais longe sem uma teoria geral das grandezas que a liberta de sua vestimenta geométrica. A última proposição do livro é, de certo modo, o testemunho desse movimento em direção ao Deus escondido do V e do X livros... Ela consiste na solução geral do problema: construir um quadrado igual a uma figura poligonal dada. Uma vez que todo polígono plano é, em potência, igual a um quadrado determinado, é que se pode extrair de toda referência às formas específicas das figuras uma teoria geral das *áreas*, consideradas como uma espécie de grandeza. Sendo assim as áreas poligonais comparáveis entre si, como o são segmentos retilíneos, a idéia de uma teoria comum às grandezas é desde agora possível. É ela que constitui a base de dois dos mais belos livros de Euclides, o V e o X.

O número e a grandeza

II, 13.

A álgebra geométrica é justamente um estilo, caracterizado pelo papel atribuído às propriedades intuitivas das figuras e pelo modo de introdução das operações, tais como a multiplicação dos comprimentos e sua elevação ao quadrado. Mas, — do mesmo modo que, no domínio das artes, a persistência de um estilo é apenas uma sobrevivência acadêmica, depois de ter-se mudado o sentido da obra ou a natureza de seus materiais — o desenvolvimento do método de aplicação das áreas, permitindo perceber, desde o livro I, um sentido geral das operações sobre as áreas e os comprimentos, anuncia a caducidade da álgebra geométrica.

48   FILOSOFIA DO ESTILO

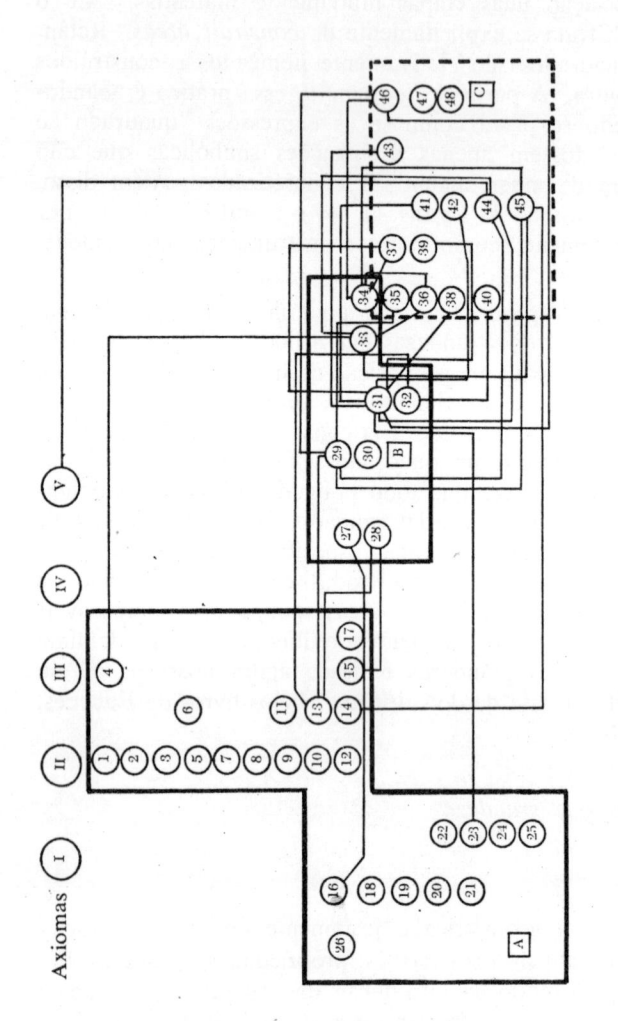

Fig. 3. Diagrama de Euclides I: os três grupos de proposições.

Notam-se apenas as remissões de grupo a grupo.

N.B.: *Omitiu-se uma linha ligando o axioma V à proposição 29.*

A principal conseqüência do uso desse estilo foi desligar radicalmente a grandeza geométrica do número inteiro. Comparada à aritmética geométrica pitagórica, a álgebra geométrica é uma vigorosa rejeição da identificação da grandeza com o número. Pode-se, pois, considerá-la como um momento negativo essencial numa teoria das grandezas. O momento positivo de reintegração do número corresponde então à teoria das proporções (λόγοι) do livro V aos livros aritméticos (VII, VIII e IX) perfazendo-se na teoria da medida do livro X.

Do ponto de vista estilístico, esse grupo de livros dos *Elementos* caracteriza-se por uma análise axiomática muito mais adiantada, um abandono total da intuição geométrica e um transporte do fundamento intuitivo para as propriedades dos inteiros. Ao fim da teoria dos irracionais, uma noção de grandeza acha-se perfeitamente construída e coordenada à do número inteiro. O único ponto que talvez permaneça ambíguo é o estatuto do próprio número inteiro enquanto grandeza. O número inteiro é, com efeito, constantemente utilizado como operador natural na teoria da relação das grandezas. Em seguida, aparece como objeto da teoria aritmética e as relações de números são introduzidas e tratadas evidentemente como relações de grandezas. No entanto, em nenhum momento, Euclides designa explicitamente o número inteiro como uma espécie particular de grandeza. Do ponto de vista da estrutura lógica da teoria, está claro que o número, operador intuitivo do livro V, é o mesmo objeto matemático que o número cujas propriedades são deduzidas nos livros VII, VIII e IX. Mas, estilisticamente falando, permanecem distintos e, embora o segundo mereça as honras de uma tentativa de definição axiomática (livro VII), o primeiro nem mesmo é nomeado ao longo do livro V e só aparece através da expressão "múltiplo" (πολλαπλάσιον) e "medir" (καταμετρεῖν). É isso o que observamos mais acima, em nossas considerações preliminares (II, 7), e que vamos examinar mais pormenorizadamente.

II, 14.

O número inteiro é, com efeito, o instrumento fundamental, embora oculto, da teoria das proporções. Desde a primeira definição, foi dito que uma grandeza (μέγεθος) é parte alíquota (μέρος) de uma outra grandeza, se a menor mede (καταμετρεῖ) a maior, isto é, se ela aí está contida um *número* exato de vezes. O sentido do verbo καταμετρεῖν não sofre nenhuma ambigüidade; será retomado em Aritmética com esta acepção precisa e Euclides oporá, justamente nesta ocasião, μέρος (parte alíquota) a μέρη, no plural, correspondendo ao caso em que a parte não *mede* a grandeza VII, defs. 3 e 4). O adjetivo "múltiplo" (πολλαπλάσιον) remete à mesma idéia de iteração de uma grandeza um certo *número* de vezes.

Esta definição de múltiplo vai servir diretamente à definição da relação (λόγος) entre duas grandezas, segundo um procedimento singularmente significativo do estilo euclidiano, que vale a pena ser comentado.

Ele se opera em três tempos. O primeiro é um momento de abstração qualitativa que não traz conteúdo estrutural algum e permanece, conseqüentemente, uma espécie de homenagem feita pela virtude matemática ao vício do metafísico.[8] Uma relação, diz a definição 3, é uma conexão determinada quanto ao tamanho[9] entre duas grandezas homogêneas ἡ κατὰ πηλικότητα ποιὰ σχέσις), isto significa, como constatou muito bem De Morgan, que uma relação é uma grandeza (no sentido de tamanho) relativa, o que não aumenta em nada nosso conhecimento da relação nem da grandeza.

O segundo momento coloca uma condição de possibilidade — necessária e suficiente — da existência de uma relação: duas grandezas estão numa certa relação, quando é possível encontrar para cada uma um múltiplo da outra que a ultrapasse (def. 4). Esta tão elegante condição de existência tem uma dupla virtude: negativa e positiva. Com efeito, descarta o caso em que uma das duas grandezas seja "infinita" em relação à outra e dá implicitamente direito de cidadania ao caso das grandezas "incomensuráveis". A generalidade da teoria está assegurada a partir de agora. Resta dar um sentido construtivo à noção de relação.

É esse o papel do terceiro momento do procedimento (def. 5), que define a igualdade de duas relações. A formulação em grego é perfeitamente precisa e concisa, mas exige um esforço de atenção. Talvez seja mais fácil traduzi-la utilizando símbolos. Sejam dois pares de grandeza; α, β e γ, δ. As duas relações α/β e γ/δ são iguais, se, quaisquer que sejam os inteiros p e q, $p\alpha$ é superior, igual ou inferior a $q\beta$ se e somente se $p\gamma$ é respectivamente superior, igual ou inferior a $q\delta$.[10]

---

8. Aliás, é possível que esta definição seja uma peça reutilizada, como sugere H. SCHOLTZ ("Warum haben die Griechen die Irrationalzahlen nicht aufgebaut?", em *Kantstudien*, XXXIII, Berlim, 1928). Mas tomamos os *Elementos* tal como são, sem fazer intervir os problemas referentes à sua genealogia.

9. Talvez o vocábulo "tamanho" (*taille*) surpreenda aqui. Contudo, convém distinguir a grandeza como sujeito e a grandeza como predicado; a única palavra francesa que nos parece sugerir a segunda idéia é exatamente "tamanho" (*taille*), que aliás traduz a palavra inglesa *size*, à qual Heath se refere para resolver esse mesmo problema de tradução.

10. $\forall p \, \forall q \, [(p\alpha > q\beta) \Leftrightarrow (p\gamma > q\delta)] \cdot [(p\alpha = q\beta) \Leftrightarrow (p\gamma = q\delta)]$.

Naturalmente, os comentadores de Euclides observaram que essa definição da igualdade de duas relações supunha aparentemente uma infinidade de verificações, fazendo intervir a seqüência duplamente infinita dos pares de multiplicadores inteiros. Mas basta poder demonstrar que a definição é satisfeita para um par *qualquer,* ou ainda, demonstrar que uma dupla recorrência aos multiplicadores conserva a propriedade. Não é aí que está o aspecto interessante da definição, mas, muito mais no fato de que Euclides permanece mudo quanto à natureza do objeto matemático assim introduzido.

II, 15.

Para Euclides, o Λόγος de duas grandezas é uma espécie de número, generalizando a noção originária de número inteiro? Quase não é possível duvidar disso, se bem que às relações não se aplique o termo ἀρίθμος, que sempre designa apenas os números por excelência, isto é, os inteiros. Até a proposição 16 do livro XII, Euclides considera grandezas múltiplas uma da outra; sem aproveitar, contudo, essa ocasião para anunciar que, nesse caso, a *relação* se identifica com um *número* inteiro. No livro VII, a definição 20 enuncia que quatro números estão em proporção (ἀναλογόν: o termo é o mesmo que Euclides aplicava às grandezas, V. def. 6), quando o primeiro é o mesmo múltiplo, ou a parte alíquota, ou a mesma "parte" (μέρη) do segundo, que o terceiro do quarto. Esta definição da igualdade das relações de números é um caso particular da definição do livro V. A relação é, então, evidentemente identificada a um inteiro ou a um número racional, mas, Euclides abstém-se de notá-lo.

Por outro lado, ele nunca diz expressamente que os números inteiros são grandezas, se bem que aplique a suas relações, no livro VII, o mesmo tratamento que às relações de grandezas. Por que essa reticência na identificação do número inteiro a uma grandeza e da relação de grandeza com um número generalizado?

No que diz respeito à identificação do número inteiro com uma grandeza, sem dúvida, é necessário ver em seu silêncio a conseqüência de uma vinculação à álgebra geométrica. A grandeza é originariamente, para ele, um objeto provido de uma dimensão, no sentido dos físicos. Repugna-lhe espontaneamente, pois, assimilar o número, ser não-dimensional, a uma grandeza.

Quanto a considerar como um número, no sentido amplo, o ser matemático definido por uma relação de grandezas, sem dúvida, o uso do grego ἀρίθμος a isso se opõe de modo bastante forte, ligando estreitamente esse vocábulo ao desconto de uma coleção.

A solução parcial das dificuldades levantadas por esses silêncios de Euclides encontra-se no teorema 5 do livro X enunciando que grandezas comensuráveis têm entre si a relação que um número terá com um outro número. Por um lado, isso equivale a dizer que um número (inteiro) é a *medida de uma grandeza* em relação a uma outra grandeza tomada como unidade. Toda a teoria das grandezas comensuráveis se reduzirá, pois, a uma aritmética das relações de números. É, seguindo a insistência ou não sobre as propriedades intrínsecas da grandeza, unidade escolhida, que a *relação* será assimilada ao número (racional) medindo uma grandeza relativamente a uma outra grandeza ou que esta mesma *grandeza* será identificada ao número (inteiro) de unidades que a mede. O estilo euclidiano, que privilegia o número inteiro como operador de iteração definindo uma medida, tende a pôr em evidência a segunda interpretação mais do que a primeira. Mas, de qualquer modo, trata-se aí apenas de variantes de estilo; o progresso capital da Matemática, no século XIX, que, após Dedekind, retomará o problema das relações do número e da grandeza, consistirá inicialmente em dar à luz a estrutura abstrata comum às "relações de grandezas" e aos "números". Pode-se dizer que Euclides — e, sem dúvida, antes dele, Eudoxo — já a haviam pressentido parcialmente.

Por outro lado, o teorema X, 5 apela à definição da analogia do livro VII, aplicando-a a um par de grandezas quaisquer e a um par de números: Euclides postula, pois, implicitamente aqui que o número (inteiro) tem as propriedades de uma grandeza. Isso confirma nossa observação anterior.

II, 16.

Aliás, a concepção oficial do número, que é exposta nos livros aritméticos VII, VIII e IX, vai no mesmo sentido, se se aproximá-la dos textos sobre as grandezas e suas relações. O número inteiro aparece aí como um esquema de medida. De algum modo, é a grandeza comensurável por excelência, sua forma abstrata: com efeito, ele é definido como uma multiplicidade composta de unidades (VII, def. 2). A unidade é tomada aqui em sua indeterminação de medida minimal; e o número, *objeto* da Aritmética, é somente o resultado da *operação* iterativa que é o número intuitivo, que dissemos fundar a própria noção de medida. A partir daí, compreende-se que Euclides não sinta necessidade de precisar que o número é uma grandeza; ele é a *grandeza* por excelência, objetivação imediata da operação de medida, que permanece, naturalmente, o dado intuitivo indefinível sobre o qual repousa toda a teoria. Mas, o caráter de extrema abstração, de que se reveste esta noção esquemática de grandeza, fere, como dissemos, o sentido geométrico, físico mesmo, de grandeza dimensional ainda vivaz no matemático de Alexandria.

Do mesmo modo, e se poderia dizer simetricamente, à grandeza incomensurável, de que, no admirável início do livro X, é desenvolvida uma rigorosa teoria, precisamente por negar o esquema operatório da medida por iteração, repugna a assimilação ao número. As 107 proposições que seguem o teorema 8 não têm, com efeito, como objeto, *calcular* grandezas aproximando-as por números. Visam, inicialmente, a fixar os critérios de racionalidade das grandezas geométricas determinadas por diferentes construções. Essa preocupação leva a supor que, bem antes da introdução sistemática de uma álgebra, a solução de um problema geométrico consistia exatamente em calcular numericamente grandezas no caso da racionalidade. A aproximação de grandezas irracionais por números parece, ao contrário, uma preocupação estranha a Euclides, se bem que os dois primeiros teoremas de X esbocem o procedimento eudoxiano de exaustão que Arquimedes retomará e desenvolverá. Fato estilístico ainda é essa indiferença em relação a uma representação assintótica dos irracionais pelos números, pois, a Euclides não falta nem a ferramenta, nem o quadro de uma exploração dos teoremas 1 e 2 numa teoria do tipo da de Arquimedes. Aparentemente, ele recusa colocar-se o problema, e a difícil classificação dos irracionais algébricos, que ocupa a maior parte do livro X, diz respeito a uma preocupação totalmente diferente. Observou-se a multiplicidade das transcrições algébricas possíveis dos "binomiais", "apótomos", "bimediais", "maiores", "menores" etc. É que esta ordenação não é de modo algum de intenção algébrica. Bem ao contrário, corresponde a diferentes casos de construção puramente geométricos; alguns dos quais aparecerão ao longo do livro XIII, quando se tratar de determinar os elementos dos polígonos e poliedros regulares. Seria possível talvez aproximar esse estilo euclidiano, que separa com nitidez os problemas que dizem respeito ao comensurável dos problemas referentes ao incomensurável, da atitude cartesiana em relação a questões "mecânicas", de que se falará mais adiante. Nos dois casos, manifesta-se um *gosto,* no sentido estético desta palavra, a que repugna transgredir regras, misturar gêneros, introduzir abertamente a intuição sensível num cálculo. O gênio de um como o do outro impede-os de pensar que, para além desse *saltus mortale* consentido por um Arquimedes, um Cavalieri, um Pascal, abre-se um reino onde regras também tão rigorosas permitirão ao geômetra audacioso retomar seu poder sobre a imaginação sensível.

A ligação do ser geométrico e do ser aritmético é, pois, somente em potência realizada nos *Elementos* de Euclides; tudo está preparado para uma aritmética do incomensurável. Mas, Euclides não chega a coordenar números às grandezas irracionais[11] e a definir, finalmente, o número generalizado como uma relação de grandezas, assim como quereria a lógica de seu sistema. Isso é afastado pelo estilo por ele adotado no tratamento dos objetos matemáticos.

A fim de concluir este capítulo, resumiremos brevemente os traços mais marcantes desse estilo.

Inicialmente, é um lugar-comum dizer que Euclides procura reprimir a intuição unicamente nos axiomas e noções comuns. É por isso que ele é o pai do método axiomático moderno. Vimos como se realizava essa tentativa no caso da noção de grandeza geométrica. Da fato, uma camada intuitiva subsiste, por assim dizer, em cada um dos níveis sucessivos da teoria. Quanto à grandeza euclidiana, esta base intuitiva que permanece no último degrau da doutrina das proposições, é a noção de inteiro tomado como operador de iteração.

Por outro lado, embora procure sempre demonstrações gerais, Euclides parece obedecer constantemente a um princípio tácito que se poderia denominar princípio de especificidade. Evita identificar objetos matemáticos de mesma estrutura, mas de origem e construção diferentes. Logo veremos que os desenvolvimentos modernos da Matemática, ao contrário, são dominados por um princípio de identificação estrutural. No próprio círculo das noções euclidianas, o estilo axiomático moderno assimila os inteiros aos racionais de denominadores de unidade, os racionais aos reais que tenham um desenvolvimento periódico etc. Toda vez que se constrói uma estrutura envolvente, os elementos da estrutura envolvida são aplicados a uma parte da estrutura envolvente e canonicamente identificados a suas imagens nesta nova estrutura. Este é um dos procedimentos mais poderosos de generalização algébrica[12]. Parece que a Euclides, ao contrário, repugna confundir seres que ele pensa e constrói em fenomenologias

---

11. Empregamos *irracional* no sentido moderno. Sabe-se que, para Euclides, as grandezas incomensuráveis, mas de quadrado comensurável, são igualmente chamadas racionais (ῥηταί oposto a ἄλογοι; X, def. 3).

12. Vemos por exemplo que em Grassmann, um dos precursores da nova álgebra, os números são introduzidos diretamente na teoria das "grandezas extensivas" como quocientes exteriores de duas grandezas ortogonais (*Ausdenhnungslehre*, I, 1844, p. 137). Do mesmo modo, em Hamilton, aparecem na teoria dos quatérnios sob o nome de "tensores" (cf. IV, 15).

distintas. As "relações de grandezas" comportam-se como inteiros, generalizando as propriedades destes; no entanto, Euclides não dirá que são "números", alguns dos quais corresponderiam aos inteiros. É necessário ver nesse traço de estilo o reflexo de uma tese metafísica que Aristóteles exprimia, ao estabelecer que cada ciência tivesse seus princípios distintos e neles condenasse como sofisma toda μεταβάσις εἰς ἄλλο γένος? É necessário dizer, ao contrário, que é a tese aristotélica que formula abstratamente um traço de estilo comum aos pensadores desse tempo e desse meio? Inclinamo-nos a esta segunda maneira de ver: o princípio euclidiano de especificidade é o que permanece de uma certa *mentalidade qualitativa*. Vigorosamente posta em questão pelo método axiomático do geômetra, ela cedeu, por exemplo no conceito congruência-igualdade; mas ainda resiste à unificação dos diferentes aspectos da grandeza aritmético-geométrica.

Enfim, um último traço do estilo de Euclides, ou antes uma aplicação do traço anterior ao último problema levantado: a ausência de um algoritmo de aproximação dos irracionais. Com efeito, o projeto de um cálculo aproximado das grandezas geométricas supõe um postulado de homogeneidade entre racionais e irracionais, postulado esse que é estranho a Euclides em virtude do traço de seu estilo anteriormente indicado. Daí resulta que toda sua teoria dos irracionais tem como função não substituir as das grandezas racionais figurativas, garantindo sua adequação, mas, ao contrário, determinar os critérios do irracional, de maneira a discernir sem ambigüidade o que justamente é exprimível de modo numérico, do que compete a uma construção geométrica. Assim, acha-se preservado esse purismo euclidiano que permanece, não apenas no alexandrino, mas ainda em geômetras de um gênio tão diferente do seu como Arquimedes, uma das personalidades mais atraentes dos matemáticos da Antiguidade.

3. Estilo Cartesiano, Estilo Arguesiano

III, 1.

Descartes e Desargues são exatamente contemporâneos. Ambos viveram no meio intelectual parisiense das décadas de 1630 e 1640, conheceram as mesmas pessoas, os mesmos problemas publicamente propostos aos matemáticos.[1] Todas as condições externas, que devem tornar particularmente significativo um confronto dos modos de abordar o objeto geométrico comum, são, pois, realizadas numa espécie de sincronia matemática. Sem dúvida, dotados ambos de um gênio eminentemente inventivo, contribuíram para transformar profundamente esse próprio objeto; transformação que devia fazer efeito imediatamente para Descartes e somente dois séculos mais tarde para Desargues. Consideradas segundo sua efetivação, a obra cartesiana e a obra arguesiana diferenciam-se, pois, mais profundamente do que por traços de estilo; isto é claro. Mas queríamos justamente mostrar que a invenção de novas estruturas, que caracteriza uma mutação do objeto científico, aqui se apresenta inicialmente como *variação de estilo* na atividade construtiva dos matemáticos. É, pois, na singula-

---

1. Descartes (1596-1650) e Desargues (1591-1661) talvez nunca se tenham encontrado, a não ser na sede de La Rochelle em 1628, de que Desargues teria participado como engenheiro e a que Descartes teria assistido por curiosidade (Baillet, A. T., I, p. 157). De sua correspondência subsiste apenas uma carta de Descartes (19 de junho de 1639, A. T., II, pp. 554-557). Mas, estiveram constantemente em contato por intermédio de Mersenne.

ridade de um modo de apreensão dos problemas e dos objetos já constituídos pela ciência de seu tempo que nos é necessário opor aqui as duas obras. Aliás, será a nós perdoado não desenvolver este estudo pormenorizadamente, o que talvez valeria que se lhe consagrasse todo um livro; nós nos contentaremos em salientar alguns dos traços maiores pelos quais se pode definir um estilo, tendo em vista não retomar uma abordagem histórica, mas apenas dar um exemplo tópico e preciso que possa servir para fundar neste domínio a própria idéia de um estilo.

III, 2.

Aliás, a oposição radical de orientação que o leitor da *Géométrie* (1636) e do *Brouillon Projet d'une atteinte aux événements des rencontres du cône avec un plan* (1639) facilmente percebe hoje, nunca foi tão nitidamente sentida por seus autores.

Desargues é um admirador de Descartes; reconhece não compreender plenamente a *Géométrie*, mas "nela observar e ver reluzir algo fora do pensamento ordinário... e que tem conformidade com pensamentos" que ele próprio apenas "aflorou" (*Lettre* a Mersenne, 4 de abril de 1638, em Taton, p. 86).[2] Quanto a Descartes, pode-se dizer que Girard Desargues é o único grande matemático de seu tempo com quem ele reconhece ter uma certa comunidade de pensamento e a quem atribui uma estima sem reserva, que por sinal se sabe ser por demais avara. As vinte e três referências a Desargues, que sua *Correspondência* contém, exprimem ou o reconhecimento por serviços prestados ou a consideração pela "bondade de seu espírito" (15 de novembro de 1638, a Mersenne, A.T., p. 433).

Tal atitude por parte de uma inteligência tão crítica e de um caráter tão íntegro somente se explica pela certeza de uma comunidade muito profunda de desígnios. Em que ela pode consistir? Embora não esteja em parte alguma elaborado por Descartes, no entanto, esse bem comum parece-nos poder ser reconstituído com verossimilhança. Cremos que comporta dois elementos:

1) A Matemática deve ser considerada como uma ciência *aplicável*, cujas conseqüências são, pelo menos em princípio, mais importantes do que o conteúdo. Sabe-se que Descartes professa essa doutrina e, em muitos pontos de sua *Correspondência*, até mesmo afeta estar "enjoado" da

---
2. Citamos o *Brouillon Projet* e a *Lettre* a Mersenne segundo a edição obtida por Taton em sua tese complementar. As outras obras, segundo a edição Poudra.

Matemática pura[3] e, particularmente, da Aritmética, aisciplina que considera como quase indutiva, onde aparecem "coisas que não servem mais" (a Mersenne, 3 de junho de 1638, A.T., II, p. 168). Chega a tal ponto que Desargues aparentemente havia participado a Mersenne seus temores em ver o Sr. Descartes abandonar a Geometria; a que o filósofo responde que apenas resolveu "deixar a geometria abstrata, isto é, a resolução das questões que só servem para exercitar o espírito; e isto a fim de ter tanto mais lazer para cultivar uma outra geometria que se proponha como questões a explicação de fenômenos da natureza..." (a Mersenne, 27 de julho de 1638, A.T., II, p. 268).

Quanto a Desargues, dele temos um texto de 1648 que exatamente faz eco a este tema cartesiano: "Reconheço francamente que nunca tive gosto pelo estudo ou pesquisa nem da Física nem da Geometria, a não ser enquanto possam servir ao espírito como meio de chegar a alguma espécie de conhecimento das causas próximas dos efeitos das coisas, que se possam reduzir a um ato efetivo para o bem e comodidade da vida, seja em seu uso para a manutenção e conservação da saúde, seja em sua aplicação para a prática de alguma arte..." (*Reconnaissance de Mr. Desargues,* em face da *Perspective* de Abraham Bosse, 1648; em *Oeuvres de Desargues,* ed. Poudra, II, p. 487). Contudo, convém observar que, se a ambição cartesiana alça o tema da Matemática aplicada até o de uma *Scientia universalis,* nenhum texto nos permite dizer que Desargues concebeu o uso da Matemática de outro modo a não ser num espírito pragmático, como se ressalta na passagem citada. De fato, nem um nem o outro puderam, na verdade, dirigir a Matemática às aplicações grandiosas plenamente percebidas pelo autor do *Método.* Mas a *Dióptica* cartesiana é efetivamente aplicada ao talhe dos vidros, e a perspectiva arguesiana à secção das pedras e à construção dos quadrantes solares: aplicações irrisórias a nossos olhos, mas já justificativas de um princípio, cujo paralelismo não pôde deixar de impressionar a um e a outro.

No entanto, não se impedirá de pensar que, para um como para o outro, o conhecimento teórico nunca possa ser simplesmente o servo de suas aplicações. É Desargues, o mais "prático" dos dois, que, ao contrário, reivindica de modo por demais vigoroso o privilégio decisivo da teoria: "Os excelentes contemplativos (*entenda-se: os geômetras teóricos*)... sem nunca ter empregado na execução mecânica a regra e o compasso, unicamente pela demonstração geométrica, vêem melhor e podem melhor assegurar a que levará sua execução, do que poderia fazê-lo toda a experiência conjunta de todos

---

3. A Mersenne, 15 de abril de 1630, A. T., I, p. 139; ao mesmo, 31 de março de 1638, A. T., II, p. 95; ao mesmo, 25 de janeiro de 1647, A. T., IV, p. 595.

os melhores operários exclusivamente práticos e que não têm o espírito de Geometria". (*Brouillon Projet d'exemple d'une manière universelle du S.G.D.L. touchant la pratique du trait à preuve pour la coupe des pierres en architecture...* em Poudra I, 1640, p. 357).

2) Se a Matemática quase não vale por seu conteúdo, vale por seu método: o que importa, são, pois, as soluções *gerais*. Descartes sempre desenhou abertamente as receitas que permitem resolver algumas dificuldades particulares. Aliás, é o gosto pelos procedimentos gerais que o faz rejeitar o método de Fermat para as tangentes, que ele crê ou finge crer, bem injustamente, ser demais particular. Ora, reconheceu em Desargues um matemático igualmente preocupado com a universalidade. Não se pode deixar de citar, a este propósito, o texto bem conhecido de uma carta a Mersenne (9 de janeiro de 1639, A.T., II, p. 490), onde Descartes se refere ao *Brouillon Projet* sobre as cônicas: "A maneira pela qual ele começa seu raciocínio", diz de Desargues, "é tanto mais bela quanto é mais geral e parece ser tomada do que tenho o costume de denominar a metafísica da Geometria, uma ciência que jamais notei ter sido usada por alguém a não ser por Arquimedes..."

Texto notável, em que ele opõe finalmente dois graus do procedimento geral apropriado aos matemáticos: o do *cálculo* e o que ele denomina metafísico, que seria necessário, hoje, designar pela palavra, tomada *lato sensu,* metamatemática. A perspicácia do filósofo reconheceu nos métodos de Desargues o uso de um raciocínio que domina os raciocínios específicos, revelando-lhes a unidade. A teoria arguesiana das cônicas é justamente, em relação a Apollonius, uma metateoria, cujas proposições constituem *regras para engendrar os teoremas* da teoria propriamente dita. Logo precisaremos esse traço da geometria arguesiana em seu aspecto estilístico. Mas, desde já, observar-se-á que Descartes compreendeu tão bem seu sentido e sua audácia que formula reservas a seu respeito. "Quanto a mim", prossegue, "dela sirvo-me sempre para julgar, em geral, coisas que são encontráveis e em que lugares devo procurá-las; mas nela nunca me fio a ponto de assegurar alguma coisa do que encontrei por esse meio, antes que a tenha examinado também pelo cálculo ou que dela tenha feito uma demonstração geométrica".

Para o autor do *Discurso,* a generalidade do cálculo algébrico é suficiente e necessária. Com efeito, ele não podia conceber que o próprio método das transformações projetivas devesse, um dia, constituir-se num substituto do cálculo (e mesmo, como nos aparece hoje, num novo cálculo, tão algébrico quanto o cartesiano). Reconhece que a teoria arguesiana é bela e fecunda, mas insiste na igual fecundidade de sua análise, assegurando que "é, todavia, muito difícil nada dizer *das cônicas* sem a Álgebra, que não se possa tornar ainda muito mais fácil pela Álgebra" (a Mersenne, 9 de fevereiro de 1639, A.T., II, p. 499).

III, 3.

Compreende-se, pois, o que une os dois geômetras e entrevê-se o que os separa. De fato, apesar do acordo que acabamos de salientar, representam duas posições do objeto matemático completamente incompatíveis ao nível em que, então, são expostas. Elas somente podiam se desenvolver de modo independente. A história mostra-nos que o sucesso do ponto de vista cartesiano obscureceu quase completamente o ponto de vista de Desargues. Nem os escritos arguesianos de Pascal sobre as cônicas (o *Essay* de 1640 e o *Traité* perdido), nem os de respeitáveis geômetras como Philippe de la Hire e Le Poivre nada mais fazem do que instituir, na verdade, nos séculos XVII e XVIII, uma Matemática à Desargues. Carnot, Monge, Poncelet, Michel Chasles retomarão as idéias arguesianas no início do século XIX e desenvolverão suas conseqüências num corpo de doutrina chamado "geometria moderna". A herança de Desargues deixa, então, de ser simplesmente um estilo: cria-se uma nova estrutura do objeto geométrico, cuja natureza Félix Klein elucidará explicitamente, reunindo, enfim, sobre bases rigorosas e fecundas, o ponto de vista de Descartes e o de Desargues, graças à teoria geral dos grupos de transformações.[4] Desta vez, Descartes e Desargues conciliam-se de direito, melhor e mais profundamente do que se eles mesmos se achariam unidos de fato. Mas, é-nos necessário esquecer essa história posterior para considerar apenas o que efetivamente aparece em nossos dois autores. Nosso método de análise consistirá em descrever e comparar a redução operada pelos dois geômetras nos objetos que receberam da tradição matemática. Para um como para o outro, esses objetos são essencialmente os que aparecem em Euclides e Apollonius, isto é, as figuras retilíneas planas, alguns poliedros e superfícies de revolução, algumas curvas, entre as quais, sobretudo, as cônicas.

A redução cartesiana do objeto geométrico

III, 4.

Para Descartes, inicialmente, parece se impor uma distinção entre procedimento constitutivo e procedimento demons-

---

[4]. Para uma exposição elementar mas luminosa e sugestiva das idéias de KLEIN, pode-se reportar ao volume II de suas *Mathématiques élémentaires d'un point de vue avancé* (1908, trad. inglesa, Dover books, 1939).

trativo. O primeiro diz respeito à renovação da própria posição do objeto.

Se é verdade que se conhece mais facilmente a alma do que o corpo, como se pode fazer com que a Geometria, que é a ciência da extensão, seja o mais sólido de todos os nossos conhecimentos e até mesmo, para Descartes, o mais seguro? Nos antigos, não há dúvida de que ela aparecesse, no entanto, como uma doutrina das figuras sensíveis, aparência que mascara sua natureza verdadeira e torna enigmático o rigor de seu desenvolvimento. Ora, a análise filosófica, que é resumida no *Discurso* e será mais tarde ordenada ao longo das *Meditações,* revela que a composição que mistura e confunde em nossa natureza a alma e o corpo pode ser contrabalançada por um uso atento do entendimento, que nos permite desmascarar os dois erros simétricos que consistem em "sofisticar a razão pelo sentimento" e em "sofisticar a natureza pela razão", segundo a expressão de M. Gueroult. A *Geometria,* na medida em que elabora uma nova constituição do objeto matemático, refuta e descarta o primeiro desses erros.

Ela salienta, pois, na extensão, o que é inteligível e não compete à imaginação, isto é, à união da alma e do corpo. Tem-se, ao definir a geometria analítica de Descartes, a tendência de insistir na idéia de uma *representação* das relações algébricas por configurações espaciais; isto talvez em razão das observações pedagógicas e heurísticas desenvolvidas nas regras XII, XIV e XV das *Regulae.* Mas, de fato, esta representação era conhecida e aplicada em certos domínios, bem antes de Descartes; e o *Isagoge* de Fermat a expõe — posteriormente, é verdade — de modo mais sistemático do que o livro I da *Geometria.* A verdadeira invenção não consiste, nesse ponto, numa descoberta técnica, mas muito mais numa atitude singularmente nova face ao ser geométrico.

Essa atitude manifesta-se de modo simples e decisivo, desde as primeiras páginas do livro, pelo abandono do princípio de homogeneidade. Para os antigos, o produto de dois comprimentos somente podia exprimir uma área; para Descartes, o produto de dois ou vários comprimentos poderá corresponder, em geral, a um outro comprimento, a "uma linha totalmente simples" (*Geometria,* p. 239).[5] A intuição espacial que unia os antigos e, como diz Descartes, causava-lhes "escrúpulo em usar termos da Aritmética na Geometria" (*ibid.,* p. 305) acha-se conjurada. Todas as operações da análise algébrica — que Descartes sistematiza — estão, desde então, disponíveis para exprimir as propriedades geométricas, que se colocam como reduzindo-se integralmente a esta estrutura abstrata, que define o modelo de inteligibilidade da extensão.

---

5. Citamos a *Géométrie* segundo a edição fac-símile da edição original, publicada por Smith Latham (Dover books, 1954).

A noção confusa e imaginativa da dimensão de uma figura é substituída por outra noção clara e distinta: a de grau de uma equação. Noção muito mais compreensiva, aliás, uma vez que por um lado se estende a um grau finito qualquer e, por outro, aplica-se tão bem em determinar a complexidade da natureza de uma curva. Sem dúvida, quando uma expressão algébrica exprime diretamente uma certa espécie geométrica de grandeza, é sempre necessário observar a homogeneidade.[6] Mas, no caso geral de uma relação onde a unidade é "determinada", a homogeneidade não é de modo algum necessária, pois essa unidade pode então ser "subentendida onde quer que haja muito ou muito pouco de dimensão: como se fosse necessário tirar a raiz cúbica de $a^2b^2 - b$, é necessário pensar que a quantidade a^2b^2 é dividida uma vez pela unidade e que a outra quantidade b é multiplicada duas vezes pela mesma" (*ibid.*, p. 299). Dito de outro modo, a nova análise vai tirar partido da Álgebra não como decalque, termo por termo, das grandezas e operações intuitivas, mas como estrutura das combinações de números puros, libertos de todo o vínculo intuitivo, estrutura que se supõe traduzir não mais as formas da aparência, mas as relações profundas das "naturezas simples", que constituem o objeto matemático.[7]

Não se trata aí de um procedimento de cálculo, mas verdadeiramente de uma atitude nova, *da substituição de uma intuição de um novo gênero às intuições geométricas de origem imaginativa*. O texto propriamente técnico, que expõe o método da colocação em equações e resolução de um problema geométrico, só tem sentido por esta redução prévia, pois supõe que seja possível "explicar" as linhas desconhecidas pelas linhas conhecidas, sem que se seja detido pela dimensão geométrica das combinações a que se recorreu.[8]

É, pois, uma intuição "algébrica" que, deslocando a intuição sensível das figuras, vai servir de fundamento à Geometria, como, aliás, a qualquer outro ramo da Matemática. Ora, concebe-se evidentemente a álgebra cartesiana como ciência da composição das grandezas em geral; daí resulta uma determinação essencialmente métrica do objeto: fato de estilo rico em conseqüências, que limita de modo radical o conteúdo estrutural da geometria cartesiana.

---

6. Descartes dá o exemplo da expressão: $x = \sqrt[3]{a^3 - b^3 + ab^2}$, quando x, a e b representam *comprimentos*.

7. O tratamento das raízes negativas, ou "falsas raízes", confirma essa liberação. Descartes coloca-as, de fato, no mesmo plano que as "verdadeiras" e mostra que se pode, por exemplo, modificar os coeficientes de uma equação de tal modo que as raízes verdadeiras se tornam falsas reciprocamente(*Géométrie*, III, p.373).

8. *Géométrie*, I, p. 300. "Assim, querendo resolver algum problema..." Esse texto muito pouco citado pelos filósofos é, aliás, um comentário magnífico das quatro regras do Método. Cf., a esse respeito, J. VUILLEMIN, *Mathématique et métaphysique chez Descartes*, Paris, 1960, p. 135 e ss. que o vincula sobretudo à 4.ª regra.

III, 5.

"Todos os problemas de Geometria facilmente podem ser reduzidos a termos tais, que, depois disso, só há necessidade de conhecer o comprimento de algumas linhas retas para construí-los." É assim que começa a *Geometria*. Todos os problemas referentes à extensão são, pois, considerados por Descartes como podendo ser traduzidos por combinações algébricas de comprimentos. A Geometria acha-se justamente reduzida ao cálculo, mas admite-se tacitamente que só há cálculo das grandezas e só há cálculo geral, ou Álgebra, dessas grandezas abstratas que são os números puros. Assim, Descartes nem mesmo entrevê o que será o sonho de Leibniz: constituir diretamente um cálculo para o que, na extensão, não é essencialmente redutível à medida; pois, a atitude cartesiana consiste justamente em definir a inteligibilidade da extensão pela medida e em considerar "a Geometria como uma ciência que ensina geralmente a conhecer as medidas de todos os corpos" (*Geometria*, II, p. 316). Este é o fato de estilo fundamental que domina a matemática cartesiana. Fato de estilo na medida em que não diz respeito a uma estrutura do objeto enquanto tal, mas antes à inserção essa estrutura numa experiência, isto é, de início, à distinção e delimitação de dois níveis de intuição: um dependente, segundo Descartes, da imaginação e da "natureza", que dependem também da incompreensível união da alma e do corpo; o outro, dependente unicamente do entendimento. Uma Geometria rigorosa nada pode dever ao primeiro.

Objetar-se-á talvez a esta afirmação o texto bem conhecido que define a Matemática como ciência "da ordem e da medida". Mas, nossa análise, ao contrário, esclarece-o e cremos que lhe dá seu sentido verdadeiro. Isto porque nenhum texto matemático cartesiano toma efetivamente a *ordem* como objeto, como o fará Leibniz, como o farão já Pascal em seus escritos sobre a combinatória e Jacques Bernouilli na *Ars aleatoria*. É que a definição cartesiana nos parece dever ser interpretada como determinando, ao mesmo tempo mas em dois planos distintos, o caráter do objeto e o do método: o objeto é medida, o método é ordem. Para fazer Matemática de modo válido, convém, por um lado, reter no objeto apenas isto através do que ele é mensurável e redutível ao número puro da Álgebra; por outro lado, "guardar a ordem". A ordem não é, pois, de modo algum, o tema de um desígnio objetivo: é uma noção metamatemática, evocada por Descartes no *Discurso* e que ele tenta descrever nas *Regulae* ou na *Geometria*, quando indica o caminho a seguir para resolver sistemas de equações. E se é possível guardar a ordem em Geometria, é justamente pelo fato de que seu domínio pode ser exaustivamente enumerado: esta é exatamente a condição fundamental a que responde a redução algébrica cartesiana, a qual vem impor ao mensurável uma restrição suplementar draconiana. "Se se prestar atenção como, pelo método de que me sirvo, tudo o que cai na consideração dos geômetras se reduz a um mesmo gênero de problema, que é o de procurar o valor das raízes de alguma equação, julgar-se-á que não é difícil fazer uma enumeração de todas as vias pelas quais pode-se encontrá-las..." (*Geometria*, III, p. 401).[9]

III, 6.

O estilo de Descartes determina a Geometria como métrica e, como métrica, permite "guardar a ordem"; é esta concepção de uma métrica que dirige a delimitação crítica do objeto matemático cartesiano.

Jules Vuillemin foi o primeiro que insistiu no aspecto crítico do idealismo cartesiano, vinculando-o a sua restrição da Geometria às curvas algébricas. "Descartes", escreve, "nunca pretendeu reduzir toda a realidade a idéias claras e distintas; somente quis obter de todos os elementos do real, o que quer que pudessem ser em si mesmos, que apresentassem suas cartas de fiança a um conhecimento claro e distinto: assim tem-se um conhecimento claro e distinto do sentimento, em si mesmo obscuro e confuso, quando se o distingue claramente da idéia clara e distinta e se concebe sua irredutibilidade a esta. A este propósito, a incompreensibilidade divina, que serve de correlato à irredutibilidade do sentimento, desempenha em Metafísica o mesmo papel que a veríamos desempenhar em Geometria, se aprofundássemos os fundamentos desta última ciência, que é somente onde ela pode levar em conta a transcendência das curvas mecânicas" (*op. cit.*, p. 96). O estilo cartesiano permite, com efeito, conhecer claramente que certos objetos abstratos da extensão escapam às determinações que ele toma como norma do inteligível. E talvez seja possível encontrar no conhecimento que Descartes tem da estrita limitação que impõe, na Geometria, ao campo de aplicação de seu método, um dos motivos desse aborrecimento e desse desgosto tão freqüentemente professados em relação à Matemática. Porque Descartes não deixou de encontrar vários exemplos de curvas não-algébricas e, pelo menos em dois casos (estudados por J. Vuillemin), de resolver, por assim dizer, apesar de si mesmo, os problemas que elas colocam. Os procedimentos fecundos de aproximação algébrica que en-

---

9. J. VUILLEMIN viu muito bem esse caráter metamatemático da ordem, ainda que não pronuncie esse termo. Com efeito, observa que a 4.ª regra do Método deve ser considerada "como um preceito reflexivo e regulador que se refere, pois, aos métodos e não aos problemas" (*Math. et métaphys. chez Descartes*, p. 137). No entanto, não insiste no fato de que a *ordem* não é um tema da matemática cartesiana.

tão inventa, nada mais fazendo do que estreitar cada vez mais o intervalo em que se encontra o verdadeiro comprimento, evidentemente não podem satisfazê-lo.

Contudo, não é por este aspecto negativo, mas antes enquanto extensão do domínio geométrico reconhecido pelos antigos, que Descartes apresenta a sua teoria das curvas. Qualificar de "mecânico" tudo o que não se pode construir por meio de retas, círculos ou, em geral, cônicas, é arbitrário e insuficiente. Pois, o próprio compasso é uma máquina e, aliás, a inexatidão e a aproximação que se quer banir não têm de modo algum direito de se instalar desde que se transponham os limites desse domínio. É que, consistindo o estilo cartesiano, como dissemos, em reduzir o aspecto inteligível da extensão à medida, uma curva só compete ao conhecimento geométrico se for suscetível de ser descrita por meio de comprimentos *exatamente* mensuráveis, qualquer que seja, aliás, o procedimento que aí se empregue, desde que permita guardar a ordem.

III, 7.

O que se deve entender por isso? Descartes no-lo diz explicitamente, embora de modo bastante equívoco, no início do segundo livro da *Geometria*: uma linha será geométrica "desde que se possa imaginá-la ser descrita por um movimento contínuo ou por vários que se sucedem uns aos outros, sendo os últimos inteiramente regrados pelos que os precedem, pois, por esse meio, pode-se sempre ter um conhecimento exato de sua medida" (p. 316). Observar-se-á, inicialmente, que esta definição é genética e parece repousar sobre uma intuição imaginativa do movimento. Aparentemente, eis aí, pois, uma volta ao conceito antigo da Geometria. *É que esta caracterização, expressa no estilo dos antigos, é apenas preambular a uma teoria propriamente cartesiana.* Assim, também sua insuficiência é evidente.

Em primeiro lugar, a classe das curvas definidas pela única condição de serem descritas por um movimento "contínuo" — se tentássemos dar um sentido preciso a este termo — compreenderia evidentemente a maioria das que Descartes quer justamente afastar de sua geometria. Em segundo lugar, a expressão: vários movimentos que se seguem uns aos outros, sendo os últimos inteiramente regrados pelos que os precedem — é enigmática. Está claro que tudo ocorre no modo pelo qual os movimentos se "sucedem uns aos outros".

Mas estas duas dificuldades se solucionam, assim que se abandona a apresentação cinemática contingente da gênese das curvas, por sua definição fundamental, algébrica. A continuidade do movimento único é exigida como cláusula primeira para se descartar a construção "por pontos" das curvas mecânicas. Descartes sabe muito bem, pelo fato de ele mesmo tê-lo descoberto no caso da espiral logarítmica (carta de 15 de novembro de 1638 a Mersenne e de 20 de fevereiro a De Beaune; cf. J. Vuillemin, *op. cit.,* p. 12 e ss.), que é possível construir por procedimentos "geométricos" uma infinidade de pontos de certas curvas, enquanto uma infinidade de outras escapam radicalmente à construção: "porque por esta última (maneira) não se encontram indiferentemente todos os pontos da linha que se procura, mas somente os que podem ser determinados por alguma medida mais simples do que a requisitada para compô-la; e assim, propriamente falando, não se encontra um de seus pontos, isto é, um dos que lhe são de tal modo próprios que somente possam ser encontrados por ela... E pelo fato de que esta maneira de traçar uma linha curva, encontrando indiferentemente vários de seus pontos, estende-se apenas às que podem ser também descritas por um movimento regular e contínuo, não se deve afastá-lo inteiramente da Geometria" (*Geometria,* II, p. 340). O procedimento algébrico, que substitui o traçado "contínuo", deve, pois, engendrar *todos* os pontos de uma linha "geométrica"; ele engendra apenas pontos particulares da linha "mecânica" e, por assim dizer, por acidente, de modo que seu conjunto não constitui então um contínuo no sentido intuitivo em que o entende Descartes — não mais, aliás, do que no sentido preciso dos modernos. A imagem cinemática do movimento contínuo recobre, pois, a idéia já clara, se bem que ainda confusa — de uma distinção entre pontos "algébricos" e pontos transcendentes, afastados do domínio do inteligível.

Quanto ao caso em que vários movimentos "se sucedem uns aos outros", é explicado de duas maneiras no livro II da *Geometria.* A primeira aparece com o instrumento descrito nos livros II e III, como meio de construir curvas cada vez mais "compostas". J. Vuillemin vê nessa primeira apresentação de uma hierarquia das curvas a chave de uma teoria geral dominando a Álgebra e talvez a metafísica cartesiana,[10] a saber, a das proporções (*op. cit.,* Cap. IV, em particular § 15). É bem verdade que esta espécie de esquadro móvel apresentado duas vezes por Descartes é uma máquina para inserir médias proporcionais entre duas grandezas; é igualmente verdade que Descartes indica que os vértices sucessivos dos esquadros descrevem curvas das quais "as últimas são por ordem mais compostas do que as primeiras" (*Geometria,* II, p. 318). Mas, em lugar algum ele diz, não sem razão, complexidade.[11] Tal máquina só poderia, pois, ser conside-

---

10. Cf. *Philosophie de l'Algèbre,* I, Paris, 1962, pp. 25-28, onde J. VUILLEMIN examina os dois princípios de proporção e de causalidade.

11. Calcula-se facilmente que o p é o vértice da partir do segundo engendra uma curva de grau $4p$ no sentido moderno, isto é, de gênero $2p$ no sentido cartesiano, não sendo representadas as curvas de gênero ímpar.

rada muito imperfeita do ponto de vista da ordem e da generalidade. Ao contrário, é antes na perspectiva da análise dos antigos que ela tem interesse, na medida em que a tradição euclidiana coloca no primeiro plano das preocupações dos geômetras a construção de médias proporcionais. Não atribuiremos, pois, a esse instrumento o mesmo privilégio que lhe atribui J. Vuillemin. Aliás, o próprio Descartes insiste na multiplicidade — e, portanto, no arbitrário — dos "meios para traçar e conceber linhas curvas que seriam cada vez mais compostas por grau ao infinito" (p. 319), e enuncia como se sabe o princípio algébrico essencial da classificação das curvas algébricas como dependendo do grau de sua equação representativa (*ibid.*).

Contudo, ele dá então explicitamente um segundo procedimento, que, se não deixa de ser contingente como o primeiro, em todo caso, constitui um meio de se construir sistematicamente e por ordem curvas de todos os gêneros (senão de todos os graus). O seu princípio é o seguinte: uma curva (G) desliza em seu plano ao longo de um eixo fixo Θ, enquanto submete uma reta Δ a passar por um ponto fixo A e por um ponto B de Θ ligado a G. O lugar de interseção de (G) e de Δ é uma curva do gênero $n + 1$ se (G) for de *gênero n*. Se (G) for uma reta, é uma cônica; se (G) for uma cônica, é uma curva do 3º gênero, a "assim ao infinito, como é muito fácil de se verificar pelo cálculo" (p. 322). Com efeito, mostra-se facilmente que, por eliminação do parâmetro que define o deslizamento, o grau da curva-lugar sobe de duas unidades a mais em relação ao de (G).

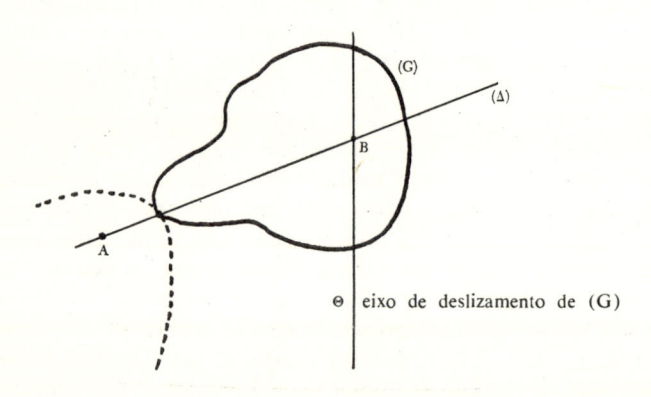

Fig. 4. Geração cartesiana das curvas.

Se Descartes escolheu tal modo de geração, é que ele pensa ter, em geral, o meio de reduzir as equações do 4º ao 3º grau, do 6º ao 5º, "e assim por diante" (p. 323). De modo que as ordens de complexidade deveriam suceder-se não de grau em grau, mas de dois em dois graus.

A geração cinemática contínua de tais curvas não é, aliás, de modo algum essencial e, uma vez que se trata sempre de curvas geométricas, "é fácil", diz Descartes, no livro III, "encontrar vários outros meios para descrevê-las" (p. 407); e ele indica então uma construção por pontos equivalentes.

III, 8.

Vê-se, pois, que o estilo cartesiano caracteriza-se pela construção de um objeto geométrico cuja inteligibilidade se liga estritamente à possibilidade de uma determinação "exata e precisa" da medida de seus elementos, isto é, de uma determinação algébrica. Tal tomada de posição o conduz a estender o campo geométrico dos antigos, uma vez que a Álgebra, liberta de uma correspondência biunívoca com as dimensões da extensão, pode, a partir de então, usar equações de um grau qualquer para descrever as relações das linhas; mas, em contrapartida, o rigor da condição de inteligibilidade que ele exige leva a delimitar estritamente o domínio geométrico, de onde elimina as figuras irredutíveis à descrição algébrica. A custo dessa limitação draconiana, a estrutura do objeto cartesiano presta-se aos procedimentos gerais e exaustivos. A "inexatidão" e a aproximação das curvas batizadas mecânicas, e mais tarde transcendentes, acham-se exorcizadas. A infinidade dos pontos de uma curva torna-se então governável pelo jogo do número finito dos termos de uma equação.

A confusa complexidade fenomenológica da figura, isto é, do "objeto" geométrico imaginado, é substituída pelo conjunto das propriedades de um sistema de equações algébricas que as regras de resolução do livro III subtendem. Sem dúvida, não é sob a forma de uma definição estrutural explícita que se acham assim introduzidos esses belos objetos matemáticos que governam desde então a geometria figurada: anéis de polinômios, corpos de números algébricos. Sem dúvida, os problemas fundamentais que colocam escaparam totalmente a Descartes, para serem colocados e resolvidos somente por Abel e Galois e, depois, refundidos na moderna geometria algébrica. Contudo, as estruturas algébricas estão presentes na *Geometria,* enquanto sistematização de um algoritmo. E o acesso aos objetos geométricos é dirigido por essa presença efetiva, por oposição à situação que caracteriza, como veremos, o estilo de Desargues, para quem a nova estruturação que anuncia permanece constantemente latente e virtual.

Quanto ao procedimento demonstrativo considerado do ponto de vista do estilo, dele falaremos brevemente apenas para esclarecer o seu sentido pelo traço essencial anteriormente salientado.

Numa nota em seu livro sobre Descartes, Jules Vuillemin, estudando a análise e a síntese cartesianas, observa inicialmente que a primeira, como a segunda, é construtiva. Caracteriza então uma e outra nestes termos: "A construção da síntese é pedagógica, lógica e, muito freqüentemente, apagógica, enquanto a construção da análise é objetiva, real e sempre ostensiva" (p. 165). A síntese, acrescenta, é uma construção que aparece tanto à imaginação quanto à inteligência; a análise é uma construção inteiramente intelectual e puramente algébrica. É, pois, necessário dizer *que na Matemática*[12] a análise compete essencialmente à ordem das matérias e a síntese, à ordem das razões. Mas, o uso cartesiano da síntese, tal como aparece na *Geometria,* repousando sobre uma análise prévia, despoja-a de seu "revestimento sensível" e torna possível a perfeita reversibilidade dos dois métodos.

Contrariamente à situação encontrada, em geral, nos antigos, pode-se, pois, dizer que, no procedimento cartesiano, a síntese não se opõe essencialmente à análise.

Contudo, é necessário ver bem que a idéia de uma síntese verdadeiramente intelectual e perfeitamente reversível conduz de modo inelutável à síntese de construção axiomática de uma estrutura de objeto. Somente a axiomatização explícita faz desaparecer a aparência de procedimento arbitrário e cego que macula uma demonstração sintética. Somente ela faz aparecer a razão dos efeitos. Desprovida de axiomatização efetiva, a síntese faz ressaltar uma ordem *tática,* que satisfaz e convence, mas, deixa inacessível uma ordem *estratégica,* a única que poderia esclarecer. Se freqüentemente isso ocorre na demonstração euclidiana, é que a axiomatização que a funda e ainda imperfeita e insuficientemente desenvolvida.

Em Descartes, a reversibilidade dos procedimentos analítico e sintético só é, pois, garantida na medida em que a *Geometria* repousa sobre uma estruturação explícita do objeto. Ora, se essa redução algébrica, que analisamos nos parágrafos anteriores, permanece certamente aquém de uma axiomatização efetiva, não deixa de tornar presente uma nova estrutura de objeto. É esta presença, definida somente como traço de estilo, que dirige o caráter construtivo da análise cartesiana e faz com que a demonstração aí desenhe uma ordem das "coisas" assim como uma ordem das razões.

---

12. Ver também em *Philosophie de l'Algèbre,* I, do mesmo autor, o belo parágrafo da *Introduction* sobre método analítico e método sintético em Descartes.

Redução arguesiana e "metafísica" da Geometria

III, 9.

Poder-se-ia caracterizar o estilo cartesiano pela vontade de unificar a multiplicidade imaginativa das figuras geométricas, reduzindo a extensão a combinações puramente aritméticas de medidas. A geometria de Girard Desargues, tal como se apresenta no *Brouillon Projet d'une atteinte aux événements des rencontres du cône avec un plan,* provém de uma mesma vontade de redução da multiplicidade das figuras. Mas, enquanto a estrutura redutora de que o primeiro faz uso é já bem conhecida e só pede para ser remanejada — generalizando-a, é verdade — para constituir, no livro III da *Geometria,* a teoria elementar das equações algébricas, a ferramenta estrutural de Desargues é perfeitamente nova, insólita e está muito longe de constituir-se em seu conjunto ao longo dos primeiros ensaios de seu inventor. É, no entanto, uma ambição de redução, pelo menos, tão radical como a de Descartes que anima o geômetra lionês. Em sua carta a Mersenne, a 4 de abril de 1643 (Taton, p. 81), a propósito das controvérsias entre Descartes e os defensores de Fermat, no tocante ao método de *maximis et minimis,* ele sublinha que, segundo sua "maneira universal", teria raciocinado sobre todas as cônicas do mesmo modo, "como sendo uma coisa comum a todas as formas de cone". E ainda, mais adiante, a Mydorge e seus amigos que recusam ver que uma secante e uma tangente são apenas variantes do mesmo fenômeno, censura "terem um véu diante dos olhos".

Mas, ao contrário de ser o objeto geométrico reconduzido, por seu método, a combinações algébricas abstratas de comprimentos, são os comprimentos que se acham destituídos de seu caráter dominante pela inteligibilidade das figuras. A bem da verdade, esse traço tão profundamente novo da geometria arguesiana devia permanecer implícito ainda por muito tempo. O que aparece em plena luz é o procedimento de redução que ele substitui à referenciação algébrica de Descartes, procedimento aparentemente imaginativo, uma vez que se trata de uma projeção central que permite transformar as figuras uma na outra e, em particular, reconduzir as cônicas ao círculo. A nova geometria consistirá em salientar as leis dessa transformação intuitiva, de tal modo que as propriedades facilmente estabelecidas para certas figuras possam ser estendidas, após transformação, às figuras menos facilmente acessíveis. De fato, a exposição do *Brouillon Projet* não revela este método pormenorizadamente; indica antes resultados, mas referentes a propriedades tendo em comum o caráter de permanecerem invariantes pela transformação arguesiana. Desargues limita-se a revelar sua origem numa frase, em que diz que "a maioria das coisas (desse *Brouillon Projet*) foram demonstradas pelo relevo" (Taton, p. 156), isto é, por transformação projetiva.

III, 10.

Se o movimento originário é idêntico em Descartes e Desargues, vê-se como seu desdobramento num estilo diferencia os dois geômetras. No primeiro, a estrutura que define o objeto é manifesta, e ninguém se choca ao vê-la tomada como modelo de inteligibilidade. Assim também, os limites que a redução então encontra são abertamente determinados. No segundo, ao contrário, tudo permanece latente. A redução estrutural a que o método arguesiano devia conduzir apenas será realizada efetivamente por Monge e Chasles e analisada somente por Cayley em 1859 ("A sixth Menoir upon quantics", em *Philosophical Transactions of the Royal Society* reproduzido em *Collected mathematical papers,* Cambridge, 1889, v. II, p. 561 e ss.).

Bem longe de ser uma assimilação da intuição ao inteligível, a redução arguesiana conduz, ao contrário, a conflitos, onde "o entendimento se perde". A introdução dos elementos ao infinito, que veremos caracterizar a construção do novo objeto geométrico, é, em particular, uma fonte essencial de incompreensão. Desargues apreendeu tão bem a importância desses conflitos entre o senso comum e o espírito geométrico que começa o seu *Brouillon Projet,* observando que a razão aí tenta "conhecer quantidades infinitas de uma parte, conjunto das que são de tal maneira pequenas sendo suas duas extremidades opostas unidas entre si, e o entendimento aí se perde, não somente por causa de sua inimaginável grandeza e pequenez, mas ainda porque o raciocínio ordinário o conduz a concluir propriedades que é incapaz de compreender como elas são" (p. 99).

Ao ler este preâmbulo, poder-se-ia crer, mas injustamente, que a geometria arguesiana é uma espécie de cálculo infinitesimal, à maneira dos contemporâneos Fermat e Pascal. De fato, é de um ponto de vista totalmente diferente que são introduzidas aqui as grandezas infinitas e infinitamente pequenas, consideradas não nas variações de suas relações, mas como representantes limites, degenerados, dos elementos geométricos ordinários. A isso logo voltaremos. Seja ela qual for, o que convém aqui sublinhar é a atitude de Desargues face a esses elementos impróprios, desafiando o pensamento racional comum. Vimos que o estilo cartesiano ordena uma delimitação crítica afastando do domínio do objeto geométrico tudo o que pareça escapar ao modelo de inteligibilidade. Para Desargues, ao contrário, — e seguramente é um dos traços do que denominamos seu estilo —, o conflito é, por princípio, resolvido em favor de uma nova maneira de pensar. Admite-se tacitamente uma espécie de princípio de continuidade, que garante a passagem dos elementos próprios aos impróprios, alargando assim o domínio legítimo da objetividade geométrica, em detrimento dos hábitos de um entendimento constituído. Em Geometria, diz Desargues bem no final do livro, não se raciocina mais "sobre o geral da natureza com essa decisão de que nela nada há que o entendimento não compreenda" (p. 179). O jovem Pascal disso se lembrará talvez, ao escrever em seus *Pensamentos* que "o incompreensível não deixa de nenhum modo de existir". Não deixa de existir de nenhum modo. Evidentemente, não há de modo algum na boca do geômetra lionês um recurso ao misticismo, mas antes um apelo a uma reforma do entendimento geométrico ou, mais exatamente, da estrutura de seu objeto. Desargues não se exprime, é verdade, de modo tão decisivo. A estrutura de espaço projetivo está ausente enquanto tal de seu *Brouillon Projet,* onde ela apenas nos aparece como projeto transcendental, tarefa a realizar. Mas, é justamente característica de seu estilo querer atingir a unificação das aparências imaginativas não a custo de uma restrição crítica do objeto, mas por meio de uma expansão, embora muito fragmentária ainda, dos critérios do inteligível.

III, 11.

Compreende-se, nessas condições, que a redução arguesiana não seja de modo algum proclamada e justificada como o era a de Descartes. Ela constitui somente uma prática coerente, mas tateante e, freqüentemente, mascarada, de que Desargues não sonha fazer o instrumento de uma definição explícita do objeto, apesar das declarações anteriormente citadas, relativas aos elementos impróprios. Daí um procedimento demonstrativo por demais envolvido, de que vamos dizer algumas palavras agora.

Sabe-se hoje que as propriedades de que se ocupa Desargues são, no essencial, as que deixam invariantes transformações homográficas e, em particular, projeções centrais, não conservando, em geral, tais transformações nem os comprimentos nem os ângulos; é certo que as propriedades assim colocadas em evidência devem poder ser interpretadas sem se apelar às medidas. No entanto, de fato, tais propriedades ditas também "de posição", têm sido freqüentemente introduzidas sob forma métrica: é o caso da relação de "involução", invariante fundamental da teoria arguesiana das cônicas. Daí resulta um método demonstrativo misto, que usa ao mesmo tempo a antiga álgebra geométrica pré-cartesiana — limitada contudo às combinações de relações — e o método perspectivo. Tomemos como exemplo a demonstração do teorema fundamental a que se associa ainda hoje o nome de Desargues.

Seja um quadrângulo completo de vértices A, B, C, D, e uma cônica passando por esses quatro pontos. Os quatro pares de interseções determinados sobre uma reta qualquer do plano por essa cônica e os lados do quadrângulo estão em involução.

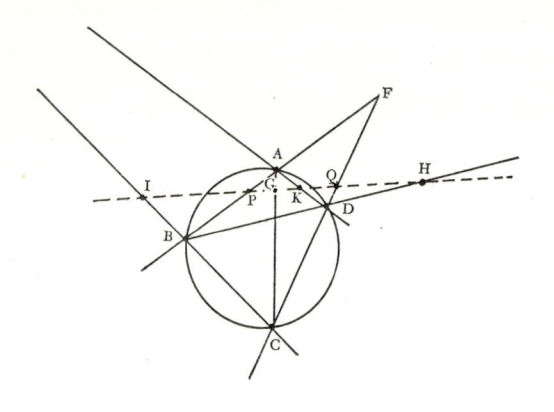

Fig. 5. Teorema de Desargues

A demonstração de Desargues articula-se como segue:

1) Sem levar em conta a cônica, ele considera somente o quadrângulo completo e demonstra que os pares (P, Q), (K, I) e (H, G) estão em involução, estabelecendo a relação:

$$\frac{QI.QK}{PI.PK} = \frac{QG.QH}{PG.PH}$$

por meio do teorema dito de Menelaus sobre a transversal traçada num triângulo, teorema que é de natureza métrica. Esse resultado já era conhecido por Pappus.

2) Desargues observa, sem demonstração, que, se imaginarmos os vértices dos quadriláteros unidos em um só ponto, a proposição anterior significa que se uma transversal é cortada em involução por seis raios provenientes desse ponto ocorre o mesmo com qualquer outra.

3) Examina então o caso em que dois lados AD e BC do quadrilátero completo são paralelos e mostra que:

$$\frac{BI.BC}{AK.AD} = \frac{CQ.CF}{DQ.DF}$$

propriedade anunciada no enunciado completo de Desargues, conjuntamente com o resultado geral.

4) Essa propriedade geral é agora estabelecida no caso em que a cônica seja um círculo, fazendo uso dos teoremas clássicos sobre o poder de um ponto.

5) Enfim, estende-se a propriedade do círculo a qualquer de suas projeções centrais por simples identificação com os elementos projetados e aplicação da invariância da relação involutiva, anteriormente demonstrada no *Brouillon Projet*.

Vê-se, pois, que a propriedade de involução é inicialmente estabelecida para os pares de retas constituindo o quadrilátero completo, e depois para o círculo, a partir de teoremas métricos e que a extensão às cônicas quaisquer é obtida por projeção. Mas, aliás, é interessante observar alguns traços reveladores da maneira de Desargues. Inicialmente, a consideração dos pares de lados opostos do quadrilátero leva a atribuir-lhes a própria propriedade geral; e por conseguinte, subentende uma assimilação desses pares de retas a cônicas degeneradas (como o dirá explicitamente o jovem Pascal em seu *Essai* de 1640); nova prova do caráter profundamente inovador do estilo de Desargues, enquanto vontade de unificação do diverso imaginativo pelo princípio de projetividade. No mesmo espírito, o terceiro momento da demonstração tende a assimilar as paralelas a secantes de distância infinita: assimilação projetiva já formulada aliás nas definições do *Brouillon Projet*. Enfim, o texto curto e muito obscuro que distinguimos como segundo momento faz intervir um princípio tácito de *continuidade* das propriedades projetivas; princípio que será amplamente utilizado e estendido por Poncelet ao caso particularmente fecundo dos elementos imaginários. Todas as coisas que manifestamente se vinculam ao que Descartes, em sua carta a Mersenne, nomeou "a metafísica da Geometria". Eis aí toda novidade de Desargues: partindo de certas propriedades das figuras, obtidas não pela álgebra dos modernos, mas pela álgebra geométrica dos antigos, ele estende o seu alcance com uma penada mostrando a sua invariância projetiva. Poucos cálculos — e os que subsistem são freqüentemente penosos e longos sem um simbolismo como o de Descartes. Desse ponto de vista, seria verdade dizer que Desargues é o anti-Descartes autêntico de seu século. Como Descartes, no entanto, mas de um outro estilo, é necessário ver "a razão dos efeitos". Até certo ponto, pois, a razão verdadeira só poderia ser exibida pela construção efetiva de uma estrutura de espaço projetivo, em termos, pelo menos, tão explícitos quanto o é, na *Geometria* de Descartes, a estrutura do cálculo algébrico que funda o pensamento da extensão.

A perspectiva como transformação

III, 12.

Mas, não se poderia pedir a Desargues o que unicamente a maturação secular de um pensamento matemático pôde produzir. O verdadeiro problema é mais compreender essa noção de transformação projetiva tal como se apresenta, de fato, em sua própria prática. E alguns documentos, embora difíceis de se decifrar, permitem-nos esperar chegar a isso. São os escritos sobre a perspectiva.

Na *Méthode universelle de mettre en perspective les objets donnés réellement ou en devis...*, de 1636, Desargues expõe, para o uso dos artesãos e desenhistas, um *procedimento* para construir a perspectiva de um sujeito qualquer, sem de modo algum propor demonstrações. O problema prático tal como se coloca é o seguinte. Sendo dado o "geometral" de um sujeito, isto é, suas projeções ortogonais sobre dois planos, um horizontal e o outro frontal; sendo dado, por outro lado, um plano escolhido como plano do quadro onde se supõe projetar-se o sujeito colocado em perspectiva, e a posição do olho em relação a esse quadro, trata-se de achar diretamente a figura perspectiva. O procedimento que Desargues descreve consiste em construir duas escalas gráficas dando respectivamente os "afastamentos" e as "distâncias" horizontais dos pontos da imagem, ou "retrato", isto é, sua distância da linha de terra e sua distância contada paralelamente à linha de terra, da extremidade do quadro. Cada ponto do traçado é, pois, aparentemente determinado pela construção de duas coordenadas ou, se se quiser por uma transformação métrica, operada graficamente, nas coordenadas cartesianas ortogonais fornecidas pelo plano e pela elevação do sujeito. É o que Desargues chama de "reduzir ao pé pequeno", operação que considera como facilmente realizável e familiar aos artesãos, uma vez que se trata apenas de operar sobre o geometral, para aumentar ou diminuir sua imagem. Fica-se, pois, impressionado, e talvez frustrado, ao ver que o fundador da Projetiva parece aqui precisamente reconduzir um problema de projeção, fazendo intervir, em princípio, apenas interseções de retas e de plano, a uma questão de medida. Mas, examinemos mais de perto.

Na realidade, a determinação das "escalas" consiste em traçar feixes de raios, um de origem O, o outro de origem A, e em considerar a interseção destes últimos com um dos raios

ESTILO CARTESIANO, ESTILO ARGUESIANO 77

geometral de um quadrilátero

quadro

olho

perspectiva

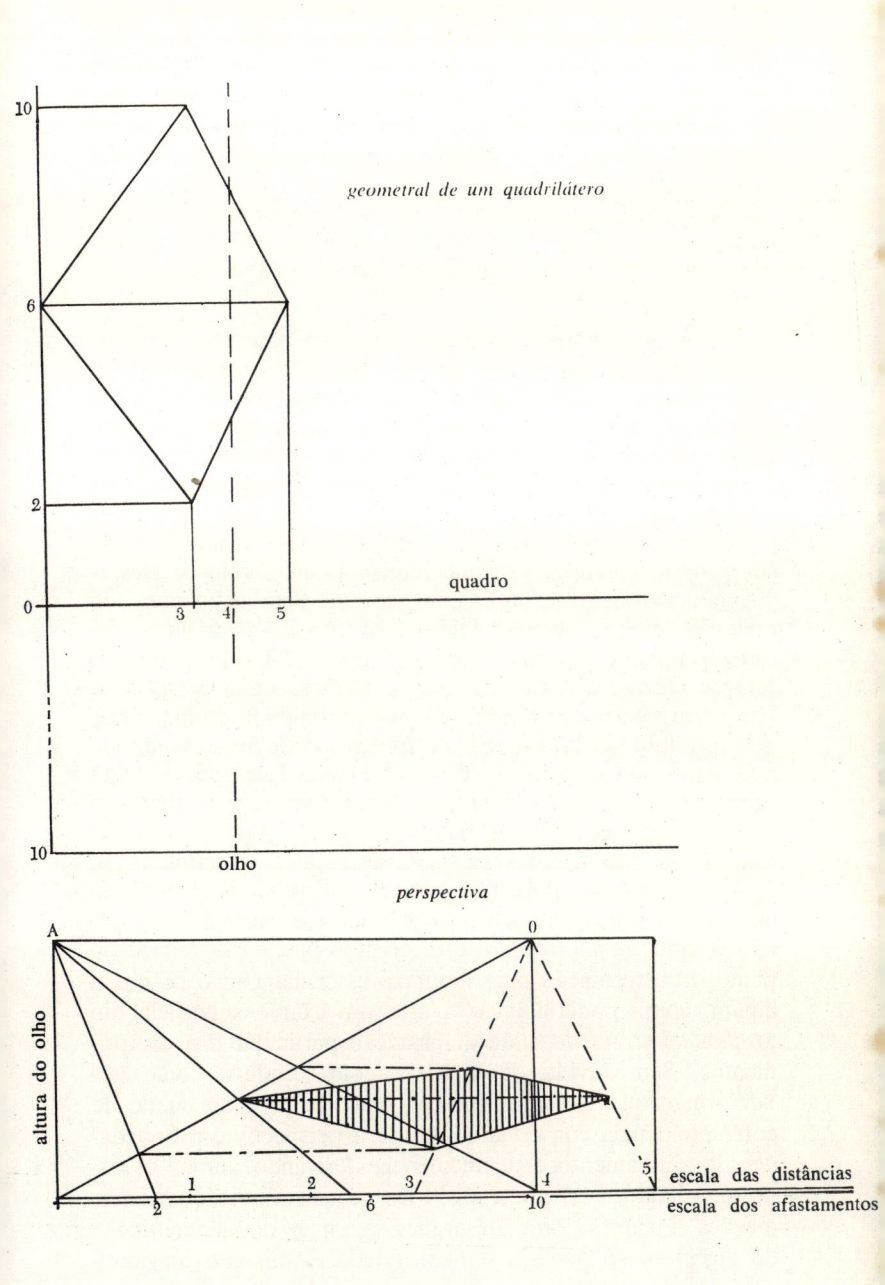

altura do olho

escala das distâncias
escala dos afastamentos

Fig. 6. A construção de Desargues

do primeiro, e depois em reportar sobre os raios do primeiro, paralelamente à linha de terra. O feixe de vértice O é exatamente apenas a imagem perspectiva de uma rede de linha de referenciação paralelas e eqüidistantes, todas perpendiculares ao quadro e traçadas no plano horizontal. O feixe A representa os projetantes provenientes do olho, no plano vertical que o une a uma extremidade do quadro. A determinação métrica é, pois, apenas uma tradução cômoda e cujo verdadeiro objetivo é, como o enuncia o longo título do libreto, "não empregar ponto algum que esteja fora do campo da obra".

É o que aparece, aliás, no curto apêndice de *Méthode universelle* (Poudra, I, pp. 80-84), onde Desargues se endereça então aos "contemplativos". Nenhuma noção métrica é aí utilizada, e todas as proposições enunciadas dizem respeito ao paralelismo e à convergência de retas do sujeito, assim como à sua transformação perspectiva. Confirmação dessa interpretação é dada pela *Proposition fondamentale de la pratique de la perspective,* imprimida por Abraham Bosse em sua própria *Perspective,* como seqüência do libreto de Desargues anteriormente citado. Esse teorema demonstra que, sob certas condições, diversos feixes provenientes de vértices distintos projetam o mesmo sujeito em planos diferentes segundo imagens semelhantes. Em outros termos, uma perspectiva pode sempre ser substituída, por uma infinidade de maneiras, pelo produto de uma outra perspectiva e de uma similitude que o teorema determina. Ora, acrescenta Desargues, "nesta propriedade é evidente a razão de se construir de todas as maneiras, por números ou não, empregando juntamente a escala acima das medidas perspectivas gerais..." (Poudra, I, p. 406). Deve-se, pois, ter como certo, apesar do laconismo do geômetra, que, em seu pensamento, a construção perspectiva é uma *transformação,* que permite passar do espaço ao plano, transformação cuja natureza essencial não é de modo algum, como poderia levar a crer um exame superficial do *Méthode universelle,* uma deformação particular dos comprimentos. Sem dúvida, desde Klein, compreende-se como esta "deformação" métrica se associa, com efeito, a um modo de correspondência conservando, como a perspectiva, propriedades de alinhamento e de incidência derivando ambos os aspectos afinal da estrutura algébrica de um grupo de transformações lineares. Para Desargues, a união do geométrico e do algébrico só poderia ser constatada e utilizada pragmaticamente na construção dos traçados. Mas, a própria idéia de transformação é vigorosamente apreendida. É ela que constitui a ferramenta de redução do diverso imaginativo das figuras, e é por ela que a perspectiva, mais do que uma simples técnica, é, em verdade, "um formigueiro de grandes proposições abundantes em lugares" (*Méthode universelle*, Poudra, I, p. 81).

O objeto "projetivo"

III, 13.

Esta transformação, que é uma projetividade particular, é efetivamente o instrumento por meio do qual se revelam a Desargues alguns dos traços fundamentais do objeto geométrico projetivo. Não que o geômetra construa explicitamente um tal sistema, opondo-o às determinações clássicas do objeto euclidiano. Mas ele tem a intenção muito nítida de uniformizar e racionalizar as aparências das figuras, unicamente sensíveis aos que têm "um véu diante dos olhos". Este uso antestrutural do espaço projetivo manifesta-se de três maneiras.

Em primeiro lugar, pela descoberta da estranha fecundidade das simples relações de incidência. Sem dúvida, os antigos geômetras sabiam usar propriedades nascidas unicamente da pertença de um ou vários pontos a uma ou várias retas, de uma ou várias retas a um ou vários planos. Mas, nenhum jamais desenvolveu sistematicamente teoremas como o dos triângulos homológicos, por exemplo (*Première Proposition géométrique*, em seqüência à *Méthode universelle* de 1636, publicada no tratado de Bosse, 1648. A demonstração arguesiana, no caso do espaço, apela unicamente às interseções de planos e de retas e permite estabelecer, por projeção axonométrica, a proposição plana.[13] Eis aí, sem dúvida, o primeiro exemplo de um teorema que, em sua forma como em seu conteúdo, é estritamente projetivo no sentido dos Modernos.

Em segundo lugar, o mesmo uso antestrutural do espaço projetivo exprime-se pela descoberta e manejamento constante da relação de *involução*. Define-se, inicialmente tal relação como uma certa intricação (é o sentido primitivo do termo) entre as distâncias respectivas dos três pares de pontos (A, A'), (B, B'), (C, C'), a um ponto O chamado "origem" (hoje: centro), tal que:

$$OA.OA' = OB.OB' = OC.OC'.$$

Supre-se a consideração de um sentido algébrico dos segmentos, que Desargues ignora, por distinções que dizem respeito à ordem dos pontos (O é interior ou exterior a cada um dos pares).

13. Que Desargues estabelece também diretamente no plano, mas, apelando a propriedades métricas (teorema de Menelaus).

Depois, exprime-se a relação de modo independente do ponto central, cuja escolha era realmente arbitrária:

$$\frac{AB.AB'}{A'B.A'B'} = \frac{AC.AC'}{A'C.A'C'}.$$

Enfim, o uso que Desargues faz dessa relação, e a consideração dos casos em que os pontos de um ou de dois dos pares se confundem, mostram que a involução é tratada como transformação pontual, aplicando a reta nela mesma. É assim que no célebre teorema examinado no parágrafo 3, viu-se intervir não somente os três pares que servem para definir sem ambigüidade uma involução, mas também um quarto: numerosas passagens de Desargues mostram que concebe uma infinidade.[14]

Trata-se seguramente de uma transformação expressa por uma relação métrica; mas Desargues demonstra no *Brouillon Projet* que ela é um invariante projetivo (Taton, p. 127).

Em último lugar, talvez a mais notável contribuição de Desargues ao futuro edifício estrutural sejam os elementos impróprios. Pois, na verdade, trata-se já de uma caracterização do objeto geométrico subjacente às manipulações arguesianas. O autor do *Brouillon Projet,* aliás, sentiu perfeitamente a novidade e a importância dessa introdução tão original do infinito: citou-se mais acima, a esse propósito, o próprio início do livro. Não se trata de modo algum, com efeito, de dar direito de cidadania, num *cálculo,* a infinitas métricas de grandeza ou de pequenez. Sem dúvida, esse era exatamente o problema mais atual, o de Cavalieri, depois, de Fermat e de Pascal: Desargues por ele se interessa somente de passagem; pelo menos, disso temos testemunho apenas pela carta a Mersenne de 4 de abril de 1638, sobre a querela de *maximis et minimis.* O infinito arguesiano está, por assim dizer, aquém da medida. Afirmar que uma linha reta é "sempre concebida como prolongada ao infinito de uma parte e da outra" (*Brouillon Projet,* p. 99), não é referir-se a uma certa relação indeterminada a uma unidade qualquer. É, ao contrário, referir-se a um certo tipo de ordem: a reta projetiva aparece como uma espécie de linha fechada, cujas duas extremidades se unem "no infinito". Concepção que não é de modo algum estranha ao lionês, uma vez que ele descreve a hipérbole como uma "secção de cilindro que à distância infinita se divide em duas metades iguais opostas de costas uma para a outra" (*ibid.,* p. 137). É, pois, que a assíntota volta a fechar-se igualmente sobre si mesmo. Dessa noção da reta resulta que todo feixe — toda "disposição" — deve ser considerada como tendo

---

14. Cf. F. LENGER, La Notion d'involution dans l'oeuvre de Desargues, no *3ºCongrès national des Sciences,* Bruxelas, 1950, vol. I.

um ponto de convergência, seja à distância infinita. O ponto do infinito de uma reta, a reta do infinito de um plano, introduzem-se assim como elementos geométricos num pé de igualdade com os elementos ordinários, pelo menos no que diz respeito às relações de incidência. Nesse novo universo, os axiomas da incidência são, com efeito, tomados sem restrição: duas retas coplanares têm sempre um ponto comum, dois pontos ou dois planos determinam sempre uma reta. A perspectiva, que pode transformar um feixe de paralelas num feixe de concorrentes e reciprocamente, exigia evidentemente essa uniformização de linguagem, que equivale, de fato, a suprimir o privilégio dos elementos no infinito: esse é justamente o sentido profundo da revolução arguesiana.

Com efeito, ela consiste inicialmente em introduzir os novos "pontos", postulando uma espécie de continuidade das propriedades obtidas por passagem ao infinito. Ainda hoje denomina-se espaço "arguesiano" tal universo geométrico, para o qual o gênio dos geômetras do século XIX soube encontrar uma representação analítica adequada, usando o conjunto cartesiano de ferramentas, mas violentando o estilo de Descartes pela introdução das "coordenadas homogêneas".[15] Ela consiste, em seguida, em considerar as propriedades desse universo para as quais, por exemplo, uma cônica como a parábola, que "entra e volta a si mesma" à distância infinita, não é concebida como diferente de uma elipse ou de um círculo. Tais são as propriedades projetivas.[16]

15. Seja o caso do plano P, cujos pontos têm como coordenadas ordinárias pares (x, y) de números finitos. Consideremos, no espaço de três dimensões em que esse plano pode ser introduzido, uma perspectiva de P a partir de O, fora de P, tomado como origem; as coordenadas de um ponto do espaço serão ξ, η, τ, sendo os eixos dos ξ e dos η respectivamente paralelos aos dos x e dos y em P.

A perspectiva faz corresponder a todo ponto M (x, y) de P, à distância finita ou infinita, uma reta OM' cujos pontos têm coordenadas da forma: $\varrho\xi$, $\varrho\eta$, $\varrho\tau$, ϱ qualquer. Associar-se-á, pois, ao ponto M os três números ξ, η, τ, definidos por um fator comum e tais que: $x = \dfrac{\xi}{\tau}$, $y = \dfrac{\eta}{\tau}$. Esses três números são as coordenadas "homogêneas" de M tomado no plano P. Quando $\tau = 0$, a reta OM' será paralela ao plano P, e o tripé (ξ, τ, 0) descreve, pois, *um ponto no infinito* do plano P.

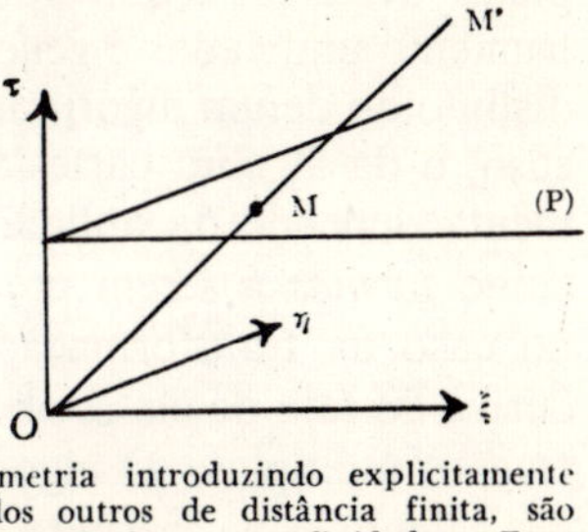

FIG. 7. As coordenadas homogêneas.

16. Sabe-se que os objetos de uma geometria introduzindo explicitamente os pontos no infinito, mas distinguindo-os dos outros de distância finita, são invariantes para uma classe de projetividades particulares: as afinidades. Esses são os objetos "vetoriais" de que teremos de falar mais adiante.

Toda a "metafísica da geometria" arguesiana consiste essencialmente nessa refundição do objeto que postula, sem justificá-la de outro modo a não ser por suas conseqüências fecundas, uma assimilação por continuidade dos elementos ao infinito aos elementos ordinários. Assimilação que deve ter seduzido e tentado Descartes, mas contra a qual a tomada de posição criticista — é por meio deste que ele estrutura a extensão imaginada — só podia preveni-lo. Nesta maneira "tão bela e tão geral", ele não mas se fia tanto que não quer nem mesmo examinar os seus resultados "pelo cálculo".

Demonstração, metáfora e axiomática

III, 14.

Desargues, ao contrário, é o homem do raciocínio de quem dizíamos, mais acima, representa, em relação a este cálculo, um esboço de discursos metamatemáticos. Certamente sabemos hoje que a geometria arguesiana é redutível ao cálculo e mesmo a um cálculo "cartesiano" que toma a aparência de um tratamento métrico. Não deixa de ser verdade que em sua forma original a doutrina de Desargues, ou mais exatamente a maneira arguesiana de construir um discurso demonstrativo, descarta-se absolutamente de uma álgebra. É este aspecto de seu estilo que, por fim, vamos examinar.

O procedimento demonstrativo de Desargues formula-se quase sempre sinteticamente, à maneira dos antigos. Mas, é suficientemente manifesto que tais raciocínios não têm grande interesse a seus olhos, pois, muito freqüentemente, ele os dispensa, limitando-se a enunciar as proposições, seja porque as declare "evidentes", seja porque sugira ao próprio leitor passar "por cima" para construir as propriedades: "e a sua demonstração é inteligível o bastante sem figura, uma vez que todas as linhas aí são ainda concebidas retas e os quadros sempre chatos..." (*Méthode universelle,* Poudra, I, p. 80).

Analisamos no § III, 11, uma das amostras mais completas deste procedimento. O uso da perspectiva como instrumento unificador e generalizador é aí manifestamente muito distinto do de um algoritmo de cálculo. Enquanto neste último caso, o da álgebra cartesiana, o poder generalizante da ferramenta depende da aptidão das fórmulas em se apresentarem como *formas* a serem preenchidas por um conteúdo variado, no caso da transformação arguesiana, o poder generalizante deriva do fato de ele estabelecer uma lei engendrando demonstrações múltiplas. O algoritmo cartesiano fornece um modelo de cálculo, que permite realizar demonstrações; o método arguesiano consiste mais em *mostrar a possibilidade das pró-*

prias demonstrações. Eis aí por que é oportuno empregar a seu respeito o epíteto de metamatemática. Mais precisamente, a distinção recentemente proposta por Cavaillès entre construção paradigmática e construção temática pode servir aqui para caracterizar o estilo de Desargues, opondo-o ao estilo cartesiano. A primeira é o "momento da variável: recolocando as determinações de atos pelo lugar vazio por uma substituição, eleva-se progressivamente a um grau de abstração que dá a ilusão de um forma irredutível" (*Sur la logique et la théorie de la science,* p. 29). Este é bem o movimento cartesiano tomado em seu modo de tratamento das formas: ele consiste em passar da demonstração particular ao seu modelo, pela evacuação dos conteúdos contingentes, e do modelo à demonstração, por preenchimento dos lugares vazios. É, de um modo geral, o estilo originário de todo cálculo. "Mas a formalização só é realizada quando ao desenho das estruturas se superpõem, sistematizadas, as regras que as regem. A *tematização* inicia--se no encadeamento apreendido desta vez de relance, trajetória que se muda em sentido" (*ibid.,* p. 30). Eis aí o segundo estilo que engendra os cálculos de cálculos ou pelo menos, raciocínios sobre os cálculos. Sem dúvida, Desargues está muito longe de chegar a uma formalização verdadeira; sem dúvida, ele alterna de modo bastante confuso procedimentos do primeiro gênero — e sob uma forma bem mais rude que a do cálculo cartesiano — e procedimentos do segundo gênero. Não deixa de introduzir uma matemática da tematização que só deveria tomar consciência de si mesma aproximadamente dois séculos mais tarde.

Já se terá observado que a distinção de Cavaillès compara, numa certa medida, embora num nível de estruturação mais complexo, a dos saussurianos ao nível da língua entre o encadeamento sintagmático — correspondendo ao "paradigma" de Cavaillès — e a ligação paradigmática — correspondendo em conseqüência de um quiasma completamente fortuito do vocabulário — ao "tema" de Cavaillès. As diversas formas conjugadas de um verbo, os diferentes vocábulos que podem servir de epíteto para um mesmo nome, são, por exemplo, classes paradigmáticas; a sucessão de um substantivo e de um verbo constitui um sintagma.

Sabe-se que as duas figuras fundamentais de linguagem que se vinculam a esses dois modos de ligação foram descritas sobretudo por Jakobson com os nomes respectivos de metonímia e metáfora. A primeira consiste em tomar uma por outra expressões ligadas sintagmaticamente, por sua vizinhança por assim dizer horizontal; a segunda, em tomar uma por outra expressões ligadas paradigmaticamente, por sua possibilidade de substituição vertical. Feitas todas as reservas quanto à universalidade de tal distinção lingüística — a cujo exame, aliás, teremos de voltar — parece que ela pode sugerir uma transposição muito válida no domínio geral do aparecimento, da manifestação e da aplicação das formas. Um estilo "temático" como o de Desargues, que tende a salientar não modelos algorítmicos de pensamento demonstrativo, mas antes esquemas de tratamento dos próprios raciocínios, encontraria, pois, figuras de expressão do tipo "metafórico".[17] Num tal regime de estruturação, uma forma tende a tornar-se o representante de uma família de formas engendrada não por variação interna dos elementos, mas por remodelagem da própria forma, *cuja lei de transposição se torna então o verdadeiro tema do pensamento*. Estaria aí o equivalente da metáfora. Seria bastante natural que esse traço estilístico profundo se manifestasse, pelo menos, ocasionalmente, na própria linguagem. Ora, vemos que a língua de Desargues é justamente no sentido usual do termo, excepcionalmente metafórica.

III, 15.

Os difamadores do geômetra lionês esforçaram-se ao máximo para dele zombar. Huret, em sua *Optique de portaiture et peinture* ... (1670), acusa-o de ter usado "extraordinariamente nomes campestres, para conseguir fazer crer que nunca tinha visto Apollonius, Pappus etc." (em Poudra, II, p. 212). Beaugrand, em sua carta de 1640 (*ibid.*, p. 357) adianta que ele "afetava na Matemática essa maneira de falar mal não somente por não saber a maneira correta mas também para que quando dissesse o que já se acha em outra parte, fosse mais difícil de se reconhecer..." Quanto a Descartes, na carta datada por Adam e Tannery de 19 de junho de 1638, ele observa a Desargues, que se ele se dirige aos doutos, "não lhe parece necessário empregar aí nenhum termo novo"; e se ele se dirige aos "curiosos", sem dúvida, seus termos inventados, em francês "e em cuja invenção se nota o espírito e a graça serão bem melhor recebidos por pessoas não preocupadas apenas com os dos antigos"; mas seria necessário então que ele prolongasse o seu discurso e o tornasse tão claro que "aí nada parecesse mais difícil de se compreender do que a descrição de um palácio encantado num romance..." (A.T., II, p. 554-555). E,

---

[17]. "Percebi que por uma única e mesma enunciação, construção e preparação ou melhor, por um único e mesmo discurso e com as mesmas palavras, declara-se o meio de construir ou então declara-se o meio de se fazer uma construção de uma outra ordem" (*Brouillon Projet*, p. 83). E ainda: "Se o método for geral, as mesmas palavras exprimindo uma mesma propriedade devem servir e convir a cada espécie de forma" (p. 82).

para tanto, acrescenta, os termos da Aritmética são suscetíves de tornar as demonstrações "bem mais triviais". [18]

Ninguém, pois, parece ter admitido verdadeiramente o vocabulário de Desargues, a sua estranha exuberância de termos vegetais, as suas "cepas", os seus "nós", os seus "ramos", os seus "talos", os seus "troncos" e suas "ramadas"... Está fora de nosso propósito examiná-lo aqui pormenorizadamente, uma vez que coloca duas ordens de problemas bastante distintos e inicialmente, os que se vinculam ao próprio conteúdo desse novo léxico, inventado pelo geômetra, assim como à sua estrutura semântica. A sua solução apelaria, por um lado, a uma psicologia arguesiana radicalmente inacessível e, por outro, a uma análise estrutural, certamente realizável e talvez cheia de interesse. Quanto ao outro tipo de problema, o único que devíamos e podíamos evocar aqui, refere-se à significação global dessa renovação do vocabulário tradicional em relação à empresa matemática de Desargues. E é deste ponto de vista que cremos poder adiantar a hipótese que apela a uma noção de metáfora generalizada. A proposição de Descartes de utilizar-se do simbolismo da Álgebra ao invés de inventar novos nomes é, a esse respeito, muito significativa. Pois opõe de modo latente, mas profundo, o estilo de Descartes e o estilo arguesiano. As inovações lingüísticas de Desargues são postas por Descartes, pelo menos por um instante, no mesmo plano que o seu próprio recurso ao algoritmo algébrico. É que, com efeito, crêmos nós, a renovação do vocabulário tradicional dos geômetras apenas traduz, em Desargues, um simples desejo de concretizar por imagens as noções clássicas. Exprime a necessidade de apresentar as figuras como verdadeiramente *novas* e essa novidade consiste principalmente no fato de que as designações das figuras clássicas se tornam necessariamente, na geometria arguesiana, designações metafóricas. Uma "cônica" para os antigos ou para Descartes é apenas o nome genérico de um objeto *virtual* e incompleto que se especifica por determinação dos parâmetros em círculo, hipérbole ou parábola. Para Desargues, é um objeto *atual,* completamente determinado em sua natureza projetiva; a especificação intervém apenas por razões acidentais. Uma "secção de cilindro" designará, pois, metaforicamente, pela indicação concreta de uma lei de transformação que constitui a sua unidade, todas as figuras especificadas (e essa lei de transformação faz aparecer, aliás, essas novas variantes que são os pares de retas).

---

18. O autor do estudo surgido no tomo VI da *Histoire de la langue française* de F. BRUNOT (1930) reconhece não compreender verdadeiramente os princípios e a intenção de Desargues. Limita-se a criticar as metáforas arguesianas e as suas tentativas para afrancesar termos sábios. "Aí não se descobre", diz ele, "esforço algum para definir com exatidão os caracteres de uma expressão científica correta nem os meios de fazê-la mais facilmente compreensível para o grande público" (p. 530). Do ponto de vista da história da língua, Fuchs tem razão indubitavelmente, ainda que um estudo lexicológico menos superficial desse microcorpo trouxesse talvez alguns elementos interessantes para uma semântica estrutural.

Do mesmo modo, uma "disposição" de retas é o novo objeto que une numa mesma natureza feixes de retas concorrentes ou feixes de paralelas, fazendo o novo nome referência a essa lei, transposta num outro domínio da experiência concreta. E, quando se trata de uma estrutura completamente nova, como a que define a relação de involução, o procedimento lingüístico é o mesmo: Desargues falará de uma "árvore" e de sua "cepa". Que seja o domínio vegetal que tenha inspirado uma grande parte de suas imagens a este arquiteto construtor de escadas, eis aí o que coloca um problema, mas sem relação com nossa análise ao nível de abstração em que somos coagidos a mantê-la. E qualquer que tenha sido o insucesso desses neologismos, eles não deixam de traduzir, se são fundadas as nossas conclusões, um aspecto completamente profundo e inovador, não da expressão arguesiana, mas de sua atitude face ao objeto geométrico e da utilização antecipada das estruturas.

III, 16.

Resta-nos, para perfazer esse *Brouillon projet* de uma análise estilística de Desargues, tirar uma última conseqüência da extravagância de sua linguagem. Se se examina o desenho de conjunto do livro sobre as cônicas, percebe-se imediatamente o papel que desempenha, em sua própria organização, a introdução dos novos vocábulos. São eles que escandem o desenvolvimento do *Brouillon Projet*. Desargues parte da noção de "disposição" de retas ou de planos, isto é, de feixes projetivos; depois, introduz a noção de "árvore", ou de involução de 6 pontos, com todas as que permitem defini-la e que dela decorrem; enfim, a de "secção de cilindro" e as proposições que permitem então enunciar as definições anteriores. O que ele chama de "imposição de nome, se não definição", aparece desde então como o substituto de uma axiomática. É verdade que esta construção embaraçada está longe da explicação moderna de um espaço projetivo, cuja estrutura global define os objetos que o povoam e determinam as suas propriedades. Contudo, não se pode deixar de impressionar-se pela orientação arguesiana, que se descarta deliberadamente, em seu princípio mesmo da orientação de Euclides, — pois, esta consistia em formular distintamente uma espécie de senso comum da experiência imaginativa da extensão, quando aquela consiste em formular, ao contrário, e sublinhar com novos nomes, uma experiência de algum modo artificiosa do espaço. Nada de semelhante em seu tempo, nem em Descartes, nem mesmo em Pascal. Essa é a originalidade estilística de Desargues, esse é o interesse de um estudo de sua obra para compreender a relação das estruturas matemáticas perfazidas com o estilo que caracteriza um movimento criador.

4. Nascimento do Estilo "Vetorial"

IV, 1.

A idéia de um *cálculo* geométrico, permitindo obter teoremas sobre as figuras como a Aritmética ou a álgebra clássica fornecem proposições sobre os números, é, desde Descartes, uma das Terras Prometidas dos matemáticos. O próprio Descartes crê ter satisfeito este desejo pela invenção de sua Análise, mas ele constituiu somente uma ciência da medida, entrevendo, é verdade, um para-além do universo figurado da geometria intuitiva, no texto bem conhecido onde generaliza a noção de dimensão. Com efeito, se o ser geométrico se encontra então reconduzido às combinações da Álgebra, é apenas enquanto ser medido. O caráter métrico permanece indiscernível da própria figura e as *formas* são determinadas pelas *grandezas* que referenciam os pontos no referencial. Na célebre definição da Matemática como "ciência da ordem e da medida", a prática cartesiana ordena, como vimos, subentender uma profunda dissimetria dos dois termos: um designando efetivamente o objeto da Ciência e seu conteúdo; o outro o procedimento da Ciência e sua forma. O matemático de estilo cartesiano deve certamente *guardar a ordem,* mas de modo algum descrevê-la e explorá-la, como faz com a grandeza. A ordem não é um objeto da teoria matemática, mas apenas do que hoje nomearíamos metateoria e que Descartes expõe nas regras de seu método.

Para quem leva a sério o ideal cartesiano de uma ciência matemática universal, há por certo motivos de insatisfação. Pois a análise cartesiana nos dá ao mesmo tempo demasiado e demasiado pouco. Demasiado, uma vez que se pode realmente conceber a ordem independentemente da medida e desejar conseqüentemente uma ciência pura da ordem que não deva nada à consideração das grandezas. Demasiado pouco, uma vez que de outro lado se percebe que a aplicação por Descartes da Álgebra à Cinemática deixa escapar a "determinação" das velocidades e desemboca em leis do choque manifestamente errôneas.

IV, 2.

A elaboração pós-cartesiana de um cálculo geométrico se efetua desde então no sentido de uma dissociação entre a grandeza e o ser geométrico; mais tarde, prosseguirá por uma nova dissociação mais apurada ainda, operada no seio do "geométrico" assim liberto, entre o que compete a uma combinatória algébrica e o que se introduz quando se fala de contigüidade, continuidade, limite. É somente então que se achará descoberta a Terra Prometida e suas perspectivas inatingidas. Mas, nós nos apegaremos a esta primeira etapa da viagem, que conduz à constituição de um "estilo vetorial".

Talvez, Leibniz, insatisfeito com a efetivação por Descartes de seu próprio programa, teria já entrevisto essa nova maneira de abordar as noções da Geometria e de repartir os encargos do edifício dedutivo sobre apoios tomados de empréstimo antes à intuição simbólica do que à intuição dos objetos percebidos. É nesses escritos que a distinção moderna entre Topologia e Álgebra encontra-se em germe. No entanto, não nos remeteremos a Leibniz, como conviria se nos propuséssemos fazer uma história do conceito de vetor. Há muito tempo, esta noção pôde justamente aparecer entre os objetos matemáticos; mas, torna-se o índice e o instrumento de um estilo apenas na segunda metade do século XIX. É através das tentativas convergentes, embora independentes e singularmente originais, de Moebius, Hamilton e Grassmann, que nos propomos estudá-la. Mais acima declaramos, é verdade, que o exame caracterológico — idiológico mesmo, se se quiser — das obras matemáticas, exigia métodos outros que os da epistemologia e fugia ao nosso propósito. No entanto, o exemplo aqui escolhido constituiria um bom elemento para o psicólogo do estilo. Contudo, supondo que se possa reunir entre os escritos e a correspondência dos três matemáticos documentos suficientes sobre suas motivações, seus desígnios, suas dificuldades e suas esperanças, torna-se possível um estudo comparativo dos estilos individuais e tanto mais sedutor quanto se trata de contemporâneos, trabalhando independentemente para constituir um objeto matemático, cuja unidade logo devia aparecer. Mas, a perspectiva em que nos colocamos é mais modesta e nos contentaremos em mostrar a diversificação de uma *prática* científica, mesmo quando os temas de conhecimento, uma vez completamente determinados e objetivados como estruturas, devam revelar-se idênticos. A análise estilística diz respeito, aqui, expressamente à gênese concreta de uma estrutura, ou mais exatamente, de um nível *relativamente* concreto da estruturação latente do trabalho que a produzirá como objeto.

IV, 3.

Uma diferença de estilo só pode ser definida se as duas atividades comparadas apresentarem uma unidade temática indiscutível. Na Matemática, é necessário que uma mesma estrutura esteja subjacente às obras. Isto não significa que esta estrutura deva — ou mesmo possa — estar sempre explicitamente presente nos dois casos. Se assim fosse, as diferenças de estilo se reduziriam estritamente a diferenças de linguagem, no sentido mais exterior que se possa dar a esta palavra. Mas, uma estrutura matemática é precisamente encarada, neste estudo, antes como virtualidade do que como objeto já constituído. Virtualidade que, aliás, nada tem de misterioso, manifestando-se muito naturalmente como *guia,* por assim dizer, *ingênuo* das operações efetuadas pelo trabalhador. Nem a estrutura de anel ou de corpo é efetivamente colocada por Euclides, nem a de espaço vetorial por Hamilton ou Moebius. No entanto, estão presentes por antecipação, em filigrana das obras, como reguladores espontâneos da aritmética de Euclides e das álgebras de Hamilton ou Moebius. É esta unidade *de facto,* dirigida por uma estrutura ainda virtual, que permite definir variantes na distribuição dos resíduos que sua aplicação deixa no campo considerado da experiência matemática. O deslocamento desses resíduos constitui, do nosso ponto de vista, um aspecto essencial da dialética.

No entanto, é possível que nos peçam para precisar os critérios desta unidade estrutural virtual, para evitar a confusão entre uma verdadeira mutação de estruturas e um fato de estilo. Responderemos que, às vezes, a ambigüidade é real na medida em que o aspecto estilístico do trabalho se abre sobre uma criação e uma intervenção maior, que é precisamente a outra face da dialética. Escolhemos exemplos tais, justamente por sua ambigüidade minimal. Em todo caso, podemos dizer que não há critério universal para o fato de estilo, uma vez que é justamente em determinadas *situações* que ele aparece. É, pois, a análise de cada uma delas que pode decidir de modo razoável sobre o caráter estilístico.

Nos três casos aqui examinados, o trabalho de estruturação latente desemboca apenas em um dos autores numa explícita colocação no lugar da estrutura; mas, sua presença como guia operatório implícito e incompleto pode ser posta em evidência em todos eles. Que este trabalho possa ser legitimamente considerado em si mesmo, como significativo de uma certa maneira determinante de abordar e construir o objeto, é o que mostram as próprias variações da maneira de dois de nossos autores. Com efeito, Grassmann, como Hamilton, deixou-nos duas versões de sua obra, sem que as consecutivas modificações de seu conteúdo apareçam como essenciais. O confronto dos dois *Ausdehnunsglehre* de 1844 e de 1862, como o das *Lectures on Quaternions* (1853) e dos *Elements* de 1866, instrui-nos de modo inesperado sobre variações voluntárias do estilo. Num e noutro caso, sem dúvida, haveria lugar para se fazerem considerações propriamente retóricas que só nos interessam acessoriamente. É, com efeito, no propósito de ser melhor compreendido que um Grassmann retoma em 1862 sua teoria da extensão de 1844, modificando profundamente sua economia: a primeira edição, dirá ele, é mais interessante para o leitor filósofo, a segunda para o leitor matemático. Do mesmo modo, Hamilton redigirá suas *Lectures* de 1853 de um ponto de vista mais geométrico depois de haver apresentado de um ponto de vista mais abstrato os Quatérnios em 1843 diante da Academia Real Irlandesa; e não temerá refazer sua exposição em 1866 na versão definitiva dos *Elements*. Se este aspecto sobretudo retórico e didático fosse o único fator das variações de estilo, seu estudo, aliás, apaixonante e difícil, competiria somente à história das idéias e à "sensibilidade" matemática. Cremos ver aí mais uma modificação intrínseca da atitude em relação não só ao leitor mas ao próprio objeto e à sua construção. É o que tentaremos mostrar, analisar e interpretar.

IV, 4.

Mas, é necessário insistir, inicialmente, antes sobre a unidade de um estilo do que sobre suas especificações individuais. Com efeito, através das obras citadas, desprende-se um "estilo vetorial", em dois movimentos complementares e, para cada um dos autores, desigualmente desenvolvidos:

1.º) Introdução do ser geométrico por engendramento combinatório e, num certo sentido, dialético.

Ao invés de ser simplesmente colocado como esquematização de um dado intuitivo, o objeto geométrico é, com efeito, *engendrado* a partir de formas consideradas elementares. Esta gênese apresenta-se como combinação de dois ou vários elementos, cujo resultado é geralmente chamado *produto,* sendo então a operação geradora apresentada como uma multiplicação generalizada. Mas, a idéia de uma operação cujo resultado não é da mesma natureza que os fatores — uma operação "exterior" — é aqui capital.[1] Permite o engendramento sucessivo de categorias hierarquizadas de seres geométricos, assim como tentou Grassmann. Aqui se notará a diferença de orientação estilística das duas combinatórias que constituem o ponto de partida da álgebra moderna: uma é dominada por um *princípio regulador de fechamento* do conjunto dos seres engendrados por operações dadas e se tematiza com a noção de grupo; a outra é dominada por um *princípio regulador de extensão hierárquica* das categorias de objetos produzidos por operações sucessivas e já aparece, por exemplo, sem chegar a constituir-se claramente, no cálculo dos Indivisíveis de Cavalieri, desabrochando na teoria de Grassmann.

Evidentemente, não poderíamos pretender atribuir a tal autor um único traço de estilo tomado em sua pureza, e a álgebra de um Grassmann, por exemplo, não é de modo algum estranha ao voto de clausura que caracteriza a primeira atitude.

2º) Abandono da noção intuitiva, métrica em suas origens cartesianas, de sistema de referência e passagem à noção abstrata de estrutura.

O sucesso da codificação cartesiana de uma referenciação geométrica por meio da medida havia, sem dúvida, obscurecido, durante um século e meio, o estilo inaugurado

---

1. Na apresentação elementar do cálculo vetorial, o *produto exterior* aparece, ao contrário, como uma operação homogênea, uma vez que faz engendrar um vetor por vetores. Na realidade, o vetor "axial" assim produzido é bem um ser de uma outra ordem que os vetores "polares" que o engendram, pois, depende de uma "orientação" arbitrária do espaço.

O produto vetorial no espaço de três dimensões é um caso particular de forma bilinear alternada, definida em $E_N \times E_N$. Se se escolhe em E_N uma base $\{a_i\}$ $1 \leqslant i \leqslant N'$, esta forma f depende de N $(N-1)$ constantes: $f(a_i, a_j)$.

$$\overline{2}$$

Se E_N é um espaço euclidiano de 3 dimensões, há *três* constantes $f(a_1, a_2)$, $f(a_2, a_3)$, $f(a_3, a_1)$, e a forma bilinear $f(x, y)$, $x, y \in E_N$, pode ser igualada ao produto escalar de um vetor constante $u = a_1 f(a_2, a_3) + a_2 f(a_3, a_1) + a_3 f(a_1, a_2)$ pelo vetor definido como produto vetorial no sentido usual de x e de y, a que pode ser desde então identificada.

Esta identificação depende, contudo: 1º) do fato de que o espaço E tem três dimensões; 2º) da constância do vetor u, que só se verifica por bases ortonormais de E.

por Desargues. Os matemáticos de que nos ocuparemos certamente não retomarão a perspectiva arguesiana, mas contribuirão, cada um à sua maneira, para relativizar a técnica de referenciação cartesiana. Ao invés de se pensar em termos de pontos de referência, pensar-se-á em termos de base de engendramento dos objetos construídos, e são as propriedades operatórias abstratas dos elementos dessa base que constituirão o núcleo das teorias. Moebius, Hamilton, Grassmann chegam quase independentemente à idéia moderna de espaço vetorial, definido por regras de engendramento dos objetos que o povoam e por leis axiomáticas que regem as operações que combinam estes últimos.

Os dois grandes traços dominantes que acabamos de salientar definem o que nomeamos um estilo. O universo geométrico originariamente visado, num certo sentido, é bem objetivamente o mesmo que o de um Descartes, de um Euclides ou de um Desargues. Poder-se-á designar seus objetos, no novo estilo estrutural, como espaço euclidiano, ou espaço afim ou espaço projetivo, classificação certamente mais apurada e mais rigorosa que os estilos antigos não comportavam. É inútil sublinhar que estas variações do estilo introduzem outra coisa além de uma modificação das aparências. Correspondendo a diferentes maneiras de tratar um objeto — estando ele mesmo já dado, evidentemente, segundo um certo estilo e de modo algum como uma coisa em si —, estas variações de estilo produzem, explícita ou implicitamente, estruturas. O problema epistemológico tradicional volta a estudar a organização dessas próprias estruturas, isto é, a explicitar os tipos de objetividade que o trabalho científico "ingênuo" manipula. O problema estilístico que tentamos colocar, embora de fato inseparável do primeiro, diz respeito à dialética da criação dessas estruturas, à organização não-formalizada que leva a engendrá-las; é, se fosse possível arriscar esse termo, um problema transcendental concreto.

O estilo vetorial assim desprendido que nos propomos examinar, através das três obras[2] indicadas, prolonga-se, aliás, como todo estilo, por uma técnica e uma ideologia. A primeira é, de certo modo, o código de procedimento decorrente diretamente dos princípios do estilo; a segunda, uma justificação e uma prédica em seu favor. Certamente seria interessante para a história das idéias descrever e compreender os episódios polêmicos e, por assim dizer, apostólicos de uma matemática dos Quatérnios, por exemplo, em país anglo-saxão, ou de uma matemática dos vetores entre os italianos

---

2. Infelizmente esta escolha afasta ARTHUR CAYLEY (1821-1895), cujos trabalhos neste domínio são igualmente os de um pioneiro.

do início deste século. Por ora, bastar-nos-á assinalar este aspecto psicossociológico de uma estilística, que seguramente faz parte de seu contexto concreto.

Da idéia de referencial à idéia de base:

IV, 5.

O *Barycentrischer Calcül* de Moebius surgido em Leipzig em 1827, servir-nos-á como primeiro texto para discernir o esboço dos traços de um estilo vetorial. A empresa do geômetra alemão não é de modo algum especulativa; trata-se, segundo o subtítulo da obra, de "um novo meio para o tratamento analítico da Geometria" e Moebius quer mostrar que a "teoria dos pontos pesados" pode servir de ferramenta para descobrir teoremas. Ele cita, por exemplo, como seus precursores, Arquimedes e seu método da quadratura da parábola, Guldin e seu teorema sobre os volumes de revolução. A obra de Moebius não deixa de ser absolutamente original, justamente na medida em que substitui os usos ocasionais de um método pelos primeiros elementos de um novo estilo geométrico.

Esta criação participa de um espírito leibniziano, uma vez que se trata de inventar um novo *algoritmo,* apropriado para servir de ferramenta ao geômetra; mas, ainda permanece decisiva a idéia cartesiana de coordenadas. O ser geométrico certamente será tratado pelo cálculo e até certo ponto o estilo baricêntrico satisfaz a esta definição dada por Michel Chasles a propósito de Monge: "uma geometria sem figuras". O objeto geométrico não deixará de ser determinado num sistema de referência, de acordo com o projeto cartesiano. Desse novo sistema de "coordenadas baricêntricas", Moebius faz, todavia, um *uso* tão original em relação à intenção cartesiana, que aí vamos ver aparecer explicitamente o tema estilístico da passagem do referencial à estrutura.

IV, 6.

Moebius parte naturalmente da idéia de representação de um ponto geométrico por um sistema de números. Observa que, se se der três pontos, pode-se sempre fazer de modo com que um ponto qualquer dado em seu plano seja seu centro de gravidade: basta escolher convenientemente "pesos", positivos e negativos, pelos quais serão afetados respectivamente os três pontos da base. Esta determinação de peso sendo única, com exceção de um fator,[3] constitui, pois, um sistema de *coordenadas* para o quarto ponto. Mas estas coordenadas perderam manifestamente o sentido métrico intuitivo de distâncias aos eixos. Tudo ocorre daí em diante como se o "ponto" a definir fosse *construído* por meio dos três pontos da base e dos três coeficientes que lhe são respectivamente atribuídos. Permanecem possíveis operações sobre os pontos enquanto seres geométricos imediatos a favor dos operadores numéricos que constituem os pesos. O cálculo geométrico torna-se o das combinações lineares de três objetos fundamentais escolhidos como base. Esta dissociação entre objetos e operadores é essencial para a constituição de uma estrutura de espaço vetorial. Que ela seja introduzida aqui pelo prisma de uma representação intuitiva não prejudica em nada sua generalidade.

A exploração em estilo cartesiano da idéia de coordenadas baricêntricas leva, evidentemente, a uma representação analítica das curvas planas por meio de um ponto corrente, combinação linear dos pontos da base, segundo coeficientes que são funções de um parâmetro:

$$P_{(v)} = p_{(v)} \cdot A + q_{(v)} \cdot B + r_{(v)} \cdot C$$

Moebius nota-o, mas não é nesta direção que seu Tratado se desenvolve. No momento em que o ponto de vista da referenciação dos seres geométricos colocava em evidência os elementos de referência enquanto *absolutos* — provisórios, certamente, mas o estilo da referenciação tende inicialmente deixar em silêncio esse caráter — o novo estilo baricêntrico opera uma inversão comparável às que certas experiências de psicologia gestaltista da percepção demonstram. O que era visado como forma torna-se fundo e o antigo fundo desenha a forma. Ao invés de analisar as variações das figuras associadas, numa mesma base, a combinações lineares diferentes, Moebius interessa-se imediatamente pelas transformações das figuras associadas em *coordenadas baricêntricas invariáveis*, com modificações da base. Revolução copernicana que, sem dúvida alguma, podia ser igualmente

---

3. Para os geômetras modernos, a construção de Moebius pode ser apresentada como segue.

Seja um espaço afim, formado por um conjunto E de "pontos", e considerados os elementos de um espaço vetorial como translações que aplicam E a si mesmo.

Se for escolhido um ponto O arbitrário em E, pode-se considerar o próprio E como um espaço vetorial, definindo a adição de dois pontos $P + Q = R$, de tal forma que a translação que aplica O sobre R seja a soma das translações que aplicam respectivamente O em P e Q; e a multiplicação de um ponto P por um escalar a, de tal forma que a translação que aplica O sobre aP seja o produto por a do que aplica O sobre P.

Sobre esse espaço vetorial (E, O), uma combinação linear $\sum_1^n a_i P_i$ define então um ponto Q, que se mostra facilmente depender da escolha de O, salvo se $\sum_1^n a_i = 1$. Tal n-uplas de escalares a_i determina, pois, univocamente um ponto P, na variedade linear engendrada por n pontos P_i.

operada no sistema das coordenadas cartesianas e que, com efeito, devia sê-lo, enquanto uma Matemática mais madura chegará a definir novos seres pela lei de variação de suas coordenadas ao curso de uma mudança do sistema de referenciação: assim se introduzirão as noções de covariância e contravariância, e o conceito de tensor[4]. Que a mesma perspectiva seja assim possível em outras condições e não esteja de modo algum ligada à natureza lógica dos seres matemáticos considerados, mas sim à maneira de construí-los. Eis aí o que justamente caracteriza o fato que chamamos fato de estilo.

O sistema baricêntrico, colocando como base à construção dos objetos sobre uma n-variedade uma configuração qualquer de $n + 1$ pontos chamou a atenção de uma só vez para o caráter relativo e arbitrário de uma tal escolha. Assim também, desde a primeira parte de seu livro, Moebius esboça o projeto de uma teoria das transformações (*geometrische Verwandschaften*) determinadas por mudanças de base[5], que, diz ele, "no sentido aqui usado, envolvem os fundamentos de toda a Geometria".

IV, 7.

Poder-se-ia, pois, a este respeito, definir o novo estilo por oposição ao estilo geométrico cartesiano: o último consiste em visar as figuras como formas intuitivas permanentes referenciadas analiticamente num referencial fixo. Sem dúvida, como já insistimos, o ser geométrico cartesiano não se reduz de modo algum a traços morfológicos intuitivos: a identidade de uma mesma fórmula analítica agrupa as variantes morfológicas numa classe de equivalência. Mas, a idéia da passagem de uma figura a outra é aparentemente ausente da visão cartesiana.

Ao contrário, no novo estilo o objeto geométrico individuado, como permanência de uma fórmula analítica, só é considerado em função da classe das mudanças da base que o conservam ou o alteram. A identidade do objeto cede lugar à identidade da estrutura, sem que, no entanto, esta última noção esteja ainda tematizada. Daí resulta uma visão inteiramente original em seu tempo do universo geométrico, que se exprime imediatamente no único título da segunda seção

---

4. A idéia de uma teoria dos invariantes para as substituições lineares homogêneas já foi apresentada por Cayley e Sylvester depois de 1850.

5. É óbvio que empregamos aqui a palavra *base* sem querer introduzir todo o aparelho algébrico que ela supõe e cuja explicitação só será possível justamente pelos trabalhos dos matemáticos aqui apresentados. O uso da idéia, ainda não analisada, já está presente, contudo, nos escritos de Moebius.

do *Barycentrischer Calcül*. "Transformações das figuras e classes de problemas geométricos que daí decorrem". Moebius, descobrindo um novo tratamento dos seres geométricos, acaba, pois, de abrir campo para uma interpretação sistemática extremamente fecunda de suas propriedades. A revolução estilística que consiste em passar da idéia de referencial à de base e em considerar as conseqüências de todas as mudanças possíveis de base leva à constituição de novos conceitos, a uma refundição do próprio conteúdo do conhecimento, à instauração de novos objetos formais. Numa fase posterior da Ciência, tomarão o nome de grupos de transformações e permitirão, enfim, salientar, enquanto tema novo, a idéia de estrutura algébrica e de estrutura topológica. Na obra de Moebius, ainda são apenas sistemas de classificação para tipos de *problemas* geométricos *(geometrische Aufgaben)*: aqui aparece de modo completamente claro sua origem estilística. Trata-se, com efeito, inicialmente, de uma atitude face um trabalho matemático, de uma modalidade do ato que constrói e apreende objetos.

Transformações e gênese hierárquica dos seres geométricos

IV, 8.

A classificação proposta por Moebius consiste, pois, em definir a classe das deformações da base que deixam inalteradas as condições de um problema. Ele é assim levado a uma hierarquização, certamente ainda incompleta e sumária, mas perfeitamente clara e coerente, do que Félix Klein identificará como grupos de transformações que caracterizam geometrias. A partir da idéia central de *afinidade,* Moebius analisa a de "igualdade", correspondendo ao grupo dos movimentos, de similitude e de colinearidade. A afinidade, já definida por Euler no estilo do referencial como dilatações independentes ao longo de cada um dos eixos, é repensada por Moebius como parentesco das figuras que conservam sua expressão analítica enquanto a base baricêntrica varia de modo arbitrário. Naturalmente, reconhece as propriedades fundamentais de tal parentesco: conservação dos alinhamentos de pontos, dos paralelismos de retas e das relações de superfície. A partir daí, a idéia-diretriz colocada em obra consiste em restringir ou ampliar as condições de deformação da base e, correlativamente, as condições de invariância das figuras. A *similitude* aparece como o parentesco das figuras que subsistem enquanto os lados do triângulo de base variam conservando suas relações mútuas, e a *congruência*

---

6. O *Programme d'Erlangen* de KLEIN data de 1872.

ou "igualdade" é o caso extremo onde a base permanece idêntica a si mesma. Se são abrandadas, ao contrário, as condições de invariância das figuras, o *minimum* de invariância é aqui a conservação dos alinhamentos de pontos, ou colinearidade. Mas, observar-se-á que o esquema baricêntrico não fornece os meios para caracterizar essa classe de transformações por um tipo de deformação da base: uma base arbitrária sempre engendra somente as afinidades. Trata-se, pois, aqui de uma especie de extrapolação em relação ao conteúdo primitivo da doutrina, extrapolação que somente uma *continuidade do estilo* justifica. Moebius não deixa de reconhecer perfeitamente que as transformações anteriores, subordinadas às afinidades e as próprias afinidades, são apenas "espécies" de uma transformação mais geral de colineariedade, cuja propriedade essencial ele demonstra, a saber, a conservação da birrelação. Assim se acha preparada a função com uma geometria projetiva, já constituída independentemente por Poncelet, na mesma época, e pelo que, como vimos, o estilo em Desargues é atraído. Outros geômetras completarão o edifício, mostrando como as projetividades e as transformações afins se articulam pela especificação de elementos ao infinito. Mas, o esquema baricêntrico da base, introduzindo implicitamente uma discriminação dos elementos ao infinito, que aí não são representáveis, fechava o círculo das transformações sobre as afinidades, isto é, sobre as variações que caracterizam por excelência os objetos considerados como intuitivamente definidos por uma direção e um sentido independentemente de seu comprimento, conceito métrico, — e que são transformados por uma afinidade em um objeto de mesma natureza. É neste sentido que o estilo de Moebius já oferece o esboço do que será o estilo vetorial. Ele o usa manifestamente mais como uma maneira de fazer do que como uma tese desenvolvendo-se em teorias. Discernir num problema os elementos contingentes, porque variáveis em tal sistema de transformações da base; aplicar-lhe desde então o cálculo geométrico que lhe é natural, tal é o objetivo explicitamente visado. A terceira parte do *Barycentrischer Calcül* é sua aplicação às cônicas.

IV, 9.

Como o balanço de uma empresa assim orientada não nos interessa aqui enquanto conteúdo novo de conhecimento, nós nos contentaremos em sublinhar os traços da atitude que ele contribui para instaurar.

1º) Aí vemos confirmada uma dissociação essencial do ser geométrico e da grandeza. Para os objetos do plano definidos a não ser por uma afinidade, o conceito de comprimento não tem sentido. Conservam, contudo, sua consistência de objetos e permanecem acessíveis a um cálculo. A intuição certamente continua a desempenhar um papel na manipulação efetiva dos seres matemáticos, mas, é a partir daí dissociada de seu elemento métrico. Dissociação psicologicamente difícil de se realizar de outro modo senão numa experiência com símbolos. Mas, é evidentemente a símbolos que o novo cálculo se refere.

2º) Torna-se possível esse cálculo pela análise de uma estrutura algébrica num conjunto de elementos (de que um subconjunto é escolhido como base) e num conjunto de *operadores* que são aqui números reais tomados como "pesos". Essa dissociação seguramente é o primeiro passo em direção ao reconhecimento explícito da estrutura de módulo unitário que fundamenta todas as propriedades intuitivas familiares das operações com os "vetores".

A "ideologia" hamiltoniana

IV, 10.

A própria palavra "vetor" e as imagens intuitivas por ela veiculadas estão ausentes da obra de Moebius. É o matemático de Dublin, W. Rowan Hamilton, que na mesma época cria o vocábulo ao inventar seu cálculo dos Quatérnios. O projeto de Hamilton é, aliás, essencialmente, o mesmo que o de Moebius. Na conclusão do longo prefácio das *Lectures* onde expõe a gênese de sua invenção, Hamilton exprime-se nestes termos: "Senti que o *novo instrumento* para a aplicação do *cálculo à Geometria,* sobre o qual havia refletido durante tanto tempo, estava agora, pelo menos em parte realizado" (p. 47). É, pois, sempre o sonho leibniziano de um cálculo geométrico que está em questão; mais precisamente, tratava-se de ampliar o campo demasiado estreito da analítica cartesiana, acrescentando à consideração das quantidades a consideração das direções (Cf. *Elements,* p. 371, nota). Mas o caminho em que Hamilton se empenha é, desde a origem, diferente do caminho cartesiano. Se a idéia de uma apresentação e de uma referenciação dos seres geométricos permanecia ainda o tema inicial do cálculo baricêntrico, a teoria dos Quatérnios, ao contrário, parte diretamente da noção de transformação que opera sobre os seres geométricos e permite passar de um a outro. Para integrar a *direção* num cálculo, transferir-se-á o centro de interesse dos objetos para suas variações, que se revelam, finalmente ser também modos de construção, apesar de sua origem diferente. As perspectivas de Moebius e as de Hamilton evidentemente encontram-se aqui, pelo fato de conduzirem à constituição de um estilo de apreensão construtiva dos seres. Viu-se a importância fundamental dos grupos de transformações na geometria combinatória de Moebius: o mesmo ocorrerá com a de Hamilton, que desemboca imediatamente na extensão da teoria das transformações lineares das figuras em uma teoria de operações abstratas que se inserem numa álgebra geral.

IV, 11.

O belo prefácio das *Lectures* é, a esse respeito, um documento excepcional. Não somente descreve-nos as intenções e os momentos sucessivos da descoberta dos Quatérnios, mas revela-nos ainda, fato por demais raro, o que convém denominar a ideologia matemática de seu autor, isto é, um sistema de justificação e síntese de sua pesquisa que constitui, sem dúvida, a vestimenta exterior de seu estilo, mas que é particularmente instrutivo de confrontar com sua prática efetiva.

A ideologia de Hamilton é kantiana e o matemático pede apoio explicitamente à *Crítica da razão pura*. Não teme, pois, definir a Álgebra como "ciência da ordem na progressão". Escreve ele: "Embora os estados sucessivos de tal progressão possam (sem dúvida alguma) ser representados por *pontos sobre uma linha,* eu julgava, no entanto, que seu puro *caráter de sucessão* seria melhor destacado se os comparasse a *momentos do tempo* despojados, contudo, de toda referência à causa e ao efeito..." É que a Álgebra, de acordo com a concepção kantiana da Aritmética, é exatamente "a ciência do tempo puro".[7]

Os elementos do cálculo são, pois: o "momento", representado por um outro do espaço geométrico intuitivo, e o "passo" *(step of time),* transformação que faz passar do momento A ao momento B, representado por um segmento orientado que logo se tornará o "vetor". A bem da verdade, essa ideologia temporal é tão fracamente intuitiva que cairá por si mesmo muito rapidamente em desuso ao longo do desenvolvimento. Sua expressão, no entanto, é a forma manifesta de uma atitude latente, cuja importância é capital para o nascimento do estilo vetorial. Ela significa a dissociação dos caracteres considerados como próprios à intuição espacial, opostos a caracteres mais gerais e mais abstratos cuja estrutura a Álgebra exploraria. O que recobre o "passo" no tempo e o que constitui o verdadeiro objeto do cálculo, é a

---

7. *Lectures*, Prefácio, citando um artigo de 1835 surgido nas *Transactions of the Royal Irish Academy*, vol. XVIII, IIª parte.

noção ainda implícita de transformação pontual. A teoria dos Quatérnios será, pois, uma geometria das transformações, que se interpretará finalmente como teoria dos operadores que fazem passar de um vetor a um vetor qualquer, um espaço de três dimensões. É neste sentido que ela responde *em parte* — Hamilton o viu bem — ao desejo leibniziano de um cálculo geométrico, exatamente do mesmo modo que a engenhosa representação dos complexos de Wessel instituía um cálculo das direções no plano. Mas, por outro lado, e não é seu mérito menor, desenvolve-se num nível abstrato como generalização da Álgebra. Com efeito, Hamilton apreende seus Quatérnios simultaneamente como operadores geométricos e como elementos de um "espaço vetorial" de quatro dimensões, mais precisamente mesmo do que os modernos denominarão uma "Álgebra" sobre o corpo dos reais. Esta estrutura operatória é por ele construída tendo em vista generalizar a álgebra ordinária e a álgebra dos complexos e, se ele se choca então com a impossibilidade de reencontrar ao mesmo tempo no novo domínio todas as propriedades do antigo, é em benefício de uma dissociação sempre mais apurada do objeto matemático.

Reencontraremos, pois, com Hamilton, os dois traços anteriormente salientados de um estilo vetorial, com a atitude construtiva face a objetos e o desígnio das estruturas, de sua organização e de sua extensão. É no contraponto constante da interpretação geométrica e da interpretação algébrica dos Quatérnios que nele se constitui esse novo estilo, cujo traço específico deve ser então procurado num uso magistral da intuição.

A via algébrica

IV, 12.

Inicialmente examinaremos a via algébrica, que ele expõe, pela primeira vez, em seu artigo de 1843, e cuja gênese desenvolve no prefácio das *Lectures*. Mas, não nos esqueceremos que, se ele se entrega a essa construção muito abstrata, é com o pensamento dissimulado de constituir um cálculo geométrico das linhas.

Não podendo esse cálculo reduzir-se pura e simplesmente ao dos números, Hamilton tem a idéia[8] de substituir os números únicos por *pares de números*, que se tornarão novos objetos, irredutíveis, nos quais ele procura definir ope-

---

8. Idéia já explorada genialmente por Gauss e que Leibniz, talvez o primeiro, havia posto em obra em seus ensaios sobre o cálculo lógico (*Opuscules* editados por Couturat, pp. 42-92 e 245-247).

rações formalmente análogas às da Aritmética. Trata-se, pois, em linguagem moderna, de definir estruturas idênticas, ou vizinhas, sobre conjuntos de objetos diferentes. Guiado por esse princípio de permanência, desemboca facilmente num modelo aritmético dos números complexos, com as duas unidades notadas: (1,0) e (0,1), caracterizada esta última pela propriedade fundamental:

$$(0,1)^2 = (-1,0), \text{ imagem da relação: } i^2 = -1.$$

Mas, longe de conferir a esse princípio diretor um valor metafísico, à maneira de Hankel, ele aí vê expressamente o que chama, em sua linguagem kantiana, de um princípio "mais regulador do que constitutivo" (*Lectures,* p. 54).[9] Aliás, está claro que a estrutura assim estabelecida é explicitamente organizada como espaço vetorial, com o corpo dos reais tomado como conjunto dos operadores. Pois, Hamilton, como Moebius, tem nitidamente consciência da dupla função do número real no sistema que constrói: ora elemento mesmo do par, ora multiplicador operando sobre o par tomado como um todo.

Por outro lado, primeiro testemunho significativo de uma ambivalência fecunda, ele nota uma interpretação possível dos próprios elementos como operadores, numa volta à perspectiva das transformações, que persiste em relacionar, aliás, com uma ciência pura do tempo: "Se depois de ter alterado a direção do segundo de dois passos quaisquer, escreve ele, nós os invertemos e se repetimos esse processo complexo de alteração e transposição, teremos finalmente restaurado a ordem primitiva, mas *invertido* a direção de cada um dos dois passos. Trata-se, então, do *operador* concebido como fazendo passar de um par a outro, que, no sistema considerado, era denotado pelo célebre símbolo $\sqrt{-1}$, tão freqüentemente chamado *imaginário*".[10] Os pares de números representam, pois, pares de "passos", isto é, vetores no sentido geométrico intuitivo, mas considerados ao mesmo tempo como objetos a serem operados e como transformações operatórias. A operação duas vezes repetida correspondendo ao vetor (0,1), ou vetor *i* do plano complexo, equivale a uma simetria em relação à origem: é uma rotação de π, e o cálculo dos pares é exatamente a composição das rotações e translações do plano. Mas, longe de apoiar-se abertamente nessa imagem de uma geometria, Hamilton, fiel

---

9. Cf. igualmente *Elements,* p. 106: princípios "concebidos para assimilar tanto quanto se possa fazê-lo o presente cálculo à Álgebra".

10. Aplicando as regras de multiplicação dos pares postos por Hamilton, acha-se, com efeito, que: $(x, y) \times (0,1) \times (0,1) = (-y, x) \times (0,1) = (-x,-y)$. O operador "multiplicação por (0,1)" tem, pois, a propriedade fundamental da unidade imaginária: $i^2 = -1$.

à sua ideologia kantiana, conclui, ao contrário, sobre essa singular propriedade do quadrado negativo de (0,1): "É evidente que o processo assim descrito não tem nenhuma referência geral à noção de espaço, embora tenha referência à noção de *progressão* (*ibid,* p. 11). Essa notável preocupação em destacar uma álgebra das transformações independente das propriedades intuitivas do espaço, se se colocar à parte a referência compensadora ao tempo que a obscurece, é, sem dúvida alguma, uma das manifestações mais vigorosas do futuro espírito da Matemática.

IV, 13.

Mas, o cálculo dos pares só resolve o problema geométrico subjacente no caso do plano. Por outro lado, a generalização puramente abstrata dos pares aos triplos é em si mesma tentadora. Hamilton tentará, pois, um cálculo das tríades, prolongando o dos pares. Três unidades são então colocadas, sendo a primeira ainda identificada à unidade numérica, e as duas outras, i e j, generalizam a relação anterior:

$$i^2 = j^2 = -1$$

Mas, o termo ij que se introduz imediatamente nos cálculos de produtos deve ser ele mesmo interpretado; Hamilton, à luz de "analogias geométricas condutoras", faz daí uma quarta unidade k irredutível às três outras e determinada pelas relações:

$$k^2 = -1$$
$$ki = -ik = j$$
$$kj = -jk = -i$$

Nessas condições, sendo uma "linha" do espaço representada por uma tríade: $ix + jy + kz$, o "produto de duas linhas é um Quatérnio: $a + iu + jv + kw$. Voltaremos num instante a essa noção ainda completamente vaga de "produto" de linhas, audaciosamente coordenada à noção do produto algébrico de duas formas lineares chamadas triplos. Notemos antes que a primeira exposição de 1843, deixando de lado toda representação geométrica, apresentava deliberadamente os Quatérnios como sistemas de objetos de quatro dimensões, combinações lineares dos quatro elementos de base por meio de coeficientes númericos reais. Sobre esses objetos, definiam-se operações análogas às operações aritméticas, em particular, à multiplicação, por uma *tábua* que colocava os produtos mútuos das quatro unidades da base, produtos que constituem em linguagem moderna um grupo, mas, um grupo não-abeliano. Hamilton, querendo imitar, em seu cálculo, as propriedades das operações aritméticas, percebe que a comutatividade da multiplicação não poderia ser preservada. Assim, do mesmo modo que a constituição de um cálculo coerente dos pares exige a introdução de quadrados negativos, também a álgebra dos Quatérnios traz à luz a relatividade do dogma de comutatividade do produto. Já se acham abertas as perspectivas modernas para uma teoria geral das estruturas definidas por leis de composição de elementos, para que os seus fundadores conservarão o nome tradicional de Álgebra. Sendo assim, não parece ao leitor atual dos *Proceedings* de 1843 que o estilo contrapontístico das *Lectures,* onde as considerações geométricas não cessam de formar uma espécie de baixa contínua, que ora toma o lugar da linha melódica principal e ora desaparece novamente no segundo plano, não parecerá que esse estilo das *Lectures* esteja em regressão do ponto de vista de um futuro matemático onde se construirão em plena luz os edifícios puramente abstratos da Álgebra? Este juízo seria, no entanto, ilusório. Se a exposição de 1853 manifesta a ambigüidade que sublinhamos, não é mais pelo efeito de uma volta aos equívocos da intuição geométrica ingênua; vimos que em todos os casos Hamilton disso se defende, proclamando de modo extremamente desajeitado o primado do que ele crê ser o tempo em Álgebra. De fato, é da noção geral de operação que se trata. Mesmo interpretada em termos aparentemente geométricos graças à imagem dos "vetores", esta noção vai achar-se desenvolvida de modo decisivo na terceira exposição dos *Elements of Quaternions* e conduzir à elaboração pormenorizada de uma álgebra dos operadores.

A intuição e o cálculo: Os Quatérnios como operadores

IV, 14.

São precisamente as modalidades de um certo uso da intuição geométrica nessa construção de uma álgebra que reterão agora nossa atenção. Na última versão de sua teoria, Hamilton apóia-se deliberadamente numa visão espacial dos seres vetoriais. Sem que pressupostos ingênuos venham, no entanto, constituir obstáculo para o desenvolvimento de uma álgebra abstrata dos operadores lineares, usa da imagem do vetor para estabelecer uma síntese excepcionalmente sugestiva das propriedades ainda mal ligadas no texto de 1853.

O vetor é, desde as primeiras páginas do livro, intuitivamente definido como "uma reta tendo não somente um *comprimento,* mas também uma *direção".* E e'e lembra logo as propriedades estruturais de um conjunto de vetores sobre os quais uma adição e uma multiplicação por coeficientes numéricos são autorizadas. Estes últimos chamados agora *escalares,* enquanto índices de uma mudança de escala dos comprimentos, são apresentados, desde então, como "quocientes" de dois vetores de mesma direção. A preocupação de hierarquizar os seres matemáticos já introduzidos nas *Lectures* manifesta-se assim desde os primeiros livros dos *Elements,* onde aparece essa frase, no momento ainda enigmática: "Num sentido a determinar, um Quatérnio é a soma de um escalar e de um vetor..."

Por ora, o Quatérnio introduz-se sob a forma fundamental de operador transformando um vetor num outro vetor do mesmo espaço, ou ainda, na linguagem algébrica tradicional, como quociente de dois vetores quaisquer.[11] Evidentemente, não se trata de modo algum de ligar o Quatérnio a um vetor origem e a um vetor extremidade; cada Quatérnio define uma certa transformação que, aplicada a um vetor *qualquer,* dá um outro vetor bem determinado. Se Hamilton o representa freqüentemente por um par de vetores particulares, essa figuração representada é destinada apenas a fixar as idéias: o Quatérnio é indubitavelmente concebido por ele como um operador.

A noção de produto, tomada de empréstimo à Aritmética, e cujo uso permanecia até então obscuro e ambíguo, vai poder, a partir de agora, revelar o seu sentido preciso de composição de duas transformações sucessivas, pois, os próprios *objetos* vetoriais são suscetíves de serem considerados como *transformações.* O produto de um vetor por um escalar é uma dilatação desse vetor: o produto dos dois Quaternios é a aplicação sucessiva de duas transformações vetoriais; o produto de dois vetores, ainda definido nos primeiros livros, será explicitamente introduzido no livro III e fornecará uma nova interpretação do Quatérnio. Desde então, o problema de uma decomposição do Quatérnio em transformações mais simples é colocado sob uma nova forma. Não se trata de um ser matemático que se procuraria caracterizar em estilo cartesiano por suas "projeções" segundo eixos de coordenadas, mas de um .operador complexo que se pode analisar, e de diferentes maneiras.

---

11. Definição já dada, evidentemente,.. nas *Lectures* (II^a. lição) mas num espírito diferente: tratava-se de decompor e recompor muito mais "passos" do que transformar vetores.

IV, 15.

A primeira, a mais intuitiva segundo a imagem vetorial, consiste em distinguir na passagem do vetor α ao vetor β uma rotação efetuada no plano determinado pelas duas direções. O resultado é mudar α em α', paralelo a α. O segundo elemento da transformação reduz-se então a uma dilatação de α' na relação dos comprimentos de β e α. Hamilton denomina *tensor*,[12] o operador dessa transformação, e *versor* o da primeira.

Um outro modo de análise consiste em decompor o vetor β segundo a direção de α e segundo a direção perpendicular. Sejam β' e β'' esses dois componentes de β. O Quatérnio escrever-se-á, como quociente de β e α:

$$q = \frac{\beta' + \beta''}{\alpha} = \frac{\beta'}{\alpha} + \frac{\beta''}{\alpha}$$

representando a barra de fração evidentemente o operador de "divisão" adequado. Os vetores β' e α são paralelos; seu quociente é, pois, um operador *escalar* correspondendo a uma dilatação. Quanto a $\dfrac{\beta''}{\alpha}$, representa um "Quatérnio reto", sendo o ângulo de rotação que lhe corresponde $\dfrac{\pi}{2}$. Um tal Quatérnio é completamente determinado pelo dado de um vetor perpendicular ao plano de rotação, cujo sentido depende do sentido desta e cujo comprimento é igual a seu tensor. Nessas condições, pode-se dizer, por abuso de linguagem, que o Quatérnio se decompõe na "soma" de um escalar e de um vetor, o que justifica a frase do primeiro livro citada anteriormente.

Daí, uma última decomposição, unindo a representação do Quatérnio como objeto de um espaço vetorial — no sentido moderno — a quatro dimensões, munido de uma estrutura de Álgebra que define a tábua de multiplicação dos objetos escolhidos para construir a base. Que o Quatérnio dependa de quatro parâmetros, era imediatamente visível no esquema de transformação vetorial: para passar do vetor α ao vetor β é necessário fazer variar seu comprimento e fazê-lo girar de um ângulo dado, no plano definido pelos dois vetores, determinado ele mesmo por dois parâmetros. Mas,

---

12. É necessário assinalar que o termo "tensor" tomado neste sentido, caiu em desuso e foi recolocado em uso posteriormente pelos físicos para designar um ser matemático diferente definido em álgebra multilinear.

a maneira pela qual esses quatro parâmetros se combinam entre si não é apreensível tão imediatamente. Hamilton descreve-a passando do ponto de vista intuitivo intrínseco — que encara o Quatérnio como um operador isolado —, ao ponto de vista relacional, que termina constituindo o Quatérnio como elemento num conjunto estruturado, que é o que se denominará mais tarde um espaço vetorial, mais precisamente, uma álgebra. Já vimos como, por outros meios, introduziam-se as quatro unidades que generalizam o sistema dos números complexos. Esta vez, elas aparecem, na perspectiva das transformações, como *operações* elementares e independentes, por combinação de que todos os Quatérnios podem ser engendrados. Uma entre elas é identificada à translação unitária ao longo de uma direção indeterminada. E' a unidade numérica real, ou escalar, que, multiplicada por coeficientes eles mesmos tomados de empréstimo ao conjunto dos reais, engendra todos os tensores, no sentido de Hamilton. Quanto à direção ao longo da qual a dilatação se efetua, será definida por combinação linear de três rotações de $\frac{\pi}{2}$ em torno de eixos ortogonais concorrentes, imagens de versores retos independentes entre si. As leis de composição desses operadores elementares têm então uma significação imediata, como aparece na figura abaixo.

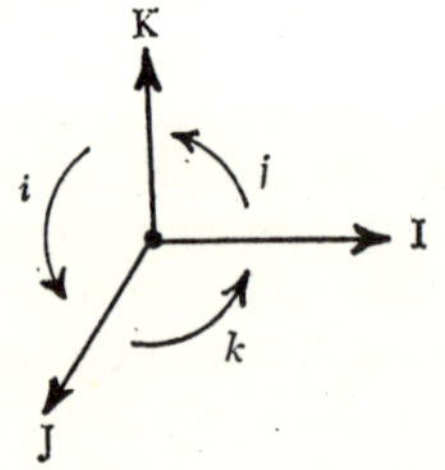

$$i.j = k$$
$$j.k = i$$
$$k.i = j$$
$$i^2 = j^2 = k^2 = -1$$

$$i = \frac{\overrightarrow{OJ}}{\overrightarrow{OK}}$$

$$j = \frac{\overrightarrow{OK}}{\overrightarrow{OI}}$$

$$k = \frac{\overrightarrow{OI}}{\overrightarrow{OJ}}$$

Cada rotação efetua-se em torno do eixo perpendicular a seu plano; esse eixo representa-a sem ambigüidade.
Por exemplo: o operador *i* transforma o eixo OK no eixo OJ. Duas rotações sucessivas de mesmo eixo mudam, pois, o sentido do vetor operado (multiplicação pelo escalar —1). O mesmo ocorre para as outras combinações.

Fig. 8. Rotações e Quatérnios.

Assim se acha justificada intuitivamente, do ponto de vista das transformações, a representação linear de um Quatérnio qualquer:

$$q = w + ix + jy + kz$$

e o cálculo dos Quatérnios reduz-se a uma combinatória dos operadores elementares cuja tábua de multiplicação define a estrutura. Uma vez realizada a construção, a imagem espacial não mais aparece como essencial. Serviu de guia para a escolha das regras combinatórias, mas, a estrutura abstrata permanece independente de sua imagem intuitiva. Vê-se muito claramente, aliás, examinando, em Hamilton, uma outra tendência, que se exprime, como já o notamos, na preocupação de estabelecer uma gênese hierárquica racional dos seres matemáticos que ele encarna em imagens ou que introduz pelo cálculo.

IV, 16.

O caso mais nítido que se apresenta é o da ligação genética entre Quatérnios e vetores. Certamente, a própria definição do Quatérnio faz dele um operador sobre vetores. Mas, os Quatérnios compõem-se entre si, e essa composição é, no fundo, de mesma natureza que a operação de um Quatérnio sobre um vetor. A oposição entre os dois seres matemáticos é, pois, artificialmente entretida pela intuição geométrica, ainda mais que ela não corresponde a uma dualidade essencial. A redução dessa heterogeneidade no interior do sistema vai efetuar-se no sentido da tendência hamiltoniana mais profunda, que é considerar os seres matemáticos como operadores e não como objetos. Tal é, assim o mostramos, a *prática* constante do matemático irlandês, justificada a seus olhos por uma ideologia do tempo tomada de empréstimo ao kantismo. No caso do vetor, a redução a um operador efetua-se por meio de um procedimento de identificação de elementos visados inicialmente como diferentes, mas, cujas leis de composição respectivas definem uma mesma estrutura. A tomada de consciência de tal prática constituirá um dos mais constantes procedimentos de extensão dos conceitos em álgebra moderna; mas já constituía o procedimento fundamental para a gênese das generalizações clássicas da noção de número.[13]

---

13. Por exemplo, passa-se ao Anel Z dos inteiros relativos ao corpo Q dos números racionais, identificando os elementos n de Z aos elementos nq/q de Q, que constituem em Q um subanel isomorfo em relação ao anel dos inteiros. Estes aparecem desde então como casos particulares, ou degenerados, dos racionais.

Encontramos no parágrafo 15 o Quatérnio reto e observamos que era *completamente determinado* pelo dado de um vetor, perpendicular a seu plano de rotação e de sentido tal que essa rotação tinha o signo desejado; o comprimento desse vetor tem como valor o tensor do Quatérnio reto. Nada distingue, pois, esses dois seres do ponto de vista estrutural e Hamilton notará (livro III) que um vetor pode, com efeito, ser identificado ao "índice" de um Quatérnio reto.[14] A noção de vetor acha-se, pois, reduzida à de Quatérnio degenerado e as operações sobre os vetores tornam-se composições de Quatérnios regidas pelas leis gerais de sua álgebra.

Ocorre o mesmo, evidentemente, com a noção de escalar, degenerescência do Quatérnio por desaparecimento do versor. Desde então, não se tem mais relação do que com um conjunto de operadores, todos tendo mesma forma geral, sobre a qual são definidas leis de composição, que estabelecem uma estrutura, objeto verdadeiro do pensamento do matemático. Hamilton, é verdade, não chega a explicitar essa concepção da Matemática. A unificação que realiza do domínio assim explorado não é ainda tematizada como conteúdo da objetividade matemática: ela permanece um *traço de estilo*.

IV, 17.

Esse estilo hamiltoniano que apresentamos aqui como variante de um estilo "vetorial" permitiu-nos bem, com efeito, reencontrar as maneiras já encontradas em Moebius de abordar o objeto. Seu caráter original muito marcado deriva-se essencialmente de uma oscilação permanente entre a interpretação intuitiva dos operadores como transformações geométricas e sua interpretação puramente algébrica, como elementos de uma estrutura definida pelas leis de composição. Contrapartida positiva dessa ambiguidade, a redução a uma forma homogênea de todos os seres vetoriais — Quatérnios, vetores ou escalares —, deixa entrever a possibilidade de um cálculo linear universal. Não é nesse sentido moderno, sem dúvida, que Hamilton o entendia, e as tentativas apaixonadas de seus discípulos para introduzir em toda parte a perspectiva dos Quatérnios permanecem enquanto tais artificiosas e talvez estéreis.[15] Mas, desembaraçada dos elementos contingentes aí introduzidos ainda pela intuição geométrica, de que, no entanto, ela tirou seu primeiro vigor, a idéia logo se desdobrará em toda sua amplidão. Foi somente em

---

14. Na realidade, obtém-se assim apenas os vetores "axiais" que não são independentes do ponto de vista cartesiano, de uma mudança de sistema de coordenadas.

15. Sabe-se, desde Frobenius, que o corpo dos quatérnios é um caso singular: o único corpo não-comutativo construtível sobre o corpo dos reais.

Hamilton que atitude e movimento de estilo vão tornar-se objeto de pensamento numa matemática consciente de seu caráter estrutural.

Examinemos agora a obra de Grassmann como uma variante, singularmente rica e profunda, dessa conquista estilística da estrutura.

Dois projetos de uma "teoria da extensão"

IV, 18.

Dos três autores tomados como exemplos, Grassmann é, sem dúvida, o mais filósofo; é também, incontestavelmente, o mais obscuro. Por essa razão, quase não exercerá influência antes que geômetras como Peano o descubram e traduzam suas idéias numa língua mais clara para o matemático.

Consciente de achar-se na linha do pensamento leibniziano, dar-se-á ao trabalho de comentar um texto[16] sobre a *Charactéristique* (in *Geometrische Analyse*, 1847, I. 1), sendo seu propósito exatamente o de constituir uma característica geométrica nova. Substituir-se-á a consideração das figuras por um cálculo cujos elementos serão, inicialmente, os *"Strecken"* ou segmentos orientados, equivalentes aos vetores de Hamilton. Do mesmo modo que a *área* de um paralelogramo é considerada como o produto ordinário dos comprimentos de dois segmentos, assim o paralelogramo enquanto figura será considerado como o "produto" de dois segmentos orientados que determinam seus lados não-paralelos. Duas operações vão, pois, aparecer no ponto de partida do novo cálculo: esse "produto" particular de vetores e a "soma" já classicamente utilizada em Mecânica na composição das forças. Trata-se de "combinar harmoniosamente" essas duas operações (prefácio da *Ausdehnungslehre* de 1844); em termos modernos, é necessário definir as composições dessas duas operações que determinam num espaço de vetores estruturas algébricas.

Antes mesmo de ter desenvolvido sua construção, Grassmann aplica seus primeiros princípios intuitivos a problemas de Mecânica, que o estilo vetorial permite resolver elegantemente. "Cada passagem de uma fórmula à seguinte", diz ele, "efetua-se imediatamente como a simples expressão simbólica de uma demonstração conceitual que lhe é paralela..." (*ibid.*, I, 1, p. 9). Assim, logo parece que "por essa análise,

---

[16]. Carta a Huygens de 8 de setembro de 1679 (*Math. Schriften*, Ed. Gehrardt, II, p. 20), reproduzida em *Oeuvres* de Grassmann. Ele disso conhecia apenas um resumo, com o diz numa carta a Hankel de 2 de fevereiro de 1867. Citamos GRASSMANN segundo *Mathematische und physikalische Werke*, Leipzig herausgegeben von Fr. Engels, 1896-1911, 2 tomos em 3 volumes.

a diferença entre tratamento analítico e tratamento sintético da Geometria se esvai totalmente". Trata-se, pois, bem de um *cálculo* referente diretamente aos seres geométricos ou mecânicos, realizando o sonho leibniziano de uma Característica. Grassmann até mesmo pensa ir mais longe do que Leibniz, não apenas na execução de seu projeto, mas ainda em sua própria concepção. Com efeito, ele o reprova por introduzir em sua determinação dos seres geométricos elementos auxiliares estranhos à questão e encontra a explicação desse defeito no fato de Leibniz utilizar em seu cálculo como relação de igualdade entre as figuras, unicamente a congruência. Pois, se esse tipo de equivalência obedece bem à regra formal: $a \equiv b \ \& \ b \equiv c \Longrightarrow a \equiv c$, não permite de modo algum substituir indiferentemente num cálculo elementos congruentes entre si.[17] (Do fato de $ab \equiv cd$, não se segue de modo algum, por exemplo, que $abx \equiv cdx$.) Não é a congruência que servirá como operação fundamental em cálculo grassmanniano, mas a "colineariedade" de Moebius, isto é, uma transformação unívoca e contínua, fazendo corresponder uma reta a uma outra reta[18]. Esta observação, que só se encontra acessoriamente na segunda *Ausdehnungslehre*, abriria em Geometria um novo caminho, que será explorado mais tarde pelo gênio de Félix Klein, leitor muito perspicaz e admirador de Grassmann. Daí reteremos unicamente a idéia de uma determinação dos elementos geométricos grassmannianos por interseções de retas e de planos, pois, de fato, não é esse ponto de vista das transformações que prevalece em Grassmann para a definição dos seres geométricos e, se a primeira teoria da extensão trata de fato dos objetos invariantes para uma afinidade, a segunda introduz o grupo das rotações. Mas, o interesse atribuído por nosso geômetra à Característica leibniziana é certamente muito significativo da maneira pela qual ele aborda o problema de uma determinação dos seres geométricos e, por conseguinte, de seu estilo.

IV, 19.

A expressão "determinação dos seres geométricos", que acabamos de empregar, correria, aliás, o risco de ser enganosa, se não se precisasse logo que o propósito de Grassmann na realidade é muito mais ambicioso e muito mais verdadeiramente leibniziano do que poderia parecer. A "teoria da

---

17. Reencontra-se aqui, numa forma mais elaborada, o problema euclidiano de que se tratou no Cap. II. Mas, a terminologia moderna, em Álgebra, tende justamente a denominar "congruência" uma relação de equivalência que possua a propriedade incriminada (cf. por exemplo A. G. KUROSH, *Algèbre générale*, Paris, 1967, p. 88).

18. Essas colineariedades contínuas são as objetividades. (Cf. KLEIN, *Elementary mathematics from an advanced standpoint: Geometry*).

extensão", em suas duas versões sucessivas, comporta, com efeito, por assim dizer, duas camadas intencionais: uma, em princípio, dominando a outra mas às vezes mascarada, alternando com ela segundo uma tectônica por demais complexa cujo pormenor não poderia nos reter aqui. Por um lado, Grassmann quer estabelecer como o Leibniz da carta a Huygens, um *cálculo direto* referente a seres geométricos elementares, determinados ao mesmo tempo em posição e em grandeza. Por outro lado, transbordando amplamente esse projeto e unindo-se ao Leibniz das *Initia scientiae generalis,* propõe-se constituir um cálculo abstrato, anterior a toda Geometria e que a funde. Evidentemente, esse segundo projeto recobre o anterior e dá seu verdadeiro sentido à teoria da extensão; a bem da verdade, o primeiro aparece mais como uma forma enfraquecida do segundo ou, mais exatamente, como uma variante estilística. É esta modulação de um ao outro que sobretudo nos interessa, no empreendimento grassmanniano, cujo conteúdo temático tal como se edifica através das duas *Théories* pode resumir-se essencialmente pela colocação em evidência da estrutura de espaço vetorial e, mais especificamente mesmo, da álgebra linear.

A fim de melhor compreender essa dupla orientação da obra, é indispensável referir-se à concepção do objeto matemático desenvolvida desde a primeira versão da *Ausdehnungslehre*. A Lógica (que ele denomina "dialética) e a Matemática, sendo todas as duas ciências formais, são concebidas como pensamentos sobre pensamentos, e sua verdade definida como concordância (*Ubereinstimmung*) do ato de pensamento reflexionante com o ato de pensamento constituinte que é o objeto formal. Eles, os pensamentos, distinguem-se pelo fato de que a Lógica pesquisa "a unidade de todo o pensamento", enquanto a Matemática concebe "todo objeto de pensamento *(Gedachte)* isolado como particular" (p. 23). A Matemática pura é, pois, a ciência do ser particular (*Besonderen),* que ele denomina forma de pensamento: é uma ciência das formas (*Formenlehre*). O que é necessário entender por essa "particularidade" do objeto matemático? O que Grassmann quer dizer é aparentemente que o pensamento matemático visa seus objetos enquanto suscetíveis de *diferenças.* O cálculo que nos propõe apresenta-se, com efeito, como uma construção progressiva das diferenciações *a priori* entre formas de pensamentos a partir de elementos determinados unicamente como mínimos de diferenciação. "Na Matemática", diz ele, "a particularidade está no ponto de partida, enquanto a idéia é atingida por último". Visão completamente nova nesta época; mas, cujo caráter "filosófico" assusta ainda os editores de 1894: "Esses conceitos fundamentais são demasiadamente indeterminados, demasiadamente vazios *(inhaltlos)* para que se possa tirar daí conseqüências como as que tirou Grassmann... O elemento deve ser simplesmente o particular *(das Besondere)*, sem nenhum conteúdo real" (p. 405, *Anmerkung* de Study e Engel). Grassmann entreviu, pois, meio século antes, a possibilidade de uma matemática estrutural, que seria não somente uma teoria das formas cristalizadas dos temas servindo de conteúdo ao pensamento, mas também uma tomada de consciência do próprio processo de construção. O que ele define por esses dois desígnios é, aliás, a Ciência em geral, observando justamente que na Matemática o divórcio entre eles é mais nítido, desde que Euclides deu o exemplo de uma exposição vinculada unicamente ao conteúdo demonstrativo da construção formal, deixando quanto ao resto para o leitor a preocupação "de ler entre as linhas" (p. 319). Ora, segundo Grassmann, "constrói-se no espírito (do inventor das verdades matemáticas) uma ordem própria de pensamentos quanto ao caminho que ele seguiu e quanto à idéia que cria o todo; e essa ordem de pensamento constitui o núcleo particular e a alma de sua atividade, enquanto os encadeamentos coerentes de verdades são apenas as encarnações dessa idéia". Esse movimento talvez seja concebido em termos por demais psicológicos para o gosto do leitor moderno; ele não deixa de designar o que será colocado em plena luz pelos matemáticos da idade cantoriana e hilbertiana, em estilo axiomático, pois a subida até a "idéia" da construção matemática, a partir do "particular" é exatamente o ato de destacar uma estrutura abstrata; é justamente o que Grassmann faz ao fundar uma álgebra dos vetores.

O objeto matemático e as grandezas "extensivas"

IV, 20.

A classificação dos objetos matemáticos, proposta por Grassmann dá um conteúdo notavelmente coerente a essa concepção tão geral da ciência das formas, deixando ver nitidamente até onde é reportada a intuição. Todo objeto construído pelo pensamento deve ser engendrado ou por um ato simples de *produção (Erzeugen)*, ou por um ato complexo de posição e de ligação. No primeiro caso, a forma obtida é a de grandeza contínua em geral, no segundo caso, a do discreto, ou forma da ligação (*Verknüpfung*). Vê-se que Grassmann parte aqui de dois indefiníveis muito diferentes quanto à sua complexidade e à sua facilidade de redução: a forma de ligação, que é exatamente a operação, é fácil e imediatamente redutível desde os primeiros passos de uma teoria dos conjuntos; o mesmo não ocorre com a de produção contínua, muito mais obscura, e cuja redução progressiva levará, como se sabe, a fundar a Topologia. Mas, a classificação grassmanniana comporta uma segunda dimensão que é a dos "elementos" de produção; permite distinguir então o que ele chama de uma "álgebra", que procede por reunião de elementos determinados como iguais e uma "combinatória" que justapõe elementos segundo sua diferença. Dessa dupla divisão resulta uma classificação de dupla entrada:

	GERAÇÃO DISCRETA	GERAÇÃO CONTÍNUA
ÁLGEBRA	*Número*	*Grandezas intensivas*
COMBINATÓRIA	*Combinação*	*Grandezas extensivas*

As grandezas extensivas, objetos da nova teoria, aparecem, pois, como participando ao mesmo tempo da continuidade por seu modo de produção e da justaposição combinatória por seu tratamento num cálculo. Dado o caráter puramente intuitivo da noção do contínuo nessa classificação grassmanniana, compreende-se e justifica-se, sem dificuldade, as reticências dos contemporâneos e mesmo as, muito posteriores, dos editores da *Ausdehnungslehre*.

IV, 21.

É necessário reconhecer que grandezas assim introduzidas o são diretamente sobre uma base bastante indistinta da intuição geométrica ou, mais exatamente, de uma intuição do movimento, cuja noção puramente intelectual de *Aenderung*, alteração, ou antes mudança, seria abstrata: "a passagem do elemento gerador de um estado a um outro, nós a denominamos mudança; e esse mudança abstrata do elemento gerador corresponde, pois, à mudança de lugar ou movimento do ponto em Geometria" (p. 48). Percebe-se, em numerosos textos, a convicção muito firme de Grassmann de ter introduzido, desse modo, um conceito *puro* e, de modo algum, uma intuição espácio-temporal disfarçada. Por outro lado, percebe-se sua impotência em tornar essa situação evidente, por não se ter orientado em direção a uma análise preliminar das mais elementares relações entre conjuntos e elementos. Para ele, a aparência intuitiva e geométrica de sua exposição é apenas uma comodidade de expressão, destinada a não "fatigar o leitor com demasiadas abstrações novas" (p. 46).

Pois, o maior projeto de Grassmann é justamente *fundar a Geometria* numa teoria mais abstrata e mais geral, não sendo a própria Geometria, propriamente falando, uma parte, mas antes uma aplicação da Matemática. Como a Mecânica, ela remete a um objeto "real" — o espaço — e não poderia ser contada entre as ciências formais. Não se pode, diz ele, deduzir das leis puras do pensamento a necessidade da tridimensionalidade do espaço. É que, em oposição à tese kantiana, Grassmann vincula as formas matemáticas a uma atividade construtiva do pensamento puro e não a uma intuição, mesmo que fosse intuição pura. Nem por isso ele rejeita as formas da intuição que a Geometria descreve — como a "forometria" e a Mecânica — do lado das ciências estritamente empíricas. Essa intuição constitui, diz ele, uma intuição "originária *(Grundanschaung)* que nos é dada simultaneamente com a abertura de nossos sentidos ao mundo e que nos é tão inerente como o corpo o é à alma" (p. 24). A Geometria é então apenas a aplicação da teoria das formas à intuição originária do espaço.

Mas a introdução da obscura noção de "produção" no próprio corpo da doutrina das grandezas extensivas faz com que Grassmann não chegue, ao nível da primeira *Ausdehnungslehre,* a eliminar a intuição geométrica de modo convincente. É apenas ao colocar em evidência o aspecto puramente combinatório do "produto" de duas grandezas que ele chegará, na obra de 1862, a dar um sentido inequívoco a suas grandezas extensivas e a trazer verdadeiramente à luz a noção de espaço vetorial.

IV, 22.

Inicialmente, examinaremos, pois, a maneira pela qual se realiza, na *Ausdehnungslehre* de 1844, o projeto menor de um cálculo geométrico, ordenado de modo ainda confuso ao projeto maior do fundamento da Geometria sobre uma combinatória.

A idéia essencial do projeto é a de uma engendração dos seres por meio de uma "mudança" referente, de início, a elementos originários — os mínimos de diferenciação —, depois, novamente, a "figuras" assim obtidas. Do mesmo modo que o deslocamento do ponto engendra a linha, assim a "mudança contínua" do elemento dá nascimento à figura de extensão do primeiro grau (p. 48), a que se atribuirá, quando é limitada, o nome especializado de *Strecke,* traço ou trajetória, que se pode traduzir sem inconveniente pelo vocábulo hamiltoniano *"vetor".*[19] O predicado "contínuo" que aparece na definição desse vetor, impossível de ser defi-

---
19. Trata-se, na realidade, de vetores *livres,* não desempenhando aqui a localização dos elementos de origem papel essencial.

nido de outro modo a não ser por remessa à intuição, caracteriza o nível da primeira *Théorie* de 1844; não constitui, no entanto, um obstáculo para um primeiro desenvolvimento combinatório.

Uma tal lei de formação generaliza-se para dar nascimento a "extensões" de graus superiores; combinando duas mudanças fundamentais, o elemento gerador percorre uma dupla infinidade de situações que constitui um sistema de segundo grau e assim por diante. Mas, é neste nível que se superpõe a essa dialética, por assim dizer qualitativa, uma determinação combinatória que confere à construção de Grassmann, desde a primeira *Théorie,* sua generalidade. No caso do primeiro grau, uma "mudança" determinada nos dois sentidos produz uma extensão cuja imagem é uma direção indefinida, sendo os diferentes vetores limitados de direções paralelas ditas de "mesma espécie" *(gleichartig).* Grassmann define sobre esses objetos uma operação "aditiva", isto é, associativa, comutativa e inversível. No caso do segundo grau, ele sugere uma estruturação análoga a relações entre a extensão inteira (cuja imagem é então um plano) e os "segmentos" limitados correspondendo aos vetores. Ele é levado, por um lado, a estender a operação aditiva a esses segmentos, por outro lado, a considerá-los como resultados de uma operação combinando dois vetores do primeiro grau. Essa operação, que ele determina como distributiva em relação à adição, é chamada, por analogia, de multiplicação.

É aqui que se afirma o projeto maior de Grassmann, que é constituir um cálculo geral, independentemente da interpretação intuitiva de seus elementos. Esta nova operação é, com efeito, determinada não a partir dos objetos em que incide, mas a partir das leis formais às quais a construção empreendida sugere que ela deve se conformar. Sem dúvida, o fio condutor aqui é ainda a intuição geométrica, mas a operação abstrata ultrapassa imediatamente em alcance o campo onde o matemático buscou sua inspiração. Essa nova multiplicação será, pois, definida por uma lei formal fundamental: o produto de duas extensões de mesma espécie deve ser sempre nulo. Na perspectiva intuitiva da "mudança", isso significa que a composição de uma mudança consigo mesma não poderia dar uma extensão de grau superior.[20] Daí, o nome de "multiplicação exterior", devendo os fatores fazer parte de sistemas ou "domínios" *(Gebiete)* diferentes, para que o produto não seja nulo. Uma segunda propriedade formal fundamental — que, do ponto de vista algébrico ainda

20. Uma "demonstração" dessa propriedade é dada na pág. 101. Ela repousa numa transposição das propriedades geométricas dos vetores e das áreas.

não destacado, é na realidade equivalente à primeira (cf. abaixo, IV, 25) — é a *anticomutatividade* da operação:

$$a * b = - (b * a)$$

designando o signo "—" ainda o "sentido" da mudança que define a extensão, a que a inversibilidade da adição dá, aliás, uma significação formal rigorosa.

A introdução da multiplicação exterior, primeiro elemento combinatório da teoria da extensão, manifesta, pois, na exposição de 1844, a ambigüidade estilística dessa noção mestra, ligada ao mesmo tempo, à idéia intuitiva obscura de *produção* por uma mudança contínua e à idéia clara, totalmente moderna, de operação abstrata, cujos caracteres formais, longe de serem derivados das propriedades intrínsecas de objetos operados, definem, ao contrário, esses objetos extrinsecamente como elementos de uma estrutura.[21] Que a operação produtora das extensões de primeiro grau — os vetores — não seja aqui assimilada a uma multiplicação exterior de elementos geradores testemunha esse equívoco, uma vez que formalmente falando, a analogia é total, obedecendo a operação de produção do vetor de origem a e de extremidade b: $[a\ b]$ evidentemente às duas leis $[a\ a] = 0$ e $[a\ b] = - [b\ a]$.[22] Mas, será necessário esperar a introdução da teoria das "grandezas elementares",[23] para que essa assimilação seja incidentemente enunciada *(Ausdehnungslehre, I, § 106, p. 175)*.

21. Na segunda parte, Cap. II do *Ausd.* de 1844, são os caracteres formais da multiplicação exterior que são utilizados para estender a definição dos "Elementargroesse".

22. Sabe-se que a equivalência com a propriedade: $[a\ a] = 0$ está em xeque se o módulo (ou o espaço vetorial), de que a faz parte, está sobre um anel (ou um corpo) de característica 2. Mas, esse caso não desempenha evidentemente nenhum papel na construção grassmaniana onde se considera unicamente o corpo dos reais como corpo de operadores.

23. Hoje, define-se o produto exterior de p-vetores de um módulo E como elementos do módulo quociente de $\bigotimes^p$ E pelo submódulo de $\bigotimes^p$ E onde se anulam todas as aplicações lineares alternadas.

Esses produtos exteriores constituem, pois, eles mesmos, os elementos de um módulo e, em particular, de um espaço vetorial (se o anel dos operadores for um corpo, como é sempre o caso nos textos considerados). Serão eles chamados, por causa de Grassmann, de p-vetores, e os vetores ordinários identificam-se então aos 1-vetores, e os escalares aos o-vetores.

Vê-se, por sua definição, que esses objetos podem ser igualmente considerados como classes de equivalência de tensores anti-simétricos. Mostra-se que é possível identificá-los canonicamente a tais tensores, quando o módulo de partida for livre.

A soma direta de todos os módulos de p-vetores sobre E ($p \geqslant 0$) é um módulo $\mathcal{E}$ que se pode munir de uma estrutura de álgebra, estendendo a definição do produto exterior ao produto de um p-vetor por um q-vetor. É a álgebra exterior sobre E, que é não comutativa.

Se E admite uma base finita $\{e_i\}$ $1 \leqslant i \leqslant n$, o módulo $\mathcal{E}$ admite uma base de $2n$ elementos, e_H (H $\in \mathcal{F}$ [1, N]), e a tábua de multiplicação dessa álgebra é dada por:

$$e_H \wedge e_K = 0 \text{ se } H \cap K \neq \emptyset$$
$$e_H \wedge e_K = (-1)^v e_{H \cup K} \text{ se } H \cap = \emptyset$$

sendo v o número dos pares (i,j), tais que $i \in H$ $j \in K$ $i < j$. (Cf. bourbaki, *Algèbre*, Cap. III).

São os elementos de $\mathcal{E}$ que constituem as "grandezas elementares" de Grassmann, correspondendo os p-vetores às extensões de grau p.

A idéia de espaço vetorial nas duas teorias da extensão

IV, 23.

Esta teoria das grandezas elementares aparece, com efeito, como a conseqüência de se trazer à luz uma concepção já muito geral e nitidamente mais articulada das grandezas extensivas, consideradas como constituindo o que se chama hoje de uma Álgebra.

A noção de "grandeza de mesma espécie" (*gleichartige*) é manifestamente de origem intuitiva, definida somente por referência à unicidade da "mudança" geradora. A Geometria fornece facilmente imagens de tais grandezas: os vetores livres da mesma direção, os segmentos de superfície em forma de paralelogramo orientados e fazendo parte de planos paralelos, são exemplos a que Grassmann recorreu. A multiplicação exterior caracteriza-os pela nulidade do produto. A operação aditiva, originariamente definida para grandezas da mesma espécie, pode ser então estendida às grandezas do mesmo "grau" e de espécies diferentes, consideradas como mergulhadas numa mesma extensão de grau imediatamente superior: tais como os vetores livres coplanares como geradores de seu plano (§ 48, p. 103). No entanto, nenhum critério de cálculo, propriamente falando, até agora apareceu para definir extensões de mesma espécie, que Grassmann chama também de "dependentes".[24] É que este critério, correspondendo à natureza algébrica essencial dos objetos de tipo vetorial, só pode precisamente ser destacado na medida em que se conclui a estrutura completa que os define. Sem dúvida, encontra-se desde o fim do § 18 a seguinte observação: "Uma espécie de mudança (*Aenderungsweise*) é dependente de uma outra, quando os vetores da primeira podem ser representados como soma de vetores da segunda..." Mas, isso não basta para decidir quando tais vetores determinados são independentes entre si.

Do mesmo modo, o § 20 estabelece que "todo sistema de n° grau pode ser inteiramente engendrado a partir de qualquer um de seus elementos por n espécies de mudanças independentes". A idéia fundamental do percurso de um espaço vetorial por combinações lineares de n elementos independentes está justamente aqui subjacente, mas dela se aproxima apenas de maneira qualitativa. Falta ainda uma operação nova: a composição desses vetores com *números*. Estes últimos, estranhos ao domínio das grandezas extensivas, aparecem, no entanto, quando Grassmann considera a operação

---

24. Por exemplo, p. 112: grandezas de n.° grau são dependentes "se fizerem parte de um sistema de grau inferior a n".

inversa da multiplicação exterior: no caso em que as grandezas extensivas dividendo e divisor são de mesma espécie, é-se levado a definir como quociente grandezas de grau zero, demonstrando-se que elas obedecem às regras da Aritmética (§ 65 a 73).

A teoria das "grandezas elementares", que afeta os elementos de graus quaisquer de um "peso" e faz intervir seu *Vielfachensumme* — ou combinação linear — fornece, enfim, mas de modo indireto, o critério da independência e revela o mecanismo íntimo do espaço vetorial: "Dizemos que uma grandeza elementar de primeiro grau é dependente de outras grandezas elementares, quando pode ser representada por uma combinação linear destas últimas" (§ 107, p. 175). Como as grandezas extensivas são casos degenerados de grandezas elementares, quando os elementos combinados são de mesmo grau, vê-se que o problema, enfim, está resolvido. Mas, o caminho foi longo e semeado de obstáculos e a estrutura vetorial está longe de aparecer ainda em toda sua clareza.

IV, 24.

O mesmo não ocorre na segunda *Ausdehnungslehre*, que se abre imediatamente sobre uma definição estritamente algébrica das grandezas extensivas. As novas grandezas agora vão ser explicitamente introduzidas como elementos de uma estrutura global, no interior da qual a "multiplicação exterior" aparece como operação formal; mediante o que as distinções de *grau* e de *espécies* de grandezas esclarecem-se naturalmente num sistema dominado pela idéia de combinação linear.

Abandona-se o ponto de vista quase intuitivo da "produção" das grandezas de graus sucessivos, em proveito da concepção rigorosamente abstrata de um engendramento combinatório a partir de elementos tomados com "unidades". Substitui-se a forma linear de combinação com operadores escalares (os números) pela "mudança" contínua de 1844. Uma grandeza a é dita derivável *(ableitbar)* a partir de grandezas $b, c, \ldots$ por meio dos números $\beta, \gamma, \ldots$ se: $a = \beta b + \gamma c + \ldots$ Dir-se-á ainda que $a, b, c, \ldots$ estão "numa relação numérica" *(Zahlbeziehung)*, quando cada uma dessas grandezas for derivável das outras.[25]

Uma *unidade* é uma grandeza da qual podem ser numericamente derivadas um conjunto de outras grandezas. Um

---

25. Mais adiante (§ 16), a condição de dependência de x expressa-se sob sua forma analítica usual correspondendo à proposição:
$$\exists\, a_1, a_2 \ldots a_3\, [(a_1\, v\, a_2 \ldots v\, a_3 \neq o)\text{ e }(\sum_i a_i\, x_i = o)]$$

sistema de unidades é um conjunto de unidades que não estão entre si numa relação numérica e da qual se podem derivar outras grandezas.

Finalmente, o conceito de grandeza extensiva é definido como expressão derivável de um sistema de unidades (não se reduzindo à unidade absoluta, que é o *número* 1). (*Ausdehn.* de 1862, § 4, I, 2, p. 12.) Depois das leis de composição internas e externas das grandezas extensivas a partir da propriedade inicial atribuída às formas lineares, Grassmann logo estabelece:

$$\sum_i a_i e \pm \sum_i b_i e = e \sum_i (a_i \pm b_i)$$

A estrutura de espaço vetorial sobre o corpo dos reais é, pois, colocada de uma vez em sua forma moderna, sob o nome de "domínio" *(Gebiete).* A noção ainda obscura de grau de produção parece, por um momento, ser identificada à da *dimensão* de um espaço vetorial: "o domínio é de n° grau se *n* grandezas de primeiro grau linearmente independentes forem necessárias e suficientes para derivar todas as outras" (§ 14, p. 16; cf. também § 24, p. 21). Mas, o equívoco só existe aqui na linguagem; é necessário evidentemente compreender que uma grandeza extensiva de n° grau, construída a partir de um espaço de *p* dimensões, escreve-se como *combinação linear de* p *unidades, elas mesmas produtos exteriores de* n *unidades de primeiro grau.*

De fato, trata-se aí aparentemente apenas de uma curiosa inadvertência, e o novo tratamento da multiplicação, que vamos agora abordar, mostra bem que a engendração dos graus sucessivos de grandezas extensivas não se confunde de modo algum com a construção dos elementos de um mesmo grau a partir de uma base. Assim também, todas as propriedades algébricas elementares dos espaços vetoriais são facilmente deduzidas nas páginas seguintes; em particular, a relatividade da base de um espaço vetorial é explicitamente enunciada (§ 24, *Anmerkung,* p. 21).

Assim se acha totalmente aberta ao cálculo uma teoria da extensão, parecendo ter sido operatoriamente elucidado o mistério de uma ordem de complexidade das grandezas. Toda a opacidade das primeiras exposições deriva-se da insuficiente vinculação das propriedades intuitivas intrínsecas dos novos objetos às propriedades extrínsecas que a ligam num sistema. Não há dúvida de que essa ligação havia sido apreendida na primeira *Ausdehnungslehre* e conseqüências exatas daí tinham sido tiradas. Mas, sua elaboração através das noções semi-intuitivas havia se verificado obscura e delicada. Um deslocamento estilístico de ponto de vista permitiu que se trouxesse à luz de modo decisivo o novo objeto matemático que o primeiro procedimento penosamente constituíra.

IV, 25.

Uma mudança tão notável na maneira de abordar um conceito manifesta-se, aliás, justamente de modo mais geral e talvez ainda mais significativo a propósito da *multiplicação*. Vimos que a "multiplicação exterior", operação geradora dos diferentes graus de grandezas extensivas, permanecia em 1844 particularmente ambígua.

Em 1862, a significação de uma operação "multiplicativa" é evidenciada em toda a sua generalidade. A propriedade fundamental de distributividade em relação a uma operação "aditiva" (associativa e comutativa) é adaptada à noção de grandeza extensiva: diz-se que a operação * é multiplicação se, os e_i sendo unidades e os α_i β_k números:

$$\sum_i \alpha_i e_i * \sum_k \beta_k e_k = \sum_i \sum_k \alpha_i \beta_k [e_i * e_k]$$ [26]

A operação é, pois, definida por uma tábua de multiplicação das unidades vetoriais, ou ainda, segundo a prática de Grassmann, por "equações de determinação" lineares entre os produtos das unidades dois a dois. Nessa perspectiva, coloca-se o problema de um estudo *a priori* dos diferentes tipos de multiplicação de um modo preciso desde 1855 e, num artigo do *Journal de Crelle* (vol. 49), Grassmann o desenvolve sistematicamente. Sua enumeração das multiplicações está fundada na idéia de invariância do produto para certas transformações dos fatores unidades: simetria, comutação ou certas combinações lineares. Na *Théorie de l'extension* de 1862, os resultados desse estudo são retomados para introduzir de modo puramente formal o produto exterior. Ele define, inicialmente, o "produto combinatório" por sua anticomutatividade e mostra que tal produto é necessariamente nulo se um dos fatores for uma combinação linear dos outros (§ 62).[27]

Preocupa-se então em mostrar que esses produtos constituem justamente *grandezas,* isto é, que fazem parte de um

---

26. Esta relação, reunida à propriedade distributiva do produto exterior em relação à adição e à sua associatividade face à multiplicação por um escalar, caracteriza o produto tensorial dos dois espaços de que fazem parte os dois vetores $\sum \alpha_i e_i$ e $\sum \beta_k e_k$. No caso particular de anticomutatividade considerado por Grassmann, esse produto define o que se denomina ainda em sua honra uma *Álgebra exterior*.

27. O produto exterior é a extensão do produto combinatório às grandezas de grau qualquer (§ 78).

"domínio" vetorial do tipo já inicialmente definindo. Significativa é a observação pela qual ele abre essa demonstração: "Se o resultado de uma operação entre grandezas deve ser, por sua vez, reconhecido como grandeza, as questões seguintes devem ser resolvidas: quando tais resultados são iguais ou desiguais? Quando estão numa relação numérica, e qual? Para completar o conceito, será ainda importante saber derivar conjuntos de grandezas que, se for aplicada essa operação a seus elementos respectivos, produzem o mesmo conjunto de resultados" (p. 46).

Dito de outro modo, a própria noção de grandeza, intuitivamente introduzida, identifica-se aqui com o conceito formal de "grandeza extensiva". Por outro lado, pressente-se como essencial o problema do fechamento de um sistema em relação a uma operação. Pode-se dizer, pois, que neste nível e nesta nova perspectiva, a idéia de uma ciência formal como ciência das estruturas no sentido moderno já está perfeitamente explicitada.

IV, 26.

No entanto, voltemos ao produto combinatório. Tendo dado uma definição formal desse produto, Grassmann daí quer tirar a construção das grandezas de n^o grau, de acordo com a definição intuitiva; é então que é levado a distinguir nitidamente os diferentes níveis da construção que caracterizam hoje a álgebra multilinear.

Daí resulta o seguinte encadeamento de proposições:

1º) Seja n unidades originárias (isto é, não reduzidas a outras unidades e, é claro, linearmente independentes), os produtos exteriores m a m sem repetição dessas unidades constituem as unidades de $m^{ésimo}$ grau em relação às grandezas de 1º grau deriváveis numericamente das unidades originárias (§ 77).

2º) As grandezas numericamente deriváveis das unidades de m^e grau são todas as grandezas de m^e grau (§ 77).

3º) Todo produto de m fatores *simples* (isto é, derivados numericamente de n grandezas linearmente independentes) é derivável numericamente das combinações multiplicativas (produtos exteriores m a m sem repetição) dessas n grandezas (§ 65). O que acarreta, fazendo uso de 1º e 2º, que todo produto de m fatores simples seja numericamente derivável das unidades de m^e grau engendrados pelas n unidades dos fatores.

4º) Um produto de m grandezas de 1º grau é uma grandeza de m^e grau (§ 77b). Mas toda grandeza de m^e grau não é redutível a um produto de fatores de 1º grau (Anmerkung).

As duas primeiras proposições exprimem o caráter de espaço vetorial do objeto construído, tomando o poder exterior $m^{ésimo}$ de um espaço vetorial. As "combinações multiplicativas" das n "unidades" desse espaço constituem uma base para o novo espaço $\overset{m}{\wedge}E_n$ assim engendrado.

As duas últimas proposições descrevem certos elementos de $\overset{m}{\wedge}E_n$ como produtos exteriores de m elementos do espaço E_n.

Uma dupla geração dos elementos da nova Álgebra é, pois, claramente exposta. Por um lado, a geração por combinações lineares a partir das "unidades" da base, no grau de que são os m-vetores; por outro lado, sua geração por produto exterior de m-vetores do primeiro grau.[28] De modo que o desdobramento da noção intuitiva e confusa de "produção" das extensões em duas idéias claras e distintas acha-se aqui perfeitamente acabado.

IV, 27.

Assim, o projeto maior de uma teoria da extensão encontra-se realizado. Constitui-se uma teoria puramente combinatória das grandezas extensivas como fundamento de um cálculo geométrico cuja limitação às três dimensões do espaço aparece então como contingente e empírica. A estrutura de espaço vetorial e a estrutura da Álgebra *stricto sensu* são explicitamente tematizadas, a que não chegaram nem Moebius nem Hamilton. Mas, pudemos, analisando esse *trabalho*, revelar o deslocamento dos pressupostos intuitivos e constatar a presença de "resíduos" não-assimilados pela estrutura. Eis aí fatos de estilo que determinam uma individuação da obra matemática. Nestes três últimos capítulos, nosso estudo centrado na noção de grandeza geométrica deveria assim ter permitido precisar o que nos propusemos chamar de estilo da prática científica. Antes de mudar de domínio, resumamos e ponhamos à luz, se possível, as nossas conclusões.

---

28. Todo m-vetor não pode assim ser decomposto e Grassmann faz uma observação a esse respeito. Mas, é sempre exprimível como soma de m-vetores que podem ser decompostos.

As variantes estilísticas e a unidade da estrutura

IV, 28.

Propusemos uma definição geral do estilo: como estruturação latente e ingênua do conjunto dos resíduos deixados por uma certa estruturação refletida e temática de um "vivido". Caracterizamos esses resíduos como *redundâncias,* na medida em que o vivido estruturado se torna mensagem, permanecendo sempre alguns de seus aspectos não pertinentes à codificação que a estrutura lhe impõe. No caso da obra científica — contrariamente ao que acontece na obra de arte — a construção de uma estrutura manifesta é o objetivo procurado; mas, para ser manifesta, uma tal estrutura nm sempre é igualmente distinta e são, inicialmente, esses graus de indiferenciação os índices dos diferentes estilos. Pode-se então colocar várias questões que cremos ser conveniente elucidar depois de nossas análises anteriores.

IV, 29.

Em que medida o que chamamos de variantes estilísticas não compromete a unidade da estrutura? Nosso ponto de vista, com efeito, pressupõe que uma mesma estrutura — *in statu nascendi* — pode ser construída e tematizada por vias diferentes e, por assim dizer, aplicada a um certo vivido de várias maneiras, de tal modo que os resíduos que deixa subsistir sejam diferentes segundo a aplicação realizada. O exame pretendido no presente capítulo tentou mostrar a legalidade dessa hipótese. Na realidade, a dificuldade principal que se opõe a esse conhecimento da unidade do objeto estrutural através da multiplicidade dos estilos de abordagem nasce de uma realização inconsciente das estruturas. Ou bem tem-se a tendência de identificar a estrutura com as *modalidades da estruturação* e, nesse caso, as teorias de Moebius, Hamilton e Grassmann serão consideradas como essencialmente distintas e incidindo sobre *objetos* diferentes; ou querer-se-ia que a estrutura fosse uma realidade *transcendente,* que então não estaria evidentemente de modo algum presente nas duas primeiras teorias e apenas de modo bastante imperfeito na terceira.

A primeira concepção parece-nos inaceitável, porque o conhecimento efetivo *a parte post* de uma estrutura — como a de espaço vetorial para o leitor contemporâneo — não permite confundi-la com os *procedimentos* de um Moebius ou de um Hamilton ou de um Grassmann, tornando manifesta a sua presença como *guia;* presença ainda não reconhecida, que não é, pois, a de um *objeto,* mas que se poderia designar como forma transcendental em curso de gênese...

A segunda concepção, quase platônica, parece-nos incompatível com o devir real da Matemática. O *trabalho* do matemático não é de modo algum comparável a uma ascese que torna possível o desvendamento progressivo de uma verdade. Ele *constrói* formas no seio de uma experiência, como muito exatamente se expressou Jean Cavaillès: "O campo temático não está, pois, situado fora do mundo, mas é a transformação deste" (*Méthode axiomatique et formalisme*, p. 179). Não se poderia assim conceber estruturas preexistindo, não se sabe como, ao trabalho matemático.

IV, 30.

Rejeitadas essas duas tentativas, platônica e empirista, resta que a estrutura *in statu nascendi,* distinguindo-se totalmente das modalidades do trabalho de pesquisa, não existe de modo algum como objeto antes de ter sido inteira e explicitamente constituída; mas existe, no entanto, como perspectiva de objeto, traduzindo-se nos fatos por uma certa unicidade de orientação dos procedimentos não justificados de outro modo. Que ela possa ser reconhecida *a posteriori* ao longo de um exame desses procedimentos mostra justamente a fecundidade do trabalho matemático. Entre parênteses, é bastante notável que Grassmann, um dos mais filósofos entre os matemáticos do último século, tenha sentido perfeitamente essa dupla instância da realidade matemática, que ele estende, com razão, à realidade científica em geral. Ele queria que o matemático, ao mesmo tempo em que descobre um raciocínio construtivo, explique paralelamente o próprio movimento de seu procedimento. "Encontram-se, com freqüência, demonstrações", diz ele, "no curso das quais, se a proposição (a ser demonstrada) não tivesse sido antes formulada, não se poderia absolutamente dizer, de início, aonde tais demonstrações devem conduzir" (*Ausdehnungslehre* de 1844, I, 1, § 14, p.30; cf. também, no presente capítulo, IV, 19). É a mesma censura que Hegel já fazia aos procedimentos cegos da Matemática e o mesmo obstáculo que um Pascal se esforça por superar, querendo mostrar a "razão dos efeitos" nos escritos exemplares sobre o Triângulo aritmético e nas cartas a Carcavi. Em termos modernos, isto é, dizer que o pensamento matemático é plenamente satisfatório somente quando chega a fornecer, ao mesmo tempo que suas cadeias demonstrativas, a *estrutura* dos objetos que ele constrói e explora.

O que chamamos de fatos de estilo nada mais são do que as peripécias desse esforço, os seus sucessos parciais e os seus fracassos.

Mas, se a unidade da estrutura assim definida é correlativa das variantes de estilo, é necessário, no entanto, sublinhar um ponto essencial. A estrutura como objeto *in fieri* é uma, mas sua *significação* varia em função dos fatos de estilo. A noção de "significação", que logo será explicitamente introduzida nesta obra, recebe aqui um primeiro esclarecimento. Ela não se confunde de modo algum com um *sentido*[29] intra-estrutural, determinando uma *informação*. Diz respeito diretamente a uma experiência visada como total, sem o intermediário analítico de um referencial que permite recortar unidades delimitadas a preço de um abandono parcial do conteúdo vivido que determina justamente como conteúdo a ele se opondo. A significação refere-se aqui a uma situação global; a colocação de uma "experiência matemática" particular no seio de uma experiência totalizante que envolve o universo matemático efetivamente constituído em uma época dada, no pensamento de um matemático determinado. Mas, esta riqueza intencional das ligações que implica tem em contrapartida uma incapacidade de fazer surgir, nessa experiência, uma forma funcionalmente oposta a um conteúdo. A significação não pode, pois, ser descrita como objeto estrutural, em qualquer nível que se se coloque, sob pena de fazê-lo perder o seu caráter essencial. No entanto, sendo toda prática finalmente ordenada a uma experiência, ela introduz significações. A prática matemática, por abstrata que seja, não escapa à regra e pode-se dizer que as suas variantes estilísticas correspondem muito geralmente a diferenças de significação. A análise dessas significações enquanto tais — uma hermenêutica — faz parte de uma filosofia da obra científica; sem se confundir de modo algum com uma sociologia e uma psicologia da Ciência, ela exigiria, no entanto, em cada caso particular, um profundo e íntimo conhecimento dos fatos e das ideologias. Desculpamo-nos mais acima de não tentá-la desta vez. A análise estilística, mais abstrata e como preliminar, propõe-se somente descobrir as condições internas à própria obra, que tornam possível o advento das significações.

IV, 31.

Se os fatos de estilo aparecem sobretudo como engendrados pelos ensaios e erros de uma criação laboriosa das

---

29. A oposição sentido/significação é evidentemente arbitrária quanto aos termos escolhidos para exprimi-la. Notar-se-á que ela não recobre de modo algum a oposição *Sinn/Bedeutung* de Frege, porque se efetua num outro plano.

estruturas, o que advém do estilo quando a criação se perfaz e, enfim, se formula de modo adequado, por exemplo, sob a forma de uma axiomática?

Comparada aos outros modos de introdução de uma estrutura, observa-se-á inicialmente que a tomada de posição de axiomatização constitui em si mesma um fato estilístico privilegiado. Por outro lado, a pluralidade das axiomáticas possíveis para uma mesma estrutura permite falar ainda de variantes estilísticas. Aliás, o mesmo ocorre na prática científica como nas belas-artes. Um êxito estilístico — uma axiomatização satisfatória, por exemplo, — pode dar nascimento a um academicismo, — a uma fixação da estrutura que é então explorada enquanto tal. Esta morte nobre das formas não deixa subsistir mais do que uma aparência de trabalho, uma vez que quase não se trata mais de copiar um gesto originariamente criador. Ela acompanha necessariamente um dos aspectos do ensino da Matemática. Mas, bem sabemos que tais edifícios oficiais e públicos são sempre recolocados em questão e que um processo de dissolução e reconstrução das formas desenrola-se sempre paralelamente à sua transmissão acadêmica. Desse ponto de vista, o advento do estilo vetorial apresenta-se como uma colocação em questão do academicismo euclidiano-cartesiano, sua dissolução e a refundição das estruturas da Geometria.

IV, 32.

Esta observação leva-nos a interrogar-nos sobre a possibilidade de um *progresso* estilístico. Pode-se dizer que o estilo vetorial seja um progresso em relação ao estilo cartesiano, que o estilo de Leibniz em *Nova Methodus* (1684, *Mathem. Schriften,* ed. Gehrardt, tomo II) ou o de Newton nos *Principia* (1687) sejam inferiores, por exemplo, ao estilo de Cauchy nas *Leçons données à l'École royale polytechnique sur le calcul infinitésimal* (1823)?... Não é necessário temer responder pela afirmativa, se se compreendeu bem a posição específica de um problema do estilo da prática científica e o que o distingue do problema análogo colocado pelas obras de arte. No domínio de que nos ocupamos, o objetivo explícito do trabalho é não somente dar forma, mas ainda tomar consciência dessa forma em seu caráter abstrato, transformar por esse trabalho uma experiência em objeto de conhecimento certo e não *transmudar pelo trabalho uma certa experiência numa outra experiência* diferentemente vivida. Nessas condições, é perfeitamente natural comparar, no domínio científico, várias modalidades diferentes de introdução de uma mesma estrutura e reconhecer-lhes não somente significações diferentes, — como também é evidentemente o caso da obra de arte, — mas graus de adequação distintos. É claro que um tal progresso estilístico não é de modo algum linear e fatídico, justamente na medida em que define uma individuação. Não se confunde com o progresso científico em seu conjunto, referindo-se em primeiro lugar, às mutações de estruturas, assim como aos fatos de estilo tomados em todos os níveis da prática científica. Comparar a Física do século XX à do XIX é examinar a novidade de suas categorias ao mesmo tempo que as novas maneiras de abordar os conceitos, ajustar experiências, utilizar técnicas, pôr em aplicação um saber. Tomado globalmente, o progresso da Ciência é indiscutivelmente monótono e nunca desmente a fé dos positivistas. O universo dos fatos de estilo é mais nuançado, a ordem que aí se vê aparecer é apenas parcial; mas, enfim, o "melhor" e o "regular" têm aí também um sentido. Não era, aliás, este aspecto valorizado que inicialmente nos interessava, ao examinar o estilo na Matemática; bastava estabelecer a sua existência e a sua significação geral. Podemos agora fazer o ensaio desse conceito assim constituído em seu domínio originário: a linguagem.

Apêndice:
Nota Sobre o Estilo de Klein

Evidentemente, não se trata de estudar aqui, em si mesmo, o estilo de Félix Klein que seria um dos geômetras modernos mais interessantes a esse propósito. Queremos unicamente indicar que, retomando a teoria da extensão em seu *Mathématiques élémentaires d'un point de vue avancé* (parte II, 1908, trad. americana, 1939), introduz as grandezas de grau sucessivo de uma maneira original que vincula a um "princípio de Grassmann", o qual, a bem da verdade, é enunciado apenas incidentemente na segunda *Ausdehnungslehre* (§ 5, p. 44).

Limitando-nos ao plano, consideramos matrizes constituídas pelas coordenadas de um, dois, três pontos, completadas por uma coluna de 1:

$$\begin{vmatrix} x_1 & y_1 & 1 \end{vmatrix} \quad \begin{vmatrix} x_1 & y_1 & 1 \\ x_2 & y_2 & 1 \end{vmatrix} \quad \begin{vmatrix} x_1 & y_1 & 1 \\ x_2 & y_2 & 1 \\ x_3 & y_3 & 1 \end{vmatrix}$$

Encaremos os determinantes engendrados por essas matrizes quando se suprime 0, 1 ou 2 colunas.

A terceira matriz, que é quadrada, tem um determinante interpretável geometricamente como a *área do paralelogramo orientado* definido pelos três pontos de coordenadas (x_i, y_i). É a grandeza "extensiva" definida pelo produto grassmaniano dos três pontos.

A primeira matriz, que é uma linha, dá por supressão de duas "colunas" os "determinantes" degenerados x_1, y_1 e 1. São as coordenadas homogêneas do próprio ponto (x_1, y_1), grandeza elementar mais simples.

A segunda matriz dá, por supressão respectiva de cada uma das colunas, os três determinantes:

$$X = x_1 - y_2$$
$$Y = y_1 - y_2$$
$$N = x_1 y_2 - x_2 y_1$$

Essas três novas coordenadas definem um vetor de componentes (X, Y), por uma translação sobre uma reta indefinida, pois, essa tranformação não altera nem as projeções sobre os eixos nem o valor N da área orientada do triângulo 0, 1, 2 (ver figura). É o *Linientheil*, ou vetor móvel, grandeza de segundo grau.

O interesse da maneira kleiniana é que se orienta para uma definição das formas geométricas por seu comportamento ao longo de certas transformações das coordenadas, idéias, sem dúvida, em germe como vimos na Théorie de l'extension, cuja paternidade cabe, no entanto, sem discussão a Klein. É assim que ele enuncia, no mesmo contexto, dois princípios fundamentais de sua concepção da Geometria:

1º) As propriedades geométricas de uma figura devem poder se exprimir por fórmulas invariantes para as mudanças de coordenadas.

2º) Se um sistema de grandezas funções das coordenadas de certos pontos se transformar numa mudança de coordenadas, de tal modo que as expressões novas das mesmas funções façam intervir apenas os seus valores primitivos, dir-se-á que esse sistema define uma *configuração geométrica* invariante para uma mudança de coordenadas.

Aplicados ao vetor móvel, esses dois princípios mostram que toda mudança de coordenadas transforma X, Y e N em funções de X, Y e N. Portanto, o vetor móvel é considerado, com razão, como configuração geométrica invariante.

Por outro lado, constata-se o fato de que X e Y se transformam em funções de X e Y somente, independentes de N. O par X, Y define, pois, por si só, uma configuração autônoma; é o vetor "livre".

Enfim, as relações $\dfrac{X'}{N'}$ e $\dfrac{Y'}{N'}$ das grandezas transformadas dependem apenas das relações $\dfrac{N}{N}$ e $\dfrac{Y}{N}$; elas também, pois, uma configuração geométrica que é a *reta indefinida*.

Vê-se nesse exemplo em que medida um fato de estilo pode ligar-se a uma verdadeira mutação de estrutura.

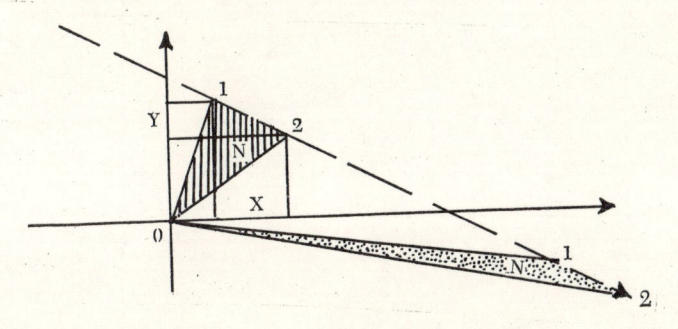

Fig. 9. Vetor móvel e determinante

Parte 2.
ESTILO E ESTRUTURAS DE LINGUAGEM

5. O Problema das Significações

V, 1.

Quisemos definir, pois, o estilo como solução diversificada e por natureza incompleta das dificuldades encontradas por todo trabalho de estruturação. Serviu-nos de tema a cbra científica, a mais abstrata de todas e aquela em que a estruturação pareceria dever dar-se livre curso sem obstáculos. É tempo agora de abordar o problema por um outro prisma. Todo conhecimento científico se desdobra num universo de linguagem; aceitando provisoriamente a língua usual ou criando uma para seu uso, a Ciência requer necessariamente, como *condição transcendental,* um sistema lingüístico. Ora, uma língua é evidentemente um sistema de formas; por mais próximo que se queira reconhecê-las da experiência vivida, estas formas estão organizadas e o menos "estruturalista" dos lingüistas não pode deixar de admitir que constituem, pelo menos, esboços de estruturas abstratas que remetem, pois, a um trabalho de construção e retificação de um vivido. Problemas estilísticos colocam-se a partir daí, num nível mais profundo e talvez mais obscuro do que o de nossa investigação anterior.

No domínio da linguagem, é inicialmente sob a forma muito geral da oposição das estruturas às significações que se introduz o problema da constituição das estruturas e de sua relação com um conteúdo. Evidentemente, a noção de significação aparece de início aqui apenas como programa: eia remete, em primeiro lugar, ao que ultrapassa a estrutura e um dos resultados da análise deveria ser precisar o seu alcance. Veremos também que as conclusões propostas vão além do domínio lingüístico e oferecem uma interpretação possível do objeto das ciências humanas. Começaremos examinando a questão em sua forma estrita, interrogando-nos sobre a natureza e as dificuldades de uma semântica, como doutrina estrutural das significações.

V, 2.

O nível semântico da linguagem é, com efeito, o que parece o mais estranho a uma estruturação; à primeira vista, um léxico parece ser apenas uma acumulação indefinida de vocábulos. No entanto, tentativas de uma ciência semântica, capítulo da lingüística geral, foram feitas desde muito tempo e começam hoje a se multiplicar de tal forma que esta disciplina bem poderia constituir em pouco tempo um dos campos mais ativos da ciência da linguagem.

Se se constatasse que as "estruturas" lexicais nunca são atualizadas, a ciência semântica seria assimilada em uma análise puramente estilística no sentido que damos a esta palavra, e consistiria apenas em examinar o sentido e os limites de um trabalho imanente de redução da experiência às formas — então essencialmente fonológicas e sintáticas — da linguagem. Ora, pensamos que a análise estilística tende, ao contrário, a estabelecer a possibilidade de uma semântica propriamente dita de uma teoria das estruturas lexicais. Atribuir-nos-emos como tarefa neste capítulo mostrar como é possível tal conhecimento, isto é, definir os poderes e os limites da estruturação lingüística.

O que é uma significação?

V, 3.

Voltemos à noção de "significação", enquanto remissão ao que escapa a uma certa estruturação manifesta, numa experiência.[1] Evidentemente, convém precisar esta definição demasiado vaga. Denominamos experiência um momento *vivido como totalidade,* por um sujeito ou por sujeitos formando uma coletividade. Totalidade não deve ser aqui com-

---

1. A seqüência deste capítulo é uma versão remanejada e desenvolvida em certos pontos de um artigo surgido em 1965 na *Revue internationale de philosophie,* sob o título: *Objet, strutures et significations* (Objeto, estruturas e significações). Agradecemos à Direção dessa revista a amável autorização da reprodução que ela de boa vontade nos concedeu.

preendida de modo místico; o caráter de totalidade de uma experiência não se erige de modo algum num absoluto; é simplesmente um certo fechamento, circunstancial e relativo comportando horizontes, primeiros planos, lacunas. Fechamento, no entanto, radicalmente diferente do buscado pela estruturação: sem horizontes, completamente dominado, claro e distinto. Toda prática poderia ser descrita como uma tentativa de transformar a unidade da experiência em unidade de uma estrutura, mas esta tentativa comporta sempre um resíduo. A significação nasceria das alusões a este resíduo, que a consciência laboriosa apreende na obra estruturada e introduz como imperfeições da estrutura.

Na prática que os elabora, os elementos e as relações de uma estrutura abstrata são necessariamente associados a signos; estes, inicialmente, remetem pois em princípio a um conjunto de noções abstratas. Esta estrutura ordena-se a uma certa experiência que a ultrapassa e os signos evocam igualmente os aspectos desta experiência. O sistema destas remessas, no entanto, não se integra no plano da própria estrutura. Em relação a ela é redundante, exatamente como a cor do giz em relação à figura que o geômetra traça. Contudo, são estas remessas que preenchem o plano estrutural abstrato e face a ele desempenham aproximadamente o papel do diverso da intuição empírica face às formas *a priori* da intuição pura, em Kant.

V, 4.

Quanto a isso, seria possível, levando o paralelismo um pouco longe — um pouco longe demais talvez — dizer que a atividade lingüística sob todos os seus aspectos substitui, nesta epistemologia, a *percepção* kantiana. Longe de ser uma simples vestimenta do pensamento, a linguagem é então colocada como a atividade radical condicionando todo conhecimento objetivo. Quanto ao conteúdo de experiência que substitui a intuição empírica, distingue-se essencialmente desta, na medida em que não é de modo algum o rastro da passividade de um sujeito transcendental, mas ao contrário, o correlato de uma atividade e de um trabalho. Designa os limites atuais da formulação e lembra que esta é apenas o momento abstrato, a negatividade ineluctável de uma prática visando objetivar a experiência. Para a Filosofia transcendental, a questão prévia que se coloca é saber se a objetivação científica é ou não homogênea à da percepção; sabe-se que a resposta de Kant é afirmativa e que sua análise do objeto científico aparece como uma extrapolação da análise do percebido. Pensamos que tal hipótese é nociva e nada mais faz do que exprimir, de modo muito infeliz, a ideologia profundamente vinculada ao empirismo que em outros pontos faz a grandeza de Kant. Não discutiremos isso aqui. Na perspectiva agora esboçada, dizemos que um problema simétrico se impõe, ou seja, o da homogeneidade estrutural e funcional das línguas naturais e das "línguas" científicas. Desta vez a resposta tem mais nuances do que deveria ter para o problema kantiano. Se o objeto científico, aos nossos olhos, está bem claramente em descontinuidade radical com o objeto percebido, as línguas mais ou menos formalizadas da Ciência, ainda que profundamente distintas das línguas vernáculas, não deixam de conservar certos traços essenciais. De modo que a continuidade entre a quase-objetivação vivida e a objetivação científica da experiência — que recusamos nos termos kantianos — paradoxalmente se encontraria restaurada sobre uma nova base na perspectiva da construção dos sistemas de expressão, considerada como constitutiva tanto de uma quanto de outra.

V, 5.

Nosso propósito aqui não é analisar os caracteres comuns e os caracteres diferenciais das duas espécies de língua. No entanto, podemos esperar tornar mais clara a noção de significação introduzida anteriormente, examinando as variações de seu estatuto na língua usual e nas "línguas" das ciências.

A língua usual é essencialmente instrumento de comunicação, sendo o conteúdo desta comunicação normalmente tomado de empréstimo do que já denominamos experiência. Talvez o esquema mais sugestivo do funcionamento dos signos lingüísticos (e do signo em geral) ainda seja, sob vários aspectos, o de Peirce.[2] Um signo ou "representamen" é "uma coisa ligada, sob um certo aspecto, a um *segundo signo,* seu 'objeto', de tal modo que relaciona uma *terceira coisa,* seu 'interpretante', com este objeto de modo a relacionar uma quarta coisa com o mesmo objeto e assim por diante *ad infinitum...". (loc. cit.,* p. 51).[3]

Uma imagem gráfica deste funcionamento seria dada, por exemplo, pelo desenho abaixo.

---

2. *Collected Papers,* v. II, *Elements of Logic.*
3. Tomemos um exemplo a Peirce: "Apresenta-se um homem ébrio para mostrar, por contraste, a excelência da temperança" (*Collected Papers,* v. II, § 231; ver também *Philosophical writings of Peirce,* New York, J. Buchler editor, 1955, p. 107). O *representamen* é o homem ébrio; a idéia ou objeto é a excelência da sobriedade; o *interpretante* pode ser constituído por outras representações da embriaguez, associadas às da sobriedade, representações encadeadas numa seqüência indefinida e que remetem todas à *idéia* ou objeto primitivo.

Outro exemplo, tirado da mesma passagem: o sistema linear:

$$a_1 x + b_1 y = n_1$$
$$a_2 x + b_2 y = n_2$$

Este *representamen* remete a um sistema de relações entre as quantidades figuradas (seu objeto), evocando conjuntamente as operações algébricas possíveis de serem efetuadas sobre essas equações (interpretantes).

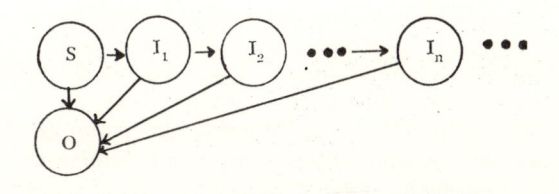

Fig. 10. Os triângulos semióticos de Peirce

O que impressiona, de um lado, é o caráter triangular[4] da ligação significante e a presença de uma *seqüência de interpretantes;* de outro lado, o fato do *objeto* do signo ser ele próprio definido como signo... Sem querer entrar numa exegese do pensamento de Peirce, por sinal muito cativante, comentaremos livremente este duplo caráter dentro de nossa própria perspectiva.

Que o "objeto" do signo seja um signo ou, como ainda diz Peirce, uma "idéia", isso quer dizer que ele remete não a uma coisa isolada, mas a uma estrutura simbólica de que ele próprio é um elemento. O esquema puramente designativo é, com efeito, tão-somente um caso extremo fictício; o significante remete sempre a um objeto designado *em relação* a outros objetos e estas correlações elevam-no necessariamente ao nível de conceito. Neste sentido, a doutrina de Peirce prefigura o estruturalismo dos lingüistas. À maneira pela qual o signo designa o objeto e as regras desta designação, corresponde uma *Grammatica speculativa,* que "coloca o que deve ser verdade para todo 'representamen' utilizado por uma inteligência científica qualquer para que ele possa encarnar um sentido..." A Lógica corresponderia, para Peirce, às condições requeridas pelos "representamina" para que possam "valer para um objeto qualquer, isto é, serem verdadeiros" (*loc. cit.,* pp. 229 e ss.). Trata-se aqui, notemos, apesar do emprego da palavra objeto, apenas da organização de um universo de signos e Peirce precisa que "nunca pôde admitir que a lógica diga respeito primeiramente ao pensamento não-expresso e secundariamente à "língua" (p.

---

4. O "triângulo" de Peirce não pode ser identificado ao triângulo de Ogden e Richards, que faz intervir: o "símbolo", seu "referente" ou *designatum* e sua "referência" ou conceito significado, esquema muito vizinho do dos estóicos.

Referente e referência são, em Peirce, dois aspectos do "objeto". Todo referente, enquanto correlato em um signo, torna-se referência mais ou menos estruturada pelas regras da própria linguagem; ele é, pois, apenas uma forma extrema desta. Por outro lado, o referente de Richards e Ogden envolve, sem dúvida, a experiência extralingüística a que vinculamos os interpretantes de Peirce.

284). Não podemos nos deter para discutir esta concepção da lógica e de uma Sintaxe pura, concepção bem surpreendentemente vizinha da do Husserl de *Formale und Transzendentale Logik*. É o lugar e a função dos interpretantes que vai nos reter.

V, 6.

São evocações, elas próprias da natureza do signo, ligadas, ao mesmo tempo, ao signo primário indutor e à estrutura-objeto. Ora, é neste nível que nossas "significações" aparecem. O interpretante evocado no espírito pelo signo não poderia ser o resultado de uma dedução pura e simples que dele extraísse qualquer coisa aí contida. Toda dedução só pode ter lugar ao nível do "objeto" no sentido de Peirce, e não do "representamen". O interpretante é um *comentário,* uma definição, uma glosa sobre o signo em sua relação com o "objeto". Ele próprio é expressão simbólica. A associação signo-interpretante, por qualquer processo psicológico que se realize, só pode se tornar possível pela comunidade, mais ou menos imperfeita, de uma experiência entre o locutor e o receptor. Esta experiência, repetimos, envolvendo totalmente a técnica lingüística, efetua sua totalização nos mais diferentes níveis quanto à abstração, à riqueza sensível, à ordem ou à confusão, à precisão ou à aproximação. Mas é sempre uma *experiência* que nunca se reduz perfeitamente à idéia ou objeto do signo, de que dissemos ser ela estrutura. Daí, o caráter indefinido da série dos interpretantes de Peirce. Em certos casos, é verdade, ele afirma que o interpretante é engendrado pelo signo de modo necessário; é, diz ele, o caso dos sons de uma língua, cuja evocação inevitável é a de uma palavra determinada. Com efeito, isso é exato num certo nível do uso lingüístico e na medida em que a estrutura fonológica de uma língua é um sistema de codificação para as estruturas de articulação superior;[5] mas se admitimos que só há linguagem pela superposição dessas estruturas, vê-se que o sistema dos interpretantes engendrados pela própria palavra prolifera de uma maneira relativamente livre em relação à estrutura-objeto, nos limites em que esta justamente tem por função impor à experiência[6].

5. Os signos da "segunda" articulação de uma língua, com efeito, poderiam ser definidos como signos sem interpretantes. (Evidentemente, têm um "sentido" que é sua remessa à própria estrutura fonológica.)

6. Este comentário seria confirmado pela existência de signos sem interpretantes (outros que não os da nota anterior), denominados *index* por Peirce. Por exemplo: o golpe batido à porta para pedir permissão para entrar. Com efeito, neste caso, a experiência é estritamente reduzida ao esquema abstrato da "idéia" que consiste somente na dicotomia da resposta possível: dizer "entre!" ou ficar em silêncio. Mas, se for considerada a situação como integrada numa

V, 7.

A questão que então se coloca é saber se essa seqüência de interpretantes figurados em nosso esquema, mais ou menos retida pelas malhas muito frouxas da estrutura-objeto do signo, é completamente amorfa ou se é ordenada de modo mais ou menos fraco por uma *estrutura latente e de uma outra ordem*. Observar-se-á que o próprio Peirce responde até certo ponto a essa questão, introduzindo, paralelamente a uma "Gramática pura" e a uma "Lógica", um terceiro ramo da Semiótica: a "Retórica pura", que "estudaria as leis pelas quais numa inteligência científica um signo dá nascimento a um outro signo e um pensamento introduz um outro". Com efeito, trata-se então do encadeamento dos interpretantes com o signo originário e de suas ligações mútuas. Estas ligações não competem à estrutura do "objeto", que é signo; elas fazem intervir uma experiência exterior à linguagem, o que manifesta claramente o uso da palavra "retórica" para designar suas leis. "Pragmática" no sentido de Morris-Carnap seria talvez preferível, se se quisesse conservar *retórica* para designar uma estruturação quase--demonstrativa das significações, como a que Chaim Perelman e Mme Tyteca estudam. Em todo caso, pelo jogo dos interpretantes, — que varia evidentemente de um receptor a outro, de uma situação a outra — *significações* indefinidas associam-se ao sentido determinado do "objeto" que é aqui uma estrutura canônica imposta pela língua à experiência.

Reencontraremos logo este problema geral de uma "segunda estruturação" de sistemas significantes. Voltemos agora ao estatuto das significações numa língua formalizada, para compará-lo ao das línguas naturais.

V, 8.

Uma linguagem formalizada como a da Lógica não é mais exata ou exclusivamente uma linguagem, sobretudo se dela for retida sua função de comunicação. Sem dúvida, a rigor, pode-se usar o simbolismo lógico para transmitir a outrem as propriedades de objetos científicos. De fato, a complexidade das expressões formais torna-se rapidamente tão exorbitante que excede as possibilidades de memorização e de síntese de qualquer espírito; o que se ganha em rigor, perde--se radicalmente em eficácia. De tal modo que o objetivo das

---
experiência mais complexa (espero alguém, temo tal visita...) novamente o *índex* torna-se signo pleno e associa-se a interpretantes. Poder-se-ia, então, falar de um uso "conotativo" do índex.

Reconheceremos mais adiante uma nova classe de "signos sem interpretantes": os signos das línguas formais.

construções estritamente formalizadas não é tanto utilizá-las como meios de comunicação,[7] mas provar a possibilidade de sua utilização e dar garantia assim para os "abusos de linguagem" do discurso científico, como ocorre constantemente na Matemática. Estranha linguagem essa, cuja função comunicativa é freqüentemente apenas virtual e cuja presença é a de uma sombra, ou se se preferir, de uma divindade. De fato, esses sistemas simbólicos distinguem-se das linguagens propriamente ditas por dois traços essenciais. Em primeiro lugar, não comportam verdadeira "segunda" articulação, no sentido de Martinet. Sem dúvida, nelas pode-se considerar signos isolados e "expressões bem formadas"; mas não se opõem entre si como o fonema ao monema (ou se se quiser, mais vagamente, à palavra). O sentido dos signos formais unitários (na Matemática: "$+$", "$\int$", ... na Lógica: "$\vee$", "$\Rightarrow$",...) não se constitui por remessas a uma estrutura autônoma de oposições e correlações correspondendo a uma fonologia. É diretamente embreado no sistema dos sintagmas que corresponde ao primeiro nível de articulação das línguas naturais. Em segundo lugar, o traço característico e, propriamente falando, escandaloso desses sistemas simbólicos é que são deliberadamente construídos de modo a *se ordenarem apenas à experiência dos próprios símbolos*. Um signo da linguagem formal nunca remete à sua experiência exterior[8], mas somente a uma combinação de regras simbólicas que constitui seu "objeto" no sentido de Peirce. Contrariamente ao que ocorre nas línguas naturais, a organização de signos constituindo esse objeto não mais se duplica num sistema de ligações diagonais com interpretantes. Um símbolo lógico ou matemático não tem, enquanto tal, outro interpretante a não ser seu próprio "objeto". Se se denomina Sintaxe às regras de ligação mútua dos signos, pode-se também dizer que a língua formalizada se reduz a uma estrutura sintática. Os próprios símbolos de constantes que se poderia crer constituírem um núcleo semântico remetendo a um universo exterior, são, de fato, apenas abreviações para arquiteturas puramente sintáticas, mais ou menos complexas e polimorfas,[9] tais como o símbolo π por exemplo (que remete a certas somas de séries infinitas), ou o símbolo "$+$" (que remete às propriedades formais de uma lei de grupo abeliano).

---

7. Exceto para as máquinas. Mas a programação das máquinas requer, de um modo ou de outro, o uso de uma "metalinguagem", complemento orgânico do simbolismo de primeiro grau.

8. Para as línguas lógicas, sabe-se que são possíveis "interpretações" por "modelos", cuja construção e exame constituem sua semântica no sentido de Carnap e Tarski. Mas, estas interpretações são, elas mesmas, sistemas formais de um nível de abstração menos elevado (fragmentos de uma matemática), nunca *experiências*. Esta "semântica", de fato, desempenha o papel de um auxiliar do estudo sintático das línguas formais. (Cf. as observações de R. MARTIN, em *Logique contemporaine et formalisme*, Cap. V, p. 93 e *passim*).

9. Frege denomina *Sinne* (sentidos) estes diferentes processos de introdução de um mesmo "objeto", que é a *Bedeutung* (significação) do signo. Um "objeto" formal consiste apenas e justamente na possibilidade de demonstrar a identidade ou, se assim se preferir, a convergência desses *Sinne*.

Nessas condições, a significação, no sentido em que a entendemos, desaparece das linguagens formais — e com ela, evidentemente, toda a espessura, a opacidade, o peso das línguas usuais. As línguas formais ignoram os símbolos de "embreagem" numa experiência vivida; por exemplo, as oposições de pessoas e de tempo. Um uso transcendentalmente correto dessas línguas excluiria, pois, toda evocação de interpretantes. De fato, esse uso permanece virtual. Todo matemático utiliza a língua matemática em simbiose com sua língua natural, dotando os símbolos de significações mais ou menos prenhes porque é capaz de *viver,* até um certo ponto, uma *experiência* matemática. Ao invés de considerar esse universo de símbolos do exterior, pode encerrar-se nele por instantes de tal modo que sua atividade de manipulação simbólica se dê como totalizante e como definindo, nesse exato momento, o mundo da realidade. Daí, sua faculdade de exprimir em seguida, pelo menos para si mesmo, um para--além (ainda) não formalizado das arquiteturas de signos matemáticos. Daí, as conjeturas, os pressentimentos, as invenções, enfim, na Matemática. Talvez seja necessário ver também o rastro desse uso *significativo* do formalismo — mas, desta vez, numa figura alusiva e humorística — no gosto que os matemáticos apaixonados pela Lógica e pela abstração têm pela designação dos "objetos" matemáticos por abreviações deliberadamente ricas em evocações totalmente profanas, tomadas de empréstimo à experiência sensível: "espaços dispersos", "raros", "com tons". Procedimentos não sem analogia com o dos místicos, tentando descrever suas experiências por meio de imagens eróticas.

Se a interpretação ocasional do simbolismo como linguagem "significativa" pelo matemático é uma das condições da criação, é possível que ela desempenhe, ao contrário, um papel ambíguo para o iniciante que *ainda não sabe* o que a Matemática é na verdade. Não tendo efetuado a conversão de pensamento que o desígnio abstrato das estruturas tomadas nelas mesmas exige, o aprendiz matemático certamente encontra um apoio nas representações "geométricas" intuitivas, por exemplo, as que constituem interpretantes exteriores, significações possíveis para os esquemas abstratos. Mas se seu pensamento permanece fixado neste gênero de desígnio que só convém acidentalmente ao simbolismo matemático, ele se torna bloqueado, procurando em vão no sensível dos interpretantes o que só uma imaginação excepcionalmente dotada pode descobrir no interior mesmo do universo simbólico, abraçando-o, então, como um mundo.

V, 9.

Nosso esforço para definir a significação, nos parágrafos anteriores, incidiu essencialmente na análise de seu estatuto na utilização de uma linguagem. Mas, contamos voltar, mais adiante, a alguns problemas lingüísticos, tendo sido aqui tomada a língua apenas como um exemplo entre outros de organização simbólica. A noção de significação assim definida introduz-se no uso de todo sistema simbólico; assim supondo, qualquer conjunto de fatos humanos caracteriza-se por um aspecto simbólico, isto é, remete a uma organização estrutural a ser descoberta, de um lado, e a uma seqüência aberta de interpretantes, de outro, segundo o esquema de Peirce. Para um pensamento positivo, o fato natural distingue-se essencialmente na medida em que é simplesmente apreensível como remetendo a uma estrutura abstrata, cuja construção é Ciência, podendo todos os interpretantes evocados no seio da experiência serem, sem dificuldade nem séria contestação, dissociados e lançados novamente na inclinação poética, ou pragmática, de nosso contato com o mundo. O fato natural — queremos dizer, não-humano seria definido como isolável de toda significação, por uma conquista do pensamento racional. O racionalismo grosseiro de um positivismo elementar (que, convém assinalar, não é certamente o de Augusto Comte) postula de modo bem natural a mesma redução para os fatos humanos. A inquietação que se tem diante das tentativas de objetivação realizadas pelas ciências do homem deriva-se justamente desse postulado suposto, geralmente não-discutido, mais ou menos tacitamente admitido. É possível uma redução das significações do fato humano? Em que sentido ela é necessária para a constituição de uma Ciência? Esta é uma das formulações do problema epistemológico central colocado por um conhecimento objetivo do homem.

V, 10.

Este problema foi apresentado sob diferentes aspectos, em diferentes perspectivas ideológicas. É instrutivo examinar brevemente as duas principais perspectivas que se exprimem segundo pares de oposição bem clássicos: explicação causal/ compreensão e infra-estrutura/ supra-estruturas.

O primeiro traduz muito bem o dualismo epistemológico resultante aparentemente da dupla remessa do fato humano a estruturas e a significações. Sua apresentação é a conseqüência de um movimento de revolta contra uma redução positivista brutal das ligações que constituem a realidade psicológica ou social de um tipo de determinação "causal" tomado de empréstimo às ciências da natureza. Tal crítica incide seguramente contra uma ciência mecanicista dos fatos humanos; ela é bem menos pertinente no que diz respeito à redução estrutural em geral. Objetivar o fato social ou o fato psíquico de modo a coordenar-lhe um modelo abstrato cujos elementos são definidos por ligações mútuas, não é reconduzir a essência e os modos a uma realidade de tipo inferior. Nada obriga a *interpretar* as ligações como coerções mecânicas e trocas de energia. A estrutura abstrata, ao contrário, implica uma recusa de interpretação que, aliás, a realidade dos fatos obrigará a ceder cedo ou tarde, mas em proveito de uma construção nova, mais adequada, se bem que ainda abstrata. Se a coesão e a eficácia de um conhecimento forem obtidas a esse preço, a empresa é legítima, por só poder ser apresentada como substituta da experiência vivida pelo efeito de uma aberração ideológica. É a palavra "causalidade" que traz aqui, de fato, todo o peso do anátema. Vamos bani-la, pois, sem remorso: os matemáticos sempre que a utilizam é por metáfora ou quando querem justamente dar um interpretante sugestivo do "objeto" de seus signos.

Mas não é melhor o termo "compreensão" que nos é proposto em troca. Ele introduz como paradigma de conhecimento uma interiorização dos fatos humanos simplesmente *revividos* de modo mais restringido e mais sistemático; ao invés de associar à experiência um modelo estrutural, associa-se-lhe, por assim dizer, uma experiência virtual e tornada miniatura, que se supõe fazer aparecer não as condições de possibilidade do pensamento do objeto, mas as condições de possibilidade para um Ego da vida de uma experiência. A variante puramente psicologista desta concepção quase não merece ser comentada, pelo menos enquanto doutrina epistemológica. A variante fenomenológica é bem mais interessante. O paradigma de compreensão que ela quer promover está, enfim, bem perto de ser pura e simplesmente uma estrutura, mas uma estrutura associada a uma interpretação. Poder-se-ia, por exemplo, reformular os tipos ideais weberianos em estilo estrutural, isto é, introduzindo seus elementos somente como nós de oposições e correlações, à maneira das entidades de um sistema fonológico. É aqui que tocamos na ambigüidade essencial do *sentido* dos signos, que é, ao mesmo tempo, codeterminação numa estrutura abstrata, correspondendo à primeira remessa de Peirce, e evocação dos aspectos de uma experiência total, correspondendo aos interpretantes do mesmo autor. Uma epistemologia da compreensão orienta-se polemicamente em direção ao conteúdo crescente do sentido como feixe de significações; mas em sua aplicação pode muito bem orientar-se em direção ao conteúdo decrescente que finalmente reencontra a concepção estrutural.

V, 11.

A oposição infra-estrutura/supra-estruturas é uma outra *transformação* do par estrutura/significações? Interpretada de maneira sumária, consiste em distinguir no seio da experiência concreta um sistema de ligações materiais, isto é, não determinadas pela consciência, e um sistema, ou antes, sistema de ligações entre fatos de consciência que são considerados como podendo nascer apenas do primeiro e exprimindo-o à sua maneira. Uma vez que todo pensamento objetivo pode contestar somente que os primeiros sejam, com efeito, condições dos segundos em todas as situações de experiência atualmente conhecidas, o único problema epistemológico que se coloca aqui é o da natureza, das modalidades, dos limites da relação de "expressão" que se postulará entre infra-estrutura e supra-estruturas. Se se trata de uma relação de redutibilidade pura e simples, as ciências do homem perdem todo interesse na medida em que se tornam um corolário das ciências do substrato. Além de nenhuma *dedução* efetiva das supra-estruturas vir, mesmo parcialmente, corroborar tal doutrina, ela oferece quase apenas uma teologia dogmática para se submeter à discussão crítica. Vamos deixá-la de lado. Mas, pode-se conceber a relação da infra-estrutura às supra-estruturas como a do "objeto" estrutural aos interpretantes. A experiência global, considerada ao nível da vida social concreta, atualizada pelas pessoas individualmente, é então o ponto de partida real que o conhecimento analisa, tomando cada um de seus momentos e de seus fragmentos como *signos*. A análise remete então, pois, de um lado, a uma objetivação estrutural da experiência, de outro, a um feixe de significações que a vinculam novamente de modo aberto e não-estruturado à totalidade da experiência enquanto vivido. Nesse esquema, é, pois, a fase objetivada da experiência que desempenha o papel da infra-estrutura. As supra-estruturas constituem somente sistemas de significações não-objetivadas, não entrando, por conseguinte, no jogo das ligações estruturais; mas isso não as impede de fazerem parte da experiência e constituírem, mais precisamente, os aspectos diversificados desta, aspectos esses que a vinculam novamente enquanto totalidade ao setor já objetivado. Mas, esse esquema deve tornar-se dialético de dois pontos de vista: o campo da experiência objetivada desloca-se, completa-se, apura-se; o que era significação amorfa pode, por sua vez, tornar-se estrutura,[10] — e, de outro lado, a interpretação

---

10. A questão será retomada nessa perspectiva, a propósito de uma semiótica como ciência geral do fato humano (V, 27).

Em *Pensée formelle et sciences de l'homme*, propusemos interpretar epistemologicamente a oposição infra-estrutura/supra-estruturas, como a dos modelos "energéticos" aos modelos "informacionais" (p. 158, §§ 6, 8).

Nossa posição presente consiste em distinguir, no seio do "informacional" no sentido amplo, o que é efetivamente estruturável, podendo dar lugar a verda-

significante, modificando a organização da experiência total, pode levar a transformações da determinação objetiva. Não se esquecerá que este conhecimento científico, cujo esquema tentamos descrever, está ligado a uma prática que se exerce, ao mesmo tempo, no quadro da objetividade que ela define e no feixe frouxo das ligações significativas. Infra-estruturas e supra-estruturas apresentam-se, pois, como os setores complementares de um tópico do conhecimento teórico, mas também como dois campos inseparavelmente unidos e distintos onde se exerce toda prática.

Na linguagem: significação e informação

V, 12.

Essas considerações gerais sobre a significação e as estruturas aplicam-se a todo processo de reconhecimento. É, contudo, pela elucidação do estatuto das ciências do homem que queremos nos interessar. Propomo-nos tirar daí algumas conseqüências em dois domínios: o da linguagem, inicialmente, e, depois, o dos sistemas significantes não-lingüísticos que atraem hoje cada vez mais a atenção dos sociólogos.

Para colocar-se o problema das relações da estrutura com as significações na linguagem, é necessário começar por uma análise da situação lingüística, que é a de um locutor ou de um receptor.

Para o primeiro, ela se articula desse modo: 1º) uma *experiência* própria que ele se propõe exprimir pela fala e transmitir normalmente. A teoria das comunicações que, na realidade, se interessa somente pela transmissão, deixa completamente de lado essa experiência. A lingüística moderna em virtude do princípio saussuriano da autonomia da língua e por *temor* ao "mentalismo", tem também tendência a negligenciá-la; 2º) uma *grade* de codificação dessa experiência, que é a *língua,* estrutura abstrata, cuja função é objetivá-la em níveis variáveis, conforme se tratar de uma língua natural ou de uma "língua" científica formalizada; 3º) os *resíduos* desta operação de codificação, aspectos da experiência que escaparam às malhas da rede lingüística. O trabalho da expressão consiste evidentemente, senão em reduzir ao mínimo esse resíduo, pelo menos em tratá-lo com uma intenção determinada que constitui o *estilo.* O uso da língua comporta, pois, dois aspectos complementares, mas de natureza radicalmente diferente. De um lado, uma codificação objetivante que aplica a rede lingüística sobre a experiência, tirando partido das oposições e correlações pertinentes entre os símbolos, para reproduzir ou criar uma certa estruturação

deiros *modelos,* e os sistemas de significação. É antes este último resíduo que assimilamos agora às supra-estruturas, confundindo-se a infra-estrutura com o que é objetivável (ver mais adiante, V, 25).

dessa experiência assim transmudada em *objeto*. De outro lado, uma tentativa mais ou menos desenvolvida, mais ou menos feliz, de provocar no receptor da mensagem a evocação de interpretantes suscetíveis de recuperar do melhor modo possível os resíduos da codificação, mas desta vez sob uma forma que não pode ser objetiva. São apelos diretos à experiência recebida pelo receptor.

V, 13.

Por que meios o locutor pode tentar atingir isso? Parece-nos que são, então, — se descartarmos a mímica, os gestos, as apresentações de imagens — os elementos *não--pertinentes* dos significantes que forem utilizados de maneira mais ou menos sistemática e consciente. Entendemos por não-pertinentes esses traços da fala que aparecem como "supérfluos" no sistema da língua reduzido a sua rede estritamente codificada de oposições. É justamente a presença desses elementos em toda língua que torna possível o jogo dessas remessas diretas, transestruturais, a uma experiência. Não poderia ser de outro modo, uma vez que a própria língua, em sentido estrito, é sempre e apenas a estrutura esquemática segundo a qual o lingüista *objetiva* uma experiência de linguagem que, necessariamente, a ultrapassa. De tal modo que, para uma mesma língua, a versão oral e a versão gráfica representam experiências sensivelmente diferentes, oferecendo, por conseguinte, ao usuário meios diferentes de transcender o sistema interior de remessas que constitui a sua estrutura. Num caso extremo a disparidade das duas experiências pode ser tal que determine uma divergência e uma cisão, se a própria experiência gráfica se articular explicitamente em sua originalidade. Evidentemente, este caso somente pode apresentar-se para uma escrita ideográfica rica e muito estruturada como ocorre no chinês. Realiza-se, então, ao nível da escrita, uma dupla articulação,[11] que não abrange a dupla articulação oral: neste caso, pode-se falar com razão de "grafemas", séries e correlações gráficas. Esta articulação gráfica, mais fina e mais rica, mas também menos sistemática do que a articulação fonológica, autoriza uma economia de monemas e uma simplificação sintática em relação à língua oral, que — quaisquer que sejam, aliás, suas explicações diacrônicas — fazem da (clássica) língua escrita uma variante muito nitidamente distinta da moderna língua oral.[12]

---

11. Há mesmo dupla articulação, na medida em que numerosos "grafemas", entrando em composição nos caracteres, não têm existência autônoma enquanto signos escritos isolados; mas, à diferença dos fonemas, pode-se atribuir-lhes, com freqüência e etimologicamente um valor semântico.

12. A língua escrita *moderna* é essencialmente uma transcrição da língua falada; comporta, pois, uma redundância gráfica anormal que, aliás, torna possível sua alfabetização.

V, 14.

O trabalho de recepção que se efetua evidentemente ao nível da fala tira partido, pois, da presença no significante de traços não estruturados ao nível da língua e que, se pode muito bem dizer, serem redundantes *neste nível*. Diríamos, pois, que as significações postas em jogo na fala — por oposição às remessas codificadas na língua — têm como portadores esses elementos redundantes. A palavra "redundância" talvez tenha aqui algo que incomode os lingüistas assim como os teóricos da comunicação. O que se chama ordinariamente de redundância é uma perda de informação em relação à informação máxima autorizada por uma língua, perda devida às coerções que regem a aparição isolada ou a combinação de seus elementos. Se os elementos — num determinado nível de fragmentação — fossem todos eqüiprováveis *a priori,* nas mensagens, sabe-se que a informação trazida em média por eles seria maximal; se uma combinação qualquer de elementos pudesse constituir uma mensagem bem formulada, a informação veiculada por estes, em igual comprimento, seria maximal. Mas é necessário observar que, no segundo caso, o único que nos interessa aqui, a coerção que diminui a informação média, fazendo com que as informações dos signos sucessivos se encavalem de alguma maneira, têm como efeito prolongar a mensagem e obrigar a utilizar demasiados signos. Dizer que certos traços do material significante não são pertinentes, permanecendo inutilizados ao nível da língua, é dizer que introduzem na fala marcas simplesmente virtuais, que prolongam materialmente a mensagem sem trazer informações novas ao nível de estruturação da língua. Pode-se, pois, muito bem ainda falar aqui de um efeito de redundância, se bem que sua causa não esteja numa coerção introduzida por regras de organização dos sintagmas, mas nas *coerções materiais* a que se submete a realização, enquanto experiência concreta, de um sistema de signos. Coerções não-codificadas e que incidem sobre variações contínuas numa primeira aproximação. Nossa tese é que a linguagem, como prática concreta, tende a estruturar, ao nível da fala, essas variações redundantes e amorfas ao nível da língua para dar valor expressivo aos resíduos da codificação propriamente lingüística.[13]

---

13. Neste sentido, na linguagem, nada enquanto posto em operação numa fala é definitivamente redundante. Toda redundância é o índice de uma marca virtual. Deste ponto de vista, concordamos com a observação de R. M. W. DIXON: "Pela natureza mesma de sua existência, a *própria* linguagem nunca pode ser considerada como redundante. A linguagem é um aspecto do comportamento humano, mergulhado num esquema geral e universal de comportamento: ela faz o que faz e como o faz". (*Acta linguistica,* XIV, fasc. 1-2, 1964, p. 36.)

V, 15.

Até aqui apenas falamos da situação do locutor. Estender-se-á sem dificuldade as observações anteriores à situação do receptor que compreende: 1º) uma *mensagem* que é preciso decifrar, isto é, transformar numa experiência que envolva evidentemente a própria recepção dessa mensagem; 2º) uma rede de decodificação que liberta seu conteúdo objetivo definido pela estrutura da língua aplicada à experiência do locutor; 3º) uma experiência própria ao sujeito receptor. O sentido que se pode dizer "literal" ou estrutural da mensagem é assim recebido pela remessa normal que se efetua das marcas que têm valor na língua ao "objeto" do esquema de Peirce.

Mas, o uso feito pelo locutor em sua fala dos elementos redundantes não pode ser direta e totalmente decifrado, uma vez que não se apóia em nenhuma regra explícita, já que não há supralíngua... No entanto, inicialmente ele é apreendido como possibilidade de significação, uma vez que a distribuição, o arranjo dessas marcas virtuais, ainda vazias para o receptor, é percebida globalmente como significativa. Uma espécie de rede flexível, com lacunas e deformável constitui-se tanto mais prenhe quanto mais o receptor é sensível e mais o locutor tem "estilo". Evidentemente, não é por esse meio que a experiência deste último é integral e identicamente reencontrada, mas a fase transestrutural da mensagem tece ao redor do conteúdo objetivo um feixe de interpretantes organizando a experiência do receptor. Que a comunicação seja possível quer dizer que esta organização aparece para o locutor e para o receptor como suficientemente ligada à do primeiro; que esta comunicação sempre seja apenas aproximativa decorre do caráter imperfeitamente estruturado de todo sistema de significações. Duas estruturas podem aplicar-se rigorosamente uma à outra nesses casos bem definidos; duas experiências não o podem e mesmo a idéia de uma aplicação aqui perde o seu sentido.[14]

V, 16.

Voltaremos agora à codificação objetivante que aplica a rede lingüística à experiência para discutir a noção de informação, cujo alcance se deve poder compreender melhor.

---

14. Nossa concepção aproximar-se-á de M. A. K. HALLIDAY (Categories of the theory of grammar, *Word*, v. 17, n. 3, 1961), que distingue o *formal meaning* (significado formal) — de caráter informacional no sentido da teoria da informação — e o *contextual meaning* (significado contextual), que é uma "relação com traços exteriores ao texto" com uma situação. Este último aspecto do *meaning* é considerado por Halliday como constituindo um "internível" lingüístico (entre forma e situação), emparelhando-se ao internível simétrico da fonologia (entre forma e substância fônica). Teremos a ocasião de retomar as idéias de Halliday no capítulo seguinte.

Define-se a quantidade de *informação seletiva,* como se sabe, de modo a medir a improbabilidade *a priori* de um símbolo ou de uma mensagem para um receptor. Ela supõe que o esquema de recepção acima descrito se reduza à mensagem e à rede e diga respeito essencialmente a um *problema de transmissão.* Nessas condições, compreende-se que a "informação" veiculada por um símbolo não seja o equivalente do que denominamos significação, mas ao contrário, vincule-se apenas à função objetivante da linguagem, fornecendo estatisticamente parâmetros descritos da estrutura simbólica. A esse propósito, gostaríamos de examinar uma proposição muito interessante do lingüista Pierre Guiraud que quer distinguir, no próprio seio dessa estruturação objetivante, duas noções complementares, das quais uma parece-lhe merecer o nome de "sentido".

V, 17.

Ele parte da seguinte constatação:[15] aos diferentes níveis de fragmentação da língua — pondo-se à parte os fonemas, cuja distribuição seria determinada por coerções essencialmente fisiológicas —, os elementos tais como aparecem no discurso não são eqüiprováveis e sua distribuição caracteriza-se por uma redundância de cerca de 50%. O que significa que, entre todos os sintagmas que *a priori* seriam possíveis no caso de não haver coerções, opera-se uma escolha que apenas retém aproximadamente a raiz quadrada de seu número total. Isso ocorre não só ao nível da articulação morfofonológica (cada palavra contém duas vezes mais fonemas do que o que seria necessário para diferenciá-la), mas ainda ao nível da derivação morfológica e semântica. Com efeito, a distribuição dos derivados de um mesmo radical e das diferentes acepções de uma mesma palavra parece ser tal que o número das formas tendo n derivados ou n sentidos seja proporcional a n^2. A partir daí, P. Guiraud mostra que se pode construir um modelo estatístico do léxico normalmente distribuído segundo uma lei de Zipf, em que existe uma coerção: um sintagma de elementos do léxico somente aparece se sua probabilidade *a priori* for superior a um certo limite. Daí resulta que o número de sintagmas onde entra um elemento deveria ser proporcional à freqüência desse elemento, isto é, inversamente proporcional à sua ordem. Na medida em que se constata que esse número é somente proporcional à raiz quadrada da freqüência, conclui-se daí que existe, ao nível dos sintagmas, uma redundância de 50%.

15. Structure aléatoire de la double articulation. In: *Bulletin de la société linguistique de Paris,* 58, 1963, fasc. 1.

Se a distribuição dos sentidos de uma mesma palavra obedece a uma lei análoga, diz Guiraud, é que o sentido de uma palavra é da natureza do sintagma. Conclusão muito interessante, que o autor comenta, fazendo intervir a elisão dos elementos do sintagma adjuntos à palavra considerada: as "(batatas) fritas", o "lobo (do mar)", o "timbre (correio)"..., mas que se poderia talvez interpretar, de modo mais geral, assimilando aos sentidos de uma palavra a classe das classes de sintagmas considerados como distintos onde ela possa entrar, isto é, em suma, a classe de seus usos lingüísticos. Essa concepção pede duas observações. Em primeiro lugar, dir-se-á que essas classes de equivalência são dadas *na língua,* ou que são simplesmente realizadas no discurso? Esta segunda hipótese dá conta evidentemente da invenção lingüística precisamente pelo fato de a língua definir, por antecipação, um sistema de classes de equivalência de que o uso pode se afastar até certo ponto. É necessário rejeitar do lado do jogo translingüístico das significações a invenção de novos sintagmas, que determinam novos sentidos, na medida em que são então codificados. Em segundo lugar, como são definidas na língua tais classes de equivalência? Estritamente falando, seria necessário poder enunciar uma relação binária, simétrica e transitiva entre sintagmas, permitindo em seguida identificar os que a satisfazem como membros de uma mesma classe. É justamente desse modo que são usualmente definidas as "funções sintáticas" das palavras ou dos morfemas; mas o sentido, segundo Guiraud, se parece dever envolver essas funções sintáticas, não as ultrapassa, pelo menos quando tomadas em sua acepção ordinária? A bem da verdade, todo *sentido* deve então comportar um conteúdo de virtualidades sintáticas, que com efeito, nada mais são do que possibilidades de construção sintagmática. Onde se detém a forma sintática? Onde começa o conteúdo semântico? Com as duas observações acima tocamos no problema de uma semântica estrutural a que nos propomos logo retornar.

V, 18.

Concluamos antes o comentário das idéias de Guiraud. Se o sentido de um mesmo elemento é dado pelo conjunto dos sintagmas em que ele pode entrar, aparece imediatamente uma correlação entre sentido e redundância. Com efeito, não é esta última a medida do grau de coerção imposto à construção sintagmática? Segundo Guiraud, um elemento que poderia entrar indiferentemente em qualquer sintagma seria *desprovido de sentido;* um elemento que só pudesse entrar num único sintagma teria um *sentido maximal.* Assim, a informação seletiva trazida por um elemento varia em sentido inverso de seu sentido. Numa linguagem livre de toda redundância, a informação seletiva de cada elemento é maximal, mas o seu sentido é nulo, em virtude do que se acabou de dizer. Numa linguagem perfeitamente redundante onde, finalmente, um único discurso é possível a partir da escolha do primeiro elemento, a informação de cada elemento é nula, e o seu sentido maximal. Se a palavra "vermelho" só pudesse ser ligada à palavra "tomate", ocorreria esse último caso; se a palavra "vermelho" pudesse ser ligada a qualquer vocábulo, seria o primeiro. De fato, a língua associa a cada palavra não um sintagma mas classes de sintagmas que lhes dão sentido exatamente por lhes conservar um valor informacional. Se se aceita a simples idéia de que sentido e informação definem conjuntamente o valor de uso de uma língua por seu produto, a análise elementar ensina que se atinge o máximo desse produto quando os fatores forem iguais, isto é, no caso em que a redundância for de 50%... Esta justificação do fato exposto anteriormente parece-nos, a bem da verdade, um pouco sumária; enquanto o produto informação-redundância não tenha sido caracterizado como grandeza bem definida, suscetível de desempenhar um papel eficaz na análise lingüística e vinculado a uma teoria mais geral, sua utilização *ad hoc* permanece pouco convincente e resulta de uma intuição, talvez fecunda, mas que deverá ser fundamentada.

Em todo caso, resta a idéia importante de uma distinção radical entre conteúdo informacional e conteúdo de sentido e de uma determinação do sentido pelas coerções impostas na língua às construções sintagmáticas.[16]

Possibilidade de uma semântica

V, 19.

Voltemos ao problema geral da possibilidade de uma semântica. Impõe-se uma primeira observação que poderá parecer ou trivial ou por demais coercitiva mas que, no entanto, denuncia uma confusão nociva. O objetivo de uma semântica é a estruturação do sistema dos *significantes,* tomados enquanto tais (ou melhor: das funções significativas),[17] e

16. Sem dúvida, é paradoxal ver o *sentido* oposto ao conteúdo de informação. Contudo, o próprio P. Guiraud observa que a idéia de vincular o sentido a coerções, a impossibilidades, liga-se à definição saussuriana do *valor* do signo por "aquilo que ele não é". Wittgenstein, cuja concepção estruturalista original da língua deveria ser sublinhada, define o sentido (*Sinn*) de uma proposição como sua relação *a priori* com as outras proposições possíveis (*Tractatus,* 5, 13), isto é, o complemento em relação com a tautologia de suas "condições de verdade", dito de outro modo, *o que ela não é.* É por isso que a proposição tautológica, cujo complemento é vazio, é *sinnlos.* (Cf. GRANGER, L'Argumentation du Tractatus, em *Hommage à Martial Gueroult,* 1964, § 9).

17. ROLAND BARTHES, em seus *Éléments de sémiologie* (Communications, 4-1964, p. 108, § II, 2, 3), define uma semântica como "classificação das formas do significado verbal".

não do sistema dos significados. Este, por um lado, constitui o próprio *objeto,* tema de uma *ciência* do primeiro grau e não de uma *ciência da linguagem.* Por outro lado, remete, enquanto significação, a uma experiência totalizante cuja interpretação é filosófica. A tendência natural de confundir uma classificação e uma análise dos significantes corresponde, aliás, exatamente à realização suposta na linguagem do desejo leibniziano de uma Característica. Se a própria natureza dos objetos e das experiências (a posição leibniziana torna quase supérflua a distinção entre os dois) é adequadamente figurada pelas articulações da língua, a ciência da realidade se confundirá com uma sintaxe e uma semântica, não sendo esta última mais do que uma combinatória de traços elementares, a partir de que os seres seriam constituídos — imagem rigorosa de uma combinatória de marcas elementares constituindo os sintagmas.[18] É verdade que tal hipótese não pode em caso algum corresponder à condição das línguas naturais. Se uma semântica pode existir, deve, pois, esclarecer-nos sobre o recorte das *unidades de sentido* da língua e não sobre o sistema dos conteúdos significativos.

V, 20.

Evidentemente, o conhecimento científico não pode constituir-se fora e independentemente de um universo simbólico. É necessário, pois, dizer que, no caso de uma "língua científica", a semântica confunde-se com a própria ciência que organiza os significados? Não hesitamos em responder afirmativamente, pelo menos, no que diz respeito a um simbolismo científico ideal que tende necessariamente a uma Característica leibniziana, mas *específica* e não-universal. No entanto, convém observar que um simbolismo científico não é, propriamente falando, uma *língua* autônoma. A dupla articulação não desempenha aí o papel essencial que desempenha nas línguas naturais como havíamos anteriormente reconhecido a propósito da Matemática (V, 8). Quanto aos "interpretantes" que definem as significações, constituem não evocações indefinidas, mas remessas a próprias experiências já estruturadas no simbolismo ou, pelo menos, suscitando o problema imediato de sua estruturação. A constituição do pensamento científico deve, pois, ser descrita ao mesmo tempo como organização de um simbolismo e como organização dos significados aos quais ele quer estar sempre bem

---

"Classificação" parece-nos insuficiente, mas "formas do significado" corresponde numa terminologia hjelmsleviana ao que dizemos numa outra linguagem.

18. Mas sabe-se bem que o léxico científico é sempre determinado como imagem de um mundo de objetos, adequado *para um certo nível da prática científica,* isto é, num setor delimitado, no quadro de uma técnica conceitual dada e mesmo, até certo ponto, num clima ideológico definido.

adequado. O problema de uma semântica acha-se, então, absorvido no problema mais vasto de uma epistemologia.

Para as línguas naturais, ao contrário, a Semântica é teoria das organizações lexicais; que possa e deva permanecer em estreita ligação com a descrição de uma visão do mundo e com uma fenomenologia das culturas, isso está claro. Mas, a diferença entre elas é de uma filosofia que *interpreta* as significações vividas e de uma ciência que *objetiva* as modalidades dos fatos de sentido e pesquisa sua estruturação.

V, 21.

Quando se discute a possibilidade de uma semântica, é a uma revolução saussuriana que se faz alusões. Isto porque um estudo diacrônico das filiações de sentido para significantes tomados isoladamente existe há muito tempo. A questão é saber se se pode conceber uma ciência sincrônica de sistemas significantes. Tal empresa, que satisfaz aparentemente as esperanças atuais de diferentes famílias de lingüistas, encontra realmente dificuldades. Notemos duas que nos parecem essenciais.

A primeira deriva-se da ausência de marcas fixas, determinando unidades semânticas e constituindo um sistema acabado. No entanto, uma situação suficientemente comparável à situação ideal é encontrada quando se considera os fatos de morfologia. Declarações, conjugações, derivações, na verdade, dizem respeito justamente a fatos de sentido ou, se se quiser, de primeira articulação; deixam parecer uma estruturação geralmente bem definida, dando oportunidade a uma enumeração exaustiva das marcas e a uma combinatória suficientemente simples.[19] Mas, do mesmo modo que a verdadeira Matemática começa a partir do momento em que o sistema fechado dos cálculos lógicos fundamentais *se abre* num cálculo não-saturado, não-categórico, não-decidível, a "verdadeira" semântica aparece quando o sistema dos monemas deixa de estar encerrado numa estrutura combinatória bem definida. Sem dúvida, este é o único caráter operacionalmente eficaz que distinguiria numa "semântica", em sentido amplo, uma sintaxe e uma semântica *stricto sensu* para as línguas naturais. Contudo, observar-se-á que um léxico, mesmo aberto, não deixa de ser sempre finito, uma vez que é constituído não por vocábulos virtuais mas por monemas realmente construídos. Por outro lado, não é absurdo procurar definir no léxico classes de equivalência e partições de classes. Pode-se também pensar em aplicar aos elementos

---
19. Cf. a esse propósito CANTINEAU, Les Oppositions significatives, *Cahiers Ferdinand de Saussure*, n. 10, 1959.

de um léxico certos conceitos topológicos ou algébricos, sob a condição de lhes fazer corresponder operações válidas lingüisticamente, definindo de maneira formal noções tais como: "ter o mesmo sentido que", "ser subordinado a", "ser o antônimo de" etc. ...

A segunda dificuldade, ligada aliás à primeira, provém do número considerável e praticamente indefinido das comutações que podem ser realizadas com um mesmo monema. Se se admitir, com Hjelmslev e muitos lingüistas, que a possibilidade de comutar é característica do sentido em geral,[20] vê-se que quase não é possível definir o valor semântico dos monemas a partir das classes de comutação em que alternam. Aliás, a própria unidade sintagmática que se escolhe para verificar as comutações é de forma e de dimensão *a priori* arbitrárias. Se uma teoria sintática fornece já uma classificação e uma hierarquia dos paradigmas sintagmáticos de uma língua, sem dúvida, a própria multiplicidade das comutações pode ser dominada. Vê-se então, de novo, que não se pode conceber uma semântica desligada de uma sintaxe. Talvez fosse possível aproximar a relação da oposição sugerida por Cavaillès[21] entre o que ele denomina formalização "paradigmática" e formalização "temática" de um discurso lógico. A primeira põe em evidência a estrutura de uma cadeia de discursos com suas constantes e suas variáveis; a segunda faz aparecer esse próprio modelo estrutural como realização particular de um esquema onde as constantes estruturais do primeiro tornam-se os temas de uma variação de segunda ordem. A sintaxe de uma língua natural corresponderia à análise tematizante, sua semântica à análise paradigmática (se se quiser admitir, por um instante, este uso do termo paradigma, quase oposto ao uso ordinário dos lingüistas).

Em que medida o estado atual da Semântica permite assegurar que dificuldades como as anteriores estão justamente em via de serem superadas? Evidentemente, não nos propomos aqui um exame pormenorizado das pesquisas semânticas.[22] Bastar-nos-á apresentar algumas observações referentes a amostras que nos pareceram suficientemente representativas.

V, 22.

1º) Inicialmente, parece que uma semântica *estatística* deveria desempenhar um papel particular. Somente ela pode

---

20. É em particular a tese que funda a proposição de Guiraud discutida anteriormente.
21. *Sur la logique et la théorie de la science*, 1947, pp. 27 e ss. Cf. aqui mesmo III, 14.
22. Em dois artigos de G. MOUNIN, encontrar-se-á uma excelente explicitação do estado dessas pesquisas: Les analyses sémantiques, em *Cahiers de l'I.S.E.A.*, suplemento n. 113, março 62, série M, n. 13 e Les structurations sémantiques, *Diogène*, 49, 1965.

fornecer os quadros prévios para uma investigação e uma análise coerente, definindo uma macroestrutura do conjunto das unidades significantes de uma língua. O estatístico dirá, por exemplo, qual é o volume do corpo oferecendo probabilidades razoáveis para apresentar praticamente todas as comutações para um léxico de um número determinado de vocábulos, sendo as coerções sintagmáticas definidas por uma taxa de redundância. Poderá ainda, ultrapassando os modelos simples do tipo Zipfien, propor modelos mais complexos, fazendo aparecer constelações de vocábulos por meio das freqüências de suas ligações mútuas. Neste nível, a dissociação entre coerções sintáticas e afinidades semânticas deve, sem dúvida, ser provisoriamente abandonada, esperando-se que uma análise mais aguda encontre o meio de isolar as afinidades propriamente semânticas.

2º) A noção de *campos semânticos,* tal como introduzida pela lingüística alemã, é sem dúvida um conceito essencial. Consiste em encarar uma idéia — como a de "faculdades do entendimento" — e enumerar as palavras que parecem recobri-la num dado estado da língua. Mas os critérios dessa "pavimentação" de um conceito por palavras permanecem muito incertos, se forem finalmente reconduzidos ao sentimento de parentesco experimentado pelo semântico. Recai-se, então, facilmente numa metodologia arcaica das ciências humanas, que consiste em descrever uma experiência vivida e não um objeto. A elaboração de uma técnica de objetivação dos campos semânticos é difícil, mas indispensável; sem ela, a análise dita "conceitual" deslizará para o arbitrário Uma tentativa interessante foi feita a esse respeito por meio de uma *análise fatorial* dos acoplamentos de vocábulos. A partir do quadro que dá as freqüências de acoplamento num corpo, extrai-se um ou vários "fatores" que fazem aparecer concentrações e dispersões segundo um ou vários eixos, sugerindo uma estruturação das nuvens de palavras do corpo.[23]

A ambigüidade da análise conceitual manifesta-se particularmente na versão que lhe dá G. Matoré, da qual se conhece interessante análise dos vocabulários a partir de "palavras-chave" e "palavras-testemunha" para uma dada geração. Tal estruturação dos campos semânticos tende naturalmente a confundir-se com uma sociologia da Cultura.[24]

---

23. Trabalhos de J.-P. BENZECRI e B. CORDIER no laboratório de cálculo da Faculdade de Ciências de Rennes; encontrar-se-ão indicações por demais sumárias, mas sugestivas, em *Imago primi anni,* 1964, mimeografado.

24. Cf. por exemplo *La Méthode en lexicologie* (1953). M. MATORÉ restringe o uso da palavra "semântica" a uma concepção puramente diacrônica e individual do estudo das palavras e retém o vocábulo "lexicologia" para designar um estudo global dos vocabulários (p. 13).

A assimilação dessa disciplina a um ramo da sociologia da cultura é formulada expressamente: "Os estudos de vocabulários definem-se...) como uma explicação dos fatos de sociedade" (p. 5).

Citemos, a título de exemplo da ambigüidade denunciada no texto, esta definição da "palavra-chave": "A palavra-chave designará, pois, não uma abstração, não um meio, não um objeto, mas um ser, um sentimento, uma idéia, vivos na medida em que a sociedade neles reconhece o seu ideal" (p. 68).

Mais do que o conteúdo informacional intralingüístico, ou o "sentido" guiraudiano, são as "significações" que são reconstituídas. A Semântica é tomada como estudo do *uso* de uma língua numa dada sociedade, compete ao que denominamos em outra parte "conjuntura" e, afinal, aparenta-se com a História. Certamente nossa intenção não é depreciar tais pesquisas, que, ao contrário, sempre nos pareceram dever coroar o processo prático da Ciência. Mas, pensamos que, um dia, encontrarão o seu fundamento num conhecimento verdadeiramente estrutural da própria língua, que é ao mesmo tempo condicionante e condicionada em relação a seu uso. Pode-se até mesmo pensar que essas pesquisas, sendo aprofundadas e ampliadas, não poderão deixar de redescobrir a necessidade de uma semântica estrutural pura e talvez mesmo abrir novas vias nesta direção.

3º) Os trabalhos dos documentalistas e especialistas da tradução automática representam um acesso decididamente empirista ao problema da Semântica. Trata-se, por um lado, de constituir os quadros de uma codificação permitindo transcrever o conteúdo de uma documentação, de tal modo que classificações, comparações, pesquisas, dêem lugar a processos mecânicos regrados; por outro lado, de construir, para um par de línguas dadas, um procedimento de resolução das ambigüidades devidas às polissemias. As duas preocupações coincidem numa certa medida, embora os trabalhos dos documentalistas incidam sobretudo na organização de universos de objetos técnicos, cuja estrutura já é dada em seu modo de utilização ou de fabricação, que o léxico a ser construído refletirá de modo mais ou menos adequado e mais ou menos econômico. A língua documentária pode, então, sem inconveniente, ser de tipo leibniziano. Mas, não ocorre o mesmo, quando a Semântica pura transpõe esta pesquisa dos "signos primitivos" para a análise das línguas naturais. A idéia de Hjelmslev, por exemplo, é descobrir sob cada vocábulo várias unidades significativas elementares comutáveis, comparáveis funcionalmente aos fonemas. Mas, a possibilidade de enumerar exaustivamente todas as unidades significativas de uma língua ou mesmo de um "campo" limitado é duvidosa e sua determinação, arbitrária. Para que uma tal empresa tenha um sentido e não se reduza a uma análise "lógica" dos significados, seria necessário que essas unidades de significação ou fossem representadas por marcas no significante ou pudessem ser estabelecidas como elementos ideais de uma estrutura "latente", no sentido dos psicólogos e dos sociólogos, o que supõe uma análise do tipo fatorial como a de que se tratou acima.[25]

---

25. A noção de "eixo semântico", introduzida por GREIMAS (La Structure é'émentaire de la signification en linguistique, *L'Homme*, IV, 3, 1964) poderia ser considerada como variante "ingênua" da idéia formal de fator.

V, 23.

Afinal, a idéia de uma teoria semântica estrutural continua parecendo-nos um dos problemas centrais e ainda não--resolvidos da lingüística atual. Mas, se aceitarmos a distinção proposta mais acima, será uma ciência dos *sentidos,* não das *significações*. Ela nos levará a conhecer as leis da oposição dos significantes numa língua e não a organização concreta das "imagens" e das "idéias" de uma visão do mundo. Do mesmo modo, a Fonologia mostra-nos o quadro das diferenciações fonéticas válidas lingüisticamente, sem nos descrever os próprios sons enquanto se realizam na linguagem. A descrição do objeto: "som da fala" compete a uma ciência natural, fazendo intervir a Fisiologia e a Acústica. A descrição das significações de uma linguagem num dado contexto social compete a uma ciência humana, fazendo intervir a Sociologia e a Psicologia, na medida em que as significações sejam objetiváveis; na medida em que são *vividas como um todo* por um sujeito, dão lugar a uma filosofia. O paralelismo do estudo da primeira e da segunda articulação da língua é, pois, real, mas imperfeito, e a complexidade da primeira dá conta das confusões e ambigüidades de que a Semântica ainda é a sede.

Os sistemas significantes não-lingüísticos

V, 24.

Na medida em que todo fato humano enquanto tal comporta uma face objetiva e uma face significativa, é tentador concluir que a especificidade de um conhecimento do homem deriva do fato dele envolver uma *semiologia*. Sem chegar a uma formulação tão abrupta, muitos pesquisadores orientam-se atualmente em direção a uma objetivação do fato humano como sistema significante. No entanto, convém precisar o alcance de uma tal proposição e propomo-nos examiná-la à luz das análises esboçadas anteriormente. No início deste estudo, opusemos o conteúdo de uma objetivação manifesta, que é estrutura, ao conteúdo de uma organização latente da experiência, atualmente não-objetivada, à qual remetem secundária e eventualmente os elementos do simbolismo estrutural. O esquema do *objeto* científico, neste domínio, deve pois ser encarado como uma estrutura — no mesmo sentido que o esquema do objeto físico — e os símbolos que o exprimem comportam um *sentido* que é o conjunto de suas próprias leis formais. Desse ponto de vista, uma semiologia é tão-somente uma metalíngua mais ou menos formalizada, que permite comentar o funcionamento por assim dizer interno do simbolismo objetivante que constitui a Ciência. Tal será o papel de uma semiologia na Matemática que não pode situar-se no mesmo plano da construção estrutural, a qual constitui aqui evidentemente o próprio corpo do objeto de conhecimento. Mas se a natureza específica do fato humano impõe que *ele próprio* deva imediatamente, enquanto experiência vivida, ser apreendido como significativo, será necessário considerar um outro nível semiológico e esta semiologia fará parte integrante mais do processo de objetivação do que de seu comentário. Ela teria por tarefa explicitar uma quase-estrutura latente concebida como sistema de expressão e de comunicação. É, por exemplo, o que Roland Barthes e alguns outros sociólogos se esforçam por fazer, tomando como temas a moda ou o cinema.

Mas é aqui que uma ambigüidade arrisca-se a aparecer em razão da dupla remessa significante do fato humano. A análise semiológica de um sistema, se deve fazer parte da Ciência paralelamente e no mesmo sentido que as análises formais ordinárias (do tipo que o físico conhece), só pode fazer intervir o que denominamos sentidos e não o que deles distinguimos com o nome de significações. É necessário, pois, evitar confundir a análise semiológica de um sistema significante — como os cartazes publicitários, os programas eleitorais, os hábitos culinários ou a moda —, com uma interpretação de suas *significações* no conjunto da prática social, isto é, com uma *filosofia* da publicidade, propaganda política, cozinha ou vestuário.

Tomemos o exemplo dos programas eleitorais que, salvo erro, ainda não foram objeto de um estudo semiológico.[26]

Inicialmente, lembremos que permanece aberto o campo de uma pesquisa não-semiológica de tipo clássico: o sociólogo ou o psicossociólogo tenta, então, construir modelos abstratos dos diferentes tipos de programa para uma dada campanha, por exemplo. Evidentemente, os elementos que intervêm nesses modelos serão provenientes necessariamente de uma análise dos conteúdos dos programas e manifestarão aparentemente seu sentido. Mas trata-se então apenas de considerar esses sentidos sob forma de temas, como aspectos do objeto social considerado, com o mesmo propósito com que se considera o peso, a consistência, a cor de um corpo. Esses caracteres objetivos são relacionados, por exemplo, com dados referentes à distribuição dos eleitores, dos fatos políticos anteriores, dos temas de uma campanha precedente etc... Um esforço será feito para coordenar essas relações num todo estruturado que constituirá um modelo no seio do qual os diferentes traços se determinarão mutuamente. Não faltam exemplos, pelo menos parciais, de estudos desse gênero em

---

26. Sem corresponder a esse projeto, o estudo de ALAIN TOURAINE sobre "os temas e o vocabulário de uma campanha eleitoral" é, sem dúvida, o que dele mais se aproxima (Les Elections du 2 janvier 1956, em *Cahiers de la Fondation nationale des sciences politiques*, n. 82, 1957).

sociologia eleitoral e a eles nos reportamos para precisar e corrigir, se possível, o esboço demasiado vago com que aqui queremos nos contentar. Mas, seria certamente instrutivo organizar em vista desse esquema um projeto de estudo semiológico; por certo não cabe ao epistemólogo dar lições ao sociólogo, propondo-lhe tal estudo: pode apenas sugerir-lhe, inspirando-se em domínios já explorados. Uma análise semiológica de programas eleitorais deveria aplicar-se em enumerar exaustivamente temas tendo em vista destacar um *sistema* de oposições, fazendo cada programa aparecer como uma variante combinatória, do mesmo modo pelo qual se distinguem diferentes sintagmas de uma língua. Para esta análise colocam-se os mesmos problemas já reconhecidos para uma semântica. Não se confundem com estes, como poderia levar a crer o fato de que os programas eleitorais são evidentemente textos: a análise toma-os aqui não enquanto tais e segundo seu sentido lingüístico imediato, mas em seu uso *conotativo*:[27] a linguagem natural e suas remessas significativas são tomadas aqui como *material significante* numa organização expressiva de nível superior, que constitui precisamente o objeto da análise semiológica considerada. O modelo significante assim construído não deve ser pensado como necessariamente consciente e intencional. É, enfim, do mesmo gênero que os modelos formais que lhe são opostos, com esta diferença: sua estruturação é essencialmente a de uma combinatória "saussuriana", cujo protótipo perfeito permanece o de uma fonologia, isto é, o de um código informacional. Tal análise não poderia, pois, ser considerada como representativa do modo "compreensivista" de explicação, oposto a um modo "causal". Ela constitui uma tentativa de estruturação *abstrata* e não uma transposição direta do vivido, das ligações vividas; sua originalidade epistemológica resulta do tipo de estruturação que ele põe em operação e toma de empréstimo à língua, fato especificamente humano.

V, 25.

Uma semiologia do fato social e do fato psíquico aparece-nos assim como o tratamento informacional de uma realidade que a Ciência deveria igualmente tratar de um outro ponto de vista, que achamos por demais cômodo e sugestivo denominar "energético". Propusemos há pouco[28] interpretar por meio deste par a oposição marxista ainda enigmática da infra-estrutura às supra-estruturas. Cremos agora que esta oposição é antes a do objetivável — do estruturável

---

27. Cf. a boa exposição de R. BARTHES (*op. cit.*, pp. 130 e ss., § IV), onde é definida essa expressão.
28. Cf. *Pensée formelle et sciences de l'homme*, 1960, Cap. VI.

stricto sensu — (seja por modelos "energéticos" ou "informacionais"), aos sistemas de significações.

Continuamos a pensar que uma ciência do homem não poderia deixar de considerar simultaneamente os dois tipos e modelos e sua unificação em proveito de um deles é um artifício. Mas é oportuno insistir também no caráter radicalmente não-"espiritualista" e não-"psicologista" da análise semiológica para advertir seus próprios adeptos e, mais ainda, para denunciar o equívoco científico de uma hermenêutica das significações que acreditaria poder se dar como análise semiológica objetiva.

A análise apresentada mais acima (V, 6 e V, 10) permite-nos compreender o lugar de uma tal hermenêutica como interpretação das significações da experiência, por oposição aos sentidos dos elementos estruturais. Esta hermenêutica não visa verdadeiramente a uma realidade como objeto; seu processo não é o da Ciência. Propusemos ligá-la à Filosofia, definida justamente como reflexão interpretativa e valorizante do vivido (por oposição à construção de modelos estruturais que objetivam a experiência).

Um exemplo excelente desta hermenêutica filosófica é-nos dado pela obra magistral de Paul Ricoeur sobre a *Interprétation* (1965). Através de um estudo da obra de Freud, é justamente, segundo sua própria expressão, numa "grande filosofia da linguagem" que o autor se propõe trabalhar numa "reconstituição do discurso humano" (p. 14). Mas, evitar-se-á confundir esta tentativa para interpretar a experiência como totalidade significante com os ensaios fragmentários das ciências para construir a objetividade humana como "sistemas significantes". A confusão certamente não ocorre com o próprio Ricoeur, que sublinhou perfeitamente na empresa freudiana a dificuldade epistemológica central: "Os escritos de Freud", diz ele, "apresentam-se de uma só vez como um discurso misto, e mesmo ambíguo, que ora enuncia conflitos de força sujeitos à jurisdição de uma energética, ora relações de sentido sujeitas à jurisdição de uma hermenêutica. Quereria mostrar", acrescenta, "que esta ambigüidade aparente está bem fundada, que este discurso misto é a razão de ser da psicanálise" (p. 75).

É reconhecer que a obra freudiana só podia ser um composto de Ciência e Filosofia (como também a obra de Marx, que P. Ricoeur faz reunir-se à de Freud na companhia dos "Mestres da suspeita"). Não poderíamos discutir aqui esta interpretação de Freud, com que, aliás, concordamos globalmente. Contudo, cremos que ela corre o risco de mascarar, aos olhos do leitor filósofo, a existência de uma outra atitude hermenêutica, cuja possibilidade, pelo menos, está igualmente presente na psicanálise e que corresponde a um desígnio não de reflexão mas de objetivação. Construção de "sistemas significantes" pode bem parecer estranho aos espíritos habituados a descobrir, no procedimento da Ciência, apenas construção de modelos formais no sentido estrito e explicações "energéticas". No entanto, ela constitui o complemento indispensável desta, no domínio dos fatos humanos. Mas, é constante a tentação de confundi-la com a atitude filosófica de uma hermenêutica das significações vividas. É por isso que não deixaremos de advertir-nos contra este preconceito nocivo para a constituição de um conhecimento científico do fato humano.

Assim também, uma noção interessante e fecunda como a de "estruturas significativas", introduzida por Lucien Goldmann[29] parece-nos geradora de equívocos. A própria expressão "estrutura significativa" deveria ser tomada antes em bloco do que como qualificação de uma espécie de estrutura; corresponde bastante exatamente ao que denominamos "sistema", para distingui-lo das estruturas no sentido estrito. Os caracteres pelos quais o seu autor a introduz — "finalidade interna", "visão do mundo" — ligam-se à concepção, apresentada acima, de uma colocação em perspectiva dos fatos enquanto vividos numa experiência totalizante, colocação em perspectiva essa que, como quisemos mostrar, não poderia dar nascimento a uma verdadeira estrutura. O próprio L. Goldmann é, aliás, perfeitamente sensível à distinção das duas noções, uma vez que nota que "certos setores da realidade social parecem dever limitar-se ao conceito de estrutura e não ao de estrutura significativa" (*op. cit.*). Mas interpretamos de outro modo essa constatação: se todo fato social — e todo fato humano — fosse suscetível de uma objetivação científica, não se poderia dizer, em compensação, que uma hermenêutica filosófica pudesse partir indiferentemente de qualquer fato.

Como quer que seja, uma análise interpretante das estruturas significativas não nos parece fazer parte, propriamente falando, da Ciência. Toca-a apenas pela ponta extrema filosofante da História. A análise das obras e das situações que propõe ultrapassa sem hesitar os limites do processo de reduções estruturais convergentes da História.[30] Seus resultados são esclarecedores, seduzem ou exasperam, suscitam o sentimento de uma justa ou, ao contrário, de uma enganosa interpretação do vivido. É, ao mesmo tempo, demasiado e demasiado pouco, como ocorre com todo conhecimento filosófico. É verdade que se poderá replicar que a Ciência, em todo caso, sempre nos dá apenas *demasiado pouco*. Não será porque acreditando-nos *amigos das formas,* permanecemos sempre, no fundo *filhos da terra*?

---

29. Cf. por exemplo, seu artigo em *Sens et usages du mot structure* (Mouton, 1962); e naturalmente as aplicações diversas que ele fez desse conceito na cultura filosófico-religiosa e no romance.

30. A este propósito, permitimo-nos remeter à concepção exposta em *L'Histoire comme analyse des oeuvres et comme analyse des situations* (Médiations 1961, n. 1).

V, 26.

Os parágrafos anteriores foram escritos antes que tivéssemos podido ler *Le Cru et le Cuit* e *Du Miel aux cendres*[31] de Claude Lévi-Strauss. Ora, parece-nos que o método interpretativo posto em operação nessas obras de Etnologia corresponde justamente ao tipo de constituição de "sistemas significantes" objetivados que acabamos de opor, enquanto empresa científica, a uma hermenêutica filosófica. Certamente, poder-se-á dizer que tal tentativa é precisamente apropriada para fazer conhecer as incertezas, os limites e as ambigüidades desta semântica. Tanto melhor; um método demasiado seguro de si mesmo dissimula, sem dúvida, suas lacunas mas também suas verdadeiras virtudes.

O propósito de Lévi-Strauss está expressamente definido na abertura da primeira obra: "Trata-se", ele nos diz, "de destacar não tanto o que há *nos* mitos (sem estar, aliás, na consciência dos homens), mas o sistema dos axiomas e dos postulados que definem o melhor código possível capaz de dar uma significação comum a elaborações inconscientes, que são as obras do espírito, sociedades e culturas, escolhidos entre os que oferecem uns em relação aos outros, o maior afastamento" (*loc. cit.*, p. 20). Esta interpretação "semântica" não consiste, pois, em estabelecer a relação do simbolismo mítico com uma experiência cultural de que ele seria a expressão, senão o reflexo. Estas significações — no sentido que damos a este termo — que estão *nos* mitos não dizem respeito à análise estrutural semântica; mas, antes a uma reflexão filosófica que explicitaria a visão do mundo dos povos que as criaram. É esta reflexão que quis apresentar, por exemplo, a respeito do pensamento banto, R. P. Tempels — mas, de um modo, em nossa opinião, radicalmente defeituoso e ambíguo (*La Philosophie bantoue*, 1949). O procedimento de Lévi-Strauss é evidentemente preliminar a uma reflexão dessa natureza, pois, dá consistência à Mitologia e a constitui verdadeiramente como objeto. Visa estabelecer para a expressão mítica o equivalente de uma Gramática geral da expressão lingüística e, mais precisamente, de uma semântica geral. Empresa seguramente cheia de armadilhas, pois, supõe, para permanecer nos limites da Ciência, a distinção que estabelecemos entre sentido e significação. A codificação que o etnólogo quer restituir faz aparecer "sentidos",[32] isto é, um sistema de correlações internas, uma rede cujos nós são os elementos dos diferentes mitos identificados sob representações variadas, à classe de equivalência de suas relações com todos os outros. A expli-

---

31. Mas, evidentemente, conhecíamos os textos anteriores sobre a análise estrutural do folclore e dos mitos.

32. Claude Lévi-Strauss diz: "dar uma significação comum"; seu vocabulário difere do nosso, mas sua prática não deixa de se ligar à análise que propusemos.

cação estruturalista consiste, então, em estabelecer essa correspondência entre os mitos, destacando para cada elemento sua "função semântica", definida não como uma remessa a um fato, uma pessoa ou uma idéia mas por sua posição relativa no sistema. O Jaguar, a Sarigüê, o "Desaninhador de pássaros"*, a constelação das Plêiades não remetem a temas determinados da experiência indígena, mas a um conjunto de relações com outros elementos que é verdadeira invariante. De tal modo que mitos aparentemente muito diversos e contraditórios se revelam, sob esta hipótese de codificação, como redutíveis uns aos outros por meio de transformações sistemáticas e podem ser, por conseguinte, considerados como veiculando o mesmo sentido. Dir-se-á que a excepcional virtuosidade do etnólogo efetiva aqui freqüentemente proezas inquietantes, que nem sempre chegam a convencer sobre o bom fundamento das interpretações. Não importa; a idéia que preside ao conjunto da obra é vigorosa e profunda, esclarecendo todo um aspecto essencial de uma ciência possível dos fatos humanos.

Se for examinada pormenorizadamente a colocação em operação desta semântica, vê-se que o ponto de partida é um mito particular. Uma primeira elucidação desse mito situa-se ao nível das explicações etnológicas tradicionais: é necessário evidentemente expor os elementos do contexto natural e cultural indispensáveis para uma primeira compreensão literal. Depois, começa a exegese propriamente semiológica. Para cada motivo da exposição inicial, outros mitos são invocados, fazendo aparecer constelações de elementos idênticos, ou equivalentes mediante transformações regradas. Novas questões aparecem com a introdução dessas variantes, questões que se encadeiam umas às outras segundo um esquema de ramificação que dá à análise semântica o modo de proceder de uma exploração sempre aberta do conjunto de um universo.

É que o método estrutural semiológico estabelece o mito, ou mais exatamente, o código que o constitui em sistema significante, como "objeto dotado de uma realidade própria e independente de qualquer sujeito" (p. 19). É pensamento-objeto, e a análise que o revela não pretende de modo algum corresponder à experiência efetiva dos que o vivem enquanto parte de sua cultura. "Não pretendemos" sublinha Lévi-Strauss, "mostrar como os homens pensam nos mitos, mas como os mitos se pensam nos homens e sem que eles o saibam" (p. 20). O que chamamos sistema significante é, pois, encarado do ponto de vista de suas condições de possibilidade e não do ponto de vista de seu conteúdo — que chamamos significação. É o lado kantiano de toda semiologia consciente de sua própria virtude: o autor de *Le Cru et Le Cuit* aceita expressamente sua carga. Mas, não interpreta as estruturas do pensamento

(*) "Dénicheur d'oiseaux" — Em francês, a expressão pode significar também um "indivíduo finório". (N. da T.).

mítico em que desemboca como normas de um sujeito transcendental que desenharia, por antecipação, a figura do mundo cultural: interpreta-as como coerções objetivas,[33] cuja eficácia não se situa nem ao nível de uma natureza pura (cujos fenômenos os mitos explicariam a seu modo), nem ao nível de uma condição humana (cuja ética os mitos exporiam). É ao nível de uma prática envolvendo ambos os aspectos que se situa a objetividade da semiologia mítica e é nesse sentido, sem dúvida, que Lévi-Strauss se anuncia como materialista, apesar do aparente idealismo de uma doutrina da estrutura.

De nossa parte, acreditamos que ele tenha razão, mas isso não nos impede de sermos sensíveis às dificuldades que sua etnologia do mito levanta. Inicialmente, seria necessário dissipar um possível mal-entendido sobre a objetividade das estruturas, mal-entendido que não diz respeito somente aos sistemas significantes, em questão aqui, mas também aos modelos estruturais *stricto sensu* construídos pelo pensamento científico. Dizer que as estruturas são objetivas, ou mais exatamente, que constituem o objeto, não é afirmar para tanto uma nova ontologia. Esta objetividade nada define que não esteja em correlação com uma fase determinada da prática, ela não é em caso algum a objetividade de uma "coisa". É necessário, pois, dizer explicitamente que a análise semiológica traz bem à luz o verdadeiro objeto do mitólogo e, de modo algum, de uma maneira arbitrária ou subjetiva. Este objeto não é absolutamente imposto do exterior a uma atividade concretamente exercida; sua transcendência é apenas uma ilusão da reflexão. Esta estrutura mítica objetiva, assim como uma língua, está sujeita a transformações. Talvez, neste ponto, descartemo-nos da idéia de Lévi-Strauss. Contudo, um dos traços constantes da concepção que ele propõe caminha no mesmo sentido de uma rejeição do realismo das estruturas: é a afirmação de multidimensionalidade do mito. A "estrutura folhada"[34] do mito não poderia acomodar-se nem com um coisismo ingênuo, nem com um platonismo disfarçado.

Descartada a eventualidade de tal mal-entendido, resta uma dificuldade fundamental: é possível ligar o sistema significante a modelos energéticos que se relacionam com a mesma

---

33. Ele concorda com a expressão de P. Ricoeur: "um kantismo sem sujeito transcendental" (p. 19). No entanto, não estamos certos de que o pensamento de LÉVI-STRAUSS seja perfeitamente unívoco a esse respeito. O que pode levar a duvidar disso é uma frase da conclusão (*Le Cru et le Cuit*, p. 346): "Assim podem ser simultaneamente engendrados os próprios mitos pelo espírito que os causa e, pelos mitos, uma imagem do mundo já inscrita na arquitetura do espírito". Do mesmo modo, na discussão com Ricoeur (*Esprit*, novembro 1963, p., 630), ele considera essa coerção como "tirando sua origem da estrutura do espírito".

Mas, nosso propósito não é fazer uma análise crítica da filosofia subjacente à obra do etnólogo e deixaremos de lado essa dificuldade, indicando somente que ela nos parece resolvida, se reconhecermos que o lugar dessa coerção não está nem no objeto nem no espírito, mas na prática.

34. "A estrutura folheada do mito ... permite ver nele uma matriz de significações ordenadas em linhas e em colunas, mas onde, de qualquer modo que se leia, cada plano remete sempre a um outro plano" (*Le Cru et le Cuit*, p. 346).

realidade social diferentemente encarada? O problema coloca-se sobretudo no livro de Lévi-Strauss nos seguintes termos: a análise semiológica estrutural deve fazer uso das "hipóteses histórico-culturais estabelecidas ou adiantadas pelos etnógrafos, e como? A resposta é dada na página 156 pelo autor: "Quando se adota um ponto de vista estrutural, não se tem o direito de invocar hipóteses histórico-culturais cada vez que os princípios, por sinal, reclamados, chocam-se com dificuldades de aplicação. Os argumentos histórico-culturais se reduziriam, então, a simples conjeturas, improvisadas pelas necessidades do momento. Em compensação, tem-se certamente o direito, e mesmo o dever, de se levar em conta cuidadosamente as conclusões a que chegaram os etnógrafos pelo estudo lingüístico e histórico, quando eles próprios as têm por sólidas e bem fundadas". A extra-semiologia deve, pois, constituir um dado com que a análise semiológica não poderia entrar em conflito, mas nunca um argumento *ad hoc* para resolver as dificuldades desta. Situação comparável, apesar de ser sua complexidade bem maior, à que caracteriza a relação entre Fonologia e Fonética. O ponto de vista de Lévi-Strauss não consiste de modo algum em contestar que um sistema significante como o mito seja uma ideologia, isto é, reflita, de uma certa maneira, uma experiência, cuja objetividade pode ser constituída por modelos energéticos "materiais". Consiste em insistir na coerência apropriada ao próprio sistema mítico, enquanto organização de sentido, e em manter a possibilidade de uma reconstituição analítica interna da codificação que o define enquanto tal. Nessas condições, a etnografia tradicional fornece, por assim dizer, as condições para os limites do sistema significante e não sua justificação extrínseca.[35] O caráter radical de uma tal tomada de posição metódica exclui o retorno posterior a uma tentativa de relacionamento dos sistemas significantes com os modelos estruturais energéticos estabelecidos paralelamente? Não o cremos. Mas, o que os primeiros sucessos de uma semiótica nos ensinam é que a constituição desta Sociologia — ou Antropologia — "magnífica" só pode ser posterior a seus desenvolvimentos.

V, 27.

Propusemos finalmente distinguir três níveis de uma semiologia dos fatos humanos e poderíamos resumir seus termos por meio de um esquema como o dado abaixo:

O fato humano vivido, ponto de partida do conhecimento, é recortado numa experiência totalizante e ativa que identificamos à prática de Marx. dois modos de objetivação se ofere-

---

35. Comparar-se-á, por exemplo, ao método semiológico o de EGON SCHADEN (*A Mitologia heróica de tribos indígenas do Brasil*, Rio, 1959), que consiste em vincular os motivos míticos a fatos culturais conhecidos aleatoriamente.

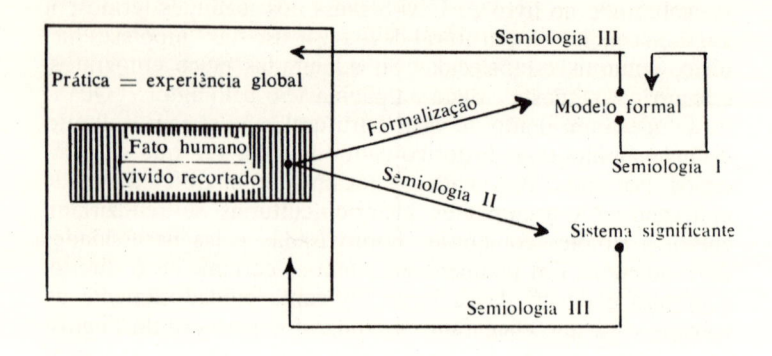

FIG. 11. AS TRÊS SEMIOLOGIAS

cem a um pensamento científico: a construção de modelos formais clássicos e a construção de sistemas significantes. Uma primeira análise semiológica — a que os lógicos, desde Carnap, dividem em Semântica e Sintaxe puras — diz respeito ao funcionamento interno dos sistemas formais, enquanto remetem *virtualmente* a experiências. Uma segunda análise representa a própria atividade de constituição dos sistemas significantes a partir do vivido. É esta Semiologia II que está hoje em evidência. Mas, não seria preciso confundi-la com uma Semiologia III referente às significações vividas e que relaciona os sistemas significantes — ou os sistemas formais — com a prática.

Semiologia II surge da esquematização científica; visa transmudar o vivido numa estrutura-objeto. Não é *toda* a ciência do homem, na medida em que os fatos humanos recortados no vivido não se reduzem todos uniforme e exclusivamente a estruturas saussurianas, mas também a outros tipos formais.

Semiologia III surge da interpretação filosófica e corresponde à hermenêutica de Ricoeur; não constrói estruturas, mas tenta analisar e organizar os interpretantes de um simbolismo. É *toda* a Filosofia, na medida em que a experiência global é atualmente constituída seja em sistemas significantes seja em modelos formais; há contudo um aspecto particular da Filosofia que não cobre inteira e diretamente Semiologia III e que vemos aparecer examinando o alcance de Semiologia I.

Semiologia I, com efeito, é uma matemática e, como tal, compete à Ciência, na medida em que consegue construir uma metaestrutura homogênea ao formalismo que toma como tema.

Na medida em que chega a isso apenas imperfeitamente, isto é, nos casos "goedelianos" em que a estrutura não é dominada, senão por uma metaestrutura que pela própria compreende, Semiologia I toca a Filosofia; pelo menos, pode-se dizer que ela descobre um aspecto paradoxal e misterioso da estrutura formalizada, aspecto segundo o qual esta estrutura não está, por assim dizer, absolutamente objetivada. Um filosofia da Matemática seria, pois, ao mesmo tempo, uma pesquisa dos interpretantes para as estruturas formais em geral, seu relacionamento com a experiência global, — e o comentário dos sucessos e dos fracassos da metaestruturação empreendida por Semiologia I: isto é, uma tomada em consideração da estrutura formal como uma totalidade, possuindo paradoxalmente esse caráter em comum com as totalidades concretas de não ser dominável enquanto totalidade. É esta circunstância desconcertante que torna possível e necessária uma filosofia das estruturas formais, que não seja um substituto ineficaz e verboso da atividade matemática que as constrói.

As relações do objeto, da significação e da estrutura parecem-nos assim dirigir uma determinação dos conceitos de Ciência e Filosofia. Aquela, que definimos como posição e exploração do *objeto,* só poderia proceder por descrições estruturais e "cálculos"; esta comenta as significações. Se for admitido conosco que estas significações dizem respeito à relação do pensamento simbólico em geral com a experiência considerada como *totalidade vivida,* a questão do primado filosófico da especulação sobre a prática, ou da prática sobre a especulação, encontra uma solução natural. Toda Filosofia é reflexão sobre um conhecimento, porque toda experiência humana é, em algum grau, objetivante; segue-se daí que toda Filosofia que se quereria puramente prática ou "existencial" se transformaria em ideologia. Mas, toda objetivação efetua-se como trabalho, e uma filosofia especulativa do conhecimento é vazia.

V, 28.

Parece que nos distanciamos muito dos problemas do estilo. Contudo, mostramos que a constituição de uma semântica e, de modo mais geral, de uma semiologia, é intimamente dependente da existência de uma margem residual móvel de estruturação; e é a organização desse resíduo que constitui, cremos, o aspecto estilístico de todo trabalho humano

A noção de "significação" que assim tentamos destacar, opondo-a ao "sentido", fundaria, pois, de um modo muito geral, a noção de estilo: um estilo nada mais é do que a organização *latente* das significações. No domínio da linguagem quereríamos agora retomar num outro nível a questão da constituição das estruturas. Partindo das posições que acabamos de atingir, examinaremos certos aspectos da organização sintática do ponto de vista de sua relação com os fatos de sentido e de significação, tentando, se for possível, descrever e interpretar neste nível novos fatos de estilo.

6. Sintaxe e Semântica

VI, 1.

Querendo definir a estruturação sob a forma que lhe dá Lévi-Strauss, P. Ricoeur escreve: "Caracterizo numa palavra o método: é uma escolha pela Sintaxe contra a Semântica".[1] Tal afirmação é particularmente interessante por exprimir de modo muito abrupto, no que tem de vigoroso e limitado, o ponto de vista filosófico "ingênuo" sobre o método estrutural. A palavra "ingênuo" aplica-se muito mal, sem dúvida, ao conjunto do pensamento de Ricoeur, cuja abertura e força manifestam-se a quem lê o *Essai sur Freud* e o artigo de onde se tirou a citação acima. Cremos, no entanto, que aqui se acha adequada. Todo o capítulo anterior é uma tentativa de mostrar a necessidade de distinguir, no tratamento das significações, uma redução estrutural de um tipo específico — que chamamos, pensando em não violar demais o uso, Semântica, — e a interpretação "hermenêutica". Qualificamos de ingênua uma filosofia do ato filosófico — e conjuntamente do ato científico — que não percebe esta distinção e recusa assim necessariamente à Ciência toda espécie de acesso não trivial ao conhecimento do humano.

[1]. STRUCTURE et herméneutique. *Esprit*, nov. 1963, p. 607.

O propósito deste capítulo será de pesquisar, no domínio lingüístico, alguns índices sobre o modo de articulação do "sintático" e do "semântico", despojando naturalmente esta última palavra da acepção existencial, cujo equívoco rejeitamos no esquema proposto anteriormente. Se o objetivo último da análise filosófica é exatamente operar ao nível da relação entre a expressão e a experiência vivida, parece-nos que sua empresa será mal fundada e sempre incerta, se não se fizer preceder por um ensaio crítico, na verdade indefinidamente recolocado em questão, para determinar o contorno e o mecanismo da atividade estruturante. Que esta crítica faça, ela própria, parte da Filosofia, somente enquanto propedêutica laboriosa e sem esplendor, é o que constitui o caráter ingrato de nossa disciplina: não é Ciência, mas supondo uma certa aprendizagem dos procedimentos e dos conteúdos da Ciência: é Filosofia, mas privada do poder de evocação, do sabor, da *profundidade* das construções doutrinais...

VI, 2.

O problema que aqui se acha colocado pode-se exprimir, de início, em termos sintéticos e desprovidos de rigor: o que *uma língua compreende* e qual o papel que os processos de estruturação distinguidos anteriormente desempenham nessa atividade? O aspecto psicológico desta questão será deliberadamente ignorado, pois, ela própria compete à Ciência e não a uma análise filosófica. Apenas as condições de possibilidade da compreensão nos interessarão aqui, condições essas que não pretendemos descobrir através de uma análise reflexiva direta de nossa experiência, mas através de uma reflexão sobre algumas tentativas científicas para construir modelos de compreensão lingüística; modelos que poderiam evidentemente ser muito bem tomados de empréstimo de uma psicologia da linguagem, mas é antes do lado da lingüística que acreditamos encontrar tentativas significativas, ligadas mais ou menos diretamente aos problemas que a tradução mecânica e o tratamento "automático" da documentação engendram.[2] Não nos propomos esgotar a questão e reconhecemos que esta limitação é importuna. Por falta de tem-

---

2. Um dos autores que citaremos com muita freqüência, Noam Chomsky, defende-se, é verdade, do preconceito "estranho e, de fato, completamente incorreto, segundo o qual os trabalhos atuais de gramática gerativa seriam, de algum modo, o produto de tentativas para utilizar os computadores eletrônicos, enquanto, de fato, deveria estar evidente que têm firmemente raiz na lingüística tradicional" ("Current issues in linguistics". In: *The Structure of language*, Fodor e Katz (ed.), 1964, p. 61).

Damos-lhe razão nesta declaração. Não deixa de ser verdade também que a orientação tomada pelas "gramáticas gerativas" é estreitamente dependente de leibniziana de cálculo lógico, ela mesma presente na teoria dos programas sobre computadores.

po, de gosto ou de competência, escapam-nos vários domínios, sem dúvida alguma interessantes, que serviriam para objeções, ampliações, alterações que não aparecerão aqui. No entanto, a perspectiva a que reduzimos nosso exame levou a colocar em termos novos o problema da compreensão da linguagem, limitando-lhe, por certo, o alcance, mas precisando-lhe judiciosamente o contorno. O exame das pesquisas dos últimos anos parece que permite reduzir a "compreensão" assim objetivada a três esquemas, que não são, sem dúvida, de modo algum, independentes: 1º) *reconhecer* uma seqüência de símbolos como fazendo parte de uma língua, definida por sua "gramática" e seu léxico; 2º) extrair de um texto de uma língua um *conteúdo informacional,* cuja definição é necessário precisar, mas cuja idéia de conjunto já foi suficientemente indicada no capítulo anterior; 3º) mudar de código, *traduzir,* fazer corresponder a um texto de uma língua um texto de outra língua, conservando-lhe o "sentido" e, eventualmente, talvez algo mesmo da "significação".

Esta designação tripla do problema da compreensão é operatória, na medida em que evoca *tarefas* relativamente bem determinadas e não apenas experiências intuitivamente reconhecidas. Mas, é óbvio que não constitui em si mesma solução alguma; seu interesse talvez seja justamente dissociar a questão originária, fazendo aparecer vários focos críticos diferentes. Com efeito, a primeira tarefa anunciada subtende a questão de uma definição da "Gramática" de uma língua, e de suas relações com o léxico, questão que é precisamente a nossa, em sua forma mais geral, mas que se apresenta inicialmente aqui sob o aspecto construtivo preciso que logo vamos poder examinar. A segunda tarefa reconduz-nos ao tema da oposição estudada nos parágrafos de 12 a 18 do capítulo anterior, mas num espírito pragmático que nos obrigará a precisar, através das dificuldades encontradas pelo "automático documentário", o verdadeiro alcance das relações do "sentido" à informação seletiva e à "significação". A terceira tarefa, enfim, evoca essas mesmas noções de uma outra maneira, como invariantes problemáticas as aplicações de uma estrutura e de um material lingüístico numa outra língua e, uma vez que parece esposar o sentido operacional possível de uma compreensão, ela nos intima de modo direto a interpretar imediatamente os seus limites.

Tal será o fio condutor que nos servirá de guia nas reflexões que vão se seguir. A palavra "estilo", sem dúvida, será aí raramente pronunciada. Contudo, definido como tentamos fazê-lo, o problema estilístico aí se achará abordado sob uma de suas formas mais radicais, uma vez que se trata aqui, afinal, da estruturação lingüística como *trabalho,* isto é, considerada em sua relação com um obstáculo, um conteúdo, uma experiência.

A análise matemática das sintaxes

VI, 3.

A idéia de "gramaticalidade" — se quando não a palavra — representa, sem dúvida alguma, um dos conteúdos tradicionais da noção de língua. Hoje ela renova seu sentido ao contato da lógica formal. Esta coloca, em primeiro plano, o conceito da expressão "bem formada", constituindo esta a única matéria de um cálculo. É certo que as expressões de uma linguagem podem, ao contrário, afastar-se da norma sem, no entanto, cair no sem-sentido; e que, bem ao contrário, a considerável redundância sintática das línguas usuais torna possível, numa certa medida, a violação de suas regras, constituindo esses desvios e inobservâncias um aspecto importante do seu próprio uso: isto é, um fato de estilo. Contudo, a compreensão só pode evidentemente efetuar-se sobre uma base de "gramaticalidade" constitutiva. Por razões metafísicas e sociais, o século XVIII acreditou possível, e necessária, a existência de uma "Gramática geral", que seria exatamente o desenho universal dos grandes princípios de toda sintaxe imaginável (e talvez o esqueleto de uma língua-mãe única de que todas as outras seriam variantes degeneradas). A volta a um estudo das condições de possibilidade de uma sintaxe em geral não é seguramente, no entanto, uma retomada desse adamismo lingüístico.[3] O tema filosófico subjacente é bem diferente. Se a língua é a colocação em operação de uma combinação particular de elementos discretos, não se pode discernir seus fundamentos lógicos? Entre todos os objetos matemáticos, o objeto lingüístico, definido por alguns caracteres específicos, mas estritamente formais, tomaria lugar e daria lugar a um estudo dedutivo. Sem dúvida, desse sistema simbólico abstrato estaria longe a idéia vaga e misteriosa de uma sintaxe-mãe; a diferença essencial e a novidade profunda da concepção moderna deve-se ao fato de que as categorias da "Gramática geral" eram mais ou menos claramente

---

3. Chomsky insiste com ênfase nesse retorno a um estudo da língua em geral como *forma,* de que toda realização lingüística seria uma manifestação. Refere-se explicitamente à teoria humboldtiana da linguagem: "Uma gramática gerativa... é uma tentativa para representar, de um modo preciso, certos aspectos da *Form* da linguagem, e uma teoria gramatical gerativa particular é uma tentativa para especificar esses aspectos da forma que fazem parte de todo homem — em termos humboldtianos, poder-se-ia identificá-los à forma geral subjacente de toda linguagem".

Quanto a nós, pensamos que se trata aí mais de uma ideologia do que de uma verdadeira tomada de consciência filosófica de Chomsky do alcance de seu trabalho científico. Contudo, é interessante notar a reação manifestada, nesse sentido, por um dos artesãos criadores da nova lingüística.

concebidas como classes de significações, enquanto os papéis funcionais que aparecem nas sintaxes matemáticas são introduzidos independentemente de todo conteúdo de significação. Assim também o problema proposto não é descrever *uma* estrutura fundamental para toda língua possível mas construir modelos abstratos, cada vez mais pobres em recursos, para aproximar o funcionamento das sintaxes efetivas. A questão da relação entre esses sistemas sintáticos gerais e as organizações semânticas, ao invés de ser, em suma, resolvida por uma fusão originária, apresenta-se nos estágios superiores da construção. Para apreciar o seu alcance, convém tomar conhecimento com suficiente precisão do método de análise pelo qual as sintaxes são definidas.

O problema epistemológico preliminar aqui é evidentemente analisar e interpretar as tentativas de redução de uma sintaxe a uma estrutura algébrica. Veremos que esta redução, como era de se esperar levando em conta a natureza da linguagem, efetua-se em diferentes níveis e utiliza-se de instrumentos diversos, cuja unicidade fundamental não aparece imediatamente. Dois tipos principais de redução são atualmente propostos: um consiste na construção de uma "máquina" abstrata capaz de discernir as seqüências de símbolos corretamente constituídas; o outro, no enunciado de um corpo de regras de "reescrita", fazendo passar progressivamente de uma seqüência de símbolos puramente funcionais e transitórios a uma seqüência de símbolos definitivos, terminais, constituindo na língua uma seqüência correta. É pelo exame de alguns dos traços desta dupla abordagem que esperamos destacar certas idéias sobre a organização sintática.

VI, 4.

A redução maximal da língua leva, por analogia ao ideal formalista da língua matemática, a considerá-la como produzindo suas "palavras"[4] a partir de um conjunto finito de símbolos. Uma palavra é aqui simplesmente uma concatenação finita de elementos formando um todo, isto é, enquadrada por uma marca inicial e uma marca final. Uma gramática é, pois, exatamente um conjunto de regras ou um procedimento que permite decidir se uma palavra qualquer é correta, ou seja, se efetivamente faz parte da língua. Uma tal gramática pode ser concebida como uma máquina recebendo à entrada uma seqüência de símbolos e "aceitando" ou "rejeitando" esta seqüência, conforme ela constitua ou não uma palavra da língua. Pode-se imaginar esta máquina como cons-

---
4. Assim, pode-se também, nesse grau de generalidade, falar de "frases" e de "palavras" ao invés de "palavras" e de "símbolos".

tituída por uma fita trazendo os símbolos da seqüência a ser reconhecida e passando diante de uma "cabeça de leitura"; sobre essa fita — ou sobre uma segunda fita — são impressas, à medida das leituras, as "saídas" ou os "cálculos" intermediários. A operação não poderia, no entanto, somente consistir em "reconhecer" cada símbolo individualmente; a máquina lingüística mais simples deverá fazer depender sua resposta, em cada leitura de um símbolo, da leitura do ou dos símbolos anteriores. É necessário, pois, fazer intervir ao mesmo tempo "entradas" e "estados" da máquina, definidos depois de cada movimento. Para tal organismo, reservou-se o nome de *autômato*. Se se designa por U o conjunto dos estados do autômato, por X o conjunto finito dos símbolos que compõem a língua, por N o conjunto dos símbolos de saída que o autômato inscreve depois de cada leitura de uma entrada, esquematiza-se como se segue o funcionamento da máquina:

$$U \times X \xrightarrow{t} U$$
$$\searrow^{s} N$$

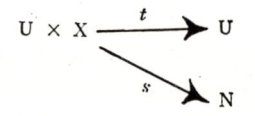

Fig. 12. Autômato

A aplicação t do conjunto produzido $U \times X$ em U faz corresponder a cada par formado de uma entrada e de um estado, um novo estado, que é o do autômato, quando lê a entrada seguinte. A aplicação s de $U \times X$ em N fornece as saídas para cada par entrada-estado.

A bem da verdade, uma vez que o resultado procurado é a caracterização das seqüências corretas, pode-se particularizar esse esquema, dando uma forma simples às saídas: N será o conjunto composto de dois elementos notados 0 e 1 por exemplo; as aplicações t e s serão escolhidas de tal forma que a segunda seja o composto de t e de uma terceira aplicação $g: U \to N$.[5]

Nessas condições, a saída do autômato é sempre uma seqüência de 0 e 1. Escolher-se-á g de tal forma que todas as palavras corretas dêem como saída final 1. Dito de outro modo, o autômato define um subconjunto de U (de que g

---

5. Para que g exista, é necessário e suficiente que:
$$t(a_j, x) = t(a_i, y) \implies s(a_j, x) = s(a_i, y) \quad \begin{cases} a_i, a_j \in U \\ x, y \in X \end{cases}$$

é a função característica) contendo todos os estados "terminais" que designam o fim de leitura de uma palavra correta. É um autômato "sem saída". Se ele se bloqueia num outro estado que não um estado terminal, é evidente que a seqüência de entrada não constitui o início de uma palavra correta.

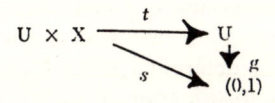

$$U \times X \xrightarrow{t} U \xrightarrow{g} \{0,1\}$$
$$\searrow s$$

Fig. 13. Autômato sem saída

Uma representação por diagrama orientado é mais expressiva. Os vértices correspondem aos estados do autômato, os arcos com índices alfabéticos correspondem aos símbolos de entrada. Por exemplo, no caso da figura, a máquina, em estado S_1, aceita o símbolo a_4 depois de a_1, e acha-se em estado S_2 para ler o símbolo seguinte. A palavra (a_1 a_4 a_7 a_0) é aceita, se o conjunto dos estados terminais for reduzido a S_0, que serve ao mesmo tempo de estado inicial.[6] Do mesmo modo, uma palavra tal como: (a_1 a_5 a_7 a_6 a_6 ... a_6 a_0), representando os pontos uma seqüência finita de a_6; mas não a palavra (a_1 a_7), bloqueando-se o autômato diante de a_7, no estado S_1.

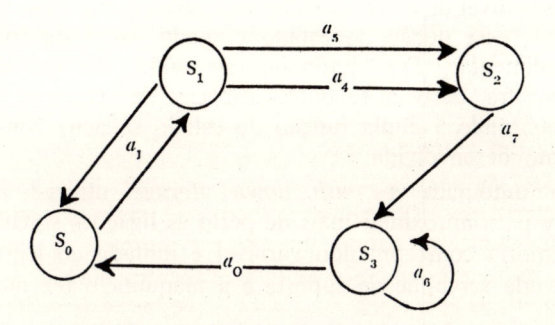

Fig. 14. Diagrama de estados de um autômato

Um diagrama desse tipo convida-nos a precisar o sentido da noção de *estado*. Do ponto de vista do funcionamento do autômato, pode-se dizer que um estado equivale a uma certa "memória" de leituras anteriores. O estado S_2, por

---

6. A escolha de estados iniciais não é indispensável, mas torna mais cômodo o desenvolvimento da teoria dos autômatos.

exemplo, significa que o autômato acaba de ler seja a_4, seja a_5, e mesmo, mais completamente, uma das duas seqüências $(a_1\ a_4)$ ou $(a_1\ a_5)$. O que significa do ponto de vista da estrutura de uma seqüência? Uma definição precisa faz intervir certas propriedades algébricas do conjunto[7] das seqüências finitas possíveis — notado L(X) — para um vocabulário X e considerado como munido da operação de concatenação que consiste em unir ponta a ponta duas seqüências para daí formar uma nova. Esta operação é em toda parte definida e associativa; ela determina sobre L(X) uma estrutura conhecida pelos algebristas com o nome de *monóide livre* (cf. por exemplo Bourbaki, *Algèbre*, I, §§ 1, 3). Se se considera um símbolo qualquer e o conjunto das seqüências do monóide que lhe pode servir corretamente de "contexto" à esquerda, vê-se que esse conjunto de seqüências define sem ambigüidade um *estado* do autômato. O estado não é, pois, nada além, desse ponto de vista, do que uma classe de equivalência definida por uma relação conveniente sobre o monóide.[8]

Os dois aspectos da noção de estado que acabamos de lembrar correspondem, no fundo, à distinção de origem saussuriana entre o sintagma e o paradigma. Se se considerar o funcionamento do autômato, um estado é um nó de ligações sintagmáticas; se se considerar o próprio texto submetido à prova, um estado é um nó paradigmático que materializa as substituições permitidas. Esta observação justifica a importância da noção, ao mesmo tempo que testemunha a profundidade da concepção saussuriana, uma vez que é reencontrada neste nível de extrema simplificação da estrutura lingüística. Mas, esta noção de estado é ainda, sob esta forma, muito rudimentar. Do "autômato sem saída", de que ela é a peça-mestra, derivam-se outras espécies de máquinas mais complexas, onde a dupla função do estado se acha consideravelmente desenvolvida.

No autômato a *push down storage* utilizado por Chomsky para aproximar mais de perto as ligações sintáticas, uma memória com conteúdo variável é juntada ao leitor; a fita de saída serve-lhe de suporte e a máquina o faz mover,

---

7. Este conjunto L(X) não é ele mesmo finito, mas, em todo caso, enumerável.

8. Para conhecer a teoria dos autômatos, consultar: MC NAUGHTON, "The theory of automata: a survey", em FR. ALT, *Advances in computers*, II, 1961. Dá uma exposição muito boa de conjunto, mas que só pode ser compreendida verdadeiramente depois de outras leituras, tais como: KLEENE, "Representation of events in nerve nets and finite metrique", em *Automata studies*, Shannon e Mc Carthy (ed.), 1956; CHOMSKY, "Formal properties of grammars"", em Luce, Bush, Galanter (eds.), *Handbook of Mathematical psychology*, II, Cap. 12, 1963; BRAFFORT, HIRSCHBERG, *Computer programming and formal systems*, 1963; B. JAULIN, "Introduction à la théorie des automates", em *Compte rendu du Groupe d'études sur l'automatique non numérique*, C.N.R.S., 1963, policopiado; M. GROSS e A. LENTIN, *Notions sur les grammaires formelles*, Paris, 1967.

9. NEWELL, SHAW, SIMON (In: *Proceed of the intern. Confer. on Information processing*, UNESCO, Paris, junho 1959), retomado por Chomsky.

a cada leitura, para diante ou para trás, apagando símbolos, escrevendo outros. As instruções que definem o funcionamento do autômato são então da forma: $(a\ S_i\ b) \to (S_j\ x)$, pertencendo a ao vocabulário de entrada, b ao vocabulário de saída, representando S_i e S_j estados. A expressão $(S_j\ x)$ significa que a máquina passa para o estado S_j e que move a fita de saída num sentido definido pelo símbolo x; se estiver à direita, os símbolos que passam à direita da cabeça são apagados; se estiver à esquerda, a seqüência x é inscrita nos lugares assim novamente expostos. De tal forma que unicamente é disponível a cada etapa da leitura o símbolo mais à direita inscrito sobre a fita saída que faz o trabalho de memória móvel. (Daí, o nome de *push down storage automaton*: autômato de memória rebatida ou autômato "com pilha de memórias".) O funcionamento de tal autômato combina, pois, a fator *estado* com as informações inscritas anteriormente durante a leitura em curso. Dispõe, pois, de uma memória mais flexível e variável que se demonstra não ser em geral, equivalente a uma simples memória de estado. Poder-se-ia dizer então que o verdadeiro "estado" da máquina é decomposto em uma memória estrutural constitutiva — o estado no sentido estrito[10] — e uma memória móvel, dependendo com mais flexibilidade do encaminhamento anterior. Esta formulação intuitiva evidentemente nada acrescenta ao conceito matemático de autômato de memória rebatida: quando muito pode sublinhar que a complexidade maior da máquina está ligada à introdução de uma retroação diferida que dá um sentido preciso à noção vaga de controle global de uma seqüência simbólica corretamente formada.

VI, 5.

É um tal enriquecimento da memória do autômato que parece comandar a classificação das estruturas sintáticas propostas pelos matemáticos. O lingüista, talvez surpreso pela maneira pela qual é colocado o problema e pela concentração do interesse do matemático pelas questões de "decisão",[11] com cuidado evitará esquecer que a origem dessas construções deve ser procurada nos trabalhos metamatemáticos dos lógicos. Em 1936, Turing e Post, independentemente um do outro, propõem o conceito de uma "máquina", permitindo decidir por um número finito de operações regradas simples, se uma expressão é ou não um teorema num sistema simbó-

---

10. Mostra-se que essa memória avaliada em *bits* é igual ao logaritmo de base 2 do número dos estados do autômato. (Cf. MC NAUGHTON, *loc. cit.*)

11. Lembramos que o *Entscheidungsproblem*, que aparece em lógica moderna com Schroeder, Loewenheim e Hilbert, consiste em procurar um procedimento "mecânico", ou algoritmo finito, que permita decidir se uma expressão é demonstrável.

lico dado.[12] Tais máquinas são os protótipos muito gerais dos autômatos lingüísticos, orientados por conseguinte em razão de sua origem, no sentido de uma discriminação das seqüências corretas, ou palavras, de uma linguagem. Uma hierarquização das sintaxes corresponderá ao estabelecimento de uma relação de inclusão entre as línguas engendradas por diversas máquinas, sendo uma língua, desse ponto de vista, assimilada ao conjunto das seqüências corretas construídas sobre o seu léxico: a hierarquia se exprimirá, pois, pelo estabelecimento de uma ordem — pelo menos, parcial — entre certas partes de L(X).

Nessa perspectiva, o autômato menos poderoso que engendra a língua mais "pobre" parece ser o autômato sem saída que comporta um número finito de estados. Demonstra-se que as palavras que ele engendra constituem, no monóide L(X), o menor subconjunto estável para a reunião, o produto cartesiano finito e a iteração,[13] contendo partes finitas de L(X). Tais linguagens são ditas "regulares".[14] Um autômato desse tipo é então definido pela expressão *regular* específica que determina o conjunto das seqüências que ele pode reconhecer. Simplifiquemos, por exemplo, o léxico de entrada, reduzindo-o aos únicos símbolos binários 0 e 1. O autômato reconhecendo todas as seqüências que não compreendem dois zeros consecutivos, e unicamente aquelas, será definido pela expressão regular:

$$\sim ((0 \cup 1)* \ 00 \ (0 \cup 1)*)$$

designando o signo $\sim$ a complementação em relação ao conjunto das seqüências de L(X); notar-se-á que a expressão $(0 \cup 1)*$ constitui, como é fácil disso se assegurar, uma representação do conjunto de *todas* as seqüências finitas alternadas de 0 e 1.

É fácil construir um diagrama de estados para tal autômato. Verificar-se-á que o diagrama abaixo é bem uma solução, e mesmo a solução que comporta o mínimo de estados (autômato "reduzido").

As propriedades algébricas das linguagens regulares são relativamente simples e sempre se pode decidir se uma gramática deste tipo comporta uma linguagem vazia, finita ou infinita, se é idêntica ou não à de uma outra gramática regular

---

12. Consultar, a esse respeito, a exposição clássica de KLEENE, *Introduction to metamathematics*, Cap. XIII (1952). Ver igualmente o livro mais recente de MARTIN DAVIS, *Computability and insolvability*, 1958, sobretudo os Caps. II a VI.

13. A *iteração*, ou operação "estrela", notada $\mathcal{L}*$, de uma parte $\mathcal{L}$ de L(X) é o submonóide $V \cup \mathcal{L} \cup \mathcal{L}^2 \cup \mathcal{L}^3 \cup ... \cup \mathcal{L}^n$, n finito, engendrado por $\mathcal{L}$. As potências representam produtos cartesianos, V representa a seqüência vazia.

14. Deve-se a demonstração que estabelece a regularidade como a condição necessária e suficiente para as linguagens de autômatos de números finitos de estados a KLEENE (*Automata studies*, cap. cit. pp. 3-42).

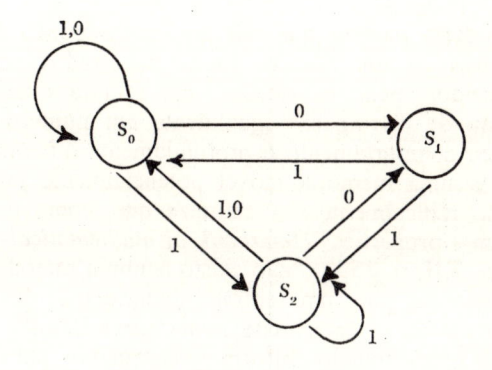

S₀ representa ao mesmo tempo o estado inicial e o estado final

FIG. 15. Autômato regular

e se uma expressão qualquer é correta ou incorreta; propriedades todas que, em geral, as linguagens mais complicadas não possuem. São, pois, metamatematicamente satisfatórias. Pode-se esperar talvez que desempenhem analogicamente em relação a outras linguagens menos simples o papel que, em Lógica, desempenham os cálculos decidíveis e saturados. Mas, assim como estes são impotentes para constituir o objeto propriamente matemático, também as gramáticas regulares não podem servir de modelos, mesmo muito afastados, para as línguas usuais, nem instruir-nos diretamente sobre a natureza de suas coerções sintáticas.

Mc Naughton (*loc. cit.*) acredita que elas convêm para esquematizar "o pensamento do engenheiro e para indicar com precisão quais máquinas ele deseja", mas não desenvolve esta afirmação, e vê-se mal o porquê de uma limitação tão rigorosa do "pensamento do engenheiro". O que aparece sem discussão, é o desdobramento da hierarquia dos autômatos no grau inferior das máquinas regulares e no grau superior das máquinas de Turing. Comparada com os autômatos anteriormente descritos, uma máquina de Turing distingue-se: 1º) pela possibilidade de mover sua cabeça de leitura nos dois sentidos ao longo da fita de entrada e, sobretudo, de apagar aí símbolos que ela substituirá por outros, servindo a mesma fita aqui ao mesmo tempo de entrada, saída e memória; 2º) pelo comprimento não limitado antecipadamente dessa fita. A leitura de um caso vazio pode, com efeito, comportar aqui uma instrução positiva, de forma que porções indefinidas da fita são acessíveis.

Poderia parecer que tais autômatos pouco diferem dos autômatos de um número finito de estados anteriormente introduzidos, pois, os estados, em sent'do estrito, de uma máquina de Turing são igualmente em número finito. De fato, seu comportamento é profundamente diferente, e a passagem a uma memória móvel potencialmente infinita modifica tão radicalmente sua natureza que, como diz Chomsky ("Formal properties" *Handbook of mathematical psychology*, II, Cap. XII, p. 353), "não existe nenhum método geral para determinar se, para uma entrada dada, a máquina parará em seu cálculo ou se empenhará numa curva infinita...; não há nenhum procedimento uniforme e sistemático para determinar por uma inspeção das instruções que a definem, se dará ou não uma saída, e se o conjunto das seqüências que ela aceita é finito ou infinito, quanto tempo e que comprimento de fita ela exigirá para terminar seu cálculo se aceitar uma entrada..." Unicamente se está certo de que, se uma entrada for aceita, o cálculo se perfará ao cabo de um número finito de etapas; mas se uma entrada não for aceita, não se pode nunca sabê-lo, pois, o fato de que, num momento dado, a máquina não tenha atingido seu estado final pode significar ou que ela *ainda* não o atingiu ou que não o atingirá nunca. O tipo de linguagem aceita por essas máquinas corresponde ao conjunto das expressões ditas pelos lógicos recursivamente enumeráveis. Ora, toda seqüência aceitável por um autômato qualquer possui, pela própria definição deste, a "enumerabilidade recursiva". Uma máquina de Turing aparece, pois, como o autômato mais poderoso, engendrando *todas* as seqüências recursivamente enumeráveis; outros autômatos, como os de Kleene, restringem suas produções a expressões *recursivas,* isto é, expressões tais que a máquina possa, num número finito de operações, decidir sobre a correção *ou a incorreção* de uma seqüência qualquer; e os lógicos até mesmo conjeturam que toda expressão efetivamente "calculável" e, em qualquer sentido é recursiva,[15] de forma que o autômato de Turing constituiria *a fortiori* a forma absoluta de todo algoritmo.

Entre a máquina de Turing e o autômato de linguagem regular, pôde-se, pois, inserir máquinas de poder intermediário, tendo sido as mais notáveis e mais significativas batizadas autômatos "linearmente limitados" (Myhill, 1960). Um autômato desse tipo é capaz de fazer mover sua fita de

---

15. É a "tese de Church". O adjetivo "calculável" não introduz nenhuma restrição em relação a "decidível", em razão da possibilidade estabelecida por Goedel de fazer corresponder um *número* inteiro a toda expressão lógico-matemática. (Cf. KLEENE, *Introd. to Metamath.*, p. 300.)

entrada nos dois sentidos, apagar aí símbolos e inscrever
outros em seu lugar. Distingue-se de uma máquina de Turing
apenas pelo fato de que a fita que utiliza efetivamente não
ultrapasse em comprimento a seqüência que inspeciona: a
memória móvel a que recorreu é, pois, simplesmente proporcional ao comprimento da entrada, daí o nome de *linear-
-bounded*. Os autômatos de memória rebatida são máquinas
linearmente limitadas. De uma maneira geral, estas últimas
engendram linguagens sensivelmente mais complexas que os
autômatos sem saída de um número finito de estados, cujas
linguagens são sempre regulares. Mostra-se que se pode construir alguns que reconheçam todas as expressões bem formadas dos sistemas da lógica simbólica; coloca-se evidentemente a questão de saber se são suficientes igualmente para
engendrar línguas do tipo usual. Mc Naughton não hesita
em escrever: "Gostaria de ser aqui suficientemente audacioso
para adiantar a hipótese de que toda tarefa que apresente
algum interesse em lingüística estrutural é realizável por um
autômato linearmente limitado..." (*op. cit.*, p. 409). Conjetura que só poderia ser, por ora, uma hipótese de trabalho;
contudo, se se observar que a característica de tais autômatos
é fazer intervir potencialmente no reconhecimento de uma
seqüência *no máximo* o conjunto dos símbolos dessa seqüência, ser-se-á tentado achá-la plausível. Infelizmente, o sentido de tal hipótese limita-se ao caso em que a linguagem pode
ser considerada como desenrolando-se num único nível. A
pluralidade dos níveis da construção lingüística faz com que
a conjetura de Mc Naughton só possa ser válida parcialmente,
pois aplica-se apenas a um nível determinado, com que uma
seqüência de símbolos seria exclusivamente relacionada. Ora,
a clivagem dos níveis, nas línguas naturais, não é de modo
algum rigorosa. A estruturação de um estágio modifica eventualmente a estruturação dos estágios contíguos, de forma
que um engendramento por assim dizer *monódromo* de um
sintagma é freqüentemente ilusório. Por outro lado, não há
geralmente paralelismo entre as estruturas de dois níveis, de
tal modo que não é possível tomar um deles como guia único
da lei geradora. Se se considerar, por exemplo, sucessivamente o esquema fonológico de uma frase e o esquema fonético que traduz mais de perto, na língua, sua realização como
fala, percebe-se que uma correspondência biunívoca entre
sons e fonemas não é de modo algum geral, e que a ordem
dos traços fonêmicos não é sempre conservada no esquema
fonético.[16]

---

16. Cf. um exemplo em CHOMSKY e MILLER ("Introd. to formal analysis of natural languages". In: *Handbook of mathematical psychology*, II, Cap. 11), *writer* e *rider* realizam-se no inglês americano segundo os autores como [rayDr] e [ra.yDr]; os esquemas fonéticos diferem por seu 3.º e'emento enquanto os esquemas fonológicos [raytr] e [raydr] difere por seu segundo elemento. Ver também CHOMSKY, "Explanatory models in linguistics", em *Logic, Mathemat., Philosophy of* sc., Nagel, Suppes, Tarski (eds.), 1962, p. 541, n. 23.

Evidentemente, a dificuldade que a multiplicidade dos níveis lingüísticos levanta não deve de modo algum levar-nos a desconsiderar as tentativas de análise matemática das sintaxes: ela só nos pode fazer compreender seus limites atuais, do mesmo modo que nos faz compreender os limites de uma tradução automática unidimensional cuja insuficiência de princípio sublinhamos em outro lugar. A teoria dos autômatos não deixa de permanecer um instrumento insubstituível para a inteligência das ligações sintáticas; ela forneceu o ponto de partida de um modelo racional da linguagem, suficiente até mesmo talvez para a análise lingüística dos simbolismos formalizados cuja clivagem em diferentes níveis não aparece justamente como assencial: eis aí porque a hipótese de Mc Naughton é, neste domínio, verificável e verificada. Para as línguas naturais, um único nível de estrutura sintática pode ser assim restituído, estrutura essa sem dúvida fundamental, mas, no entanto, demasiado pobre, isto é, insuficientemente diferenciada.

Autômatos, gramáticas gerativas e categorias gramaticais

VI, 6.

Até aqui introduzimos as ligações sintáticas apenas sob a forma de instruções dadas a máquinas destinadas a verificar se certas coerções foram bem observadas na construção de uma seqüência, no caso de ser ela reconhecida como frase da linguagem considerada. Mas, uma outra abordagem igualmente "operacional" da estruturação gramatical foi desenvolvida por Chomsky sob o nome de "gramática gerativa". É instrutivo refletir a respeito do encontro desses dois pontos de vista e da natureza de sua equivalência.

O ponto de vista das gramáticas gerativas é, em sua origem, o mesmo que o dos autômatos. Trata-se de dar um conjunto de regras que constituam um procedimento para construir uma seqüência correta de uma linguagem. A inversão de tal procedimento em geral não apresenta dificuldades, de forma que ele pode servir também para decidir sobre a correção de uma seqüência dada, do mesmo modo que o autômato pode ser instruído para construir — com certas escolhas arbitrárias — ao invés de discriminar. Mas, as regras da gramática gerativa não se apresentam como instruções que fazem uma máquina progredir de estado em estado e de leitura em leitura; são regras de "reescrita", prescrevendo reescrever tal seqüência de símbolos, até que, de etapa em etapa, se atinjam símbolos terminais não suscetíveis de serem reescritos sob uma nova forma e constituindo o léxico da línguagem no sentido usual da palavra. O símbolo de partida será, por exemplo, notado S (inicial de "sentença") e reescrito: PN + PV (para: predicado nominal e predicado verbal). PN será reescrito A + N (artigo e nome) etc... O esquema abaixo, acompanhado das regras correspondentes, dá uma idéia do funcionamento de uma tal gramática:

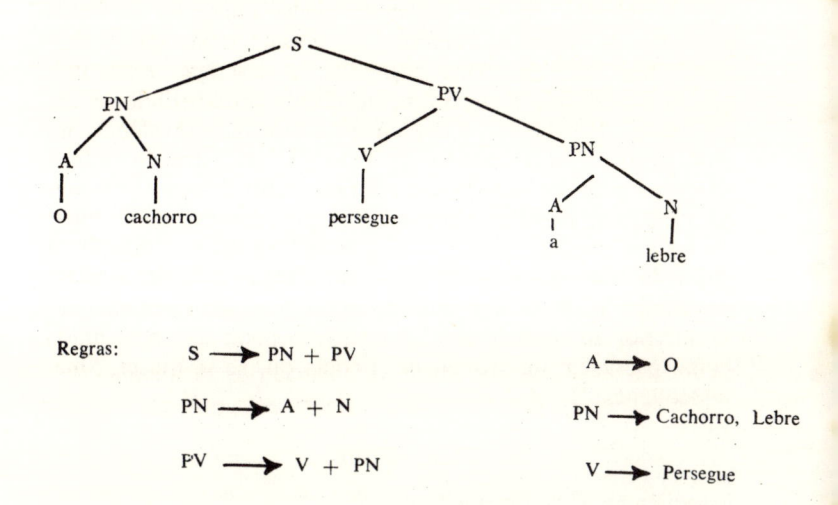

Regras: S ⟶ PN + PV   A ⟶ O

PN ⟶ A + N   PN ⟶ Cachorro, Lebre

PV ⟶ V + PN   V ⟶ Persegue

FIG. 16. Análise de constituintes.

Pode-se igualmente notar a mesma "descrição estrutural" usando parênteses indicados alfabeticamente:

(((0) (Cachorro)) ((persegue) ((a) (lebre)))))
S PN A N   PV V   PN A N

Ambas as representações ressaltam a distinção entre as duas seções do vocabulário, que compreende, pois, um léxico *terminal* manifesto e um léxico latente de símbolos *não-terminais*, só podendo apresentar-se *à esquerda* de uma regra terminal. Esses símbolos não-terminais, puramente funcionais, servem para notar aqui os "estados" do gerador ou do leitor, desempenhando o mesmo papel que os estados do autômato e representando, segundo a própria expressão de Chomsky, "as restrições gramaticais que limitam a escolha do símbolo seguinte". A transcrição de uma seqüência de parênteses em notação polonesa faz aparecer, aliás, ainda mais nitidamente esse caráter de "functores" dos símbolos não-terminais. Um símbolo que uma lei de reescrita desdobra será considerado como "functor" de peso 2, agindo sobre os 2 grupos distintos que o seguem, e assim por diante, exatamente como nos cálculos lógicos assim notados. Escrever-se-á, por exemplo, para a seqüência anterior:

S.PN.A.O.N.Cachorro.PV.V.persegue.PN.A.a.N.Lebre

fórmula que veicula a mesma informação estrutural que o diagrama acima desenhado[17].

A marcha de um autômato pode, aliás, ser expressa por meio de regras de reescrita, do mesmo modo que é bastante fácil ver, na forma polonesa da descrição estrutural, que esta pode ser reciprocamente obtida introduzindo-se um autômato. Esbocemos a demonstração desta equivalência no caso geral de uma máquina de Turing.[18] A instrução dada à máquina pode ser notada sob a forma geral: $(i, j, k, -l, m)$. Se a máquina lê o símbolo a_i no estado S_j, escreve a_m no lugar de a_i faz avançar a fita -1 compartimento em direção à esquerda (ou um compartimento em direção à direita e passa ao estado S_k. Se se convenciona notar o estado imediatamente anterior ao símbolo lido, a instrução pode ser apresentada como passagem da seqüência (fictícia ou, se se quiser, "metasseqüência"):

$$\ldots a_l \ (S_j) \ a_i \ldots$$

à seqüência (igualmente fictícia):

$$\ldots (S_k) \ a_l \ a_m \ldots$$

permanecendo o resto da fita inalterada. A instrução corresponde, pois, à regra de reescrita simbólica:

$$a_l \ S_j \ a_i \rightarrow S_k \ a_l \ a_m$$

Pode-se, pois, traduzir o funcionamento de uma máquina de Turing por um conjunto de regras de reescrita, formulando convenientemente uma regra de partida e uma regra de fim de cálculo. Em particular, Chomsky mostra que as linguagens engendradas pelos autômatos de memória rebatida são idênticas às linguagens engendradas por gramáticas gerativas ditas "de liberdade de contexto", cujas regras estipulam a reescrita de um único símbolo não-terminal, ao mesmo tempo, independentemente dos que o circundam.[19] No texto citado

---

17. Evidentemente, tomando-se a Gramática como exemplo, ela permite construir igualmente a frase: "A lebre persegue o cachorro"... Ela é tão pobre que não autoriza nenhuma outra, e que essas duas frases são estritamente isomorfas.

18. Ver CHOMSKY, "Formal properties of grammars", em *Handbook of mathematical psychology*, II, Cap. XII.

19. Se P → Q é uma regra, P é um símbolo não-terminal único e Q não se reduz ao símbolo vazio. Está claro que a forma geral das regras correspondendo a uma máquina de Turing é um exemplo de regra que pode depender do contexto. Demonstrou-se que toda linguagem aceita por um autômato

Formal properties, Chomsky dá um exemplo simples de gramática de liberdade de contexto e escreve as instruções para uma máquina de memória rebatida equivalente, instruções sensivelmente mais complicadas do que as regras da Gramática, mas que mostram como o autômato, recebendo como entrada uma expressão correta, explora-a passo a passo e aceita-a no fim de leitura. De modo que o diagrama bidimensional das gramáticas gerativas se acha reduzido ao sistema linear — mas memorial — do funcionamento do autômato.

Uma concepção diferente, mas equivalente, da construção gramatical foi apresentada por Bar Hillel ("Some linguistic obstacles to machine translation", em *Actes du Congrès de Cybernétique* de Namur, 1958; e também: 'Some recent results in theoretical linguistics", em *Logic, methodology and philosophy of science,* 1962), inspirando-se em idéias do lógico Adjukiewicz ("Die syntaktische Konnexitet", em *Studia philosophica,* v. 1, 1935).[20]

Define-se uma gramática por um conjunto V de elementos constituindo seu léxico; um conjunto C de "categorias" que representam funções sintáticas; duas operações binárias sobre as categorias, a "diagonalização" à esquerda: $\alpha \backslash \beta$ e à direita: α/β, em relação a que se fecha o conjunto das categorias. Enfim, duas regras de simplificação:

$$\frac{\alpha, \alpha \backslash \beta}{\beta} \qquad \frac{\alpha/\beta, \beta}{\alpha}$$

e uma aplicação de V no conjunto das partes de C, fazendo corresponder a cada elemento do vocabulário um conjunto de categorias. Além disso, uma categoria é distinguida entre as outras e leva o nome de "frase", notada S.

Uma seqüência de elementos de V é uma frase se e somente se pode encontrar uma seqüência de categorias correspondendo respectivamente a seus elementos, tal que, por aplicações sucessivas das regras de simplificação, se obtenha como termo final S. Seja, por exemplo, a seqüência: $\alpha.\beta.\gamma$ com $\alpha,\beta,\gamma \varepsilon V$, sendo as categorias correspondentes:

$$\alpha, \gamma \ \varepsilon \ n \qquad \beta \ \varepsilon \ (n\backslash S)/n$$

---

linearmente limitado é "sensível ao contexto", no seguinte sentido restrito: se P → Q é uma de suas regras, há seqüências R_1, R_2, a e S (sendo a um símbolo único e S uma seqüência não-vazia), tais que:

$$P = R_1, \ a \ R_2 \ e \ Q = R_1 \ S \ R_2$$

20. Ver igualmente a exposição de CHOMSKY, em *Formal properties of grammars, op. cit.,* pp. 410 e ss.

Tem-se o esquema seguinte, por aplicação da segunda regra, depois da primeira:

$$\frac{\frac{(n\backslash S)/n,\ n}{n,\ n\backslash S}}{S}$$

Esta gramática só faz intervir duas categorias primitivas, n e S: as categorias que aparecem aqui: $(n\backslash S)/n$ e $(n\backslash S)$ são composições de n e de S pelas duas operações de diagonalização.

Uma interpretação intuitiva das categorias é simples: n representa o substantivo, S a frase; $n\backslash S$ é a categoria que, colocada à direita de um substantivo, transforma-o em uma frase (verbo intransitivo das gramáticas clássicas); $(n\backslash S)/n$ é a categoria que, colocada à esquerda de um substantivo, transforma-o em verbo intransitivo (verbo transitivo). Como a seqüência das conversões sucessivas leva à categoria primitiva S, a seqüência originária é uma frase. Por exemplo: "Pascale ama Felipe" conferindo a *Pascale, ama* e *Felipe* respectivamente as categorias $n, (n\backslash S)/n$ e n.

A idéia de considerar as categorias como operadores é evidentemente vizinha da das regras de reescrita e os esquemas de simplificações sucessivas correspondem ao diagrama das estruturas de frase. De fato, Geifman mostrou que as línguas engendradas por esses dois tipos de gramáticas são idênticas.

VI, 7.

Contudo, tais procedimentos[21] não são aplicáveis, sem complicações excessivas, às frases que compreendem o que as gramáticas tradicionais denominam membros coordenados e subordinados. Com efeito, consideremos a coordenação simples que aparece numa frase como "A cena do filme e a da peça passam-se em Roma". Ela é engendrada a partir de duas frases elementares: "A cena do filme passa-se em Roma" — "A cena da peça passa-se em Roma". Mas, para efetuar — ou reconhecer — uma conjunção *correta* não basta, em geral, conhecer as formas terminais desses dois componentes; é necessário conhecer também sua estrutura, isto é,

---

21. LAMBEK, num interessante artigo ("On the calculus of syntatic types". In: *Proceeding of symposia in applied mathematics*, XII, 1961, pp. 166-178), construiu um cálculo das categorias — não-associativo — que permite reencontrar o equivalente de certas regras de transformação. Mas reconhece que a generalização desse procedimento é duvidosa.

o esquema de derivação. Pois, se em francês como em inglês, os dois elementos a serem reunidos ("a cena da peça" — "a cena do filme") não são mais constituintes de mesma espécie, isto é, remontam a vértices do diagrama designados identicamente, o choque das duas frases é incorreto. Mas, uma gramática gerativa do tipo anterior não permite inserir regras desse gênero, pois, as que ela admite "aplicam-se ou não a uma seqüência dada em virtude da substância efetiva dessa seqüência. A maneira pela qual essa forma foi gradualmente adquirida não se deve levar em conta (CHOMSKY. *Syntatic structures*. p. 37).

Um novo tipo de regras de reescrita é, pois, introduzido por Chomsky, para constituir as gramáticas ditas *transformacionais*. Aplicam-se a uma estrutura de frase e não a um elemento isolado dessa estrutura. Supõem como ponto de aplicação das frases simples, ou *frases-núcleo* engendradas por gramáticas do tipo anterior, ditas gramáticas de "constituintes imediatos". E a transformação aplica-se então não aos elementos isolados da frase-núcleo, mas à sua própria estrutura. Ela leva em conta, segundo a expressão de Chomsky, uma estrutura profunda, que a estrutura superficial aparente mascara na seqüência final. Damos um exemplo simples de transformação. Sejam as duas frases-núcleo:

"João virá"

"João o viu"

A frase complexa: "Se ele o viu, João virá?" parece evidentemente apresentar um liame natural com as duas anteriores e concebem-se, sem demasiada dificuldade, transformações fazendo passar do diagrama de constituintes de "João virá" ao da forma interrogativa, realizando, em seguida, a fusão por ligação hipotética dos dois esquemas.

Sem dúvida, não há impossibilidade teórica em formular uma gramática de constituintes suficientemente complexa para ser eqüipotente a uma gramática transformacional (e mesmo, na hipótese de Mc Naughton, essa gramática seria unicamente do tipo "sensível ao contexto", definido na nota 1, p. 13). Mas, "se devêssemos tentar", diz Chomsky, "estender a gramática das estruturas de frase (ou gramática de constituintes) de modo a cobrir diretamente o conjunto da linguagem, perderíamos a simplicidade da gramática limitada das estruturas de frase e do desenvolvimento transformacional. Esta abordagem deixaria escapar o objetivo principal da construção por níveis, a saber, reconstruir a vasta complexidade da linguagem efetiva mais elegante e mais sistematicamente, extraindo a sua contribuição dessa complexidade de vários níveis lingüísticos, sendo cada um simples em si mesmo" (*ibid.*, p. 42).

A idéia essencial que dirige a adjunção das gramáticas transformacionais às gramáticas de constituintes é, pois, aqui nitidamente expressa: trata-se de preservar o que é considerado como um traço fundamental da linguagem, a saber, a pluralidade dos níveis onde simultaneamente a estruturação se exerce. O próprio Chomsky desenvolve esse tema, indicando a hierarquia de três graus que domina, segundo ele, a estruturação da frase: regras de uma gramática dos *constituintes,* fornecendo os núcleos como seqüências de morfemas, — regras de *transformação,* engendrando seqüências de palavras depois de novo arranjo e metamorfose eventual das seqüências terminais anteriores, — regras *morfofonêmicas,* enfim, convertendo essas seqüências de palavras em seqüências de fonemas.

A compreensão da linguagem supõe, por um lado, a reconstituição da estrutura de constituintes e, por outro, o reconhecimento de sua análise *em todos os níveis lingüísticos*. Uma gramática de constituintes é, em geral, ambígua, no sentido de que a mesma seqüência correta pode derivar de vários esquemas sintáticos distintos (e pôde-se demonstrar que, para as linguagens de liberdade de contexto, o próprio reconhecimento da univocidade é um problema recursivamente insolúvel").[22]

Mas a análise transformacional pode, pelo menos, dar conta da homonímia polissintática, por exemplo, explicitando as relações da expressão ambígua com suas frases-núcleo. Chomsky cita o caso simples da expressão inglesa: *The shooting of the hunters*. No nível dos constituintes, a ambigüidade intuitiva está não expressa: o substantivo *hunter* pode funcionar indiferentemente como sujeito ativo ou objeto passivo. É a análise transformacional que revela a dupla origem da expressão, como transformada de dois núcleos distintos: *The hunters shoot* e *They shoot the hunters*. Neste nível, a equivocidade é, pois, revelada e explicada como choque de duas transformadas de núcleos distintos. A interdependência dos diferentes níveis de estruturação manifesta-se claramente, aliás, na concepção de Chomsky, que nota o círculo "aparente" que se estabelece quando se define a transformação a partir dos núcleos e se reconhece essas mesmas transformações como as únicas que permitem discernir, em certos casos, as verdadeiras estruturas nucleares. "O princípio geral", escreve, "é este. Se temos uma transformação que simplifica a gramática e nos leva de frase em frase num grande

---

22. Para o tratamento metamatemático das linguagens com liberdade de contexto, do ponto de vista da ambigüidade, ver CHOMSKY e SCHUTZENBERGER, "The Algebraic Theory of context-free languages", em *Computer programming and formal systems*, Braffort e Hirshberg (eds.), 1963.

número de casos... então tentamos conferir estruturas de constituintes às frases, de tal modo que esta transformação conduza sempre a frases gramaticais" (*Syntatic structures*, p. 83). O círculo desaparece, observa o autor, se se considera que, em cada caso, a simplicidade da análise fornece o critério da escolha de um sentido de determinação, ou porque se vá da estrutura-núcleo à transformação, ou porque se remonte da transformação à construção dos núcleos.

Contudo, cremos que seria insuficiente considerar a adjunção das gramáticas transformacionais como expediente pragmático, puramente simplificador. Chomsky dá a impressão, várias vezes, de que assim ocorre, insistindo, como vimos, na fragmentação da dificuldade que ela permite operar. Mas, supondo que um modelo *monódromo* — se nos for permitido o uso deste termo tomado de empréstimo aos matemáticos — seja efetivamente realizado para uma língua usual, ele só nos daria um esquema inutilizável. Se o objetivo de uma teoria da língua é, como Chomsky parece querer, fornecer um modelo geral das *potencialidades lingüísticas* de um sujeito, se ela deve inscrever-se numa espécie de metapsicologia da função da linguagem, é necessário que esse modelo possa embrear-se na experiência efetiva do *homo significans*. Ora, as análises do capítulo anterior levaram-nos a sublinhar a disposição em degraus segundo vários níveis dessa experiência. Os modelos transformacionais, que esquematizam, até um certo ponto, essa clivagem, são pois, lingüisticamente superiores aos mais aperfeiçoados modelos monódromos, pois tendem a dar conta das condições de possibilidade do processo de produção e não apenas das do produto. A hipótese de Mc Naughton ou mesmo a hipótese mais fraca, presumindo que unicamente uma máquina de Turing universal poderia fornecer um modelo lingüístico geral, aplica-se apenas a uma língua destacada de todo uso, sistema formal tomado em si mesmo e não aspecto de uma linguagem[23] orientada efetivamente para a expressão de uma experiência.

O problema epistemológico colocado pela análise matemática das línguas naturais parece, de agora em diante, apresentar-se com maior clareza, numa perspectiva estilística que se esforça por levar em conta a relação da estruturação e da experiência a que ela se ordena. Podemos, pois, agora retomar com maior precisão as observações já apresentadas no final da seção anterior (§ VI, 6). Sem dúvida, todo dado fenomenal deve sofrer, para ser transformado em objeto, uma redução e uma projeção sobre um plano determinado de abstração. Não se poderia, pois, admirar-se que o mesmo ocorra com a linguagem. Mas, a fórmula — neste sentido

---

23. Reintroduzimos agora a distinção saussuriana língua/linguagem que se achava praticamente neutralizada no vocabulário dos parágrafos anteriores.

perfeitamente óbvio: a linguagem não é, enquanto tal, um sistema formal, donde decorrem as dificuldades de uma redução matemática — toma um valor totalmente particular. É que, com efeito, dada a própria natureza da linguagem como parte da experiência, como aspecto da prática, uma vez que uma de suas funções principais é justamente *formalizar* esta própria experiência, tem-se a tendência de confundir aqui o próprio fenômeno e o modelo formal que se lhe propõe. Dá-se o mesmo nome de linguagem, num sentido equívoco, ao primeiro e ao segundo: de tal modo que se é muito naturalmente levado a confundi-los e se esperam então sistemas formais que sejam substitutos imediatos, mais explícitos e mais regulares, do fenômeno lingüístico ou, pelo menos, desse aspecto já destacado do acontecimento psicológico, mas ainda, de modo perfeito e natural, ingenuamente ligado à experiência, que é a *língua*.

Ora, a língua, no sentido saussuriano do termo, se já é o resultado de uma colocação em perspectiva estrutural da linguagem, não é, no entanto, um sistema formal. Não é um modelo da linguagem, ao contrário das "línguas simbólicas" que são modelos da atividade lógica, ou de modo mais geral, se se quiser, enquanto parte da Matemática, puras estruturas abstratas submetidas quase completamente ao livre arbítrio combinatório. A tentação de confundir ambos é tanto maior quanto a análise matemática das sintaxes é historicamente proveniente, por um lado, das pesquisas metalógicas sobre os sistemas formais e, por outro, das tentativas para mecanizar as estruturas lingüísticas.

Para dar alguma precisão, mesmo que a título provisório, à distinção que sublinhamos entre língua e sistema formal, propomos definir uma língua como uma *hierarquia* de sistemas formais, tal que:

1º) Pelo menos um dentre eles seja um sistema combinatório de um número determinado de elementos, portador fundamental da informação veiculada.

2º) Pelo menos um dentre eles esteja aberto, no sentido de que não comporta um número determinado de elementos.

Tal tentativa de definição generaliza, como se vê, o conceito de "dupla articulação" de Martinet, destinado, ele também, a distinguir a língua de um sistema qualquer de símbolos.

De fato, cremos que, uma vez superado esse novo paralogismo transcendental, a análise matemática das sintaxes se desenvolverá num ramo relativamente autônomo da Matemática, teoria de certas estruturas algébricas estudadas nelas mesmas (cujo núcleo atual é a álgebra dos monóides, amanhã talvez será a das categorias). Não obstante, as pesquisas em lingüística matemática propriamente dita prosseguirão no sentido de uma *coordenação das diferentes estruturas* abstratas em verdadeiros modelos de línguas e linguagens. A ligação deveria, então, fazer-se entre o formalismo dos autômatos e das gramáticas gerativas e o formalismo dos modelos informacionais e estáticos. No *Handbook of mathematical psychology*,[24] encontrar-se-á uma prova, entre outras, de que a necessidade de tal ligação seja expressamente compreendida e esboçada. Mas o conteúdo desse texto testemunha justamente o caráter ainda programático de tal empresa. Pois, as exposições que dizem respeito respectivamente aos dois aspectos de uma teoria matemática da linguagem acham-se aí nitidamente separadas segundo os dois subtítulos muito significativos de: *stochastic models* e *algebraïc mcdels*. A única tentativa de articulação que aí se pode encontrar consiste no interessante esboço de uma teoria das categorias gramaticais. A noção de gramática gerativa é aí emparelhada à de recorte do vocabulário em categorias funcionais que permitem definir 'esquemas de seqüências corretas ou *sentence forms*. O ideal seria evidentemente que cada esquema engendrasse, por substituição pelas categorias de termos determinados, apenas seqüências efetivamente corretas da língua. Em geral, isso não pode ocorrer e a conformidade de uma seqüência a um esquema categorial de um certo nível define seu "grau de gramaticalidade": com efeito, quanto mais fina a dissociação das categorias, maior seu poder de discriminação. Se, num caso extremo, a rede reduz-se à única categoria da palavra, por exemplo, toda seqüência de palavras é, deste ponto de vista, válida gramaticalmente. Se se distinguem aí palavras verbais, palavras substantivas e se se coloca todas as outras palavras numa categoria que tudo engloba, os esquemas que definem a correção já estão diferenciados e numerosas seqüências de palavras deixam de ser gramaticais. Retomaremos mais adiante o processo de refinamento das categorias do ponto de vista de uma passagem possível da sintaxe à semântica. O que nos interessa aqui é que o problema colocado por Chomsky e Miller é o da escolha optimal de um sistema de categorias e o critério sugerido é de ordem estocástica. Consiste em considerar o número das seqüências distintas $N(_1)$ de comprimento l engendráveis por um sistema de categorias e em calcular $\lim_{l \to \infty} \dfrac{log\ N(_1)}{l}$, que mede em suma uma informa-

ção estrutural média por unidade lingüística considerada,

---

24. MILLER e CHOMSKY, *Finitary models of language users*. O próprio título — modelos finitistas de *usuários* da linguagem — é por demais marcante, assim como a conjunção dos dois co-autores.

grandeza análoga a uma capacidade de canal em teoria da informação. A melhor categoria será a que minimizar essa grandeza, isto é, como os autores observam, a que maximizar a redundância nas frases gramaticais (*ibid.*, p. 449). Convenção que enquadra perfeitamente a idéia justa de que, desse ponto de vista, as coerções sintáticas nada mais são do que um fator de segurança de compreensão.

Mas, uma tentativa desse gênero está ainda bem longe de fornecer, sob uma forma geral, uma passagem segura entre o "estocástico" e o "algébrico" e apenas indica uma nova via de aprofundamento da teoria dos sistemas formais, no sentido de sua articulação com as linguagens naturais.

VI, 8.

Em todo caso, se se admite a necessidade de uma colocação em perspectiva das análises formalistas, compreender-se-á o interesse de um projeto como o de M.A.K. Halliday,[25] referente a uma organização de conjunto do objeto lingüístico. Não temos o propósito de apresentar uma discussão crítica de suas idéias, mas unicamente fazer ressaltar aqueles seus temas que dão a resposta de um lingüista de espírito muito original ao problema que chegamos a colocar por outras vias, antes de ter tomado conhecimento dela.

O primeiro benefício da análise de Halliday é situar, com precisão, o aspecto sintático do objeto lingüístico. Ela distingue três "níveis": o da *substância,* o da *forma,* o da *situação;* dois "interníveis" os ligam: o da fonologia e da "ortografia", entre substância e forma, e o do "contexto" entre forma e situação. A presença desses interníveis — em particular, o da fonologia — dá bem conta do espírito em que esta análise é conduzida: não se trata de modo algum de uma simples classificação das formas estabilizadas, mas de um ensaio para mostrar a estruturação em ato, seu movimento e sua relação a uma matéria. Se é verdade que o fonologista estabelece uma estrutura, esta deve ser considerada em sua função de intermediário entre uma estruturação ao nível da forma lingüística, que é a da *Gramática* e, segundo Halliday, do *léxico.* Notar-se-á, de passagem, incidentemente, a ambigüidade epistemológica da oposição abstrato/concreto. Dir-se-á, com efeito, que essa hierarquia de estruturas pode ser orientada segundo esses dois pólos? Que a substância fônica é mais concreta que a forma gramatical? Sem dúvida, mas, daí se concluirá, por continuidade, que esta última é tanto mais concreta do que a situação que ela expri-

---
25. Categories of the theory of grammar, *Word,* 17, n. 3, 1961. HALLIDAY esclarece que é amplamente tributário das idéias de seu mestre R. Firth.

me? Impossível. A solução que propomos, à margem da tese de Halliday, é que a passagem a uma abstração menor se efetua em duas direções distintas a partir da forma: uma conduz ao momento concreto específico da realização fônica, a outra, à experiência vivida como um todo da situação que reencontra, aliás, e envolve o primeiro como um de seus elementos. É necessário dizer que esse esquema não poderia ser tomado como descrição psico'ógica de uma atividade real de "concretização" da Gramática, mas unicamente como uma indicação relativa às condições de possibilidade da linguagem e à relação que ela institui, por natureza, entre a experiência e a abstração.[26]

Voltemos a Halliday. Sua análise situa, pois, a Gramática ao nível da forma e define-a como "o nível da forma lingüística onde operam sistemas fechados" (*loc. cit.*, p. 246), opondo-a assim ao léxico. Esta Gramática utiliza-se, segundo ele, de quatro categorias definidas por suas relações mútuas: unidade, estrutura, classes, sistema. Uma *unidade* é um "portador de estrutura". Ela toma lugar numa escala das ordens dispostas segundo seu grau de composição; em inglês, as unidades fundamentais são a *sentence* ou frase, e a palavra, completadas pela *clause* (membro de frase) e o *group*, — entre frase e palavra — e pelo morfema abaixo deste último. Cada ordem corresponde a uma organização lingüística chamada *estrutura*, cujos elementos são unidades da ordem imediatamente inferior. Enquanto constituintes de uma estrutura, essas unidades formam então *classes* de equivalência funcional e cada uma dessas classes pode ser ela mesma subdividida em subclasses constituindo um *sistema* de classes secundárias.[27] É assim que, em inglês, *were driven* é um representante da unidade *group*, enquanto elemento de uma estrutura de membro de frase, funciona como representante da classe dos predicados verbais e da subclasse dos predicados verbais passivos num sistema de classes secundárias. Os diferentes degraus de organização que Halliday denomina ordens acham-se aqui nitidamente distinguidos e convém não confundir sua escala com a distribuição em "níveis" anteriormente indicada. A escala das ordens diz respeito unicamente à forma da língua e seus tipos de unidade constituem diferentes graus de um modo particular de abstração exercido sobre a linguagem.

26. Ver mais adiante a discussão das três modalidades da abstração segundo Halliday: "ordem", "representatividade", "sutileza".

27. Nesse quadro, é proposta uma interpretação interessante da oposição entre morfologia e sintaxe. As relações sintáticas aparecem quando se *desce* da estrutura aos seus elementos, e as relações morfológicas, quando se *sobe* dos elementos às suas funções no seio de uma estrutura da unidade superior.

Isto quer dizer que a distinção é unicamente de ponto de vista. Pensamos que essa concepção está perfeitamente fundamentada, tendo essa oposição quase apenas valor acidental e para as línguas de flexão.

Um dos traços mais originais da concepção de Halliday é justamente operar uma distinção cautelosa entre *várias espécies* de abstração, cujas escalas os lingüistas freqüentemente tendem a embaraçar. Ao lado da disposição das ordens, com efeito, ele distingue de modo bastante pitoresco a das *exponences* e a das *delicacies*. A *exponence* — termo que propomos traduzir aqui por representatividade — é o grau de proximidade de uma categoria ao dado gramatical efetivo que ela representa mais ou menos concretamente. "O ponto final da Gramática na escala da representatividade aparece quando a abstração cessa" (*loc. cit.*, p. 273). Mas, cada categoria, qualquer que seja a sua ordem, pode ser diretamente ligada a um representante, sem que se dê uma análise dos graus intermediários. A frase, assim como o morfema, são, em graus diversos, representativos.

Não seria necessário confundir essa escala com a das "sutilezas," que é a da diferenciação ou da profundeza no pormenor (*ibid.*, p. 272). A parada nesta escala tem lugar, quando toda diferenciação cessa: quando aí não há mais critérios para uma estruturação secundária mais adiantada num sistema fechado. O grau de sutileza é uma variável estratégica da descrição: "Pode-se escolher descrever uma linguagem sem ultrapassar o primeiro grau (de diferenciação das classes) abrangendo o conjunto das escalas de ordem e de representatividade e fazendo uso de todas as categorias" (p. 272). Descrição que será naturalmente esquemática ao extremo, compreendendo apenas os elementos estritamente necessários a uma compreensão da organização da língua, mas levando, no entanto, a exposição das categorias à sua realização (formal) efetiva. (Evidentemente, não trata aqui da realização fonética, nem mesmo de seu esquema fonêmico.) O auge da sutileza, ao contrário, seria chegar a categorias indiferenciáveis no sentido pleno, isto é, não comportando mais para cada uma do que um representante único, de que ela é a classe-unidade.

Evidentemente, não se pode mover de modo totalmente independente e livre nas três escalas ao mesmo tempo e, apesar de sua insistência em sua heterogeneidade, Halliday nota as coerções que ligam, por exemplo, o deslocamento de ordem e a variação de representatividade. Considera, é verdade, essas ligações como extrínsecas, dependendo não da natureza das duas escalas elas mesmas, mas das "relações lógicas" entre certas categorias. A argumentação talvez não seja absolutamente convincente e, neste caso, seria necessário, sem dúvida, revisar e precisar a definição das escalas para assegurar sua independência. O que se pode reconhecer, em todo caso, é que a hierarquia das ordens não é de um único conjunto, que certos graus podem ser pulados e que, por conseguinte, a hierarquia das representatividades não lhe é estritamente paralela, não sendo o grau de proximidade de uma categoria a seu expoente último uniformemente definido por sua ordem, por causa do choque ou da "resistência", em tal caso particular, das categorias inferiores ou intermediárias.

Em todo caso, a idéia de distinguir assim entre diferentes modalidades ou, se se quiser, diferentes dimensões, da abstração gramatical parece-nos indispensável para uma apreciação correta das análises estruturais, seus limites e suas articulações mútuas.

Relações entre sintaxe e semântica é um outro traço notável dessa organização do objeto lingüístico que orienta diretamente a reflexão em direção do problema subjacente a todo este capítulo. Enquanto o ponto zero da escala das ordens marca a passagem ao tratamento da *substância* da língua, as duas outras escalas convergem num ponto zero que define expressamente, *no próprio interior do domínio da forma,* a fronteira entre a Gramática e o léxico. Na escala das representatividades, "quando a Gramática atinge o elemento forma,[28] ou ela disse tudo o que se pode dizer do ponto de vista formal ou ela o passa ao léxico" (*loc. cit.,* p. 271). Isso quer dizer que a forma de certos elementos permanece puramente gramatical (é o caso, sem dúvida, de certas conjunções e, em geral, de certas palavras-ferramenta); enquanto, no caso mais geral, a organização formal prossegue num outro plano, que se distinguiria do plano gramatical pelo caráter aberto e indefinido que ela aí reveste. Quanto à escala das sutilezas, ela se perfaz no ponto em que, não sendo mais possível nenhuma diferenciação em sistema (fechado), toda relação mais adiantada entre expoentes das categorias presume-se lexical (p. 273).

Essas relações lexicais não dependem mais, diz nosso autor, das categorias gramaticais, e o léxico não se reduz, pois, a uma Gramática *mais apurada*; ele tem, ao contrário, suas dimensões próprias de abstração e não se confunde mais com uma gramática *mais representativa.* Halliday distingue aqui duas categorias fundamentais que correspondem a essas dimensões da abstração lexical: a *collocation* e o *set,* — que traduziremos livremente por "colocação" e "afinidade". A "colocação" é a associação sintagmática dos elementos lexicais: cada um deles pode entrar, com maior ou menor probabilidade, em associação com os outros; uma distribuição de seus associados segundo esse grau de probabilidade e a distância em que essa associação se efetua, poderá pois, estabelecer-se, em princípio, para cada elemento do léxico. A

---

28. É assim que Halliday denomina o expoente último de uma categoria; para ir além, é necessário passar da forma à substância, isto é, introduzir os esquemas fonológicos e depois os sons.

"afinidade" corresponde a uma classe paradigmática de elementos que possuem, num grau determinado de aproximação, a mesma "colocação". O "sentido formal" que constitui, para Halliday, o objeto de um estudo lexical define-se assim como conteúdo informacional determinado pela pertença a essas estruturas. A dificuldade de uma definição rigorosa ou, pelo menos, a dificuldade de uma quantificação, nasce evidentemente do caráter aberto das configurações lexicais. Contudo, pode-se perfeitamente esperar que uma elaboração matemática apropriada forneça, um dia, um quadro a esse "sentido formal" que funda uma lexicologia estrutural. Nessa direção, a tentativa de Benzecri, citada mais acima (§ V, 22), parece ser uma promessa de desenvolvimentos futuros que se reuniriam à concepção e ao programa de Halliday.

VI, 9.

Vê-se, pois, como uma teoria geral das "categorias da gramática" é suscetível de colocar — se não de resolver — com pertinência o problema de uma estruturação do sentido. O que a análise algébrica das línguas formais deixa na sombra é justamente esse encadeamento do lexical ao sintático, fazendo aparecer no mesmo plano o léxico e a sintaxe: as regras de geração, por exemplo, comportam simultaneamente os dois tipos de esquemas paralelos (A→BC), que é estritamente sintático, e (A→a), que leva o vocabulário terminal, portanto, ao léxico. Mas, aplicado a uma língua natural, esse procedimento de assimilação só pode ser provisório; a articulação das estruturas sintáticas com o léxico aí apresenta-se, de fato, como um problema específico e é necessário decidir expressamente, ou pelo abandono do segundo à contingência das escolhas num agregado de elementos que estruturariam então, *do exterior* e sempre *hic et nunc*, situações psicológica e sociologicamente definidas, mas lingüisticamente irrelevantes; ou pelo prosseguimento de uma estruturação ainda propriamente lingüística, novo intermediário entre a organização operada pela sintaxe e a expressão das situações. A nosso ver, a resposta não é duvidosa: é a segunda hipótese que é a correta, e o léxico é certamente organizado. Mas, essa organização pode traduzir-se pelo enunciado de uma estrutura equilibrada, estabilizada e, por assim dizer, "triunfante", como a das sintaxes, ou antes pela formulação progressiva e aberta de uma quase-estrutura sempre "militante"? Essa é a questão. Pensamos que a organização lexical natural é exatamente desse último tipo e seu estudo, nesse ponto, compete à Estilística geral que tentamos definir.

A organização do sentido

VI, 10.

Podemos agora retornar à questão colocada no início deste capítulo: o que uma língua compreende — e às três tarefas pelas quais nos propusemos defini-la. Vimos que o reconhecimento da correção — ou melhor, de um grau de correção julgado suficiente — das seqüências lingüísticas depende de uma organização em vários níveis, e um dos caracteres das línguas naturais é que esses diferentes níveis são *essencialmente* indissociáveis. Da estruturação fonética, que transborda a língua, por assim dizer, por baixo e a vincula ao aspecto sensorial da experiência, às organizações sintáticas no plano dos constituintes e no das transformações, a solidariedade dos sistemas superpostos e imbricados não deve jamais ser perdida de vista. Ora, se existe uma organização de um outro tipo que não os anteriores, não é necessário postular que será, da mesma maneira, dependente em relação às outras? É, pois, o *conjunto* da forma lingüística — fonológica, sintática e semântica — que constitui a fonte de informação que é capaz de explorar o que compreende a linguagem e também o domínio onde se deve recortar o invariante que uma tradução, ou paráfrase,[29] conserva, operação que perfaz e atualiza a compreensão.

VI, 11.

Para a maior parte dos lingüistas, no entanto, apareceu um corte entre a organização sintática e a organização semântica. Queremos examinar agora o exato alcance dessa distinção. Na análise das categorias operada por Halliday, poder-se-ia pensar, apesar de sua opinião, que um refinamento suficiente das subclasses sintáticas acabaria por descobrir uma organização em classes de sentidos. Há certamente um aspecto de verdade nessa conjetura, na medida em que as categorias semânticas serão definidas distributivamente como classes de equivalência de uso. Deve-se lembrar que esta é a tese que adotamos no capítulo anterior. No entanto, permanece uma diferença fundamental entre as classes semânticas mesmo assim definidas por suas ligações sintagmáticas, e as clas-

---

29. Observar-se-á que, do ponto de vista de que nos ocupamos, não há ainda diferença essencial entre paráfrase e tradução, esta operando de língua a língua e aquela dentro de uma mesma língua. Isso porque a estruturação lingüística é em todo lugar idêntica *em seu projeto* se não em seus modos. É nesse sentido unicamente que concordamos com o retorno moderno à idéia de uma "gramática geral".

O mesmo não ocorre evidentemente quando se considera o problema de uma estilística mais apurada, onde intervenham as modalidades de estruturação, em particular, a da língua-alvo. (Sobre a tradução nesse sentido específico, consultar G. MOUNIN, *Les Problèmes théoriques et pratiques de la traduction*, Paris, 1963.)

ses sintáticas. Quase sempre ela é apresentada, dizendo-se que as segundas, ao contrário das primeiras, formam sistemas finitos e fechados. Contudo, convém precisar essa oposição. Que os sistemas sintáticos sejam finitos — como os sistemas fonológicos —, é o que funda a própria idéia de uma lingüística estrutural. Mas, talvez não se observe o bastante que o mesmo ocorre, por certo, sincronicamente falando, com sistemas de categorias semânticas. Sem dúvida, o número das classes acha-se aqui consideravelmente maior; não deixa de ser finito, não sendo, pois, o que permite distinguir, em princípio, semântica e sintaxe. Parece-nos que a verdadeira oposição deve ser aqui expressa não pelo par finidade/infinidade ou discrição/continuidade, mas pelo par rigidez/fluidez. Expliquemos mais precisamente Um sistema sintático, se for bem formulado, constitui uma *partição*,[30] no sentido estrito, de um certo domínio, num nível determinado de classificação. Sem dúvida, um mesmo expoente efetivo da língua (um elemento "terminal" no sentido de Chomsky) pode ser representante de várias classes sintáticas, mas ele mesmo não é um elemento que faz parte dessas classes, sendo estas necessariamente, enquanto tais, exteriores uma à outra.[31] É essa propriedade estrutural simples que caracteriza os diagramas de geração de Chomsky. Evidentemente, essa rigidez da sintaxe não exclui de modo algum redistribuições de classes, quando se passa de um nível a outro da organização geradora: uma mesma classe pode reaparecer num outro nível. Por exemplo, pode-se muito bem ter, ao mesmo tempo, as duas regras: S → PN + PV e PV → V + PN. Mas esse encavalamento funcional das classes sintáticas em nada altera sua exterioridade estática. Elucida-se esse paradoxo aparente, quando se observa que as classes sintáticas não são conjuntos de expoentes últimos — no sentido de Halliday —, mas conjuntos de ocorrências abstratas, as quais só podem ser preenchidas por expoentes *semanticamente marcados*: não é, pois, anormal que cada um deles possa funcionar, ao mesmo tempo, como substituto de várias dentre as ocorrências, se bem que essas próprias classes não possam de modo algum, mesmo numa pequena parte de sua extensão se permutar. É nesse sentido que as classes sintáticas formam sistemas, finitos, discretos e fechados.

O mesmo não ocorre com classes semânticas, cuja "fluidez" vamos precisar. Aqui, não somente certos expoentes

---

30. Lembremos que uma *partição* de um conjunto E é uma divisão de E em subconjuntos e não-vazios tais que: $\bigcup_i e_i = E$, e $e_i \cap e_j = \emptyset$ para $i \neq j$.

31. Um expoente último não é um *elemento* das diferentes classes sintáticas que representa. Os elementos dessas classes são situações sintagmáticas, isto é, lugares vazios em figuras sintagmáticas determinadas. Desse ponto de vista, as regras de reescrita do tipo A → BC são profundamente diferentes das do tipo A → a, onde a é um expoente último (símbolo terminal).

podem permutar-se, mas ainda as próprias classes, eventualmente, encavalam-se. Para um mesmo domínio, existem várias famílias de classes semânticas constituindo recuperações[32] distintas. E a língua passa de uma à outra. Enquanto se define o estado do sistema sintático por uma estabilidade, por assim dizer, normativa, cuja alteração só é considerada sob o ângulo diacrônico, o *estado natural da organização semântica é, ao contrário, uma labilidade essencial*, que se inscreve na própria regra do jogo lingüístico e se pode paradoxalmente qualificar de labilidade sincrônica. Daí as dificuldades encontradas pelos lingüistas que tentam descobrir no léxico uma estruturação rígida que a Fonologia ou a sintaxe autorizem. O recurso a uma organização lógica subjacente é então muito naturalmente invocado. É o que faz, por exemplo, G. Mounin, em seu artigo sobre o léxico da habitação (*Cahiers de lexicologie,* 1965-1): "As definições (dos dicionários), empiricamente funcionais, não refletem formalmente seu conteúdo lógico de modo rigoroso: é necessário reencontrar este por uma análise conceitual" (p. 19). Mas esse modo de estruturação semântica, se contudo as palavras "lógica" e "conceitual" têm aí seu pleno sentido, parece-nos legítimo unicamente no caso das línguas formais e, de modo algum, no das línguas naturais. Corresponde ao sonho leibniziano de uma *Característica universal,* cuja projeção no domínio lingüístico, sem dúvida, não poderia ser reconhecida pelos sábios contemporâneos. Aliás, uma Característica supõe justamente o que falta à organização semântica: a saber, *marcas* estritas e, na medida do possível, unívocas, para os traços que ela põe em operação. Ora, à parte das formas classificatórias de derivação e composição, quase só se encontram, em Semântica, *marcas virtuais* que são probabilidades de distribuição. Mas, a experiência da linguagem obriga-nos a ver que essa ausência de marcas atuais não nos leva, no entanto, a considerar a língua como um agregado ou como um caos semântico.

É necessário reconhecer que a disposição "lógica" parcial do léxico é bem uma das organizações possíveis, mas, por certo, não basta para definir os quadros da organização semântica. O que singulariza esta em relação à informação de origem sintática é justamente o encavalamento, por antecipação, indeterminado das redes de estruturação possíveis. É por isso que G. Mounin, que parece, no entanto, admitir como hipótese de trabalho a possibilidade de formular uma estrutura de tipo rígido para o léxico, percebe, no fim da análise, que este "não é estruturável em campos justapostos... O léxico total de uma língua não forma o "mosaico"

---

32. Uma recuperação distingue-se de uma partição pelo fato de que os conjuntos que a constituem podem estender-se um sobre o outro; a segunda condição da nota 30 não é mais preenchida.

de termos, com que sonhava Jost Trier, onde a superfície lexical recobriria perfeitamente a superfície conceitual expressa por uma língua" (*loc. cit.,* p. 20).

Num outro estudo, referente a "A denominação dos animais domésticos", o mesmo autor observa de modo excelente que "as mesmas pedras podem ser chamadas a figurar em vários mosaicos: se se devesse estudar o campo conceitual 'animais úteis/animais nocivos' ou o campo 'mamíferos', as mesmas unidades lexicais se veriam distribuídas segundo construções diferentes". (*La Linguistique,* 1965-1.) No entanto, não parece que daí ele tire as conseqüências que se poderia esperar do método.

VI, 12.

É necessário concluir, se se aderir às observações anteriores, que toda tentativa para explicitar uma organização semântica é destinada ao fracasso? Não é o que sentimos. Cremos que somente a hipótese preliminar deve ser modificada, nisto: que *se aplicará a confrontar várias organizações diferentes, em todo ou parte, de um mesmo léxico,* ou mais modestamente, de um mesmo setor, organizações que corresponderão a vários *pontos de vista* do uso lingüístico. A noção de campo semântica aparece então como estritamente especulativa. Não é o "léxico da habitação"[33] tomado em si mesmo e abstratamente que é necessário analisar, mas as organizações desse léxico tais como aparecem do ponto de vista da construção, do ponto de vista da ocupação, do ponto de vista da estética arquitetural etc... No entanto, não se trata nem mesmo de pôr em correlação subléxicos especializados, uma vez que é da mesma substância lexical, que se tratará em todos os casos, sem dúvida excetuando alguns vocábulos. Trata-se antes do que se pode chamar, na falta de termo melhor de uma "intenção" lexical, que, tomada em si mesma, é um fato de *significação,* não de sentido, uma vez que corresponde a uma orientação da estruturação em sua relação com uma experiência. Não é, pois, essa própria "intenção" que constitui aqui o objeto do lingüista, mas sua manifestação no plano da distinção dos significantes. A análise lexicográfica apresentar-se-á, a partir de então, como reconstituição comparativa dos instrumentos de práticas lingüísticas diferenciadas. Nessas condições os dicionários quase não podem servir de *corpus* válidos, uma vez que fundam justamente, mais ou menos num conjunto abstrato, a diversidade dessas organizações semânticas. Pelo menos,

---

33. Se nos detivermos de novo no exemplo estudado por nosso colega e amigo Mounin, parece-nos ser um esboço particularmente interessante e metodologicamente rigoroso, cuja insuficiência de *princípio* queremos atacar.

seria necessário utilizá-las apenas na medida em que fornecessem exemplos e permitissem, por conseguinte, discernir uma repartição das estruturações de um mesmo léxico segundo várias intenções significativas. Mas, deveriam ser, seguramente, completados e controlados pelo despojamento de textos extensos, onde os sentidos e as significações permanecem vivos. Todavia, insistamos no fato de que é unica e diretamente pelo conteúdo formal do sentido que nos interessamos aqui e o recurso às significações só deve servir para definir a articulação do domínio da investigação semântica. Uma vez determinados os diferentes desígnios que parecem dominar o uso de um campo lexical, a organização segundo cada um deles deve efetuar-se exclusivamente por análise distribucional (e acessória e concorrentemente — pela análise conceitual dos traços de sentido, análise que deveria ser apenas um resumo sempre sujeito à confirmação pelo outro método, cujos resultados ela antecipa).

Ao invés de partir de um quadro lógico fundado na natureza das *coisas* (como o questionário de G. Mounin para os animais domésticos: o macho? a fêmea? o filhote? etc...), seria necessário idealmente aplicar ao léxico o método que Harris aplica à matéria da língua. E isso só pode ser feito, tarde demais, quando aparecem as considerações sobre a adequação ou a inadequação do sistema a uma experiência social concreta e a um esquema lógico. Partir, ao contrário, de uma espécie de guia transcendental fornecido pela Lógica para recortar o léxico é considerar a linguagem como simples reflexo de uma atividade, da qual ela é, cremos nós, muito mais o instrumento ao mesmo tempo que é o produto.

A objeção de princípio que inicialmente se pode fazer à nossa proposição é, sem dúvida, a seguinte: a organização pluridimensional dos sentidos, aqui visada, não diz respeito, mais do que à língua, à multiplicidade individual e instável da fala? Devemos prestar muita atenção a essa objeção. Se se entende por fala toda realização de uma unidade linguística, em qualquer nível que seja, evidentemente reconhecemos bem que nosso conceito de semântica — e mesmo de sintaxe — compete a uma teoria da fala. Mas, pode-se então observar que ocorreria o mesmo para muitos linguistas, e não parece que essa definição ampla da fala corresponda mesmo às idéias de Saussure, pois ela reduziria a língua tão-somente a uma classificação perfeitamente vazia de entidades rigorosamente abstratas. Dito de outro modo, se se desligasse essa "fala" de uma "língua" ela própria formal, esta seria reduzida à sombra de uma matemática, uma vez que toda matemática verdadeira inclui necessária e, aliás, essencialmente regras de conduta do cálculo.

Se se denomina fala, ao contrário, o uso individuado e circunstanciado das estruturas da língua, pode-se observar que é, no nível último da inserção numa experiência extralingüística, que ele merece então esse nome distintivo. É *no contato das significações,* tais como tentamos defini-las no capítulo anterior, que os fatos de fala aparecem, mas considerar-se-á como competindo ainda à língua os diferentes níveis anteriores da realização das estruturas: não é precisamente essa tese que as gramáticas gerativas subtendem? O exame específico dessas organizações, enquanto inserção de estruturas, em diferentes níveis, num domínio amorfo, constitui o ponto de vista estilístico de um estudo da língua, mas não levou necessariamente ao da fala, que representa o seu caso extremo. Dito de outro modo, todo *uso* da língua nem por isso deixa de competir à fala, e as diferentes organizações que a linguagem comporta relacionam-se necessariamente a usos. No caso do sentido, é certo que o lingüista se acha nas fronteiras da língua e da fala, mas por que se admirar disso? Uma língua não é um sistema formal, já o dissemos; ela é inseparável da prática num sentido infinitamente mais coercitivo do que uma álgebra poderia sê-lo, cuja originalidade é justamente opor-se radicalmente, num momento negativo fecundo, às exigências imediatas da experiência. A língua também, seguramente, funda-se numa atitude de aproximação diferida dessas exigências; mas está bem longe de manter-se numa tomada de posição de reconstrução abstrata e, por exemplo, não privilegia sistematicamente um valor específico interno comparável ao "demonstrado" que os formalismos desligam do simplesmente "apresentado" na experiência. A estruturação semântica não poderia, pois, ser assimilada à constituição de quadros rígidos e obrigados a recolherem uma informação-padrão. Mas nem por isso ela deixa de ser a codificação ocasional e especializada de tal prática individual ou coletiva da linguagem. Seu estudo é, não da fala, mas das *condições imediatas* da fala significativa. De modo que preferiríamos, ao contrário de Halliday, considerá-la como competindo a um internível da realidade lingüística (entre "forma" e "contexto", no esquema desse autor), para bem sublinhar a originalidade da organização "fluida" que ela instaura.

VI, 13.

No entanto, não nos preservamos de afirmar que esse estatuto muito particular de uma semântica impede-a de ser uma disciplina estrutural, mas não a corta radicalmente da organização sintática a que ela estaria então simplesmente justaposta. Ao contrário, cremos que *a organização do sentido começa com a sintaxe* no modo das estruturações rígidas e se completa com a Semântica. Uma prova disso é que a carga do sentido é repartida desigualmente segundo as línguas entre a organização sintática (sistema verbal dos modos e dos tempos, sistemas dos pronomes pessoais, sistema dos "classificadores" em banto e sistema dos "numerais" em chinês) e a organização semântica. O critério de distinção entre categoria semântica e categoria sintática só pode ser então, nos casos mais ambíguos, o caráter de rigidez ou fluidez de que elas se revestem: daí a flutuação de certas descrições gramaticais. Esta observação poderia esclarecer o problema das *semi-sentenças* recentemente encontrado no quadro das gramáticas gerativas.[34] Uma *semi-sentença* é uma frase não reconhecida como correta por uma gramática gerativa dada, mas que permanece, no entanto, "compreensível", como por exemplo: *Il vient que demain* (Ele só vem amanhã) ou *Les femmes patientent les hommes* (As mulheres são pacientes com os homens). A solução geratista proposta consiste em enunciar as regras de deformação tolerável das frases-núcleo e em dar como sentido (ambíguo) às *semi-sentenças* a classe dos sentidos das frases-núcleo que lhe são equivalente nestas deformações. Uma tal solução parece-nos insuficiente. O próprio Katz observa que uma "componente semântica" pode intervir, sendo compreendida tal seqüência, enquanto outra de uma mesma estrutura não o será. Com efeito, é que a compreensão (de que se pode dar aqui como critério a possibilidade de paráfrase *correta* de uma seqüência incorreta) não é um puro processo de reconhecimento sintático nem uma simples compilação de informação semântica. Os dois tipos de estruturação imbricam-se e suprem-se um ao outro, de modo que uma deficiência sintática profunda pode muito bem ser disfarçada por uma precisão suficiente da organização semântica a que os elementos combinados se referem. Se, pois, uma quase-gramática transformacional das *semi-sentenças* é interessante e útil como meio de esboçar os limites de deformação da sintaxe, não basta, por certo, para definir os limites da inteligibilidade. Aliás, nem mesmo uma organização puramente semântica, isto é, fluida e aberta no sentido em que a definimos, pode sozinha determinar o campo de inteligibilidade. Talvez seja necessário reconhecer à estruturação rígida das sintaxes um certo privilégio de enquadramento dominador dos sentidos; talvez seja necessário, ao contrário, considerá-la como uma forma econômica e poderosa, mas, de alguma maneira degenerada, de uma organização semântica mais flexível e mais próxima dos aspectos

---

34. Ver a esse respeito o artigo de J. KATZ, "Semi-sentences", em *The Structure of language*, Katz e Fodor (eds.), 1963.

imediatos da prática. Tal questão só será resolvida empiricamente. É sobretudo desse ponto de vista que queremos examinar agora dois tipos de tentativas para uma análise semântica aplicada. Uma visa criar uma "semântica gerativa" e subentende, até certo ponto, a hipótese pansintática; a outra visa a constituir, sob o nome de "línguas documentárias", quadros de análise informacional numa perspectiva que evoca mais ou menos explicitamente a hipótese pansemântica.

VI, 14.

A teoria semântica de Katz e Fodor apresenta-se, em seu estado atual, como uma extensão das gramáticas de constituintes.[35] Pretende, pois, fornecer um procedimento de paráfrase de uma seqüência correta qualquer, por meio de expressões canônicas que explicitam sua informação e fazem aparecer, se for preciso, as ambigüidades que lhe seriam inerentes.

A teoria compreende, pois, de um lado, um *dicionário* e, de outro, *regras de "projeção"* que representam o modo de emprego das indicações contidas no primeiro.

1) Cada entrada do dicionário comportará: *marcadores gramaticais, marcadores semânticos* e, eventualmente, um *"distinguidor"*. Os marcadores gramaticais indicam a classe sintática da palavra apontada; os marcadores semânticos, a ou as classes de sentido de que ela pode fazer parte; o "distinguidor" é uma expressão escolhida como marcador semântico último, equivalente canônico de cada um dos sentidos da palavra. Esse "distinguidor" não é, pois, nada além do que o marcador semântico da ordem mais baixa. Para retomar a terminologia de Halliday — num domínio em que, aliás, ele a recusa — existem expoentes semânticos últimos que não são "distinguidores": ocorre, com efeito, que um caminho de análise desemboque numa classe semântica expressa por um marcador genérico suscetível de um uso autônomo.

Além disso, essas indicações podem ser completadas por uma "seleção restritiva" que indica, sob forma de uma função booliana de marcadores, a compatibilidade de cada sentido com a natureza dos vocábulos de que a palavra definida pode

---

[35] The structure of semantic theory (*Language*, abr.-jun. 1963), reproduzido em *The Structure of language* (Katz e Fodor (eds.), 1964). Ver também: KATZ, *Analyticity and contradiction in natural languages* (pp. 519-543) dessa mesma coleção, que comporta uma exposição mais clara. Este último texto coloca a possibilidade de um tipo de "regra de projeção" que corresponderia no plano semântico às regras de transformação do plano sintático. Constrói exemplos destinados a explicar o jogo da negação em inglês, mas de maneira discutível, na medida em que essas regras parecem ser simples reformulações mascaradas dos teoremas *lógicos* do cálculo das proposições.

ser um modificador. O conjunto poderá apresentar-se como uma árvore, de que damos abaixo um exemplo sumário:

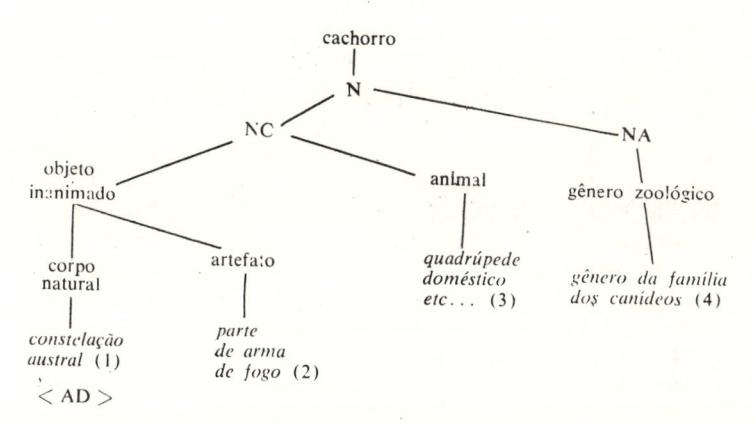

```
                          cachorro
                             |
                             N
                    NC ╱         ╲ NA
              ╱          ╲              ╲
        objeto          animal        gênero zoológico
      inanimado           |                  ╲
      ╱      ╲        quadrúpede         gênero da família
   corpo   artefato   doméstico          dos canídeos (4)
  natural     |       etc... (3)
     |      parte
 constelação de arma
 austral (1) de fogo (2)
   < AD >
```

FIG. 17. Análise semântica.

Os marcadores gramaticais são indicados por iniciais em maiúsculas: N para "substantivo", NC e NA para "substantivo concreto" e "substantivo abstrato". Os distinguidores são sublinhados e a expressão AD é uma seleção restritiva (reduzida a um termo único), indicando que o sentido Cachorro (1) exige o artigo definido: AD.

2) O esquema de conjunto do processo de análise comporta um tratamento gramatical seguido de um tratamento semântico. Como seqüência do primeiro aparece um diagrama chomskiano de estrutura de frase, como no exemplo seguinte: "Um cachorro é um animal fiel":

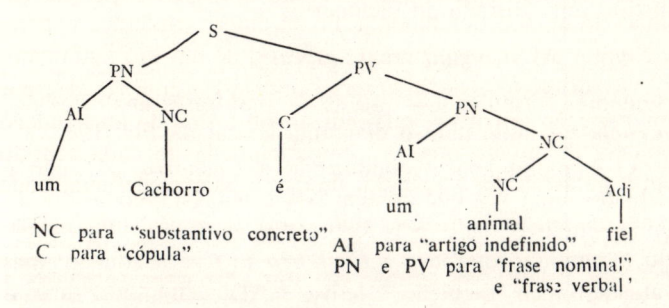

```
                       S
              PN              PV
           ╱     ╲          ╱     ╲
         AI      NC        C       PN
          |       |        |     ╱    ╲
         um   Cachorro     é    AI     NC
                                |    ╱    ╲
                               um   NC    Adj
                                     |     |
                                   animal  fiel
```

NC para "substantivo concreto" AI para "artigo indefinido"
C para "cópula"   PN e PV para 'frase nominal"
                                    e "frase verbal'

FIG. 18. "Um cachorro é um animal fiel".

Esse diagrama serve de entrada ao processo de tratamento semântico, que comporta para cada palavra a pesquisa do ou dos caminhos lexicais adequados, isto é, dos caminhos do diagrama semântico de que uma parte, pelo menos, está contida no caminho que o diagrama sintático dos constituintes associa a essa palavra. O caminho lexical conveniente à palavra cachorro, por exemplo, deverá conter aqui, pelo menos, o marcador NC.

Uma vez determinados todos os caminhos lexicais adequados a cada uma das palavras da expressão, resta juntá-las de tal modo que o resultado final faça aparecer uma seqüência de "distinguidores" (ou, pelo menos, de marcadores semânticos), que constituirá a paráfrase da seqüência inicial. Esta operação deve ser realizada de modo puramente formal por meio das "regras de projeção". Katz e Fodor delas enunciam quatro que dizem respeito à concatenação do adjetivo e do substantivo, do artigo e do substantivo, do verbo principal e de seu complemento, da frase verbal e de seu sujeito. É claro que é necessário prevê-las, em geral, para cada um dos nós sintáticos de constituintes. Limitemo-nos a enunciar, para o francês, uma regra grosseiramente simplificada de concatenação do artigo com o substantivo.

a) *palavra*$_1$ → marcadores sintáticos de substantivo → marcadores semânticos → *distinguidor* 1.

b) *palavra*$_2$ → marcadores sintáticos de artigo → marcadores semânticos → *distinguidor* 2 < seqüência de seleção Ω >.

Se existe uma subseqüência de (a) contida em Ω, pode-se amalgamar assim (a) e (b):

palavra$_2$ + *palavra*$_1$ → nó sintático dominante → marcadores semânticos de artigo → *distinguidor* 2 → marcadores semânticos do substantivo → *distinguidor* 1.

Tomemos para o artigo *"um"* o caminho lexical seguinte que constitui uma entrada do dicionário:

um → AI → *algum ser da espécie*...

E tentemos formular a — ou as — paráfrases analíticas de: *um cachorro,* utilizando o diagrama lexical da Fig. 17.

O caminho lexical conduzindo a *Cachorro* (4) não é adequado, uma vez que contém NA e não NC, como no caminho sintático dado pela expressão analisada. Por outro lado, o caminho que leva a *Cachorro* (1) é adequado; mas é afastado pela restrição seletiva <AD>, uma vez que o diagrama sintático associa *Cachorro* a AI. Restam, pois, dois caminhos aceitáveis:

Cachorro (2) → N → NC → objeto inanimado → artefato → *parte de uma arma de fogo*

e: Cachorro (3) → N → NC → animal → *Quadrúpede doméstico*...

que é necessário amalgamar na seqüência que define *um*. As regras enunciadas permitem, pois, escrever as duas seqüências podendo, neste estágio, parafrasear "um cachorro":

(I) um + cachorro → PN → *algum ser da espécie* → objeto → artefato → *parte de uma arma de fogo*...

(II) um + cachorro → PN → *algum ser da espécie* → animal → *quadrúpede doméstico*...

Cada uma dessas seqüências deverá ela mesma ser concatenada à (ou às) seqüências, obtidas em três etapas, interpretando o nó PV, isto é: "*é um animal fiel*". Se a teoria estiver correta, convirá que a ambigüidade dos dois "cachorros" seja então afastada, por restrições seletivas nos caminhos lexicais de *animal* e de *fiel,* fazendo aparecer na interpretação (1) marcadores semânticos incompatíveis. Mas, essa decisão do sistema interpretativo evidentemente não é sempre possível, nem mesmo necessária: basta que a teoria semântica enumere exaustivamente as ambigüidades; ela não poderia resolvê-las quando são essenciais, uma vez que a própria língua as deixa subsistir.

VI, 15.

O interesse de tal concepção, por esquemática que permaneça, reside, como se vê, na redução que ela opera da semântica a uma espécie de gramática ampliada. A definição da Semântica dada pelos dois autores é, a esse respeito, por demais desconcertante, pois, formula-se nestes termos: "A descrição lingüística menos a Gramática iguala a Semântica" (*Structure of language,* p. 483). O desenvolvimento da fórmula mostra que o critério empírico da totalidade de uma descrição é, para eles, a "compreensão" não-ambígua. O que ainda falta a uma descrição sintática como a das gramáticas gerativas para que ela satisfaça a esse critério será qualificado de semântica. As duas organizações são consideradas como prolongando-se pura e simplesmente uma à outra; a tal ponto que o interesse da distinção entre marcadores sintáticos e marcadores semânticos é mesmo colocado em discussão: "Pedir-se-ia um critério análogo para distinguir os conceitos da Física e os conceitos da Química?", observam os autores (*ibid.,* p. 517). No entanto, uma solução é proposta: é a natureza da função preenchida pelos marcadores que deve permitir distingui-los: por exemplo, a marca *substantivo abstrato / substantivo concreto* serviria, em inglês, para estabelecer regras de nominalização de frase e deveria, pois, ser considerada como sintaticamente pertinente. Solução elegante, mas por demais enganadora, pois, supõe evidentemente que *funções* sintáticas e *funções* semânticas já sejam discerníveis: o problema é apenas repelido. De fato, a teoria de Katz e Fodor não dispõe de um verdadeiro critério de distinção entre Semântica e Sintaxe. Sua contribuição positiva, que é demonstrar a possibilidade de conceber um autômato semântico,[36] pode ser certamente conservada mesmo quando se adota o ponto de vista apresentado nas seções anteriores sobre a organização do sentido. Mas, a necessidade de completar a teoria por uma doutrina que distinga verdadeiramente o estatuto do sentido aparece bem, quando se examina a noção de "distinguidor". A distinção entre marcador e "distinguidor", dizem os autores (*ibid.*, p. 498), "é concebida para coincidir com a distinção entre essa parte do sentido *(meaning)* de um elemento lexical sistemático na linguagem, e essa parte do sentido do elemento que não o é... A parte do sentido de um elemento lexical que os dicionários representam por um 'distinguidor' é assim esta parte para a qual uma teoria semântica não oferece explicação geral". Observação que é confirmada por outra relativa às conseqüências da supressão de um marcador na teoria: todo o sistema semântico acha-se modificado; a ablação de um "distinguidor", ao contrário, só altera as relações do elemento amputado com os que lhe eram sinônimos. A partir de então, compreende-se que a política de Katz e Fodor consistiu finalmente em deslocar as fronteiras do terreno conquistado pela organização sintática e circunscrever no último reduto dos "distinguidores" os últimos representantes do sentido, como rebeldes a toda organização mais adiantada. É necessário reconhecer, com efeito, que, nessa perspectiva de conquista "monódroma", ἀνάγκη στῆναι. Mas se é preciso necessariamente deter-se com brusquidão, talvez seja porque a investigação empenhou-se mal, ou melhor, empenhou-se apenas numa única direção.[37] O que se postula na teoria em questão é a possibilidade de construir diagramas semânticos coerentes para o conjunto de um léxico natural. Postulado que consideramos como inade-

---

36. Não é totalmente o equivalente de um *tradutor*, pois a análise parafrástica de Katz e Fodor preocupa-se apenas em respeitar de modo muito grosseiro, na fórmula de interpretação, a sintaxe da língua-alvo — que é aqui a mesma que a língua-fonte.

37. Notar-se-á que o processo de Katz e Fodor seria válido sem *restrição* para uma língua cuja informação semântica se reduzisse, afinal, a *designações* de fragmentos da experiência. É o caso, por exemplo, das línguas formais, como o cálculo clássico das proposições, cujo aparelho semântico comporta unicamente regras de designação — para os objetos atômicos — e de verificação — para as arquiteturas complexas.

quado, em princípio, se for adotada a tese que defendemos sobre a organização do sentido. Evidentemente, o interesse pragmático de uma empresa desse gênero permanece e, sem dúvida, é dessa maneira que se pode esperar começar efetivamente a estruturar o léxico. Mas pensamos que logo aparecem os limites da concepção, quando se empreende a exploração suficientemente a fundo de um léxico natural, cuja fluidez exige então outros métodos.

VI, 16.

O caso das "línguas documentárias", de que falaremos agora, à primeira vista, sugere a hipótese oposta de uma estruturação pansemântica. Observar-se-á inicialmente que uma língua documentária não se dá de modo algum como substituto, nem mesmo como modelo, das línguas naturais. Constitui uma organização simbólica artificial destinada a codificar a informação contida num *corpus* de documentos já expressos em língua natural, de tal modo que o tratamento automático dessa informação se torne facilmente praticável. Entender-se-á por tratamento automático da informação a pesquisa seletiva no *corpus* de elementos isolados — ou de funções boolianas de elementos — da comparação, classificação e outras operações desse gênero, realizáveis por ordenadores. O problema é, pois, aparentemente de simples codificação; de fato, na medida em que, como o sublinhamos, a informação global veiculada por uma língua natural é distribuída, ao mesmo tempo, no quadro de sua organização semântica e no quadro de sua organização sintática, a criação de uma língua documentária volta a atacar, por um outro prisma, o mesmo problema que acabamos de discutir em termos de autômato semântico. Não podemos nos empenhar aqui numa exposição mesmo sumária das numerosas tentativas efetuadas hoje; deixando de lado as múltiplas questões tecnológicas que deveriam resolver, limitar-nos-emos a destacar o aspecto mais diretamente associado aos problemas epistemológicos e estilísticos colocados pela coexistência de uma semântica e de uma sintaxe.

Várias dessas línguas documentárias apresentam, com efeito, duas fases de organização: uma fase puramente lexical, consistindo em uma seleção e uma classificação dos conceitos julgados empiricamente necessários e suficientes para codificar o conteúdo de um *corpus,* e uma fase freqüentemente denominada sintática pelos próprios autores, consistindo numa seleção de *relações* que se aplicam aos elementos do léxico. Tomaremos, como primeiro exemplo, uma tentativa de *Analyse conceptuelle du Coran sur cartes perforées,* realizada por Allard, Elezière, Gardin e Hours (Mouton, 1963). O projeto exposto no volume de *Commentaires* fornece uma enumeração do conteúdo semântico do conjunto do Corão, dividido em seqüências. Não se trata, propriamente falando, de um inventário lexical, uma vez que *toda* a informação deve ser codificada e, aos olhos dos autores, uma análise dos significados ultrapassa a enumeração dos significantes e de suas relações mútuas imediatas pelo fato de que um sintagma enquanto tal pode remeter a um sentido global que não esteja diretamente ligado ao sentido dos elementos componentes. É o que chamam de "saltos semânticos". Por exemplo, a seqüência: "os cegos vêem" — deverá ser relacionada com a noção de "milagre". Toda a dificuldade da análise conceitual deve-se, praticamente, à "fragilidade das regras que se pode formular para controlar tais saltos" (*loc. cit.*, p. 10). Esse aspecto da análise é, no entanto, tratado na obra como pura técnica e não nos traz nenhum ensinamento para uma teoria do sentido. Interessar-nos-emos, pois, unicamente pela articulação do "semântico" e do "sintático" na organização do código destinado a notar a informação assim explicitada no texto de um *corpus* fechado.

A introdução de uma sintaxe parece responder aqui a duas necessidades muito diversas: 1) restituir, numa certa medida, a informação veiculada pela ordem sintagmática da língua natural. A substituição de alguns conceitos precisos tirados do código "por uma determinada cadeia da linguagem natural marca somente uma primeira etapa da tradução. Com efeito, os elementos que figuram nessa cadeia apresentam-se numa certa ordem que importa eminentemente ao sentido do texto" (*ibid.*, p. 27); — 2) permitir, no código, as combinações de elementos que correspondem a uma informação efetivamente presente no *corpus,* excluindo as combinações não-representativas, que são aqui denominadas interferências. Sejam, por exemplo, as noções codificadas de *divindade* (d), *profeta* (p), *homens* (m), e as relações de *assistência* (A) e *hostilidade* (H). Se nenhuma regra limita a combinatória dos conceitos, sentidos não representados no *corpus* aparecem, tais como: "os homens socorrem a divindade". Para evitá-los, é necessário precisar as "funções lógicas" possíveis dos elementos assim introduzidos. Por exemplo:

(d) sujeito

(p) passivo

(m) sujeito

(A) assistência dirigida do alto

(H) hostilidade dirigida debaixo

Nessas condições, apenas o sentido afirmado no *corpus:*

"Deus socorre os profetas que são alvo da hostilidade dos homens"

pode ser construído. Vê-se que as coerções sintáticas assim formuladas reduzem-se ao que os autores denominam "funções lógicas próprias a cada um dos seres em jogo". De fato, trata-se de noções que fazem corpo, como se constata, com o próprio conteúdo semântico dos símbolos do código. Mais exatamente, o critério de distinção entre Sintaxe e Semântica não é mais suscetível de uma formulação válida, e a tese implícita, que se tem direito de supor, é que a organização da língua documentária é continuamente desdobrada dos níveis mais simples aos níveis mais compostos; e as relações que então aparecem como governando a construção dos sintagmas sendo aparentemente relações *ad hoc,* estreitamente ligadas ao conteúdo semântico dos elementos, pode-se dizer que o conjunto da organização é concebido como semântico, nada mais sendo então uma classe sintática do que uma classe semântica mais abstrata e menos apurada.

É possível que um *corpus* fixo e relativamente tão restrito quanto o Corão seja descrito de modo bastante cômodo como organizando, num único plano classificatório, o conjunto da informação, que ele veicula. Com efeito, concebe-se que o número muito limitado dos vocábulos de seu léxico e *sobretudo a alta homogeneidade de seu desígnio significativo* permitam fazer incidir numa combinatória de uma única espécie toda a carga do conteúdo do sentido. No entanto, cremos que o êxito de uma tal empresa — qualquer que seja, aliás, seu alcance pragmático — não implica de modo algum a redutibilidade teórica geral da estruturação de uma língua natural ao único tipo de organização semântica. É interessante ver que a possibilidade de redução, no caso de um *corpus* limitado, depende do fato de a fluidez da organização lexical *na língua* ser mascarada pelo caráter finito do texto. A organização lexical de um texto finito imita a rigidez das regras sintáticas e produz os mesmos efeitos engendrando, por assim dizer, uma a uma todas as seqüências corretas do *corpus.* Mas, essa organização, considerada no domínio infinito virtual das seqüências da língua, engendrando a pluralidade das camadas de sentido apenas segundo a orientação significativa dada pela experiência extralingüística, seria impotente para produzir os esquemas de proliferação indefinida de seqüências corretas. A estruturação unitária de um *corpus* nem mesmo é, a bem da verdade, uma imagem fiel de algum dos dois modos de organização natural. Pois, fixando de modo rígido uma recuperação semântica única do domínio considerado, ela trai sua natureza semântica e, instituindo ligações *ad hoc,* ajustadas ao *corpus,* trai a natureza sintática delas.

VI, 17.

A empresa de construção de uma língua documentária conhecida sob o nome de Syntol (*Syntagmatic organisation langage*), se bem que guiada por um espírito análogo,[38] oferece-nos um sistema mais complexo de organização. Visa à elaboração "de um sistema lógico que sirva para exprimir os dados da literatura científica... sob uma forma, ao mesmo tempo precisa e condensada, que permite generalizar o emprego de procedimentos automáticos na pesquisa documentária" (*Le Syntol,* fasc. I, p. 2). Desse trabalho essencialmente pragmático, seria evidentemente excessivo tirar conclusões definitivas a respeito das línguas naturais, cujos *defeitos lógicos* ele pretende justamente remediar. Contudo, na medida em que representa um notável êxito prático na via que se propôs, vários ensinamentos dele se destacam, ensinamentos que confirmam, cremos, bastante bem as teses anteriormente adiantadas.

Em primeiro lugar, os autores, desejando construir um instrumento capaz de veicular comodamente e sob formas canônicas o máximo de *informação* de um conjunto documentário virtualmente aberto, acreditaram necessário conjugar organização semântica e organização sintática. Como se articulam as duas organizações no *Syntol?*

A organização semântica é distribuída em dois registros: por um lado, um sistema de regras de construção dos sintagmas, por outro, uma indicação "temática", que sublinha eventualmente num sintagma ou num grupo de sintagmas a palavra-chave que constitui o seu foco. Observar-se-á que esse segundo procedimento, designado pelos autores como procedimento sintático (*op. cit.,* I, p. 41) poderia também ser considerado como de natureza semântica; a razão que o vincula à sintaxe é que ele tem por função levantar certas ambigüidades não resolvidas pelas regras sintagmáticas.

Estas últimas são enunciadas fazendo-se uso de dois tipos de noções: as *relações* e as *categorias* de palavras. As primeiras são relações *binárias,* classificadas segundo o esquema abaixo:

---

38. Por uma equipe de pesquisadores da École des Hautes Études (VI.ª seção), sob a direção de J.-C. Gardin, um dos co-autores da *Analyses du Coran.* Cf. os 5 fascículos mimeografados do relatório final para uma pesquisa sob contrato Euratom (1961-1962).

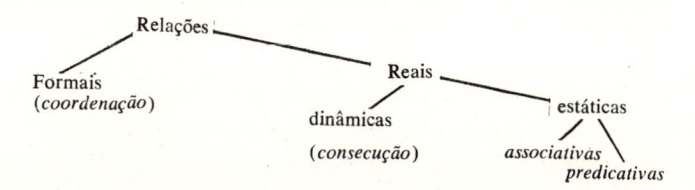

```
                Relações
         /          |
    Formais        Reais
  (coordenação)   /      \
              dinâmicas   estáticas
             (consecução) /    \
                    associativas
                         predicativas
```

Fig. 19. Gêneros de relações do Syntol

A oposição entre "reais" e "formais" permite pôr de lado a *coordenação,* que nada mais é do que o "functor" da conjunção lógica da teoria das proposições. Mas as outras relações são muito heterogêneas. A oposição fundamental é aqui entre causalidade e especificação e não se pode deixar de ver que a relação de *consecução* (que não é de modo algum assimilável ao "functor" lógico de implicação) só é definida por um esquema epistemológico completamente arcaico de "ação sobre", enquanto a relação de *associação--predicação* corresponde a um esquema de especificação[39] já muito mais abstrato, que talvez tenha alguma relação com a noção lógica de função proposicional (mas a distinção de "categorias" de termos impede evidentemente uma assimilação rigorosa). O preço dessa abstração é a imprecisão freqüentemente incômoda dessa relação que tudo abrange, imprecisão que se deve disfarçar por meio de "operadores". Destes, os autores dizem que servem "para marcar fortemente a função circunstancial de um termo em relação a um outro, uma vez que esta função não pode ser deduzida da própria natureza desses termos" (*ibid.,* p. 29). São esses operadores de natureza sintática ou de natureza semântica? Os nomes que lhes são dados lembram os casos das declinações indo-européias: instrumental, locativo, objetivo etc. Isso não os impede de introduzir muito mais nuanças de sentidos

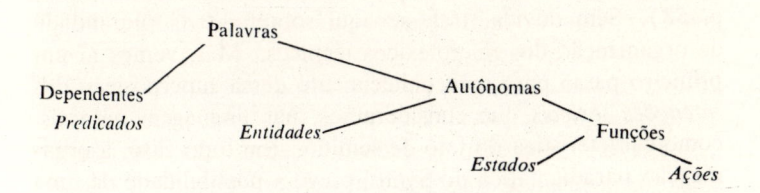

```
                     Palavras
                  /          \
     Dependentes               Autônomas
     Predicados       /          |       \
                Entidades                Funções
                         Estados            \
                                           Ações
```

Fig. 20. As palavras do Syntol

39. Por exemplo: para a expressão "carência de sal no rim", escrever-se-á
                                             A   A
a dupla relação associativa "rim → carência → sal". O estado de carência aplica-se ao rim; o sal especifica o conteúdo da carência.

do que particularidades de construção; mas constituem aparentemente um quadro fixo e fechado que justifica sua pertença à sintaxe.

O outro aspecto da organização propriamente sintagmática do Syntol constitui-se por uma classificação das palavras em categorias segundo o seguinte esquema:

Na realidade, se essa classificação é sintática, ela deve ser correlativa da distinção das relações anteriores (como os autores o notam a propósito dos "predicados", cuja introdução qualificam de "redundante", pois, recobre exatamente a de relação predicativa: mas, a observação deveria poder estender-se, em vista do sistema das relações, a todas as categorias). No entanto, a integração dos dois sistemas não é realizada totalmente. Para tanto, seria necessário que as categorias fossem definidas unicamente como classes de distribuição nos diferentes sintagmas binários que as relações determinam. De fato, subsiste na definição das categorias de palavras uma herança extraformal não-negligenciável que as aproxima de classes de sentido.

Quanto às verdadeiras classes de sentido, organizam-se em árvores paradigmáticas, cujos elementos inferiores sozinhos constituem conjuntos abertos. A diferença para com a organização sintagmática é, pois, aparentemente muito vizinha da que levantamos na análise de Katz e Fodor: reencontra-se a rigidez estrutural das concatenações sintagmáticas nos diagramas que definem as inclusões de classes de sentido, correspondendo estas às categorias sintagmáticas e representando a inclusão a única relação que, "verticalmente" desta vez, as encadeia. A abertura dessas classes acha-se então reportada ao nível das *infimae species,* que correspondem aos "distinguidores" da teoria anterior. Mas o Syntol introduz, pelo menos teoricamente, uma novidade capital: a organização lexical apresenta-se aí como *necessariamente múltipla,* isto é, os mesmos vocábulos integram-se diferentemente em universos diferentes e paralelamente explorados (*ibid.,* p. 58). Sem dúvida, trata-se aqui sobretudo da pluralidade de organização dos microléxicos técnicos. Mas, vemos aí um primeiro passo para o reconhecimento dessa superposição das *intenções lexicais* que consideramos, nas linguagem naturais, como característica do fato de sentido. Em todo caso, a organização paradigmática do Syntol prevê a possibilidade de uma passagem de um a outro desses sistemas lexicais, com o nome de mudança de escala. Uma tal comutação evidentemente seria impossível de se conceber no interior de uma mesma língua para a organização sintática — necessariamente única — que a rege. Ou melhor, o Syntol prevê a constituição "por aprendizagem" de novos agrupamentos lexicais engendrados, por assim dizer, por acumulação de ligações sintagmáticas convergentes encontradas no despojamento de um *corpus*. Assim se acharia realizada — e mesmo automatizada — a característica que designamos como essencial.

Parece-nos, pois, que se acha ser o Syntol não apenas uma língua documentária pragmaticamente válida, mas ainda uma boa imagem simplificada das línguas naturais, embora isso não seja, sem dúvida, a intenção de seus autores. A distinção entre Semântica e Sintaxe permanece aí completamente ambígua, tanto que não foi introduzida essa natureza particular da organização semântica, organização folheada e móvel, no sentido de que a pluralidade das distribuições atuais e virtuais do léxico é aí um fato natural e fundamental. Do mesmo modo que as diversas determinações de uma função analítica se "superpõem" sobre as folhas sem espessura da superfície de Riemann, assim também as diversas organizações de um mesmo campo lexical recobrem-se na linguagem e são simultaneamente exploradas. Poder-se-ia, se se quisesse perseguir esta imagem, na verdade, bem pedante, comparar a unicidade do quadro sintático com a unicidade da forma analítica que define a função.

VI, 18.

Tentamos analisar as relações complexas que a compreensão de uma língua nos incita a colocar entre o seu aspecto sintático e o seu aspecto semântico. Nossa conclusão tende a reconhecer uma coexistência tão estreitamente imbricada das substituições funcionais tão constantes, que se poderia perguntar se a distinção não é, afinal, um puro artifício. No entanto, não chegamos a isso, uma vez que propomos um critério, que acabamos de pôr à prova em exemplos. Esse critério é a pluralidade aberta das organizações simultâneas do sentido.

Se essa pluralidade, se essa possibilidade sempre oferecida ao usuário de empilhar, por assim dizer, novas folhas, redistribuindo de outro modo um mesmo léxico, são características de uma semântica, é que esta é particularmente sensível ao trabalho que os homens exercem fazendo uso de sua língua para interpretar a experiência. Este trabalho comporta seguramente uma orientação pragmática no sentido mais amplo, que se pode descobrir na obra da Ciência e das técnicas. Comporta também uma orientação estética. É esta última que vamos considerar agora.

7. A Análise Estilística Funda uma Estética da Linguagem

VII, 1.

Analisando certos aspectos da criação matemática do ponto de vista do estilo, quisemos trazer à luz o estatuto das estruturas nascentes e o trabalho da construção das formas. Mas as questões então evocadas apenas representam um aspecto de uma problemática do estilo. O outro aspecto poderia ser descrito como *utilização* das formas. Nos dois casos, trata-se, de acordo com a definição que propusemos para o conceito de uma estilística, da relação das estruturas e de seu conteúdo, relação essa cujo caráter universal é de deixar indeterminada a questão de anterioridade respectiva: estruturas e conteúdos revelam-se à análise estilística como alternadamente o atual e o virtual de uma operação, cuja significação se estabelece finalmente apenas no seio de uma prática global que tende a envolver todos os elementos de uma experiência e, como tal, constantemente inacabada.

A escolha da atividade matemática para o estudo das estruturas nascentes justifica-se, sem dúvida, pela excepcional abundância de formas que a caracteriza, assim como pela clareza necessária para a qual elas tendem nesse domínio. Desejando abordar agora o ponto de vista complementar, que é o de se pôr em operação estruturas, pensamos ser conveniente escolher como tema o uso das línguas naturais. É, pois, sem dúvida, aqui que se marca mais claramente a passagem de estruturas constituídas aos objetos concretos que elas suportam e, ao mesmo tempo, a repercussão que sofrem com o fato desta operação. Está claro que, do mesmo modo que o estudo das estruturas nascentes devia constantemente apoiar-se no exame de seu uso, o estudo de uma colocação em operação de estruturas atuais vai encontrar a cada instante fatos de criação estrutural. É apenas o acento colocado sobre um ou outro aspecto que pode distinguir os dois pontos de vista. Mas estas diferenças de peso são dadas na própria prática e não são criadas pelo observador.

VII, 2.

Uma língua se apresenta evidentemente de início como um sistema de estruturas estabelecidas. A primeira intenção do locutor é de servir-se delas, não de constituí-las. Eis por que fizemos a presente análise ser precedida de um estudo dessa estruturação lingüística, ela própria encarada, a bem da verdade, numa perspectiva já estilística, isto é, antes em sua relação a um conteúdo do que em sua organização intrínseca. Este ponto de vista permitiu-nos reconhecer as condições do trabalho lingüístico que vamos nos empenhar em descrever. Trabalho que vai fazer aparecer uma categoria até então silenciada: a dos valores estéticos. Talvez se se admire que uma obra visando a uma filosofia do estilo só encontre tão tardiamente essa categoria. Parece-nos, entretanto, que esta circunstância não é nem o fruto de um erro nem o resultado de um acaso. Ao contrário, ela nos ensina que *a noção de estilo não é originariamente uma categoria estética, no sentido específico desse termo que evoca valores de contemplação.* Tal como o definimos, o fato de estilo acompanha todas as formas possíveis do *trabalho* e não somente o ποιεῖν tradicionalmente orientado para a produção de um objeto de contemplação. Uma estilística geral ultrapassa, pois, de muito, uma estética, a menos que se aceite redefinir esta como recobrindo, de uma certa maneira, a primeira, atitude que fornece para o fato estético uma determinação suficientemente sedutora, porque precisa, mas que pareceria a muitos ao mesmo tempo como demasiado restritiva (pois ela não invoca nenhum "sentimento") e demasiado ampla (uma vez que envolve toda atividade laboriosa e seus produtos). Se aceitássemos esse risco, talvez pudéssemos exprimir-nos assim: é estético tudo o que diz respeito à relação de uma estrutura com seus conteúdos, *desde que se considere o objeto como objeto de uma contemplação possível.* A estilística geral não se preocupa em operar esta comutação eventual do sentido de seu tema de análise; ela o toma somente enquanto trabalho e produto de trabalho, mesmo que a intenção do trabalhador tenha sido justamente produzir uma obra de arte. O esteta, ao contrário, converte seu tema em objeto contemplativo, mesmo se é, por sua criação, inserido de maneira totalmente diferente em uma prática individual e coletiva. Assim as máscaras e costumes rituais africanos foram desligados como *objetos estéticos* de um contexto político-religioso. Evidentemente, a tomada de posição estética constitui, por sua vez, uma figura da prática, que poderia ser suscetível de um exame de estilo.

VII, 3.

A tarefa que nos propomos, neste capítulo, é, pois, considerar o uso das estruturações lingüísticas, sobretudo na medida em que esse uso é visado como objeto de contemplação. Num ensaio já bem conhecido, que apareceu pela primeira vez em 1960,[1] R. Jakobson distingue seis pólos da orientação da linguagem, que dispõe segundo o esquema abaixo:

	Contexto	
	Mensagem	
	Contato	
Destinador —	Código	— Destinatário

A estas orientações corresponderiam seis "funções" da linguagem, e a função "poética" — que corresponde às valorizações estéticas em geral — é definida por sua orientação em direção à mensagem, por oposição ao código, ao contato (entre locutor e receptor), ao contexto (que chamamos até aqui de "experiência", a que a mensagem remete). Adotaremos esta definição da orientação estética da linguagem. É, pois, essencialmente na mensagem que nos deteremos. Contudo, se a concentração do interesse pela mensagem caracteriza bem a atitude estética do locutor e do ouvinte de um texto, é óbvio que a análise estilística não pode de modo algum negligenciar o fato essencial, a saber, que toda mensagem supõe, pelo menos virtualmente, um código e um contexto. Os capítulos anteriores são precisamente um ensaio para elucidar certos aspectos dessas relações entre código, mensagem e contexto; está claro, pois, que para nós uma estilística — e, em particular, uma estética — da linguagem, se tomar como objeto central a mensagem, não deixa, no entanto, de se referir ao código e ao contexto. Mas, em virtude do efeito já assinalado mais acima (§ 7, 1), o uso do código tende a induzir uma alteração deste, de tal forma que, num caso extremo, é no interior mesmo da mensagem que os có-

[1]. Com o título "Linguistics and poetics", em *Style in language,* traduzido por N. Ruwet em R. JAKOBSON, *Essais de linguistique générale,* Paris, 1963.

digos se transformam e, até um certo ponto, se constituem; daí, a ilusão fundada pela metade da imanência do código à mensagem poética que conquista assim sua autonomia.

Começaremos, pois, por pesquisar as condições de possibilidade de uma estilística da linguagem esteticamente significativa e encontrá-las-emos na pluralidade dos códigos, formais ou virtuais, que podem servir de quadro para a fala (§ 7, de 4 a 7, 11). Nós nos interrogaremos, em seguida, sobre uma das maiores conseqüências do efeito de estilo, a saber, a individuação da mensagem (§ 7, de 12 a 7, 15). Em terceiro lugar, e em correlação ou em oposição direta a este caráter, aparecerá a noção tradicional de "beleza", a que nos será necessário tentar aplicar os resultados de nossa análise do estilo (§7, de 16 a 7, 18). Enfim, uma concepção particular deste se destacará dessa aplicação estética, conduzindo-nos a aproximá-lo de um jogo de estratégia.

A pluralidade dos códigos como condição de estilo

VII, 4.

Para justificar a hipótese segundo a qual uma colocação em operação diferenciada das estruturas lingüísticas supõe o uso, numa mesma mensagem, de uma pluralidade de códigos, é natural, inicialmente, interrogar-se sobre o caso extremo de uma codificação rigorosamente uniforme. Nenhuma língua natural dele nos forneceria exemplo verdadeiramente satisfatório, assim como é verdade que o uso lingüístico é complexo e diretamente enraizado numa prática total. Mas, um puro sistema de codificação no sentido estrito, isto é, de *transcrição*[2] de uma língua, diz respeito justamente a esta condição de uniformidade. O uso do Morse, por exemplo, exclui por sua própria natureza a possibilidade de superpor vários códigos. É necessário compreender bem aqui que uma seqüência em Morse constitui por si mesma uma mensagem no primeiro grau, comportando sua própria sintaxe e sua semântica;[3] enquanto tal, sua correção é independente da correção gramatical da mensagem subjacente, da mensagem no segundo

---

2. Pode-se dar uma definição puramente formal de um *código*. Por exemplo, fazendo uso da descrição de uma linguagem por meio de uma álgebra de monóides. Seja X o conjunto dos símbolos que constituem o alfabeto; o conjunto $\mathcal{L}$ das palavras do código será um submonóide $L(X)$ construído sobre X, tal que:

1) Existe uma parte A de $\mathcal{L}$ que engendra $\mathcal{L}$ pela operação de iteração (cf. § 6, 5): $\mathcal{L} = A^*$.

2) Toda palavra de $\mathcal{L}$ pode ser decomposta de uma única maneira numa concatenação de palavras de A.

Contudo, é num sentido diferente que tomamos aqui a palavra código, se bem que a idéia de transliteração pela qual nós a caracterizamos seja evocada pela condição número 2.

3. Uma seqüência arbitrária de pontos e traços não é necessariamente bem formada: apenas algumas dentre elas são "palavras" morses (correspondendo às letras da língua transcrita, por exemplo).

grau, que ela veicula. Trata-se, pois, do ponto de vista que assumimos, de uma espécie de língua artificial, a que a noção de realização estilística poderia aplicar-se. Mas, vê-se bem que essa possibilidade permanece aqui vazia de todo conteúdo efetivo. A gramática de Morse é imperativa e exaustiva, estritamente "monódroma" no sentido dado mais acima a esta palavra (§ 6, 7). Tal é, sem dúvida, a característica fundamental de um código *stricto sensu,* por oposição a uma língua, pois, qualquer outra distinção é apenas aparente e de graus. A conseqüência disso é uma ausência total de estilo. Observar-se-á talvez aqui uma contradição entre esse exemplo de uma atividade lingüística "sem estilo" e a afirmação várias vezes repetida no decorrer deste livro de que todo trabalho é gerador de fatos de estilo. Mas a contradição é apenas aparente. Uma codificação como aquela de que tomamos de empréstimo o exemplo de Morse, desde que seja encarado em sua realização concreta, reencontra a possibilidade de um estilo; sabe-se que as mensagens enviadas pelo mesmo agente são sempre identificadas — pelo menos nos romances de espionagem — por seu receptor habitual. Torna-se possível esta identificação por um estilo, que examinaremos desse ponto de vista a propósito da individuação da mensagem. Mas, se há aqui fato de estilo, é porque há superposição de um segundo código ao código principal: é o que a livre diversidade das representações materiais possíveis dos símbolos suscita, graças às variações de intensidade e de ritmo das operações manuais que sua transmissão implica. Assim encontraríamos aqui confirmação mais do que invalidação de nossa hipótese.

VII, 5.

Resta precisar a natureza dessa superposição dos códigos em que estamos autorizados a ver a condição de todo estilo. Uma primeira observação parece-nos dirigir a análise: é a distinção entre códigos implícitos e explícitos, ou mais exatamente, códigos *a posteriori* e códigos *a priori*. O estudo que fizemos anteriormente da Sintaxe e da Semântica de uma língua diz respeito essencialmente a códigos *a priori*. A palavra explícita só conviria aqui parcialmente, pois, uma boa parte das regras da codificação gramatical e semântica permanecem não-formuladas; mas aparecem *abertamente* na língua e constituem um dos aspectos essenciais de seu conhecimento prático. Tais códigos representam uma base ou um solo evidentemente indispensáveis a qualquer manifestação estilística. Poder-se-ia imaginar, como um caso extremo diametralmente oposto ao exemplo antes exposto de uma codificação uniforme, uma "mensagem" sem código *a priori* cuja estruturação toda seria extemporaneamente sugerida na própria mensagem. Hipótese a rigor absurda, mas que representa certamente uma tendência fundamental da linguagem poética, como diz S.R. Levin: "O poema engendra seu próprio código, de que ele é a única mensagem" (*Linguistic structures in poetry,* 1962, p. 41), mas definir assim o poema é, em realidade, confundir uma das linhas de força do uso estético da língua com a tensão que o dirige e o constitui. Pelo menos, esta fórmula tem o mérito de sublinhar com força a oposição entre os códigos *a priori* e os códigos *a posteriori* que seu uso necessariamente engendra.

Aliás, o caráter *a priori* dos códigos lingüísticos não se vincula exclusivamente às formas semânticas e gramaticais. A noção de gênero literário, embora geralmente muito mais delicada que a de gramática, deve ser considerada como fazendo parte, quando é eficaz, das codificações *a priori*. Seguramente, do ponto de vista de um uso indeterminado da língua, a superposição de uma regulamentação dos gêneros ao código lingüístico mínimo já constitui um fato de estilo. Do mesmo modo, evidentemente, a regulamentação métrica, que acrescenta *a priori* novas coerções à linguagem. É que o fato de estilo é suscetível de se apresentar em vários níveis e é justamente relativo a uma decisão de considerar ou não como constitutivo tal sistema de estruturação. Contudo, parece-nos que o fato de estilo positivamente significativo para uma estética literária supõe necessariamente no uso da língua um para-além dessa estruturação, uma possibilidade de codificação *a posteriori* superposta aos diferentes níveis da codificação convencional. O "academismo" literário é tão-somente a fixação do fato de estilo ao nível do *a priori*. Evidentemente, subsiste a necessidade de uma pluralidade dos códigos; mas, é a abertura e a modalidade desse sistema múltiplo que funda uma estética do estilo. Contudo, queremos deter-nos nas condições de um estilo puro e simples, deixando para mais tarde o exame de seu caráter estético positivo. Ora, para essa aparição do estilo, a pluralidade das codificações basta, não tendo a fixação como *a priori* das codificações secundárias aqui outra conseqüência a não ser a fixação do estilo em procedimento e estereótipos.

VII, 6.

Este ponto de vista permitiria talvez, acessoriamente, esclarecer a questão, às vezes debatida pelos lingüistas, sobre um critério da língua literária, oposta à língua usual. Convém inicialmente corrigir essa formulação do problema: é antes um *uso* literário da língua que se tem de distinguir do que uma língua literária, salvo nos casos bem determinados em que a língua tradicionalmente escolhida como material estético é na verdade uma *outra* língua (o latim, o chinês clássico escrito, o eslavo antigo). Admitido isso, um uso literário da língua parece-nos poder ser definido pela escolha deliberada de uma certa combinação de códigos auxiliares, superpostos ao código comum, de um lado, e a importância dada, por outro, à organização de outros códigos *a posteriori*. Tudo ocorre como se o uso ordinário se contentasse com o quadro *a priori* de uma gramática e de uma semântica (variáveis, aliás, numa certa medida, segundo as circunstâncias e as classes sociais), e deixasse relativamente sem organização os outros elementos da linguagem, sem que o acento seja colocado sobre a possibilidade de sua organização *a posteriori*. De forma que a mensagem vulgar, sem ser menos rica em efeitos de estilos que a mensagem literária, caracteriza-se nos níveis superiores da estruturação por uma relativa anarquia. Fenômeno compreensível, se se admite com Jakobson, que sua orientação principal não é em direção à própria mensagem, mas em direção ao conteúdo ou ao contato com o ouvinte.

VII, 7.

Voltemos à modalidade essencial do estilo. A superposição dos códigos só é evidentemente possível se o código de base reger apenas uma parte da substância lingüística a que ele dá a sua forma. Uma codificação uniforme como o Morse é justamente uniforme porque governa a totalidade da substância constituída unicamente pelos traços e pontos. Tão logo se faça levar em conta a execução desses elementos simples, seja sob forma gráfica, seja sob forma sonora, aparecem novas dimensões, cuja organização — frouxa ou rigorosa — se superpõe à gramática de base que só rege as seqüências abstratas de "pontos" e "traços". É então que podem aparecer efeitos de estilo. Mas, para as línguas naturais, é ao nível mesmo dos elementos abstratos, muito mais complexos, ao nível dos esquemas semânticos e sintagmáticos, não somente antes de sua execução fonética ou gráfica, mas ainda antes mesmo de sua realização em "expoentes", que se manifesta a presença de variáveis disponíveis. São esses elementos fora-de-código que são então organizados seja em sistemas *a priori* que vêm reforçar a língua, como as coerções métricas ou as que definem os gêneros, seja em sistemas livres extemporaneamente constituídos e legíveis *a posteriori* na mensagem. É neste sentido que compreendemos a idéia exprimida por um lingüista-psicólogo de que o estudo do estilo diz respeito aos "traços variáveis do código".[4] Como se opera essa organização dos traços li-

---

4. OSGOOD, Ch. E. "Some Effects of motivation on style of encoding". In: *Style in language*, Sebeok (ed), p. 293.

vres? Na hipótese aqui proposta interpretaremos alguns dos numerosos trabalhos recentemente consagrados ao estilo pelos lingüistas. Parece-nos que a pluralidade das codificações pode ser colocada em evidência sob três aspectos essenciais, mais complementares do que exclusivos uns dos outros, e provavelmente não-exaustivos. A saber: uma variação de "entropia" das mensagens em relação a uma entropia média de um *corpus*, — a presença de "sobrecódigos" propriamente ditos, superpostos aos códigos de base, — e enfim a possibilidade de uma gênese "transformacional" das mensagens estilisticamente marcadas a partir das mensagens neutras.

Três modalidades da "codificação múltipla"

VII, 8.

O ponto de vista da entropia é expresso claramente por B. Bloch (*Linguistic structures and linguistic analysis,* 1953, citado por N. Ruwet, "L'Analyse structurale de la poésie", em *Linguistics,* n. 2, dez. 1963, pp. 38-59). O estilo é por ele definido como "a mensagem transmitida" — seria preciso dizer: a sobremensagem — "pela distribuição em termos de freqüências e as probabilidades de transição de seus elementos lingüísticos em particular, enquanto estas diferem das probabilidades de transição dos mesmos elementos na mensagem considerada em seu conjunto". O ef :o de estilo é, pois, aqui, considerado como o suplemento ae valor comunicativo trazido por uma certa organização estatística *a posteriori* dos elementos livres da linguagem. Desde os trabalhos de Yule (de 1939 a 1944) e os desenvolvimentos posteriores da teoria da informação aplicada à linguagem, tornou-se corrente a idéia de considerar essa estruturação estatística. Tomaremos como exemplo o estudo de W. Fucks.[5]

Este autor considera o estado estatístico dos diferentes tipos de mensagem por analogia aos estados físicos: os elementos lingüísticos anteriores à formação de um texto estariam no "estado gasoso" de desordem molecular; num texto de prosa, estariam no estado "linear fluido" e, num texto de poesia, no estado "linear cristalino". Trata-se, pois, de diferentes graus de rigidez de estruturas aleatórias superpostas às estruturas minimais da língua. O estado "linear cristalino", em razão de sua estabilidade e de suas simetrias competiria sobretudo, segundo ele, a uma álgebra dos grupos e essa obser-

---

5. On mathematical analysis of style. *Biometrika,* v. 39, 1952, pp. 122-129. Ver também as indicações bibliográficas e críticas de TODOROV, "Procédés mathématiques dans les études littéraires", em *Annales,* mai-jun. 1965, pp. 503-512.

Para uma abordagem igualmente estatística, mas de orientação radicalmente diferente que diria respeito mais a uma psicolingüística, ver T.B. CARROLL, "Vectors of prose style", em *Style in language,* Sebeok ed. Trata-se de uma análise fatorial de resultados obtidos por julgamentos de especialistas e por enumerações estatísticas de caracteres empiricamente escolhidos como eventualmente significativos.

vação nos remete aos aspectos não-estatísticos das sobrecodificações que serão abordadas mais adiante. O estado "linear fluido" da prosa competiria, ao contrário, à estatística e às imagens termodinâmicas que facilmente se lhes associa.

Mas, observar-se-á que a escolha da escala dos "elementos" é relativamente arbitrária: fonemas, sílabas, "palavras", sintagmas podem ser conjuntamente adotados como átomos cujas distribuições se estudará. Fucks escolhe a sílaba como "elemento natural" (*loc. cit.*, p. 123). Mas, na verdade, todo segmento lingüístico provido de um grau razoável de autonomia poderia ser escolhido sob a condição de que o código de base da língua não fixe, por antecipação, sua distribuição de modo imperativo, uma vez que é esta livre distribuição que deve ser o suporte de um código auxiliar superposto ao primeiro. Sem dúvida, haveria mesmo aqui interesse em calcular elementos estatísticos em diferentes níveis de fragmentação, a fim de descobrir aqueles para os quais as distribuições parecem mais particularmente significativas de uma organização prenhe e distingui-los de outras em que elas parecem ser exógenas ou propriamente aleatórias.

Contudo, não é nessa direção que Fucks se engaja. Ele escolhe empiricamente três estatísticas de um texto: a do número médio de sílabas por palavra, a das distâncias médias entre palavras de i sílabas e palavras de k sílabas, e a da entropia, calculada considerando unicamente uma ligação através de pares entre palavras definidas por seu número de sílabas.[6] Os textos escolhidos compreendem uma série germânica, indo de Rilke a Jaspers, e uma série inglesa, indo de Shakespeare a A. Huxley. A hipótese é de que o caráter intuitivo global expresso pela oposição poético-prosaico se traduzirá nas estatísticas. Os resultados dados por Fucks fazem aparecer um crescimento do número das sílabas por palavra, paralelo ao caráter "prosaico" dos textos. Para as distâncias médias entre palavras de i e k sílabas, Fucks retém somente os elementos diagonais da matriz que as representa para cada um dos autores, porque são os que empiricamente fornecem as mais notáveis diferenças. Condensa mesmo num único número esse conjunto de elementos substituindo-lhe sua soma, rastro da matriz,[7] cujo valor lhe parece característico dos textos de um mesmo autor.

Quanto à entropia propriamente dita, parece ligada ao mesmo tempo à língua (entropia elevada do alemão em rela-

---

6. A entropia para as associações de palavras de i e k sílabas dá-se então por uma soma dupla: $S = - R \sum_i \sum_k p_{ik} \log p_{ik}$
onde p_{ik} é a freqüência dos pares i, k.

7. Lembramos que o rasto de uma matriz $[x_{ij}]$ é a soma de seus termos diagonais $\sum_i x_{ii}$. Considerada como operador que transforma uma matriz num número, ela desfruta, entre outras propriedades, daquela característica, de linearidade. (Cf. por exemplo J. M. SOURIAU, *Calcul linéaire*, I. p. 122.)

ção ao inglês) e ao autor ou, pelo menos, ao tipo de texto (entropia elevada dos textos "poéticos"). Fucks resume o resultado de seu estudo em um diagrama de duas dimensões onde traz como abscissas os valores dos rastros das matrizes de distâncias médias e como ordenadas os valores da entropia. Constata assim que os autores alemães e ingleses agrupam-se respectivamente ao longo de duas retas, orientadas da esquerda para a direita e de cima para baixo, indo de Jaspers a Rilke e de Huxley a Shakespeare. Uma tal análise permanece seguramente muito grosseira. Com efeito, não permite, como observa, aliás, Fucks, dissociar "as particularidades das estruturas estilísticas de um autor" e a "estrutura-suporte" da linguagem a que as primeiras se superpõem (*loc. cit.*, p. 128). Pelo menos, fornece um primeiro testemunho da possibilidade de utilizar distribuições estatísticas como índices de estruturações a que o receptor é intuitivamente sensível. Ainda empírica e cega, uma tal análise pode tornar-se, sem dúvida, uma ferramenta poderosa e delicada.

Delicada no sentido de que poderia revelar constantes estruturais imperceptíveis a não ser por seu efeito. Mas, o alcance de um tal instrumento não deixa de ser limitado por uma insuficiência maior. Sua natureza estatística faz com que ele possa ser aplicado a amostras de textos demasiado restritos. Ora, temos um discernimento intuitivo dos fatos de estilo referente a seqüências manifestamente demasiado curtas para que uma análise estatística tenha um sentido. Se o ponto de vista da "entropia" constitui uma interpretação macroestrutural interessante da pluralidade das codificações, deixa no entanto certamente escapar outros aspectos importantes do fenômeno, sendo necessário ajuntar-lhe, sem dúvida, uma teoria microestrutural das superposições de códigos.

VII, 9.

A esta nova interpretação corresponde de modo suficientemente nítido uma definição de estilo dada por A. A. Hill: é "a mensagem" — aqui ainda, seria necessário dizer a sobremensagem — "transmitida por relações entre elementos que se situam num nível mais vasto do que o da frase, dito de outro modo, no nível de textos ou discursos extensos" (*Introduction to linguistic structures,* 1958, citado por N. Ruwet, "L'Analyse structurale de la poésie", *loc. cit.*). De uma maneira mais geral, trata-se aqui de revelar regularidades de distribuição dos elementos na mensagem, que transpõem, por assim dizer, as unidades regidas pela organização semântica e sintática. É o que chamamos de "sobrecódigos". Comentaremos brevemente dois exemplos vizinhos, mas suficientemente diferentes em seu espírito, dessa determinação dos efeitos de estilo.

A idéia de "contexto estilístico", apresentada sobretudo por M. Riffaterre,[8] consiste em definir essencialmente o estilo como uma sucessão de oposições binárias entre seqüências que constituem um contexto e seqüências chamadas de "procedimentos estilísticos" *(stylistic devices)*. Correspondendo o contexto estilístico à noção de uma continuidade de "molde" lingüístico, de previsibilidade relativa dos elementos da seqüência, é esta continuidade que o procedimento estilístico vem interromper, introduzindo um elemento imprevisível.

A conseqüência mais interessante dessa concepção, em suma por demais sumária, seria que "todo conceito de um valor estilístico intrínseco é vazio" (*loc. cit.*, p. 216). Sem dúvida, se o efeito de estilo nasce de uma sobrecodificação, deve necessariamente repousar sobre a aparição de caracteres contrastantes, e é aí que reside a verdade da teoria do contexto. Mas, é necessário bem reconhecer que ela deixa indeterminada a idéia desse "molde" lingüístico, cuja continuidade será rompida. Parece-nos que, na medida em que se tentasse precisá-la, ela própria apareceria como constituindo já um fato de estilo, sendo este definido independentemente de sua oposição ao procedimento que o interrompe.

Assim também, a idéia de Roman Jakobson sobre uma definição da sobrecodificação estilística parece mais rica de conteúdo. A bem da verdade, trata-se de definir o uso "poético" da língua;[9] mas a hipótese adiantada pelo autor poderia servir, sem dúvida alguma, com algumas pequenas precauções, a uma caracterização geral dos efeitos de estilo. Conhece-se a importância essencial atribuída por esse lingüista à distinção saussuriana dos eixos da língua, que ele denomina eixo das *seleções* (paradigmáticas) e eixo das *combinações* (sintagmáticas). O funcionamento da atividade seletiva repousa sobre uma relação mais ou menos frouxa de equivalência estabelecida entre os diversos representantes de um paradigma, substitutos possíveis do elemento que ocupa um lugar determinado no sintagma. O uso "poético" da língua consistiria então em "projetar o princípio de equivalência do eixo da seleção sobre o eixo da combinação" (*loc. cit.*, p. 220). Dito de outro modo, são as posições sintagmáticas que se tornam então suscetíveis de equivalências. "A equivalência é promovida à ordem de procedimento constitutivo da seqüência. Em poesia, cada sílaba é colocada em relação de equivalência com todas as outras sílabas da mesma seqüência; todo acento de palavra supõe-se ser igual a um outro acento de palavra..."

---

8. Stylistic context. *Word*, v. 16, n. 2, p. 207, 1960.

9. "Linguistics and poetics", Sebeok (ed.), *loc. cit.*; reproduzido em tradução francesa em *Essais de linguistique générale*, pp. 210-248.

(*ibid.*) Constituem-se assim unidades sintagmáticas mais ou menos volumosas que desempenham o papel de moldes, preenchidos por elementos, por sinal, paradigmaticamente associados. Uma tal concepção seguramente diz respeito muito bem à análise da poesia e, muito particularmente, à de tipo convencional. Tomemos de empréstimo, por exemplo, a J. Lotz ("Metric typology", em Sebeok, *op. cit.*) sua descrição de uma métrica chinesa clássica da época Tang; o traço distinto é aqui o tom, a que se ajunta o número das sílabas e o som silábico para a rima. Os numerosos tons da língua antiga são divididos em duas classes de equivalência: tons unidos (tais como os dois primeiros do pequinês atual) e tons modulados (tal como o terceiro) — primeira intervenção de um princípio de equivalência de tipo paradigmático. O poema é construído como seqüência de quatro versos iguais heptassilábicos; aparece em lugares determinados de cada um deles um tom de uma classe definida, e é estabelecida uma correspondência de tons opostos entre as posições marcadas de dois versos formando dístico; aparece uma rima, equivalência silábica, no 1º, 2º e 4º versos. Assim por exemplo:[10]

$$x - x \wedge x - a$$
$$x \wedge x - x \wedge a$$
$$x \wedge x - x \wedge x$$
$$x - x \wedge x - a$$

Trata-se aí bem de um plano de codificação mais ou menos rígido, de uma "sobressintaxe" superpondo-se ao plano fundamental da estrutura lingüística. "A superposição do princípio de equivalência à seqüência das palavras, em outros termos, o encavalamento da forma métrica e da forma usual do discurso, dá necessariamente a sensação de uma configuração dupla, ambígua ... as convergências assim como as divergências entre as duas formas, as esperas satisfeitas assim como as esperas frustradas provocam essa sensação" (Jakobson, *loc. cit.*, p. 232). Evidentemente, como nota o próprio autor, "o verso é, sem dúvida, inicialmente, uma figura fônica recorrente, mas jamais é unicamente isso" (p. 233).

É no sentido dessa última observação que S. R. Levin nos parece ter diversificado o esquema de Jakobson.[11] Ele define a estrutura poética como aquela em que "formas semântica e (ou) fonicamente equivalentes colocam-se em posições sintagmaticamente equivalentes, constituindo assim tipos especiais de paradigmas" (*loc. cit.*, p. 18). Dá a essa

---

10. x representa aqui uma sílaba de tom livre, "—" uma sílaba rectotonal, "∧" uma sílaba modulada, "a" uma sílaba de rima. Cf. também a introdução de P. DEMIÉVILLE à *Anthologie de la poésie chinoise classique*, Paris, 1962.

11. *Linguistic structures in poetry*, 1961. Cf. também o artigo de N. RUWET, *Linguistics*, n. 2, dez. 1963, já citado.

ocorrência de duas formas "naturalmente" equivalentes em posições equivalentes o nome de "acoplamento". Vê-se, pois, que nesse esquema não somente uma coerção de tipo jakobsoniano é imposta ao uso do código, mas ainda uma coerção nova referente aos sentidos. Belos exemplos poderiam ainda ser aqui tomados de empréstimo à poesia chinesa clássica, onde a correspondência sintagmática dos elementos de classes de equivalência semântica é bem menos perturbada pelas coerções sintáticas originárias do código do que em nossas línguas indo-européias.

VII, 10.

Em que medida essa descrição da sobrecodificação poética permanece válida para os efeitos de estilo da língua, em geral? É certo que o caráter de relativa rigidez dos sobrecódigos em poesia não poderia subsistir em prosa. Essa rigidez seria, aliás, mais precisamente analisada, fazendo-se intervir a distinção paradoxal introduzida no § 7, 5 entre código *a priori* e código *a posteriori*. A sobrecodificação poética tem de particular o fato de que ela se dá, em relação à língua, como organização *a posteriori* da mensagem, sendo pelo menos parcialmente, um *a priori* característico de uma época cultural ou de um grupo. A noção de forma "fixa" mostra bem a existência dessa ambivalência, caso extremo em que o caráter *a posteriori* da sobrecodificação desapareceu quase totalmente. A realização extrema desse fenômeno desemboca evidentemente no academicismo, uso da linguagem poética que conserva os sobrecódigos como parte integrante convencional da organização originária da língua, coerções adicionais totalmente gratuitas e, desde então, não-significantes. Mas, a poesia viva caracteriza-se, ao contrário, em qualquer escola que apareça, como utilização de uma gama gradual de codificação indo da organização lingüística de base (mais ou menos abrandada ou rigorista)[12] a sobrecódigos de caráter *a posteriori* cada vez mais acentuado, no sentido de que são cada vez mais apropriados à mensagem e ao autor. Retomaremos logo o exame dessa função singularizante da sobrecodificação estilística. Para o momento, queremos tentar precisar esse caráter essencial de gradação do *a priori* ao *a posteriori* ou, se se quiser, da convenção à criação extemporânea. Desse ponto de vista, o estilo da prosa pode distinguir-se do da poesia pela redução ou supressão dos sobrecódigos intermediários descritos por Jakobson e Levin. Assim também, uma passagem gradual é possível, como se sabe, da poesia à prosa, ou porque

---

12. Convém notar que as sobrecodificações podem perfeitamente consistir na *neutralização* de certas coerções imperativas no uso ordinário; essa liberalização é a contrapartida igualmente eficaz das restrições introduzidas pela sobrecodificação positiva.

esses sobrecódigos se congelam, como notamos há pouco, até tornarem-se parte da língua, e a mensagem então nada mais é do que uma prosa exteriormente cadenciada ou rimada; — ou porque, ao contrário, certas sobrecodificações *a posteriori* tornam-se tão prenhes, tão regulares, que desempenham o papel das codificações intermediárias da poesia, e a mensagem então é um poema em prosa.

O efeito de estilo em geral aparece, pois, como ligado à sobrecodificação e nos limites em que esta conserve uma parte, pelo menos, de seu caráter *a posteriori*. O aspecto de invenção e criação de um estilo está, ao mesmo tempo, no poder de organizar de modo prenhe elementos originariamente fora-de-código da língua e de variar suas modalidades. Uma mensagem rica em efeitos de estilo poderia ser comparada a um fragmento desses espaços riemannianos, onde cada região possui sua organização métrica local, ajustada às das regiões vizinhas, sem que seja possível relacionar o conjunto com um sistema de referência única como o que caracteriza o espaço métrico global das geometrias ordinárias, sejam elas euclidianas ou não. Mais exatamente, aqui estão organizações de amplidão diferente que se encavalam, como o revelou a teoria dos contextos. A análise estilística de uma mensagem deveria, pois, apresentar-se como dissociação das organizações que agem em diferentes níveis, os quais são caracterizados pela natureza dos elementos da língua a que se referem; e também como recorte das unidades horizontais de organização de diferentes classes, caracterizadas pelo volume dos sintagmas.

VII, 11.

Resta-nos dizer uma palavra sobre o último aspecto das concepções do estilo tais como as classificamos mais acima. A idéia de regras de transformação, formalmente introduzida em Lingüística por Chomsky, encontra uma aplicação no nível da análise estilística? É o que certos lingüistas como R. Ohrmann[13] e N. Ruwet,[14] julgaram poder demonstrar. "Não se poderia conceber", escreve este último, "que uma gramática transformacional suficientemente complexa — que teria incorporado o estudo das relações lexicais e, especialmente, dos tropos — fosse capaz um dia de descrever a estrutura de um poema em termos de transformações operadas sobre um ou vários *kernels?*" (*loc. cit.*, p. 83). A hipótese é certamente sedutora. Do mesmo modo que a geração por síntese de constituintes é insuficiente para dar conta das mensagens de uma língua natural, assim uma análise estilística

---

13. Generative grammars and the concept of literary style. *Word*, 20, n. 3, pp. 423-439, dez. 1964.
14. Analyse structurale d'un poème français. *Linguistics*, n. 3, pp. 62-83, jan. 1964.

concebida como a anterior, num espírito análogo ao da análise de constituintes de uma língua, talvez deixe escapar aspectos importantes do efeito de estilo. O exemplo tratado por N. Ruwet é menos convincente do que os de Ohrmann, sem dúvida, porque é tomado de empréstimo à poesia, onde os efeitos do primeiro gênero agem plenamente. Ohrmann toma um fragmento de Faulkner, onde os efeitos de estilo são intuitivamente muito marcados. Reduz esse texto a frases-núcleo e constata, como se poderia esperar, um desaparecimento ou uma alteração severa dos efeitos de estilo. A análise consiste, então, em discernir as transformações essenciais que permitiram a redução nuclear. Reconhece aí três, que conjetura então caracterizarem o estilo da mensagem. A contraprova consiste em aplicar as mesmas transformações a um texto diferente, do mesmo modo estilisticamente marcado (no caso estudado, um texto de Hemingway) e constatar que a alteração estilística é sensivelmente menos radical. É que um outro sistema de transformações caracteriza então esse segundo estilo, que se obterá procurando sua redução a frases-núcleo.

Um tal método de análise, reduzido unicamente a seus recursos, seria sem dúvida insuficiente. Parece-nos, entretanto, que constitui um instrumento notavelmente adequado para ressaltar certas características globais, não estatisticamente formuláveis, servindo para definir um estilo. É apropriado para trazer à luz procedimentos de sobrecodificação que uma análise contextual linear provavelmente não poderia revelar.

Afinal, a tese adiantada no § VII, 3, deste capítulo, parece ter tomado corpo: é a pluralidade dos códigos, realizada de diversas maneiras, que condicionaria o fato de estilo. Se isso ocorre, a presença de um estilo aparece como impondo um aumento da *redundância* da mensagem. Mas, essa propriedade pode ser entendida em vários sentidos que agora importará precisar. É por esse prisma que vamos abordar a segunda etapa de nossa análise, que diz respeito ao conceito de individuação da mensagem.

Estilo estético e individuação da mensagem

VII, 12.

Uma mensagem rica em efeitos de estilo deve ser mais redundante do que uma mensagem neutra, uma vez que se submete a uma múltipla rede de regras, que reforçam a organização lingüística de base. Cada elemento, achando-se tomado nas malhas dessa rede e satisfazendo, pois, às condições que constituem os sobrecódigos, traz em média uma informação diminuída. No entanto, se se avalia essa redundância por alguma função de predizibilidade das palavras de uma mensagem, Fonagy mostrou que esta última é mais fraca em poesia do que em prosa.[15] Como explicar esse paradoxo?

É que a ligação entre redundância e predizibilidade só é perfeitamente definida para um sistema simbólico simples, que comporte um vocabulário, cujos elementos têm probabilidades *a priori* e uma sintaxe bem determinada. Desde que se trate de uma linguagem natural complexa em que a Semântica revista o caráter móvel que destacamos, onde as regras de construção se superpõem em vários níveis, um alto grau de coerções acumuladas nesses diferentes níveis não se traduz simplesmente por um aumento da predizibilidade da mensagem. Seria necessário dizer, na realidade, que, ao contrário, as cristalizações do quadro de expressão podem ser correlativas de um recurso aos mais raros expoentes que satisfazem a essas ligações e, por conseguinte, os menos esperados pelo receptor. Assim, ou severas coerções levam ao estereótipo e à banalização da mensagem ou induzem, ao contrário, a uma pesquisa acentuada entre os recursos paradigmáticos, praticamente inesgotáveis na escala de um indivíduo.

Aliás, convém voltar a essa palavra: "cristalizações" do quadro de expressão. Longe de significar aqui a obediência a regras *a priori*, banalizadas como são as condições indispensáveis da estruturação lingüística, as sobrecodificações que descrevemos nunca são *dadas* por antecipação. Ordenam de modo imanente os traços da mensagem que a língua deixava livres. Sem dúvida, são sentidas globalmente pelo destinatário, mas, de modo algum, fornecidas por antecipação como guias e chaves da mensagem. São problemas muito mais do que soluções. Tentaremos mais adiante esboçar um desenvolvimento dessa situação estilística por meio de um esquema de jogo de estratégia. Do ponto de vista do esteta, trata-se, em todo caso, de explicitar essas coerções ocultas como estruturas transcendentes à mensagem, por uma ficção reflexiva que faz parte da atitude científica e não da do simples receptor.

A redundância como caráter estilístico geral de uma mensagem consiste, pois, no fato de cada elemento achar-se, ao mesmo tempo, implicado na rede das estruturações *a priori* comuns às formas neutras da linguagem e nas diversas redes superpostas, imbricadas, presentes somente no estado de estruturas *nascentes* e *a posteriori* no fragmento de discurso considerado. Nós a qualificaremos de redundância virtual.

VII, 13.

A função dessa redundância virtual aparece-nos, então, como dupla. Por um lado, tende, num certo sentido, a faci-

15. Ver Comunication in poetry, *Word*, 17, n. 2, 1961, pp. 194-218.

litar a comunicação, e, por outro, individua a mensagem. Essas duas funções são inseparáveis; no entanto, a primeira, como acabamos de ver, não poderia ser afirmada sem reservas.

Num relatório de *Style in language,* Michael Riffaterre sublinha, contudo, o fato de que o estilo é um procedimento que facilita a decodificação.[16] Com efeito, não se poderia contestar que as regularidades — mesmo extemporâneas — a que o estilo submete a mensagem, pudessem fornecer um fio condutor para a decifração. Não que cada um dos elementos se torne, a cada instante, mais fácil de ser predito: acabamos de reconhecer o caráter ilusório dessa idéia simplista da redundância, mas a percepção de um modo de proceder de conjunto, de uma *figura* do discurso é certamente reforçada pelo efeito de estilo. Caberia aos psicólogos estudar empiricamente esse fenômeno, interpretando o seu mecanismo do ponto de vista da *Gestalt* ou não. Mas convém observar ainda uma vez que a noção intuitiva de "decifração" permanece por demais vaga, desde que a linguagem autorize a multiplicidade dos registros que justamente condiciona o estilo. Em todo caso, seria um erro, sem dúvida, afirmar simplesmente que a mensagem estilisticamente marcada é mais fácil de ser interpretada do que a mensagem neutra. Bem ao contrário, para um ouvinte pouco perspicaz, é possível que os efeitos de estilo funcionem como "barulhos" aleatórios, mascarando parcial ou totalmente o conteúdo principal, ou literal, da mensagem. Regularmente é isso o que ocorre, quando aparecem num autor ou num grupo de autores inovações estilísticas importantes. É que a redundância característica do estilo, com efeito, é apenas virtual e só se torna operante se for, por assim dizer, ativada, e essa ativação é um fenômeno dependente essencialmente do receptor e do contexto intra e extralingüístico, que denominamos experiência.

Determinar em que condições essa ativação se opera, eis o que compete não a uma filosofia do estilo mas a uma investigação objetiva que é necessário deixar ao psicólogo, ao sociólogo ou ao historiador das letras. Contudo, podemos levar um pouco mais adiante uma reflexão a esse respeito discutindo a respectiva importância, para uma teoria do estilo, do ponto de vista do emissor e do do receptor.

Sem dúvida, observar-se-á que boa parte dos efeitos de estilo não se manifestam como elementos conscientes e separáveis, mas operam num nível infraliminar como condicionamento global de uma atitude. Assim sendo, parece-nos estranho ver M. Riffatere proclamar (*ibid.,* p. 343) que "o passo decisivo foi dado em direção da solução do problema do estilo, quando se adotou, no estudo dos empregos literários da língua o ponto de vista não mais do autor mas daquele a quem

---

16. Vers la définition linguistique du style. *Word,* 17 n. 3, dez. 1961.

o estilo justamente se endereça e que, ao invés de estudar igualmente todos os aspectos de uma estrutura, ficou limitado àqueles cuja percepção é imposta aos destinatários do ato de comunicação". É verdade que uma teoria do estilo exclusivamente centrada nas *intenções* do locutor corre o risco, com certeza, de ser insuficiente e arbitrária. Mas, se se entende por percepção, como parece no texto citado, somente o que é conscientemente recebido, corre-se o risco de algumas vezes deixar escapar o essencial. Seria necessário, pois, dizer antes, unindo-se aqui ao ponto de vista de Jakobson, que o progresso decisivo de uma teoria do estilo está em centrá-la inicialmente na mensagem.

É por aí que é necessário começar, se essa teoria não deve ser uma psicologia do uso lingüístico; é assim, aliás, que uma estilística foi considerada, desde o início deste ensaio, como uma teoria das *obras*. No entanto, pensamos que seus dois prolongamentos, do lado do emissor como do lado do receptor, merecem igualmente ser desenvolvidos: um conduzindo a um enriquecimento da teoria das comunicações em seu aspecto psicossociológico e o outro a um conhecimento objetivo da *expressão* individual, ligada a uma caracterologia e a uma psicologia clínica apuradas, cujo estatuto científico, um dia, estamos certos de que vai afirmar-se e justificar-se sem contestação. Para o momento, interessamo-nos aqui não por essas próprias disciplinas, mas pelo que poderia fundá-las, isto é, as condições de individuação da mensagem, da obra, pelo estilo.

VII, 14.

A função individuante do estilo já foi esboçada no primeiro capítulo deste livro. Devemos aqui precisá-la no exemplo da linguagem natural.

A tese geral é a de que o objeto se individua quando várias estruturações concorrentes são simultaneamente possíveis — e não apenas estruturações cada vez mais apuradas e, por assim dizer, encaixadas, mas, estruturações encavaladas, superpostas, algumas parciais, outras globais para um objeto dado. Do mesmo modo que o efeito estereoscópico é obtido pela conjunção de duas imagens díspares, assim o "efeito de individuação" nasceria dessa virtualidade de estruturas múltiplas. Evidentemente, não pretendemos dar conta assim de uma individuação metafísica, enunciando caracteres do ser e muito menos descrever um sentimento. A tese adiantada diz respeito a uma relação do homem que procura conhecer e agir e da experiência do mundo que ele constitui em objetos. A individuação epistemológica só é assim definida em e por uma prática. Observar-se-á outra vez que um dos movimentos da

Ciência — sua componente "matemática" — consiste justamente em ignorar a individuação, na medida em que ela escolhe tal ou tal tipo de estruturação que privilegia; mas um movimento oposto — sua componente "histórica" — leva-a a fazer convergir estruturações díspares para a determinação do aqui e do agora, enfim, a porta em direção ao ideal *especulativamente inacessível* de um conhecimento do individual.[17]

Resulta dessa hipótese sobre a individuação que esta comporta graus e é sempre relativa. Só se pode, pois, falar de individual, num certo quadro estrutural, num certo nível de explicitação das formas. Nessas condições, o estilo, superpondo às estruturas de base da língua uma multiplicidade de estruturas virtuais, engendra efeitos de individuação que dependem da riqueza das organizações impostas à mensagem e da perspicácia do receptor. Mas, convém sublinhar então o caráter bem particularmente positivo da individuação assim sugerida. Sem dúvida, na perspectiva adotada, todo efeito de individuação supõe uma certa relação bilateral do ser consciente e de seu mundo; a individualidade nunca é um predicado especulativo, mas sempre um predicado prático do objeto. Mas no caso da individuação pelo estilo, esse objeto enquanto signo é um puro artefato, quaisquer que sejam os materiais de que ele seja constituído. O estilo caracteriza um *trabalho*, no sentido pleno do termo e a individualidade do objeto assim obtida apresenta alguma coisa de imediatamente voluntária, senão em seu conteúdo, pelo menos em sua intenção primeira. Tal é a justificação desse "complexo de Pigmalião"[18] que faz o homem desejar e imaginar que suas criaturas se animam.

VII, 15.

Para precisar a natureza da individuação estilística, um primeiro obstáculo, se se quiser, uma primeira aparência, deve ser de início afastada. Consiste no fato de que uma reflexão sobre o indivíduo começa, de boa vontade, por defini-lo como *desviado* em relação a uma norma. Uma expressão nítida dessa concepção é-nos proposta por Osgood:[19] "O estilo é definido", diz esse autor, "como desvios de um indivíduo em relação às normas que regem as situações em que ele codifica, manifestando-se esses desvios nas propriedades estatísticas dos traços estruturais pelos quais, em algum grau, uma escolha é permitida por seu código". Não diremos que uma tal descrição seja falsa, mas somente que é insuficiente e só apresenta um aspecto exterior da individuação estilística.

17. Cf. a esse respeito "L'Histoire comme analyse des oeuvres"... In: *Médiations*, n. 1, 1961.
18. Tomamos esta expressão de empréstimo de um artigo antigo (Pygmalion, réflexions sur la pensée formelle, *Revue philosophique*, n. 79, 1947, pp. 282-300).
19. Some effects of motivation on style encoding, artigo citado.

A questão filosófica geral que subtende nossa crítica é saber se a *diferença* é suficiente para definir o indivíduo. Sem dúvida, ela é uma manifestação constante da individuação. Mas, é necessário concluir daí que dois objetos distintos um do outro são, no entanto, indivíduos? Wittgenstein, em seu *Tractatus,* propõe de um modo por demais enigmático, é verdade, uma teoria dos indiscerníveis que pode esclarecer nossa reflexão. Dois objetos "da mesma forma lógica", diz ele, só se diferenciam um do outro naquilo que são distintos. Isso quer dizer que dois objetos abstratos, considerados unicamente como sistemas de predicações virtuais e não como agregados de predicados efetivos (tal é a tese de Wittgenstein), são idênticos embora distintos (2.0233), tais como duas ocorrências de um mesmo símbolo no discurso. Em contrapartida, dois objetos abstratos diferindo por alguma propriedade formal são de pleno direito distintos: os embaralhamentos de predicados *possíveis* que os definem para Wittgenstein enquanto objetos não coincidem mais. Neste último caso, é difícil admitir que esta diferença equivalha a uma individuação verdadeira.

Para o primeiro caso, a diferenciação é de um outro tipo. Na filosofia do *Tractatus,* ela se refere a uma ordem de qualidades chamadas, às vezes, de externas por Wittgenstein e que consistem na efetuação, no preenchimento das virtualidades que determinam a forma do objeto. Esse preenchimento compete à experiência e, como tal, é completamente contingente, faz parte dos *fatos* que constituem por seu estofo a materialidade do mundo, o perecível, o mutável. É então, sem dúvida, que se poderia falar de indivíduos. Não seguiremos a doutrina de Wittgenstein nessa direção radical e desesperadamente empirista que levaria, transposta em nossa linguagem, a supor finalmente toda individuação reduzida à contingência de um fato em que a atividade prática de um sujeito não tomaria parte alguma. Contudo, essa tese é correlativa de uma outra adequadamente esclarecedora quanto a nosso propósito. É que, afinal, não há *coisas* individuadas, mas somente *fatos,* não sendo as primeiras nada além de nós de relações abstratas que constituem o vigamento do mundo, sua "substância", único ponto de apoio de um conhecimento *a priori* e necessário. Nessas condições, é dizer que um conhecimento verdadeiro do individual é, a rigor, impossível: só se pode constatar o entrecruzamento dos fatos. Na perspectiva que esboçamos, supõe-se essa constatação prolongada pela consciência de estruturações múltiplas, superpostas à estruturação fundamental — a que Wittgenstein descreve sob o nome de lógica e que, para ele, se estabelece entre esses nós de relações virtuais que são as coisas (*Sachen, Dingen* ou *Gegenstaende*). Não é então a simples diferenciação — já possível ao mais abstrato nível, no próprio seio das estruturas de base que pode designar o individual. Admitido esse ponto, vemos mais de perto o sentido da noção de *desvio*.

Na definição proposta por Osgood, trata-se não do desvio* de um caso em relação a uma média, mas da não-conformidade de uma distribuição estatística à distribuição-molde. Tudo se passa como se essa singularidade de uma série desviante fosse o índice de uma forte probabilidade a fim de que seja errônea a hipótese de constância e de homogeneidade da fonte do discurso considerado como processo aleatório. O desvio aparece, pois, como índice de uma particularização, não da mensagem como tal, mas antes da fonte pela qual ela é supostamente emitida. A captação da sobremensagem estilística seria, então, análoga à realização de um teste de hipótese. Assim não se reduziria ao simples caráter de diferenciação da mensagem; aliás, se assim fosse, seria necessário convir que *quase toda* mensagem é estilisticamente marcada, uma vez que só se poderia considerar cada uma delas como amostra finita de uma população estatística praticamente infinita, cujos parâmetros só podem evidentemente ser exata e significativamente apresentados pelo conjunto destas.[20]

Assim, não é, propriamente falando, enquanto "desviante" estatístico que uma mensagem aparece como estilisticamente marcada, mas apenas na medida em que esta diferenciação pode ser interpretada como reveladora de uma distribuição "intencional" dos traços livres, distribuição cuja figura seria ela mesma de natureza estatística (é a hipótese sublinhada pelos métodos apresentados em VII, 8) ou de natureza mais ou menos rígida, tal como, por exemplo, uma álgebra de transformações poderia descrevê-la. A marca estilística, bem longe de poder ser caracterizada como traço aleatório, apresenta-se, ao contrário, como o testemunho de uma luta contra o acaso, mesmo quando essa luta só consiga reduzi-la imperfeitamente, criando apenas uma *outra* organização estatística.

De tal modo que, em geral, não se dirá de fenômenos naturais que eles têm um estilo, embora sua diferenciação possa sempre aparecer como uma *individuação* passiva, quando são apreendidos de uma maneira multiestrutural que é trabalho para o sujeito que percebe. No entanto, isso se diria por abuso de linguagem, se fossem visados tais fenômenos como suportes de uma mensagem suposta que os assimila ao universo dos artefatos.

(*) Infelizmente, não tendo encontrado outra alternativa em português, fomos obrigados a utilizar o mesmo termo "desvio", para a tradução de *écart et déviant*. (N. do T.)

20. Uma hipótese de tipo ergódico que fixaria simplesmente limites à variação dos parâmetros estatísticos das mensagens, quase não pode valer, aliás, quando estes são relativamente breves.

O estilo e a "beleza"

VII, 16.

Até o momento, em nosso ensaio para definir as condições e as modalidades do estilo, sempre fizemos abstração de uma das *significações* principais — a beleza — segundo a qual ele se dá na obra de arte. É que a noção de estilo, como dizíamos mais acima, parece-nos ultrapassar de muito essa significação particular que se dá, no entanto, como sua razão de ser num domínio privilegiado das obras manuais e do espírito. Estaria fora de nosso propósito e também de nossa competência, arquitetar agora uma estética como caso particular de uma estilística geral. Contudo, seria esquivar-se de uma obrigação muito certa não lhe propor esboço algum, mesmo que fosse simplesmente para mostrar uma via possível de ajustamento entre os caminhos divergentes da Epistemologia e da Estética.

Ambas são perspectivas sobre a obra humana. Pois, do mesmo modo que não seria possível ter ciência *natural,* no sentido em que o conhecimento verdadeiro do objeto seria imanente ao fenômeno, assim parece-nos que não poderia ser dada uma beleza *natural,* no sentido de um predicado imanente às coisas percebidas. As pretensas "belezas naturais" só o são num contexto prático que as interpreta — ao invés de fabricá-las — como artefatos possíveis de uma atividade humana, ou sobre-humana, se bem que existam totalmente como "belezas artificiais", cuja apreciação varia ao longo da história dos homens, conforme os tempos e as sociedades. A esse propósito, notar-se-á que o tema kantiano da uniformidade do transcendental e da homogeneidade da percepção e da Ciência acha-se sistematicamente na estética da *Crítica do Juízo,* para a qual a categoria do belo e a do sublime são igualmente apresentadas em seu aspecto definitivo em um ato de julgar o percebido. O privilégio kantiano de uma pretensa "beleza natural" corresponde então, no campo prático (no sentido que o filósofo dá a essa palavra), ao privilégio do objeto de percepção no campo teórico. A Arte e a Ciência são aqui apenas os prolongamentos e imitações, não certamente do conteúdo da natureza, mas, e em dois sentidos diferentes, de seu poder criador. Em um e outro caso, dessa tese resulta um desconhecimento radical do papel e do estatuto das diferentes linguagens, o que limita gravemente o valor, no entanto ainda inestimável, da contribuição kantiana a uma filosofia da Ciência e das Belas-Artes. Se seguirmos nessa direção, convém reformular em novas bases a relação de uma epistemologia e de uma estética. Ambas fundam-se numa análise da obra humana como estruturação de experiências. Mas, da primeira, dir-se-á que considera as estruturas assim estabelecidas em vista da constituição de um *objeto* e, da outra, que se interessa pelas estruturas enquanto tendem a constituir uma *mensagem*. Todas as análises anteriores concorrem para prevenir-nos contra acepções essenciais demasiado vagas dessa última palavra. Que a estética não possa desinteressar-se de uma fenomenologia e de uma psicologia do sentimento e, por conseguinte, das mais amplas significações e as menos diretamente conceitualizáveis das "mensagens", não sonhamos de modo algum negar. Mas, ao contrário, não se segue daí que ela não deva partir inicialmente de uma analítica seca e estrita dessa noção, tal como uma filosofia da estruturação em geral a funda. A bem da verdade, toda obra humana pode ser ao mesmo tempo pensada e visada como objeto e como mensagem. Epistemologia e Estética teriam, pois, um solo comum. A diferença dos pontos de vista só se afirma radicalmente quando a primeira reconhece que na Ciência as estruturas são essencialmente colocadas como negação do individual e que, por conseguinte, mesmo quando também considera o objeto de conhecimento como mensagem, ela coloca a ênfase numa tentativa de codificação uniforme da experiência e nas relações dessa codificação com esta experiência que constitui o seu contexto exterior. Para a segunda, ao contrário, as estruturas são essencialmente postas em operação em vista de organizar *mensagens* e é por estas que ela se interessa, em primeiro lugar: e os procedimentos de codificação de uma experiência são então considerados como meios de tornar sensível ao sentimento e à inteligência uma individuação, por assim dizer, intencional do objeto.

VII, 17.

A análise estilística aqui apresentada serviria então de passagem entre a atitude do epistemólogo e a do esteta face a obra humanas. Toda estruturação torna-se o tema de um exame comparado de suas figuras de equilíbrios, seus esboços, seus elementos implícitos, seus *acidentes* e, mesmo num caso extremo, duas modalidades de individuação, que, afinal, constituem o equivalente abstrato de uma obra de arte. Não que se trate, propriamente falando, de uma *história* das formas que a análise estilística utiliza constantemente sem nunca se confundir com ela. Mas essa preocupação com fenômenos de individuação que, como dizíamos mais acima, acompanham necessariamente toda obra efetiva, aproxima, sem nenhuma dúvida possível, a estilística de uma estética.

A bem da verdade, ela, a estilística, não tem de modo algum de conhecer a beleza e eis aí, sem dúvida, a conseqüência da distinção que acabamos de indicar, traço aparente que pode servir de marca para sua fronteira com a Estética. Mas a palavra "beleza" permanece tão rica em significações diversas que devemos renunciar a empenhar-nos aqui na via que consiste em tentar associar-lhe conceitos, o que seria propriamente fazer Estética. Para nós basta, permanecendo nos limites de uma estilística, propor algumas condições de aparição dessa significação particular da obra, reconhecendo que não estamos nem preparados nem dispostos a prosseguir na verificação por uma análise comparável à que tentamos aplicar a alguns objetos científicos, e que um saber irremediavelmente limitado já se torna suficientemente titubeante.

VII, 18.

Viollet-le-Duc, em seus *Entretiens sur l'architecture*,[21] expõe a idéia de que toda invenção arquitetural, tendo algum valor estético, nasce inicialmente como solução de um problema técnico. Sabe-se como ele aplica essa tese, sem dúvida de modo excessivo, a uma análise dos estilos gótico e românico. Do ponto de vista que nos ocupa, seria afirmar que a aparição do belo é uniformemente dirigida pela invenção de uma estruturação nova dos materiais em vista de um fim diretamente pragmático. Toda espécie da Arquitetura encontrar-se-ia, então, reconduzida a uma epistemologia da técnica, se for possível tolerar essa reunião de palavras que, na verdade, só é chocante na aparência, uma vez que a técnica seria aqui exatamente uma certa orientação especializada do conhecimento prático do material. Qualquer que seja o valor polêmico dessa tese, num tempo em que a estética da Arquitetura se atolava num academicismo das formas desligadas de seu suporte, qualquer que seja seu valor heurístico positivo, na alvorada de um período em que o ferro e o concreto deviam substituir os materiais tradicionais, é quase impossível com ela concordar em toda sua sequidão. Propomos enunciar, assim, as mais gerais condições de aparição da beleza na obra de arte:

1) A presença não-evitada de uma *resistência* do mundo às estruturas que se quer impor-lhe. Essa resistência superada responde evidentemente ao pólo técnico só colocado em evidência por Viollet-le-Duc. Ela aparece sob o aspecto dos mais diversos fenômenos naturais e culturais.

2) Uma *inovação formal,* isto é, a criação de um *código* por meio do qual os elementos da obra tomam sentido (na acepção que demos a essa palavra). É nisso que a obra humana distingue-se, inicialmente, como obra de arte e põe-se como mensagem. Mas ao contrário da obra científica, que é também mensagem — e mesmo necessariamente mensagem lingüística —, a obra de arte não se apresenta como modelo

---

21. Cf. o interessante artigo de J. F. Revel em L'Oeil, fev. de 1964, pp. 1-9.

abstrato de uma experiência porque este se constituiria assim em objetos de conhecimento coerente e eficaz. Ela própria põe-se não como modelo, mas como realidade.

3) Ela realiza uma *coisa,* uma vez que reservamos o nome objeto justamente para o acoplamento das coisas (visadas na experiência) e do modelo abstrato que a Ciência propõe. Ora, parece-nos que esse caráter intuitivo de consistência, subsistência autônoma e individuação que condensamos na palavra "coisa" só é obtido numa obra justamente pela pluralidade e embaralhamento das estruturações que definem o efeito de estilo.

A conjunção bem sucedida numa prática total determinada dessas três condições daria nascimento a esse valor contemplativo que se convencionou chamar de beleza. Uma tal descrição é, por certo, insuficiente para o esteta e para o historiador da Arte; mas forneceria um quadro, numa filosofia da estruturação, tanto às formas "canônicas" da beleza quanto às suas formas "convulsivas", segundo as figuras históricas que este valor da obra de arte toma.

Nossa definição de estilo fornece precisamente um instrumento conceitual conveniente para uma análise das obras que seria prévia à Estética. Cada um dos três caracteres enunciados está presente realmente desde que aparece o efeito do estilo que constituiria, pois, o fundamento necessário de uma criação artística. Assim, seria necessário começar por explicitar na obra essa estruturação estilística, em seguida a que a interpretação propriamente estética continuaria a associar essa organização portadora de valor de conjunto das significações que ela reveste no contexto concreto em que se realiza como obra de arte.

É neste sentido que nos propusemos fundar uma estética sobre uma análise prévia — e neutra — do estilo. Assim, uma estilística geral que para o epistemólogo deveria prolongar a sua investigação, ao contrário, se veria preceder a do esteta.

Mas, as indicações aqui formuladas o são, de certo modo, à margem de nosso objetivo principal e destinam-se sobretudo a sugerir a posição que uma estilística deveria assumir na economia de uma filosofia não-especulativa das estruturas. O que faremos é apenas completar e concluir essas observações voltando a uma proposição anteriormente introduzida, referente ao método geral de uma análise do estilo e à sua esquematização possível como pseudojogo de estratégia.

Um jogo de xadrez sem tabuleiro

VII, 19.

Fingir utilizar conceitos rigorosos despojando-os de seu rigor é uma impostura. Também seria uma, deixar entender que somos capazes de construir um esquema de jogo, no sentido matemático atual desse termo, para dar conta dos fatos de estilo. Tudo o que desejamos fazer aqui é aplicar a esses fatos certos elementos desse conceito, de tal forma que o esquema assim esboçado — e que chamaremos de *pseudojogo* —, se bem que não constitua, propriamente falando, um *modelo* acabado, possa servir de guia à análise efetiva de casos concretos e mesmo sugerir, em situações determinadas, o estabelecimento de verdadeiros modelos. Considerações tecnologicamente mais avançadas devem ser deixadas aos lingüistas e aos críticos; a nós bastará, no prolongamento imediato das reflexões anteriores, mostrar a sua possibilidade e a sua orientação geral.

Afirmar, como não cessamos de fazer, que uma estilística deve concentrar o seu estudo na mensagem, isto é, antes na obra do que em seus modos de realização, não significa de modo algum, como se viu, que se esqueça deliberadamente a situação que é a sua condição primeira, a saber: a dupla presença virtual de um emissor e de um receptor humanos. Simplesmente, acha-se deixada de lado a objetivação e a exploração dessa situação que interessa em vários pontos ao psicólogo, ao lingüista, ao sociólogo ou ao pedagogo da comunicação. Se reconhecemos o fato de estilo como integrado nesse procedimento de comunicação lingüística, é para aí ver o testemunho de um equilíbrio atingido nas ações enfrentadas pelo locutor e pelo ouvinte, umas marcando atualmente a mensagem, outras marcando-a pela retroação, graças à imagem mais ou menos consciente de que o primeiro se forma do segundo quando usa da fala.

Do ponto de vista da construção da mensagem, é o emissor que é atualmente presente e ativo, sendo o receptor apenas uma imagem virtual a que ele quer dirigir-se. Do ponto de vista da decifração da mensagem, inverte-se a situação e é então o emissor que se torna a imagem virtual adversa, cujas proposições o receptor aceita. Trata-se, pois, a bem da verdade, de dois esquemas de jogo distintos e associados, ligados entre si pelo elemento materializado comum aos dois sistemas, que é a mensagem.

Considerar-se-á, pois, que se joga[22] uma espécie de jogo, cuja estrutura seria a seguinte:

1) Um código é comum ao receptor virtual e ao emissor; é o da língua, quadro mais ou menos estritamente determinado, a que se pode acrescentar regulamentos específicos, caracterizando um uso literário da língua ou um gênero dado, mas sempre supondo-se previamente conhecidos pelo receptor.

---

22. TODOROV, no artigo já citado dos *Annales* (mai-jun. 1965), fala a propósito do estilo de um jogo de estratégia; mas não dá nenhuma precisão sobre a estrutura de tal jogo.

2) O tema do jogo para o emissor não é transmitir diretamente um conteúdo de sentido numa mensagem: isto diz respeito a uma infra-estrutura da atividade de comunicação que aqui não é determinante e serve apenas, por assim dizer, como onda portadora para o jogo. Do mesmo modo, se a comparação puder esclarecer que o encontro de duas equipes de futebol pode bem ter por fim primário prover a caixa de um clube a pagar a despesa dos jogadores, sem que essa finalidade tenha o mínimo papel quanto à significação do jogo. Pode-se muito bem até mesmo conceber um efeito de heterogenia que somente deixa subsistir o jogo sem o seu substrato, como ocorreu algumas vezes em poesia e, muito freqüentemente, nas outras artes. Para o emissor, o tema seria aqui, por um lado, criar, em sua própria mensagem, um sobrecódigo cujas regras ele deve fazer o receptor "adivinhar" e, por outro, no entanto, maximizar para este último a surpresa e a incerteza de sua espera dos elementos da mensagem.

3) O tema do jogo para o receptor seria, compreendendo eventualmente o sentido "literal" da mensagem, "advinhar" as regras do sobrecódigo superposto pelo locutor. "Adivinhar" não significa aqui de modo algum reconhecer conscientemente e sob forma explícita, mas mostrar-se sensível a certas regularidades cuja sede é a mensagem, independentemente das regularidades macroscópicas que o uso ordinário da língua comanda.

Tal esquema não constitui evidentemente um jogo verdadeiro (que então seria, aliás, constituído por dois semijogos associados); não se supõe definida nenhuma matriz de ganho e quase só se poderia definir uma, na perspectiva indicada, a preço de artifícios impraticáveis. No entanto, talvez não seja impossível definir, em cada caso particular, critérios de sucesso e delimitar zonas de fracasso estilístico. Se uma álgebra das satisfações dos jogadores está aqui fora de propósito, alguma coisa como uma topologia rudimentar poderia ser concebível, como se mostrará mais abaixo. O esquema de pseudojogo permitiria então dar um sentido conceitual às limitações impostas pelo sucesso estético às invenções geradoras de estilo. Aliás, seria necessário conceber uma mensagem um pouco extensa mais como solução de uma pluralidade de pseudojogos ajustados no interior de um pseudojogo global engendrando o caráter estilístico de conjunto do texto.

Nessas condições, as considerações algébricas e analíticas que permitem definir *soluções* para um jogo não têm mais curso evidentemente. Esta noção de solução ou de estratégia de equilíbrio daria lugar à de zona optimal, ou aceitável, da sobrecodificação, fora da qual a decifração pelo receptor se torna ou muito fácil ou muito árdua.

VII, 20.

Pode-se pensar que uma concepção tão abstrata corre o risco de ser ao mesmo tempo ineficaz e inverificável. Seria necessário, pois, poder, por um lado, mostrar que ela não está tão afastada da descrição que certos escritores fazem de sua própria aventura, e, por outro, precisar mais os procedimentos pelos quais uma estrutura de pseudojogo se tornaria "operacional".

Quanto ao primeiro ponto, seria instrutivo reler alguns textos bem conhecidos de Valéry e de Poe. Nos *Commentaires de "Charmes"*, Valéry observa que a impotência da Estética deriva sobretudo do fato de que se confundem, numa grande desordem, "certas considerações, das quais uma só têm sentido no ser do autor, outras valem para a obra, outras para quem suporta a obra".[23] É distinguir da própria mensagem o que descrevemos como os dois pseudojogos associados. Em *Au sujet du "Cimetière marin"*, o mesmo autor insiste no que ele chama de "universo poético" (em oposição à prosa, e o que ele diz pode-se entender, em geral, da mensagem estilisticamente marcada oposta à mensagem neutra). Este universo poético "introduz-se pelo número ou, antes, pela densidade das imagens, das figuras, das consonâncias, dissonâncias, pelo encadeamento dos tons e dos ritmos". "Se se inquieta", prossegue, "diante do que 'quis dizer' em tal poema, respondo que não *quis dizer* mas *quis fazer* e que foi a intenção de *fazer* que *quis* o que eu *disse*..."[24]

O que o poeta quis fazer é a sobrecodificação estilística, capaz de veicular uma segunda mensagem, mas cujo conteúdo não é, na verdade, o que importa: o que importa em poesia — numa mensagem estilisticamente marcada — é a possibilidade de que essa codificação seja suspeitada e descoberta. Assim, o comentário do receptor, "essa escritura nas margens, produz de algum modo a esse respeito o complemento *secreto* do texto, mostra-lhe *a função do leitor*"... (o grifo aqui é nosso). O pseudojogo do receptor da mensagem é, na concepção do poeta, bem distinto do pseudojogo do criador e o que os constitui respectivamente a ambos é a realização e o deciframento de um código que se superpõe ao código da banalidade lingüística.[25]

Do mesmo modo, interpretar-se-ão as páginas de Edgar Poe onde o poeta expõe com muita precisão os diferentes meios de sobrecodificação que ele pôs em operação em *Le Corbeau*: tom, uso do refrão, disposição dos ritmos, alitera-

---

23. *Oeuvres*, editado pela Pléiade, I, p. 1511.
24. *Ibid.*, p. 1502.
25. Valéry cita Voltaire: "Voltaire disse maravilhosamente bem que 'a poesia é feita apenas de belos pormenores'. Não digo outra coisa" (*op. cit.*, p. 1502). Esses pormenores evocam precisamente os elementos livres da língua a que o ato de estilo dá uma estrutura.

ções.[26] Conclui: "Duas coisas são invariavelmente requisitadas — primeiramente algum grau de complexidade, ou mais propriamente, de adaptação; e, em segundo lugar, algum grau de sugestividade —, alguma corrente subterrânea, por indefinida que seja, de significação". O que Poe chama de "corrente subterrânea de significação" corresponde justamente a essa sobremensagem que o efeito de estilo suscita. Não é assim que o entende o poeta quando, algumas linhas mais abaixo, taxa de prosaísmo e insipidez certa poesia: "É o *excesso* de significação sugerida, é o fato de transformar essa corrente subterrânea em corrente de superfície", que destrói o efeito poético, isto é, em geral, o efeito de estilo. Quando a sobrecodificação se torna por demais explícita, não preenche mais a sua função. Poe tem nitidamente consciência, pois, do caráter muito particular dos sobrecódigos, caráter que ele exprime à sua maneira de poeta pelas palavras: corrente subterrânea, opondo-a ao fluxo das significações óbvias veiculadas pelo código da linguagem, utilizada em sua insipidez.

Sem dúvida, seria justo observar que Valéry e Poe integrassem a sua descrição da operação estilística numa concepção de conjunto da poesia, que permanece própria a cada um deles e de que cada uma reflete, além disso, à sua maneira, uma época da história das letras. Mas, essa descrição não deixa de parecer totalmente compatível com o esquema abstrato que nos propusemos.

VII, 21.

Quanto à colocação em operação desse esquema numa análise estética, inicialmente, ela supõe que seja tão exatamente quanto possível delimitado o campo das sobrecodificações *a posteriori,* uma vez que seja proposto um princípio de escolha entre as pseudo-estratégias que as combinações de emprego de vários códigos constituem.

1) O sistema natural de regulamentação da língua, por um lado, e o dos sobrecódigos impostos *a priori,* por outro, devem, com efeito, ser definidos antes de qualquer análise dos efeitos de estilo, cuja base e suporte eles constituem. Esse estabelecimento preliminar do campo operatório do artista é de natureza, ao mesmo tempo, lingüística e filosófica; deveria, no entanto, ser empreendido num espírito estruturalista, no sentido de que não são *pormenores* que formam a base neutra do efeito de estilo. Para o uso semântico comum de uma palavra, por exemplo, não se contentará em determiná-lo por uma definição de dicionário e por comparações históricas; será

---

26. The Philosophy of composition, artigo surgido no *Graham's Magazine* em abr. 1846.

necessário restituir, se possível, o espaço lexical estruturado, com as suas oposições e equivalências, no qual a palavra, para o estado de língua em questão, se insere. Sem dúvida alguma, problemas difíceis colocam-se desde que se queira precisar um pouco essa idéia de uma língua de referência *estilisticamente neutra,* a partir de que se definirá o efeito de estilo. Será necessário combinar ao grau das circunstâncias a análise individual "clínica" de textos adotados, como amostras (será necessário ainda tomar cuidado para que, mesmo se julgados, com razão, esteticamente neutros, eles não sejam marcados, aliás, de efeitos referentes à sua tecnicidade), e a isso juntar talvez a análise estática de um corpo de textos literários variados, na medida em que se puder então esperar de modo razoável que a divergência e a multiplicidade dos estilos aí deixe aparecer um resíduo que defina a neutralidade.

2) Supondo-se estabelecida a base de codificação *a priori,* cumpre então reconhecer no texto estudado as dimensões efetivas da sobrecodificação estilística. Para esse fim, utilizar-se-ão evidentemente os diversos procedimentos anteriormente examinados, nesse capítulo, concorrentemente e dando a cada um, conforme o exemplo particular de que se trate, a importância que as circunstâncias impõem. Está claro, por exemplo, que um poema de fraca extensão ou um fragmento de prosa isolado quase não se prestam, ou não se prestam totalmente, às provas estatísticas.

Entre parênteses, observar-se-á que essa análise transpõe no domínio discursivo a operação de "integração" das regularidades que o receptor natural da mensagem efetua ao nível intuitivo. Mas, é a mesma disparidade de atitudes e a mesma distinção dos meios que tornam incomparáveis a contemplação de um pôr do sol e a análise espectral da sua luz. A operação do esteta não se confunde, pois, de modo algum, com o pseudojogo do leitor do poema: o seu desígnio e os seus instrumentos são bem outros, pois, trata-se de análise e não de arrebatamento. Se a estética comporta um aspecto científico, é-lhe necessário, como toda ciência, construir modelos dos fenômenos sem pretender absolutamente, para tanto, substituir aqueles por estes para o conjunto da prática. Não se poderia, pois, reprovar-lhe essa secura e positividade, de que ela, aliás, desiste assim que reveste o seu aspecto filosófico, e tenta então não mais explicar fenômenos mas interpretar a sua significação.

Suponhamos, pois, que se leve adiante essa discriminação dos diferentes registros, das diferentes variedades, segundo os quais a sobrecodificação se efetua.

3) Para definir as regiões críticas do sucesso estético, é preciso poder atribuir aos diversos sobrecódigos uma or-

dem que corresponda a graus de sutileza ou de dificuldade de decifração. E, por outro lado, cumpre atribuir-lhes *pesos* que correspondam à importância do seu uso na mensagem, ou pelo menos, mais modestamente, atribuir-lhes uma nova ordem segundo essa importância relativa.

A primeira dessas hipóteses de ordenação talvez não seja muito difícil de se formular a partir de considerações empíricas e pode-se conceber que verdadeiras experiências referentes a diferentes juízes lhe determinem ou confirmem o conteudo.

A segunda é mais delicada. Se os sobrecódigos fossem definidos somente por organizações estatísticas de elementos, poder-se-ia resolver o problema de modo bastante satisfatório tomando como índice de ordenação a variância de cada uma das séries que definem um registro de sobrecodificação. Mas, se se determinam certas dimensões por transformações, no sentido de Ohrmann e Ruwet (cf. § III, 11) ou por "acoplamentos", no sentido de Jakobson e Levin (cf. § VII, 9) a empresa é muito mais difícil. Contudo, pode-se levá-la adiante mediante algumas convenções *ad hoc,* sempre, é verdade, um pouco arbitrárias. Mas, obter-se-á então apenas uma ordem parcial.

Achar-se-ia, pois, em presença de um conjunto de sobrecódigos, supostamente bem definidos, parcialmente ordenados quanto à sua intensidade de emprego e a cada um dos quais se associaria um índice determinando uma ordem — desta vez total — quanto à sua dificuldade de decifração. Pode-se representar essa estrutura complexa pelo produto $\mathcal{G}$ de dois diagramas, dos quais um, G_1, caracterizando a dificuldade, é um caminho simples, e o outro, G_2, caracterizando o emprego, é em geral um qualquer. Cada vértice (i, j) do diagrama-produto $\mathcal{G}$ representa o emprego de nível i do código de dificuldade j (ver Fig. 21).

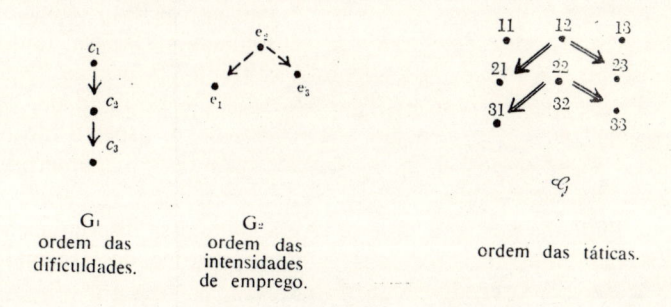

G_1
ordem das
dificuldades.

G_2
ordem das
intensidades
de emprego.

$\mathcal{G}$

ordem das táticas.

Fig. 21. Diagrama das "Táticas" estilísticas.

Poder-se-ia denominar tal vértice "tático" estilístico. Uma "estratégia" estilística representar-se-ia então por um subdiagrama parcial de $\mathcal{G}$ tal que cada um dos sobrecódigos utilizados seja representado num vértice e num somente. O diagrama $\mathcal{G}$ figura assim um pseudojogo, no sentido que dá, ao mesmo tempo que o da estratégia efetivamente realizada no texto estudado, a representação de todas as estratégias possíveis comportando os mesmos sobrecódigos e os mesmos níveis de emprego (mas, diversamente repartidos). Vê-se que essa estrutura é puramente descritiva. Mas, o exame de diversas estratégias efetivamente realizadas para um mesmo diagrama permitiria formular hipóteses precisas sobre os critérios do sucesso estético e orientar para a definição abstrata de uma "boa estratégia". Uma tipologia das soluções estilísticas poderia igualmente daí ser tirada. Na medida em que os sobrecódigos e seus diagramas G_1, terão sido definidos de modo "operacional" o suficiente, o modelo se presta a verificações e determinações empíricas.

Tais modelos talvez nunca sejam postos em operação. Contudo, a idéia parece-nos válida, pelo menos, a título de guia heurístico para uma análise estética dos fatos de estilo. Assim, para concluir esse capítulo, quisemos apenas mostrar a possibilidade dessa análise, na perspectiva de nossa interpretação de uma estilística das obras literárias.

A isso chegaremos. Com essas considerações sobre a estética, abordamos já a última parte do nosso programa, que consistirá em aplicar essa filosofia do estilo ao domínio incerto das ciências do homem. É a essa empresa cheia de armadilhas que consagraremos a última parte desta obra.

Parte 3.
PARA UMA ESTILÍSTICA DAS CIÊNCIAS DO HOMEM

8. A Imagem da Ação na Construção do Objeto Científico

VIII, 1.

Abordamos agora o objeto das ciências do homem. Sendo as questões que nos interessam essencialmente estilísticas, dizem respeito sobretudo à passagem do vivido às estruturas que o objetivam e, eventualmente, à passagem inversa — mas de modo algum simétrica — do objeto científico à reapreensão ativa do vivido. Não é, pois, repetimos, das próprias estruturas do objeto científico que nos ocuparemos aqui em primeiro plano. Mais ainda do que no caso das outras ciências, tal ponto de vista parece-nos então justificar-se, uma vez que se tratará constantemente de ciências ainda mal constituídas. Nem a Psicologia, nem as Ciências Sociais chegaram já a definir categorias que garantam, de modo mesmo provisoriamente satisfatório, a objetivação do vivido humano. Não se trata absolutamente de que as tentativas feitas em toda parte apresentem os sintomas de um fracasso definitivo. Bem ao contrário, e quisemos há pouco mostrá-lo, elas testemunham com vigor um domínio progressivo desse obstáculo, o mais terrível que o projeto científico teve até então de superar. Mas, é nesta fase de uma ciência nascente, muito mais ainda do que nas fases há muito tempo triunfantes, conhecidas pelo físico e até pelo biólogo, que os fatos estilísticos tais como foram definidos podem manifestar o seu verdadeiro caráter e que se associam verdadeiramente, aos nossos olhos, aos traços epistemológicos mais estáveis da "objetivação" científica.

Aliás, nós nos proporemos unicamente indicar, a partir de algumas amostras pouco numerosas, a significação de tal análise. No presente capítulo, escolheremos examinar como o pensamento do economista, do psicólogo, do sociólogo, trabalharam a noção intuitiva, confusa, prenhe e rica da *ação,* tendo em vista conduzi-la ao nível do conceito.

Não há dúvida de que um estudo muito mais pormenorizado, ao mesmo tempo histórica e analiticamente, seria fecundo e que se poderia partir desse ponto de vista para abarcar o conjunto de uma epistemologia e de uma estilística das ciências humanas. Mas o projeto, ao mesmo tempo mais restrito e mais audacioso, — porque preliminar — de definir a própria idéia de uma estilística da prática científica leva-nos a limitar-nos, no quadro deste ensaio, a uma apresentação certamente sistemática, mas fragmentária.

Pareceu-nos que um ponto de vista fundamental sobre o trabalho de objetivação do fato humano podia ser o da constituição de um conceito da ação humana. Os aspectos que dele apresentaremos não são, no entanto, os momentos sucessivos de uma história. Mas, parece-nos oferecerem, de modo exemplar, a ocasião de analisar os obstáculos que aqui a estruturação do fenômeno encontra e os tipos de soluções até agora propostos.

Em primeiro lugar, mostraremos, pois, como o trabalho de objetivação do fato humano pode apresentar-se, inicialmente, como uma *neutralização* pura e simples da ação vivida. A obra dos economistas marginalistas aqui nos servirá como texto de estudo.

Veremos, em segundo lugar, nascer de um movimento de abertura para a ação um conceito de "comportamento", cujos correlatos estilísticos destacaremos nos economistas teóricos do Oligopólio e os psicólogos do início do século.

Depois disso, estudaremos na teoria dos jogos um estilo do "equilíbrio" e tentaremos mostrar o seu alcance e os seus limites a propósito da obra de Piaget.

Enfim, seremos levados, numa última seção deste capítulo, à análise das relações de um conceito objetivo da ação com as *significações* tais como foram introduzidas num capítulo anterior.

A ação neutralizada

VIII, 2.

A noção intuitiva da ação é certamente uma das que são inseparáveis de nossa experiência ingênua do fato humano. A prova disso é que a maioria dos filósofos esforçaram-se por erigi-la em categoria fundamental, não somente do mundo humano, mas ainda, muito freqüentemente, do conjunto da natureza. Mas, a ação conserva então a ambigüidade de uma categoria significante, tomada ao mesmo tempo como conceito discursivo destinado a fundar uma ciência natural. Tal é o seu estatuto na filosofia de Aristóteles, na de Hegel, como também em Spinoza e Descartes. A questão difícil, e central para as ciências do homem, das relações da significação e do conceito, será representada mais tarde; por ora, quereríamos analisar a tomada de posição estilística que justamente evita de modo artificioso esse problema de entrada de jogo e consiste em neutralizar essa ambigüidade da noção, reduzindo a ação aos *efeitos*.

Poder-se-ia crer que uma política tão brutal e simplista arrastasse imediatamente o processo de objetivação científica bastante além do objetivo que ele persegue e que uma ciência do homem assim orientada deixasse escapar a presa para sempre atingir apenas a sua sombra. Alguns continuam a assim pensar. Parece-nos, ao contrário, que a figura do objeto desse modo desligado apresenta-se como um momento absolutamente necessário da conquista científica do fato humano. Espontaneamente, sem dúvida, a razão quer abarcar a ação humana em sua plenitude vivida — ou mais exatamente na plenitude *virtual* que os horizontes da experiência deixam apenas pressentir. É, pois, como elemento histórico singular que sua determinação primitiva aparece. Mas, se se quiser que essa apreensão se integre num conhecimento científico e se torne outra coisa que uma modificação fugaz e ilusória da experiência de um Ego, torne-se um *saber* histórico, concreto mas racional, uma fase de renúncia provisória é necessária. É esta fase que realiza nas ciências do homem o momento estilístico da neutralização da ação.

VIII, 3.

Pediremos um exemplo aos economistas do século XIX. O "ato" econômico, para os marginalistas, é, com efeito, essencialmente reduzido aos efeitos. O iniciador anglo-saxão dessa concepção do objeto econômico, Stanley Jevons, parte de uma "aritmética dos prazeres", cuja idéia evidentemente ele toma de empréstimo dos filósofos, seus compatriotas, das duas gerações precedentes. "Tentei", escreve ele em 1871, no primeiro prefácio à *Théorie de l'économie politique,* "tratar a Economia como um cálculo dos prazeres e das penas" (p. VI).[1] Mas as satisfações e as "insatisfações" consideradas, longe de serem relacionadas com a atividade que as engendra, como ocorre, por exemplo, numa ética aristotélica, são, ao contrário, isoladas; a Economia Política não será a teoria de certos tipos de ações humanas, mas uma teoria de seus *rastros,* na sensibilidade. Tudo o que subsiste do ato é o *cálculo;* ainda esse cálculo se resolve em um automatismo que Jevons compara, com justa razão, à regulação dos fenômenos mecânicos expressa pelos teoremas da Estática. Pode-se dizer, pois, que a objetivação do fato humano evacuou de uma vez o conteúdo da atividade econômica intuitiva.

Tal redução, em Jevons, liga-se à convicção várias vezes expressa de que o objeto do econômico é quantitativo. Ele sustentará que todos os economistas que o precederam e, em particular Adam Smith, foram matemáticos sem o saber, uma vez que trataram necessariamente de quantidades econômicas. É por isso que partirá de uma teoria da *dimensão* das grandezas econômicas fundamentais, posteriormente retomada e desenvolvida na segunda edição da obra, no final do capítulo III. As duas dimensões reconhecidas por Jevons são a "duração" e a "intensidade" dos prazeres: categorias que poderiam ainda deixar entrever o atrativo de uma espécie de psicologia quantitativa das ações humanas enquanto dão prazer. Isto não importa, pois, se o problema econômico é "maximizar o prazer", não deixa de ser conveniente "transferir nossa atenção tão logo fosse possível para os objetos ou ações físicas que são, para nós, as fontes do prazer" (*ibid.,* Cap. III, p. 37). Dito de outro modo, a ciência econômica se construirá não como teoria dos atos, mas como teoria dos *bens* e de suas *utilidades.* Observar-se-á, sem dúvida, que Jevons acrescenta "ações físicas" ao número dos bens (*"any object, substance, action or service...",* p. 38); mas essas ações são precisamente então objetivadas de modo completo e consideradas não em seu processo nem em sua organização, mas em seu resultado. Objetivação que, no entanto, permanece ambígua, uma vez que, como o sublinha Jevons, a utilidade que é "a qualidade abstrata pela qual um objeto serve aos nossos propósitos e tem direito ao título de bem" (*ibid.*), embora "qualidade das coisas", não é uma *"qualidade inerente*; será melhor descrita como uma *circunstância,* nascendo da relação das coisas com os desideratos humanos" (p. 43). A utilidade marginal participa, pois, ao mesmo tempo, da natureza das significações — uma vez que aparece

1. Aqui citado de acordo com a 3.ª edição, Londres, 1888.

apenas no seio de uma experiência totalizante, por mais limitada que seja, — e da natureza do objeto — uma vez que é, contudo, tratada como isolável e, em particular, redutível a efeitos quantitativos.

Jevons decompõe ainda estes últimos segundo duas dimensões: a qualidade de bem colocada em jogo e a intensidade do efeito produzido no consumidor pela última ração de bem de que ele dispõe. Desta vez, a duração desapareceu, mas o "grau de utilidade final", que corresponde a uma intensidade de satisfação marginal, não é imediatamente objetivável. É a teoria das trocas, repousando na hipótese de uma maximização das satisfações e de um decréscimo do grau de utilidade, que permite dar-lhe corpo. Sendo então a relação de troca de dois bens num mercado perfeito demonstrada igual ao inverso dos graus de utilidade final que possuem respectivamente, para cada cambista, as quantidades restantes desses bens (*ibid.*, Cap. IV, p. 95), a objetivação pelos resultados perfaz-se, a partir daí, o economista só tem de tratar das quantidades de bens e de seus preços. Assim se acha aparentemente conjurado o perigo de uma definição originariamente subjetiva da categoria essencial do econômico (e não apenas subjetiva no sentido de que poderia variar de sujeito para sujeito, mas ainda, mais profundamente, no de que envolveria de direito a totalidade de uma experiência, de que seria um "valor" no sentido dos filósofos, dependente por conseguinte do que denominamos significações). Mas se este êxito capital marca bem um momento decisivo na história da ciência econômica, é, como se vê, ao preço de uma redução drástica do tema da ação humana. Num caso extremo, não há mais, para a ciência marginalista, atos econômicos, mas somente um sistema de coerções quantitativamente exprimíveis a que os sujeitos se limitam a obedecer. Dir-se-á, sem dúvida, que Stanley Jevons é, de todos os fundadores da nova ciência, o mais mecanicista; seria mais justo dizer que é o mais consciente da necessidade desse estilo de neutralização para dar um primeiro alicerce ao objeto que é necessário descrever. Pois, se constantemente insistiu na analogia dessa economia da utilidade e de uma estática das velocidades virtuais, isso não o impediu de declarar expressamente que "ramos dinâmicos" da Ciência podiam, sem dúvida, ser desenvolvidos, em cuja consideração reconhecia não ter podido entrar (*ibid.*, prefácio, p. VII).

VIII, 4.

De fato, esse estilo de neutralização da ação é bem comum a todos os fundadores do marginalismo. Em Léon

Walras, são as "cadernetas de demanda" dos consumidores que, definindo a "demanda efetiva", objetivam as utilidades (*Principes d'une théorie de l'échange*, 1873). A ação é substituída pelo cálculo: um calculador munido das cadernetas de demanda e de oferta dos cambistas de um mercado poderia determinar o preço de livre concorrência. Tal é exatamente a fórmula mais significativa do estilo de neutralização. Os atores econômicos são aqui reduzidos apenas a elementos passivos num campo de força cujo caráter unitário decorre de hipóteses desde então bem reconhecidas (fluidez perfeita, informação imediata e completa, livre entrada no mercado etc.), que definem o mercado da concorrência perfeita. Tudo o que subsiste do conteúdo intuitivo de ação é o dado de uma *norma* de maximização da utilidade que parece limitar, por assim dizer, do interior, a completa heteronomia dos protagonistas. Mas aí se trata, não nos enganemos, de uma aparência: por mais que os princípios de *extremum* que descrevem certos aspectos da evolução dos sistemas físicos não lhes confiram a autonomia no sentido em que a entendemos, de um organismo, mais a norma de maximização da utilidade não chega a transformar os "sujeitos" econômicos walrassianos em *atores*. Para que não houvesse ação no sentido ainda intuitivo que damos a esse termo, seria necessário, pelo menos, que a uma organização do campo das utilidades se superpusesse uma organização do campo das relações entre sujeitos concorrentes. Mas não seria necessário crer ainda aqui que o próprio Walras fosse ingênuo quanto à redução que ele opera: "Há um ponto", diz ele expressamente, "onde o cálculo deve deter-se"... Este ponto, para ele, é marcado pela aparição de um livre arbítrio; mas o cálculo pode ir muito além e é nesse caminho que, como Jevons, ele quer induzir a Ciência. Consciente, pois, do fato de que essa neutralização é justamente o que chamamos um efeito de estilo e não uma necessidade dada, constrói muito lucidamente o primeiro sistema geral e magnífico de um econômico sem ação.[2]

VIII, 5.

Para completar essas observações a propósito dos primeiros marginalistas, resta-nos dizer uma palavra de Karl Menger, cujas *Grundsaetze der Volkswirtschaftslehre* aparecem em 1871, independentemente do livro de Jevons e das

---

[2]. É exatamente no mesmo espírito que Gérard Debreu retoma o problema teórico da economia de mercado, mesmo se o extremo despojamento — e extremo refinamento — do instrumental matemático fazem de sua *Théorie de la valeur*, para quem adota o seu ponto de vista, uma obra-prima (*Theory of value*, Nova York, trad. francesa, Dunod, 1965).

pesquisas de Walras. O problema que se propõe aos economistas como definindo o objeto de sua ciência é exatamente formulado nos próprios termos de Jevons: "As coisas que têm a capacidade de servir como causas para a satisfação das necessidades humanas, nós as chamamos *utilidades*".[3]

Menger enuncia quatro condições da formação de um bem econômico: 1º a existência de uma necessidade; 2º a existência de uma propriedade da coisa suscetível de satisfazê-la; 3º o reconhecimento pelos sujeitos econômicos dessa propriedade; 4º a disponibilidade da coisa útil. Distingue dois "momentos" da utilidade, correspondendo às duas dimensões jevonsianas: a hierarquização dos graus de satisfação, ou momento "subjetivo" (*loc. cit.*, p. 80), e a dependência das satisfações em relação às quantidades de bem efetivamente disponíveis (momento "objetivo", p. 82). A conclusão de Menger é que o valor "é de natureza subjetiva, não somente por sua essência, mas também por sua medida" (*ibid.*, p. 104).

Esta subjetividade do valor significa, no entanto, que o econômico deva apresentar-se, em Menger, como uma teoria da ação do sujeito? Não importa. O "ator" econômico de K. Menger, como o de Jevons, como o de Walras, sempre é apenas um registrador passivo das linhas de força que se desenham para ele no campo econômico dos bens; passivo mas, se se quiser, sistematicamente "enviesado" segundo os princípios que governam o atingir a saciedade e que os marginalistas de Viena, como os da Inglaterra ou de Lausanne, já teriam podido encontrar em seus predecessores imediatos, Gossen e Jules Juvénal Dupuit. De modo que essa subjetividade do valor é o índice de uma necessidade natural bem mais do que de uma autonomia ativa. Finalmente, são os preços que se *formam* no mercado e não as *decisões* dos cambistas que os impõem. A subjetividade do valor marginalista, bem longe de garantir a integração dos elementos intuitivos da ação no objeto econômico, terá contribuído para reduzi-los. É, afinal, o que Menger sentiu bem quando, expondo sua epistemologia da ciência econômica, rejeita vigorosamente o ponto de vista historicista. O seu econômico quer-se uma ciência teórica "exata" (recobrindo essa palavra quase o sentido husserliano de nomológico e deixando entrever, com muita profundidade, a idéia de tipo desenvolvida por Max Weber).[4] "A tentativa para fixar em categorias estritamente

---

3. Citamos de acordo com a tradução italiana, Roma, 1907, p. 1.
4. "A própria pesquisa teórica também se divide (*como o histórico, que descreve o individual*) em vários ramos, referindo-se cada um deles ao caráter fundamental da pesquisa do geral; isto quer dizer que ela tem por objeto a constituição dos tipos e das relações típicas dos fenômenos, sem que, para tanto, cumpra a sua tarefa necessariamente do mesmo ponto de vista" (*Untersuchungen über die Methode der Sozialwissenschaften und der politischen Oekonomie insbesondere*, 1883, pp. 32-33). A obra inteira é, aliás, de um interesse filosófico excepcional.

compreensivas 'todas as realidades empíricas' (segundo a totalidade de seu conteúdo) é, pois, irrealizável para a pesquisa teórica" (*Untersuchungen über die Methode der Sozialwissenschaften und der politischen* (*Ekonomie insbesondere,* Leipzig, 1883, p. 35). Ora, o que escapa essencialmente à economia como ciência, tal como Menger a desenvolve, é o conjunto dos conteúdos intuitivos que se pode designar pela palavra ação. O estilo de Menger, como o dos outros marginalistas, é justamente o estilo da neutralização.

A ação como comportamento

VIII, 6.

Esta neutralização radical foi apenas, repetimos, o primeiro passo necessário para uma objetivação do fato humano; mas o estilo de redução do fenômeno que lhe corresponde não é de modo algum desvalorizado. Ainda hoje seria encontrado vivo — e fecundo — em muita análise estruturalista, em que é o instrumento indispensável para a colocação em evidência de uma objetividade que a experiência imediata nos oculta. Ao contrário, antes mesmo de dar lugar aos primeiros grandes sucessos do econômico marginalista, ele havia encontrado os seus limites e manifestado a ambigüidade do conceito do fato humano em que resulta. Nós o mostraremos a propósito do tema do *oligopólio,* tratado por Augustin Cournot numa obra que, à margem e em antecipação do marginalismo, introduz a concepção moderna de um econômico científico.[5] Cournot, como — e antes, — Jevons, quer aplicar aos conceitos econômicos o instrumento matemático; deve, pois, ele também, reduzir as noções confusas da intuição a idéias "abstratas" que, "como todas as idéias precisas (*podem*) tornar-se o objeto de deduções teóricas" (*Recherches,* p. 13). O problema da formação dos preços que ele coloca no centro de uma teoria econômica, leva-o a considerar, como mais tarde os marginalistas, um mercado onde as necessidades dos cambistas e as quantidades disponíveis de mercadorias para o consumo definem os termos da troca. Mas, ao invés de tomar como situação fundamental a do mercado de livre concorrência que caracterizamos mais acima como um campo unitário de forças, onde os protagonistas são afinal, apenas elementos passivos, Cournot parte de situações de monopólio — onde um único detentor da mercadoria cobiçada se opõe aos compradores eventuais —, e de oligopólio — onde um pequeno número de detentores dividem o mercado entre si. Ora, Cournot não pode objetivar

---

5. *Recherches sur les principes mathématiques de la théorie des richesses,* Paris, 1838, nova edição, 1938.

essas situações por neutralização da ação, no próprio estilo de que os marginalistas se utilizarão, e tropeça com dificuldades que fazem aparecer nitidamente a limitação do processo.

VIII, 7.

Lembremos brevemente a teoria do *duopólio* de Cournot, para nós, a mais significativa.[6] Dois indivíduos possuem, cada um, uma fonte de água mineral, sendo todas as duas idênticas e alimentando o mesmo mercado. Supondo-se nulo o custo de produção da água (ou, em todo caso, idêntico para os dois vendedores) e a curva de procura:[7] $D = F_{(p)}$, ou : $p = f_{(D)}$, sendo conhecida, pergunta-se qual será o preço — único em razão da homogeneidade do produto —, que vai estabelecer-se no mercado.

Sendo a norma de ação dos dois vendedores a maximização do lucro, escrever-se-á que cada uma das duas expressões:

$$P_1 = D_1 \cdot f\,(D_1 + D_2)$$
$$P_2 = D_2 \cdot f\,(D_1 + D_2)$$

deve ser num certo sentido maximal.

Se se tomar esta cláusula ao pé da letra, o matemático escreverá, limitando-se à primeira ordem, que as derivadas parciais de P_1 e de P_2 em relação a cada uma das duas variáveis supostas independentes D_1 e D_2 se anulam. O que daria quatro condições para determinar unicamente duas incógnitas, e o problema, sobredeterminado, não teria, em geral, solução coerente. O esquema de estrita redução neutral da ação fracassa, pois, no caso do duopólio.

Assim, também Cournot não considera essa maximização, por assim dizer, incondicional dos lucros; para dar um sentido à norma de optimização, imagina um *esquema de comportamento* dos duopolistas. Suponhamos, diz ele, que o vendedor (II) tendo já fixado a quantidade que quer vender, o vendedor (I) fixa para D_1 a quantidade que maximiza seu próprio benefício, *admitindo que D_2 permaneça constante*. Achando-se, então, as primeiras esperanças de (II) frustadas, ele fará um raciocínio análogo e escolherá, por sua vez, uma produção que, *se a venda de (I) permanecer fixada em D_1*, determinará para ele o lucro máximo. Supõe-se que

[6]. *Recherches*, Cap. VII.
[7]. Onde D é a quantidade comprada pelo preço *p*.

esse processo se repetirá até que se atinjam um preço e débitos tais que toda modificação da parte de um vendedor desencadeie uma reação de seu adversário que tenda a restaurar o preço de equilíbrio.

Matematicamente, essa análise do comportamento dos vendedores traduz-se pela escritura das duas equações simultâneas obtidas por diferenciação parcial de P_1 em relação a D_1 (supondo-se D_2 fixo) e de P_2 em relação a D_2 (supondo-se D_1 fixo); essas duas equações podem ser representadas por duas curvas, ditas de "reação", no plano dos D_1, D_2. Um ponto de intersecção dessas duas curvas é o "ponto de Cournot", determinando D_1 e D_2 e, por conseguinte, o preço dado pela função $f(D_1 + D_2)$. As sucessivas hesitações dos vendedores correspondem então às linhas em escala desenhadas no diagrama. Mediante condições simples, que Cournot mostra serem intuitivamente verossimilhantes, esses processos são efetivamente convergentes e conduzem ao ponto D.

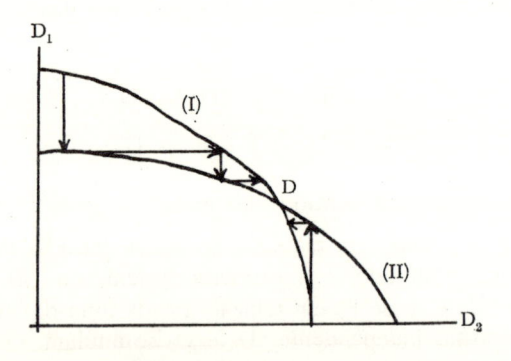

FIG. 22. O ponto de Cournot.

Mas, o esquema de comportamento a que essa estrutura matemática corresponde pôde parecer, com razão, contraditório.[8] Cada um dos duopolizadores, com efeito, obstina-se em supor que seu adversário manterá sua venda de mercadorias sem reagir à decisão do outro, enquanto a experiência lhe mostra que ele reage sempre com uma modificação adequada. Esse "comportamento" faz pensar em algum mecanismo de adaptação demasiado rígido, incapaz de aproveitar uma experiência adquirida, mas a partir da qual, no entanto, constataria que o jogo psicologicamente aberrante conduz à estabilização procurada. Em todo caso, é justamente a uma tentativa de objetivação da *ação* dos protagonistas que Cour-

---

8. Cf. por exemplo a crítica do matemático J. Bertrand, que a esse respeito é pertinente, mas, aliás, curiosamente errônea, como bem o notou Pareto. (Os dois textos são dados em apêndice à segunda edição de Cournot.)

not foi levado, fazendo tudo de modo que o resultado obtido permanecesse, por assim dizer acidentalmente, no plano dos sistemas de ação neutralizada.

VIII, 8.

É instrutivo ver, por um lado, as variantes propostas pelos críticos de Cournot e, por outro, a abertura que ele mesmo indica para uma concepção totalmente diferente que resulta numa esquematização mais flexível do comportamento dos atores.

Com o modelo de Cournot, pode-se, com efeito, comprar dois outros modelos clássicos, apresentados um por Joseph Bertrand e o outro por Edgeworth.[9]

O primeiro esboçado na prestação de contas do *Journal des savants* de 1883, consiste em substituir a hipótese (subjetiva) de constância dos débitos, por uma hipótese de constância dos *preços*. Nesse caso, cada duopolizador, supondo que seu adversário manterá seu preço, fixará o seu ligeiramente abaixo, atraindo assim toda a clientela. A interação do processo — também tão contraditório quanto o de Cournot — levaria então a um preço extremo nulo... (ou mais geralmente igual ao custo comum de produção).

O modelo de Edgeworth[10] retoma a hipótese de Bertrand, mas supondo que as capacidades de produção dos duopolizadores sejam limitadas e notavelmente inferiores, para certos preços, às possibilidades de absorção do mercado. Nessas condições, a baixa dos preços será interrompida num certo nível e um dos duopolizadores achará vantajoso fixar, para a parte do mercado que permanece necessariamente insatisfeita por seu adversário, um preço de monopólio muito mais elevado. Este elevará novamente o seu preço, um pouco abaixo deste último. Sendo a situação recorrente, produz-se uma oscilação entre um preço máximo e um preço mínimo determinados pelas capacidades de produção dos duopolizadores e pela capacidade de absorção do mercado.

Os três modelos clássicos do duopólio situam-se, afinal, exatamente no mesmo nível epistemológico, que é o da integração infeliz de um esquema mecânico de comportamento, como objetivação da ação, para situações onde sua neutralização total é impossível.

---

9. Ver a exposição muito lúcida de MACHLUP em *The Economics of seller's competition* (Baltimore, 1952), Cap. XII.

A literatura sobre o oligopólio é das mais ricas. Limitamo-nos a indicar ao leitor não-economista, além da obra de Machlup, a de FELLNER, *Competition among the few* (1949, reeditada em Nova York, 1965) e os dois números de *Economie appliquée* consagrados ao oligopólio (abr.-set. 1952 e jul.-dez. 1954).

10. La Teoria pura del monopolio, em *Giornale degli economisti*, v. XV, 1897, pp. 13-31.

Mas, uma outra via foi obscuramente pressentida pelo próprio Cournot. Este, verificando que o seu ponto de equilíbrio procura em cada um dos protagonistas um lucro, em geral inferior ao que eles poderiam obter maximizando seu lucro conjunto — isto é, agindo como um único agente monopolizador, — interroga-se sobre esta derrogação ao princípio de *optimum*. Sua resposta é que, para assegurar-se uma vantagem imediata mas provisória, cada duopolizador descarta-se do débito optimal de monopólio e suas reações encadeadas sempre se descartarão deles. "Porque", conclui, "não se pode mais supor, no mundo moral dos homens isentos de erro e imprudência, na natureza física dos corpos perfeitamente rígidos, apoios perfeitamente fixos, e assim por diante" (*Recherches*, p. 93). Mas, a explicação quase não é convincente, uma vez que de fato existem acordos. Unicamente uma *matemática* desses acordos não pôde vir ao espírito de Cournot, e ela é, em todo caso, sensivelmente mais sutil que o simples cálculo variacional da concorrência perigosa. Antes de se esboçar uma teoria, será necessário esperar mais de um século. A isso logo voltaremos, quando examinarmos uma organização mais adiantada do conceito de ação a propósito de uma estilística do equilíbrio.

VIII, 9.

Mas, bem antes que a teoria dos jogos coloque na ordem do dia modelos de comportamento já muito complexos, Pareto, continuador direto dos fundadores do marginalismo, havia explicitamente reconhecido e marcado os limites do estilo da neutralização da ação. Sem querer entrar na análise da obra paretiana, uma das mais ricas e das mais significativas para as ciências sociais do início do século, notaremos somente aqui duas distinções capitais introduzidas pelo sucessor de Walras.

Trata-se de várias espécies de "ação", pois, é justamente a ação humana que Pareto quer tomar por objeto de uma ciência econômica e de uma sociologia. Uma primeira distinção opõe às ações "lógicas" as ações "não-lógicas" essencialmente vinculadas ao instinto (*Manuel d'économie politique*, ed. francesa, Paris, 1909, II, § 3, p. 42). As primeiras, que constituem uma espécie de cálculo refletido, são o objeto da Economia Política, estudo das "ações lógicas, repetidas, em grande número, que os homens executam para obter as coisas que satisfazem os seus gostos" (*ibid.*, III, § 1, p. 145). Uma dimensão fundamental do comportamento é assim trazida à luz, que permite dar às esquematizações da ciência econômica um horizonte sociológico indefinido. Nesse universo mais concreto que o de Walras, parece que "muito freqüentemente os homens não têm consciência das forças que os levam a agir; dão a suas ações causas imaginárias muito diferentes das causas reais" (*Les Systèmes socialistes*, Paris, 1902, p. 18).

Por outro lado, no próprio interior do círculo das ações lógicas, introduz-se uma distinção entre "fenômenos do primeiro e do segundo gênero". Nos fenômenos do primeiro gênero, os atores econômicos, aceitando as condições do mercado, procuram diretamente tornar *maximum* a "ofelimidade" dos bens que podem adquirir; nos fenômenos do segundo gênero, os protagonistas tentam inicialmente modificar, em seu proveito, as próprias condições do mercado. Isto é dissipar, com grande nitidez, a ambigüidade que pairava na teoria marginalista dos monopólios e oligopólios, em vão posta no mesmo pé que a livre concorrência. A partir daí, compreende-se que os modelos que as representam deveriam fazer parte de um nível diferente da objetivação da ação.[11] Sem abandonar de modo algum o propósito de uma formulação matemática, Pareto reconhece, pois, implicitamente, a necessidade de ultrapassar a escritura dos resultados da ação e dar forma aos próprios comportamentos. Se quase não realizou esse projeto no seu econômico, pelo menos, seu enunciado fornece um guia para a interpretação dos modelos neutros que o marginalismo produz.

VIII, 10.

A introdução em Economia Política da esquematização da ação que chamamos comportamento pode, pois, ser caracterizada por dois traços essenciais:

1º A presença de uma *norma* explícita e simples que dá aos atos o seu aspecto de finalidade. No caso presente, ela se exprime pela maximização das satisfações do sujeito, medidas pela "utilidade" dos bens de que ele dispõe.

2º Uma *representação* da situação pelos sujeitos econômicos, conduzindo-os a conjeturas que dizem respeito, em particular, às reações de outrem.

O fracasso das tentativas feitas à maneira de Cournot para dar um modelo verdadeiramente satisfatório do oligopólio resulta do fato de que não se atacou de frente o problema de uma determinação explícita, e eventualmente coerente, dos sistemas de conjeturas.

11. Contudo, quando trata do monopólio e do duopólio, Pareto não utiliza a idéia de um *tipo de comportamento* novo e escreve as equações de maximização sem levar em contar uma atitude particular dos protagonistas, por exemplo, suas conjeturas relativas ao comportamento dos adversários (cf. *Manuel*, apêndice matemático).

De modo mais geral, considerar o fato humano como comportamento, qualquer que seja o sistema particular de representação das situações pelo sujeito e a norma determinante de sua conduta, é constituir uma categoria objetiva que funda uma fase ainda recente do desenvolvimento da Psicologia. É por isso que nos empenharemos agora em destacar, nesse novo domínio, alguns traços desse "estilo do comportamento".

VIII, 11.

Em todas as histórias da Psicologia, encontrar-se-ia a crônica bastante complicada dessa aparição de uma nova categoria. Ela nasceu, como se sabe, de uma crítica da psicologia da consciência, por um lado, e de uma crítica da psicologia do estímulo, por outro. William James, ainda em 1890, definia a Psicologia como "ciência da vida mental, de seus fenômenos e de suas condições".[12] Binet, bem inferior, no entanto, ao americano, como teórico da Psicologia e como filósofo, escrevia, contudo, desde 1907: "A essa concepção de uma psicologia estrutural[13] opomos sua contrapartida, a que dá ao pensamento a ação como objetivo e que procura a própria essência do pensamento em um sistema de ação... A Psicologia tornou-se ciência da ação" (*Année psychologique,* 1908, p. 145-146, citado por Fraisse in *Traité de psychologie expérimentale,* I, p. 33).

A Psicologia como "descrição dos estados de consciência enquanto estados de consciência" — é a definição de Ladd que James retoma ainda em seu *Précis* de 1908 —, assim como a psicologia de reação à maneira de Wundt, aparecem, pois, na passagem do século, como insuficientemente fiéis ao conteúdo intuitivo da ação. Uma e outra dependem, com efeito, cada uma à sua maneira, do estilo de neutralização cujo exemplo tomamos em Economia Política. Nesse domínio, ainda se poderia mostrar, ao mesmo tempo, a sua importância decisiva para a constituição de um objeto científico e as suas limitações. A segunda geração dos psicólogos científicos, sensível sobretudo a estas últimas, quer, pois, reintegrar a ação no fato psíquico. Citaremos, a esse propósito, um texto singularmente enfático de Koffka, cujo radicalismo ameaça evidentemente as próprias conquistas que o tornaram possível. "A vida", escreve em 1935 o psicólogo gestaltista, "foge à Ciência, a Ciência torna-se um jogo. Assim, a

---

12. *The Principles of psychology,* Londres, 1890, p. 1.
13. É óbvio que esse adjetivo, muito empregado no fim do século XIX, deve ser compreendido aqui como opondo-se a "funcionalista" e que o seu sentido tem apenas uma relação longínqua com o do uso atual.

Ciência abandona o seu propósito de tratar da totalidade da existência. Se a Psicologia pode mostrar o caminho em que a vida e a Ciência se encontram, se pode colocar as bases de um sistema de conhecimento que abarque o comportamento de um simples átomo tanto quanto o de uma ameba, de um rato branco, de um chimpanzé e de um ser humano, com todas as curiosas atividades deste último, a que damos o nome de conduta social, música e belas-artes, literatura e dança, então a aquisição de tal psicologia valeria a pena e pagaria o tempo e os esforços que teria custado".[14]

Mas, é possível uma reintegração tão total da experiência vivida na Ciência. Tentamos, em várias oportunidades, mostrar que é incompatível com as próprias exigências da objetivação científica. Seja como for, a reivindicação de Koffka permanece significativa, em favor de uma determinação do objeto psicológico menos mutilante e menos frustrante do que aquela em que resulta o estilo neutralizador dos estados de consciência ou das reações parcelares. Reduzida a proporções mais exatas, a própria reivindicação exprime-se no célebre texto de Lewin onde a oposição da nova psicologia à antiga é comparada com a antítese de Aristóteles e de Galileu.[15] Para o autor, o objeto aristotélico faz intervir os valores e é descrito, no modo histórico, por meio de uma "conexão original dos conceitos com a atualidade, no sentido especial de circunstâncias histórico-geográficas" (*op. cit.*, p. 8); é no que necessariamente resulta uma tentativa de reintegração total da intuição de ação na Ciência, Lewin recusa-a, opondo-lhe a objetivação galileana, para a qual o fato científico não é de modo algum o desenvolvimento de essências isoladas e valorizadas, mas um equilíbrio de relações em um campo.

O que subsiste do voto por demais entusiasta de Koffka é a exigência de tratar o comportamento, objeto do psicólogo, não como uma soma de reações parcelares, mas como uma totalidade. Os psicólogos da forma tanto quanto os representantes das outras correntes modernas da Psicologia mantêm essa necessidade que se exprime, por exemplo, em toda a sua força em Goldstein que chega a considerar o reflexo não como uma "forma espontânea elementar da ação", mas como "a expressão da reação do organismo a um isolamento qualquer de algumas de suas partes" (*La Structure de l'organisme*, 1934, trad. francesa, 1961, p. 135).

---

14. *Principles of gestalt psychology*, Nova York, 1935, p. 23.

15. "The Conflict between Aristotelian and Galilean modes of thought in contemporary psychology" (1931), reeditado em: *A Dynamic Theory of personnality*, Nova York, 1935.

VIII, 12.

Finalmente, a idéia de totalidade que caracteriza o conceito de comportamento associa-se a uma noção de *meio* que é, por assim dizer, o seu dual. Nos psicólogos behavioristas, a desconfiança face ao não-controlável também leva justamente a considerar o objeto da Psicologia como o conjunto das respostas que um organismo dá ao meio que o cerca, e o *behavior* é essencialmente definido como *adaptação*.[16] Mas ao examiná-la em suas conseqüências mais extremas, a doutrina aparece paradoxalmente não como uma certa integração da ação no objeto da Psicologia, mas como uma neutralização desta, no sentido que precisamos nos economistas. É o caso da psicologia de Kuo que reduz o esquema do comportamento a uma codeterminação mecânica dos estímulos internos e externos, rejeitando completamente noções como as de hereditariedade e aprendizagem.[17] Aqui o estilo de neutralização leva a melhor, da mesma forma, um tal exagero dos princípios watsonianos não poderia surpreender, desde que se quisesse tirar todas as conseqüências de uma anulação radical da consciência como fato. O que definimos como comportamento é, ao contrário, uma determinação do fato humano que procura dar, no sentido de uma atividade, um estatuto objetivo à consciência, à apreensão das situações pelo sujeito e a suas conjeturas.

Tal é justamente o movimento que se desenvolve na Psicologia contemporânea, quando procura objetivar o meio enquanto parte integrante da própria ação. É ainda Lewin que observa, num dos textos anteriormente citados, que em Aristóteles, o "meio ambiente" desempenha um papel perturbador em relação à ação das essências, consistindo a descoberta galileana em integrar esse meio ambiente como determinante da própria ação. A distinção dos gestaltistas e, em particular, de Koffka, entre o meio ambiente "geográfico", objetivo para um observador fora de ação, e o meio ambiente "comportamental", tal como é apreendido pelo próprio ator, precisa e justifica o tratamento "galileano" da ação. A compreensão progressiva do estatuto desse meio ambiente ou, segundo o vocabulário de Lewin, das "situações", é comparada por este último à evolução da técnica dos fundos na história da pintura primitiva: inicialmente dourados de modo uniforme — e sem relações, a não ser de oposição, com os sujeitos do quadro —, depois, constituídos por motivos secundários, simplesmente justapostos às personagens principais, organizam-se, enfim, segundo as estru-

---

16. Cf. a esse respeito TILQUIN, *Le Behaviorisme*, tese de livre-docência, Paris, 1942, p. 109, que resume Watson.
17. Ver TILQUIN, *op. cit.*, pp. 196-206.

turas complexas de um espaço onde essas personagens estão situadas. Imagem muito sugestiva que mostra bem como o problema de uma objetivação da ação encontra *nesse nível* o de uma definição precisa das condições desta. Descrever a organização de um campo de ação equivale então a uma descrição da própria ação.

VIII, 13.

Se, para concluir esta seção, comparamos o estilo da neutralização da ação com o do comportamento, considerado como tentativa característica de introdução da ação no universo objetivo, podemos sublinhar dois temas:

1º) A neutralização procede por redução "monódroma"[18] da ação por oposição a uma organização em vários níveis. A noção de comportamento sugere, com efeito, ao contrário, modelos que se desenvolvem em dois planos: o sistema das conjeturas dos duopolizadores, por exemplo, superpõe-se ao sistema de curvas de procura; o sistema do campo comportamental, em Psicologia, superpõe-se ao sistema estímulo-resposta.

Mas seria desconhecer o alcance puramente epistemológico da diferença dos dois estilos ao invés de reconduzir a sua oposição à presença ou à ausência de uma "consciência" nos respectivos modelos. Sem dúvida, a pluralidade dos níveis constitui a primeira condição da introdução num modelo de um rastro objetivo da consciência vivida. No entanto, isto não é uma condição suficiente, uma vez que tais modelos podem ser utilizados nas ciências da natureza. Para que esta introdução seja razoavelmente satisfatória, é ainda necessário, cremos nós, que um dos estágios do modelo seja de um tipo particular que foi definido em outra parte como "modelo semântico" ou "sistema significante".[19] Mas nosso propósito não é aqui voltar a uma tipologia dos modelos. Basta prevenir-nos contra a assimilação de um fato de estilo a uma opção metafísica mal definida.

2º) A neutralização procede por redução "categórica" da ação por oposição a uma concepção problemática que objetiva os fenômenos vividos de hesitação e de pesquisa. A conduta dos duopolizadores é uma hesitação, por oposição à determinação do preço de livre concorrência por meio das curvas da oferta e da demanda, que põe em evidência um resultado desinteressando-se das negociações. (Mas o modelo de Cournot volta, de fato, como notamos, a uma

---

18. Segundo o sentido dado a esse termo no Cap. V.
19. Cf. o Cap. V da presente obra, *in fine*.

redução categórica, uma vez que o preço de venda pode ser pura e simplesmente definido pela intersecção das duas curvas de reação dos duopolizadores.)

Desse segundo traço, acreditar-se-ia talvez poder concluir que o estilo de neutralização conduz a modelos estáticos e o do comportamento a modelos dinâmicos. Aqui seria ainda confundir um fato de estilo com a natureza de um modelo. Ora, nada se opõe ao fato de que a ação vivida seja neutralizada em um modelo, ao mesmo tempo que é objetivado não somente um movimento, mas ainda uma variação de movimento.[20] Sem dúvida, tais modelos são rapidamente insuficientes e permitiu-se considerar que a verdadeira dinâmica é inseparável do abandono do estilo de neutralização. Não deixa de ser verdade que as duas distinções não se recobrem de modo algum.

Se a oposição dos dois estilos estabeleceu-se agora sem equívoco, poderemos contar com o exame de um conceito particularmente importante para a objetivação da ação: é o conceito de equilíbrio.

Equilíbrio e ação: a teoria dos jogos

VIII, 14.

Não se trata de nos proporrmos desenvolver uma tipologia do conceito de equilíbrio nas ciências humanas. Uma tentativa nesse sentido, embora orientada para a Economia Política, já foi apresentada em outra parte pelo autor do presente ensaio. Do ponto de vista estilístico, nos ocuparemos unicamente do uso da noção de equilíbrio como expressão de uma tentativa de integração conceitual da ação.

A idéia subjacente a toda introdução da noção em ciência humanas é, sem dúvida, a que, animando a estática desde Arquimedes, se explicita com Jean Bernouilli, d'Alembert e, enfim, Lagrange: as leis do equilíbrio desempenham o papel de uma *norma* para o movimento. Mas se no domínio da Mecânica e da Física um sistema variacional de equações ocupa um lugar claramente marcado, quaisquer que sejam, aliás, as discussões que possam nascer sobre a natureza das grandezas cujo extremo é determinante, o mesmo não mais ocorre desde que se trate do homem. Na medida

---

20. Remetemos a esse respeito às análises de *Méthodologie économique*, 1955, II parte, em que modelos estáticos e modelos dinâmicos se confundem e aparecem tanto segundo o estilo de neutralização (mais Alfred Marshall) quanto segundo o estilo do comportamento (mais Keynes). Cf. por exemplo pp. 101 e ss.

Mas, nessa obra, as estruturas são estudadas nelas mesmas e não de um ponto de vista estilístico; os dois estilos aqui destacados não estão aí, pois, indicados explicitamente.

em que se quereria então interpretar os "movimentos" como "ações", o caráter normativo do equilíbrio toma uma importância capital, mas ao preço de um obscurecimento de seu conteúdo. Como se opera então o esclarecimento da noção ao longo dos progressos de um pensamento objetivo da ação, tal é o nosso tema aqui.

VIII, 15.

Escolheremos examinar inicialmente, em razão de sua riqueza significativa, as tentativas de formação de um conceito de equilíbrio na teoria dos jogos. Domínio abstrato e limitado, é certo, mas por isso mesmo muito próprio para apresentar de modo exemplar as orientações, as dificuldades, as incertezas que interessam, em primeiro plano, a uma estilística. Quando se refere à teoria dos jogos, pensa-se ordinariamente, de início, no modelo já bem conhecido do *duelo* estritamente competitivo[21] e em sua solução probabilista garantida pelo famoso teorema dos mínimos de Von Neumann.[22] No entanto, é necessário não esquecer o aspecto mais geral da teoria, o mais complexo sem dúvida e matematicamente de longe o mais difícil, mas também o mais inovador: é o que diz respeito às coligações, em jogos onde a competição não é mais estritamente concorrencial. É por ele que começaremos, pois, a idéia de uma cooperação possível entre os atores é um dos traços mais marcantes de uma ampliação da consideração objetiva das condições de um comportamento verdadeiro.

1º) A própria maneira pela qual se define um tal jogo é significativa dos diversos momentos estilísticos que correspondem às duas opções principais descritas na seção anterior. Distinguem-se três apresentações, num certo sentido equivalentes, de um jogo: a forma *extensiva*, a forma *normal* e a descrição por *funções características*. A primeira consiste em desdobrar-se a sucessão dos golpes realizáveis pelos protagonistas individualmente, segundo um diagrama, onde cada um de seus "caminhos" é a imagem de uma parte possível do jogo, representando cada um dos ápices o momento da escolha para um jogador determinado entre os diferentes golpes possíveis. Uma tal representação detalhada da evolução do

---

21. O jogo de duas pessoas de soma nula. A matriz dos ganhos do jogador (I) identifica-se então à do jogador (II), mudando de signo. O mesmo não ocorre evidentemente nos jogos de soma não nula de que se tratará mais adiante, sendo as duas matrizes então, em geral, distintas.

22. Existe sempre, pelo menos, uma estratégia mista tal que a esperança matemática de cada jogador seja igual ao máximo (em relação a suas próprias táticas) do mínimo (em relação às táticas do adversário); esse valor da esperança é então igual ao mínimo (em relação às táticas do adversário) do máximo (em relação às suas próprias).

jogo fornece aos protagonistas, se a possuírem, uma informação completa, sendo os pontos terminais do diagrama,

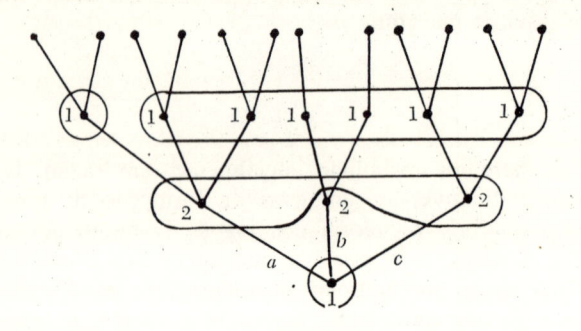

Os númɛros indicam o jogador que está na vez de jogar. As letras indicam as possíveis táticas. Circundou-se os vértices que as regras do jogo não permitem ao jogador distinguir no curso do jogo (conjuntos de informação).

FIG. 23. Forma extensiva de um jogo.

além disso, afetados por índices que correspondem aos valores ou utilidades atribuídas a cada jogador no fim de partida. Aliás, pode-se supor que uma tal informação seja apenas parcialmente acessível a cada jogador. A cada um dos golpes, o jogador que deve jogar saberá somente que se acha então no diagrama *em um ponto de um conjunto* de ápices, chamado conjunto de informação (Fig. 23). De qualquer modo, o jogo define então o "golpe" como uma ação objetivada, comportando uma norma (de maximização do resultado final) e uma *representação* da situação, reduzida ao conjunto de informação. O estilo do "comportamento" dirige essa esquematização extensiva de um jogo; mas sob essa forma o seu tratamento matemático se mostra particularmente difícil. Uma simplificação radical é possível que conduza à *forma normal*.

2ª) Enquanto a anterior enfatizava o processo do jogo, a forma normal coloca esse processo entre parênteses e insiste nos resultados. Sendo dadas as regras do jogo (que a forma extensiva desdobra, por assim dizer, num espaço de configuração gráfica), cada jogador pode estabelecer a lista exaustiva das táticas por meio de que conta responder a cada um dos golpes possíveis dos adversários. Ordinariamente, chama-se "estratégia" (pura) um conjunto das escolhas de golpes para todas as seqüências de conjuntos de informação de um jogador. Toda partida corresponde, pois, a uma combinação determinada de estratégias, uma para cada um dos jogadores. A teoria introduz, como se sabe, estratégias "mistas" que consistem na combinação, para cada jogador, de várias estratégias puras, afetadas cada uma por um coeficiente de probabilidade. Mas a estratégia mista faz parte de um nível de descrição superior ao da estratégia pura, uma vez que unicamente uma destas últimas aparece no processo efetivo: *a parte post,* só podem existir estratégias puras. Uma estratégia pura compete ao nível da descrição da ação neutralizada, isto é, ao nível dos resultados; uma estratégia mista compete, na verdade, ao nível do comportamento.

Aliás, é possível introduzir uma outra noção, aparentemente mais próxima da esquematização extensiva, a de "estratégia de conduta" (*behavioral strategy*)[23] que consiste no dado, para cada conjunto de informação de um jogador, de uma distribuição de probabilidade de suas táticas. Sua diferença para com o dado de uma estratégia mista é importante; sem dúvida, toda estratégia mista define bem uma estratégia de conduta única, mas a recíproca, em geral, é falsa: uma mesma estratégia de conduta pode ser realizada por meio de várias estratégias mistas distintas. Em todo caso, é o modo de descrição por estratégias puras e mistas que permite a redução mais cômoda do jogo. Este é definido completamente, face aos resultados, pelos conjuntos das estratégias puras de cada um dos jogadores e pela função definida sobre o produto desses conjuntos, o que dá o resultado do jogo para cada uma das combinações de estratégias e para cada jogador. Então nada é objetivado dos processos *segundo os quais a ação se desenrola;* unicamente subsistem do comportamento dos sujeitos, a norma de maximização dos ganhos, e da representação do meio, a lei de valorização do resultado dos encontros de estratégias. A neutralização da ação é, pois, aqui bem o tema estilístico dominante, dominância, por certo, completamente relativa, se se comparar esse modelo do jogo aos modelos clássicos do comportamento econômico.

3º) Ora, uma tal estruturação do jogo quase não se presta — aliás, não mais do que a anterior — a pôr em evidência um dos aspectos do comportamento vivido: sob a forma extensiva e sob a forma normal, é difícil ou impossível dar conta diretamente de acordos que se formariam entre vários protagonistas, tendo em vista assegurar-se melhores ganhos em comum. Notemos de passagem que uma estrutura abstrata *se presta mais ou menos bem* à objetivação de tal ou tal traço da experiência. Uma estrutura não é, pois, de

---

23. Cf. por exemplo LUCE e RAIFFA, *Games and decision,* Nova York, 1958. Aqui utilizamos constantemente essa importante obra.

modo algum uma essência de que deveriam decorrer todos os predicados reais e que a experiência naturalmente polimorfa exige ser estruturada ao mesmo tempo de vários pontos de vista e em vários planos.

No entanto, voltemos à terceira espécie de apresentação do jogo, a das *funções características* que se presta, ao contrário, muito particularmente à objetivação dos fenômenos de coligação. Se supomos que os ganhos atribuídos a cada um dos jogadores são grandezas mutuamente comparáveis e transferíveis entre si[24] — e, por conseguinte, aditivas entre si —, pode-se definir para cada coligação a grandeza do *ganho conjunto* máximo obtido em golpe certo pelos jogadores da coligação se concordarem entre si em jogar o jogo contra o resto dos protagonistas.[25] Definida para todos os subconjuntos do conjunto E dos jogadores, essa grandeza é uma função v de conjuntos dita *característica,* que se mostra dever satisfazer necessariamente às duas condições formais:

$$v(\emptyset) = 0$$
$$\forall R \; \forall S \; (R \cap S = \emptyset) \Longrightarrow v(R \cup S) \geqq v(R) + v(S)$$

No caso de igualdade, segue que $\sum_i v(\{i\}) = v(E)$,

isto é, que a coligação não oferece interesse para ninguém; o jogo é então dito "inessencial".)

Aliás, pode-se tomar essas duas exigências como axiomas e demonstra-se então que existe sempre uma forma normal de jogo, tendo por função característica uma função v qualquer que as satisfaça.[26] Nessas condições, inverte-se o ponto de vista: um jogo pode ser, a partir daí, *definido* por uma função característica. A redução da ação que aqui se opera é totalmente comparável à que leva à forma normal, mas é orientada de modo diferente. Se, por um lado, não somente os processos táticos que determinam cada golpe são postos fora de circuito, mas ainda as próprias estratégias, — por outro, o presente modelo traz, ao contrário, o rastro direto das estratégias de coligação. É, pois, nessa formulação que serão colocados, do modo mais cômodo, os problemas referentes à "solução" de um jogo cooperativo.

24. A teoria dos jogos postula unicamente, em geral, que cada jogador possua uma escala de intervalos para medir o valor dos ganhos. A hipótese acima é evidentemente mais forte. Deixamos de lado aqui todos os problemas epistemológicos e estilísticos levantados pela medida da utilidade. Eles serão evocados de um outro ponto de vista no capítulo IX (em particular §§ 9, 4 a 9, 8).

25. Cf. por exemplo VON NEUMANN e MORGENSTERN, *Theory of games*, 1944, § 25, 3, pp. 241-242, para os jogos de soma nula.

26. *Ibid.*, pp. 243-244.

VIII, 16.

É essa idéia de solução que nos reconduz à de equilíbrio. Definindo-se um jogo, por exemplo, por meio de sua função característica, a questão que se coloca, no estilo de relativa neutralização que essa posição implica, não é saber "o que se passa", mas *a que* o processo deve chegar. (Se a norma de maximização for efetivamente aplicada.) A — ou as — situações terminais constituirão um "equilíbrio" naquilo que a satisfação da norma as define como figuras de repouso da ação, do ponto de vista considerado pela regra do jogo. Mas os desenvolvimentos da teoria mostram o quanto essa caracterização é ambígua, e aí está justamente o seu interesse estilístico: as tentativas para dar um sentido preciso ao equilíbrio fazem aparecer as próprias modalidades da estruturação, as tomadas de posição sobre a constituição do objeto que se quer coordenar à experiência.

De início, é necessário definir um conceito fundamental, relativamente independente dos sentidos dados às variantes da idéia de equilíbrio. É o conceito de *imputação* construído por Von Neumann-Morgenstern. Sendo dado um jogo com n pessoas, uma imputação é exatamente um conjunto de n grandezas x_i representando respectivamente as utilidades atribuídas a cada um dos jogadores no termo da partida. As condições impostas a tais conjuntos refletem evidentemente já uma certa noção intuitiva da conduta dos jogadores. Elas são formuladas na *Theory of games* (§ 30.1.1, p. 263) para os jogos de soma nula de modo a exigir:

1º) que, numa imputação, a nenhum dos jogadores seja atribuído um partido[27] inferior ao que ele possa obter em golpe certo jogando sozinho, isto é:

$$\forall i \quad (x_i \geq v(\{i\}))$$

2º) que, numa imputação, a soma dos partidos só pode ser igual ao ganho global conjunto garantido a uma "coligação" agrupando o conjunto dos jogadores:

$$\sum_{i \in E} x_i = v(E)$$

Pois, se a imputação global fosse inferior a $v(E)$, cada um dos jogadores poderia melhorar seu ganho sem prejudicar os outros.

A própria definição de imputação já implica, pois, uma certa idéia da ação estabilizada dos jogadores. Equilíbrio.

---

27. É o caso de usar aqui o termo pascaliano, tomado num sentido que generaliza muito naturalmente o do século XVIII.

por assim dizer, passivo e interno, no sentido de que nenhum dos jogadores está positivamente descontente com sua sorte — ele ganha, pelo menos, tanto quanto o seu *minimum* garantido — e só pode esperar que intervenha um melhoramento obtido com o consentimento de todos. A imputação descreve, pois, uma situação em que a ação é anulada para jogadores, cujo grau de passividade é maior do que o compatível com a própria idéia de jogo... Mas uma tal fixação só pode sem um ponto de partida; entre todas as coligações possíveis, cuja função característica dá os ganhos conjuntos, não é ela que permitiria distribuir estes segundo imputações julgadas preferíveis? Observar-se-á que o problema do equilíbrio remete a dois tipos de atos distintos: 1º a escolha das coligações globalmente "mais vantajosas"; 2º a distribuição dos ganhos de coligação de modo satisfatório, nos limites fornecidos pela definição das imputações. É por ora o primeiro tipo de ato, competindo explicitamente à teoria dos jogos tal como os seus fundadores a conceberam, que deve ser precisa. Então, o problema de uma descrição da ação é, pois, reconduzido à definição de normas para decidir "as mais vantajosas" coligações, cuja realização anularia toda a tendência posterior ao movimento.

VIII, 17.

Uma tal definição não decorre de modo algum da própria noção de jogo e várias variantes suas foram apresentadas, sendo instrutiva a sua própria multiplicidade. Mas o mais rico conceito de sentido parece ter sido justamente proposto pelos iniciadores da teoria dos jogos. A idéia diretriz é evidentemente definir com precisão um princípio de hierarquização das imputações, e Von Neumann-Morgenstern propõem uma relação de quase-ordem, não-transitiva, entre duas imputações a qual definem como segue $\{\alpha_i\}$ e $\{\beta_i\}$:

Dir-se-á que $\{\alpha_i\}$ domina $\{\beta_i\}$ se existe pelo menos uma coligação S tal que $v(S) \geqslant \underset{i \varepsilon S}{\Sigma} \alpha_i$ e que $\alpha_i > \beta_i$ para todo jogador i de S. Um conjunto de imputações será dito "solução" do jogo se nenhuma dentre elas for dominada por uma outra do conjunto e se toda imputação exterior for dominada pelo menos por uma imputação do conjunto. Uma solução não determina, pois, o ponto de repouso de um processo de jogo, mas designa uma pluralidade de situações possíveis como equivalentes entre si e, em seu conjunto, superiores, num certo sentido, a toda situação estranha. A idéia de equilíbrio desliga-se, pois, aqui da de uma situação única e determinada; diz respeito a um grupo de situações, de algum modo fechado sobre si mesmo, ao mesmo tempo estável interior e exteriormente, no sentido preciso da teoria dos diagramas. Von Neumann-Morgenstern propõem interpretá-la como *standard of behavior,* isto é, como cânon convencional de comportamento admitido numa sociedade dada (cf. *Theory of games,* p. 40 e ss). Convém, pois, observar que: 1º no interior de uma tal forma canônica várias distribuições dos ganhos são possíveis, correspondendo a cada uma das imputações da solução; 2º para um mesmo jogo, admitem-se, às vezes, várias formas canônicas, correspondendo a pontos diferentes de estabilização. O exemplo simples — e completamente resolvido pelo cálculo — do jogo com três pessoas fará talvez compreender melhor a noção.

Mostra-se que um jogo qualquer essencial e de soma nula, com três pessoas, pode ser descrito por uma função característica v tal que:

$$v(S) \begin{cases} = 0 & \text{se } S = \emptyset \\ = -1 & \text{se S tiver um elemento} \\ = 1 & \text{se S tiver dois elementos} \\ = 0 & \text{se S tiver três elementos} \end{cases}$$

Um tal jogo[28] comporta duas espécies de soluções. Uma é constituída pela única solução composta das três imputações simétricas:

$$\{(-1, 1/2, 1/2), (1/2, -1, 1/2), (1/2, 1/2, -1)\}$$

e representa intuitivamente o caso das coligações de dois jogadores contra o terceiro, que dividem em partes iguais o seu ganho. A segunda é formada por três *famílias infinitas* de imputação[29] obtidas por permutação a partir de:

$$\{c, a, -(c+a)), \} \text{ com } -1 \leqslant c < 1/2, a \geqslant -1 \text{ e } a+c \leqslant 1$$

Elas correspondem a uma "discriminação" e colocação fora de circuito de um dos jogadores, a que se concede o ganho c, sem que possa a seguir participar das trocas de mercadorias dos dois outros, os quais fixam entre si os partidos a e $-(c+a)$. Numa tal solução, está claro que as condições do jogo são insuficientes para determinar, por um lado, c no intervalo $[-1, [1/2$ — isto é, o grau de "explo-

---

28. Cf. *Theory of games,* pp. 282 e ss.
29. Evidentemente, qualquer um dos três jogadores pode obter o ganho c; cada uma das três soluções deduz-se de uma outra por permuta.

ração" do jogador posto fora de circuito, — e por outro, a, — isto é, o grau de dominação de um dos dois outros sobre o terceiro.

Na concepção de Von Neumann-Morgenstern, a solução de um jogo só fornece, pois, esquemas de *convenções estáveis* de conduta, no interior de que a ação prossegue...

Assim são propostas outras concepções, como a do "núcleo" (*core*). O conjunto das imputações $\{\alpha_i\}$ estáveis, ou núcleo, é então definido pela condição única:[30]

$$\forall\, S \qquad v(S) \leq \sum_{i\,\varepsilon\, S} \alpha_i$$

Mostra-se facilmente que o núcleo faz parte de toda *solução* no sentido de Von Neumann-Morgenstern, mas em geral, não a esposa. Ele próprio também determina uma espécie de quadro de ação, no interior de que as imputações, num certo sentido, se equivalem e só se distinguem pela diversidade possível dos poderes de negociações dos jogadores, diversidade que o esquema aqui considerado para o jogo neutraliza.

VIII, 18.

É voltando ao caso particular do "duelo" cooperativo, em que dois protagonistas estão em luta, mas podem entender-se entre si,[31] que encontraremos uma estruturação mais aguçada da ação. Suponhamos, pois, um jogo de soma não nula, onde, por conseguinte, o interesse de um não é mais exatamente o oposto do do outro. Como pode se estabelecer uma cooperação? Sabe-se que no caso concorrencial puro e, portanto, de soma nula ou constante, a solução do jogo é dada para cada um dos jogadores por estratégias mistas, combinando aleatoriamente as estratégias puras. Mas no caso presente, as duas estratégias *maximin* não coincidem mais em um ponto de equilíbrio do jogo. Pode-se conceber que, ao invés de usar cada um de uma estratégia mista, os dois jogadores entendam-se para tirar a sorte, segundo probabilidades fixadas quanto a suas estratégias concordadas. Sejam, por exemplo, (α_1, α_2) e (β_1, β_2) as respectivas estratégias de que dispõem os dois jogadores. Ao invés de cada um jogar independentemente a sua estratégia mista: $(p\,\alpha_1, (1-p)\,\alpha_2)$ e $(q\,\beta_1, (1-q)\,\beta_2)$, decidem por antecipação combinar as suas respectivas estratégias puras definin-

---

30. É também o conjunto das imputações *não-dominadas*, o qual pode muito bem ser vazio. Cf. LUCE e RAIFFA, *op. cit.*, p. 192. No exemplo do jogo de três pessoas, o núcleo constitui-se pelo conjunto das três imputações simétricas.

31. É uma esquematização do duopólio.

do as probabilidades de todos os seus conflitos estratégicos: $(α_1, β_1), (α_1, β_2) (α_2, β) e (α_2, β_2)$. A vantagem de um tal acordo é permitir aos dois jogadores atingir esperanças de ganho[32] que estratégias mistas independentes deixavam inacessíveis. Isso se constata numa representação gráfica simples no espaço das esperanças de ganho. Cada ponto desse espaço representa um par (x_1, y_1) das respectivas esperanças dos dois jogadores; o jogo por estratégias mistas independentes só permite atingir os pontos da zona hachurada da figura. Estratégias mistas concordadas permitem evidentemente, em virtude da linearidade em x e y, recobrir a totalidade da zona convexa, cujos ápices correspondem aos pares de estratégias puras.

Resultados acessíveis do jogo, representados no espaço das esperanças de ganho.

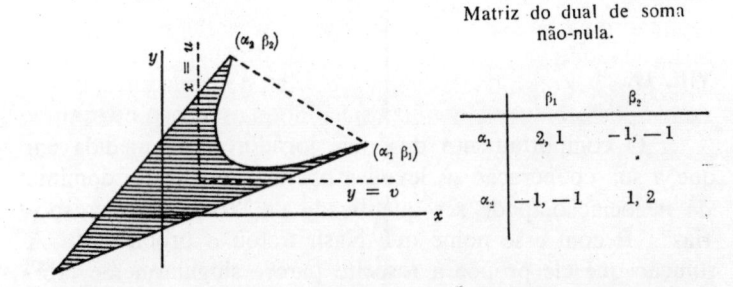

Matriz do dual de soma não-nula.

	$β_1$	$β_2$
$α_1$	2, 1	−1, −1
$α_2$	−1, −1	1, 2

A. No caso não-cooperativo, cada jogador escolhe independentemente uma estratégia mista: $p α_1 + (1 − p) α_2$ e $q β_1 + (1 − q) β_2$. Os respectivos valores x e y do jogo são funções bilineares de p e q. Invertendo essas funções, obtém-se p e q como raízes de uma equação do segundo grau com coeficicientes em x e y. Acham-se então as fronteiras da zona admissível sublinhada para os pontos de coordenadas (x, y) escrevendo que essas raízes existem (fronteira parabólica) $5(x + y − 1)^2 − 12(x − 1) + 8(y − 2) = 0$) e que são compreendidas no intervalo $(−, +1)$ (as duas retas).
B. No caso cooperativo, os dois jogadores escolhem juntos as probabilidades respectivas p, q, r, s, das estratégias puras com que se concordou $(α_i, β_j)$, com $p + q + r + s = 1$. Às estratégias concertadas puras correspondem 4 pontos (aqui reduzidos a 3) no espaço das esperanças de jogo. Cada um dos pontos dos três lados desse triângulo representa valores acessíveis, uma vez que as suas coordenadas são a soma ponderada das de dois vértices (estratégias concertadas que combinam aleatoriamente duas estratégias puras). Do mesmo modo, para um ponto qualquer do interior do triângulo, que é − de uma infinidade de maneiras, soma ponderada de *dois* pontos fazendo parte de dois lados distintos (estratégia concertada mista que combina aleatoriamente *três* estratégias concertadas puras).

Fig. 24. Cooperação no dual de soma não nula.

32. Desde que se trata de estratégias mistas, o valor do jogo para cada um dos jogadores só poderia ser definido evidentemente por uma *esperança matemática*.

Resta determinar que ponto dessa zona será considerado como ponto de equilíbrio. Para Von Neumann-Morgenstern, a teoria pára, quando se determina um "domínio de negociação", partida da fronteira não-dominada da zona anterior que é delimitada pelos valores de segurança do jogo, isto é, pelos valores *minimax* de cada um dos jogadores. No interior desse domínio, a determinação do ponto de contato entre os dois jogadores depende, dizem os autores da *Theory of games,* "de fatores de que não se pode dar conta nesta descrição" (*loc. cit.*, p. 557).

Outros autores quiseram levar mais adiante no sentido de um modelo desses atos de negociação, que escapam ao esquema primitivo do duelo. O detalhe de suas tentativas[33] não poderia ser examinado aqui. Para nós, bastará destacar o seu caráter geral e a sua significação para uma objetivação da ação.

VIII, 19.

O comportamento dos dois jogadores, na medida em que a sua cooperação os levou a operar somente no domínio da negociação, pode ser qualificado de "troca de mercadorias". É com esse nome que Nash tratou o problema.[34] A solução que ele propõe a respeito parece singularmente arbitrária, uma vez que consiste em maximizar o *produto* dos ganhos descontados dos dois jogadores. Mas é interessante notar as razões dessa escolha. É que uma tal função de ganhos é a única a satisfazer um conjunto de axiomas por meio de que Nash quer caracterizar a ação de concorrência racional dos jogadores. Esses quatro axiomas dizem respeito:

1ª) à invariância do equilíbrio relativamente às trocas (lineares) das escalas de medida dos ganhos;

2º) ao caráter "paretiano" do equilíbrio; nenhuma outra situação pode lhe ser preferida *ao mesmo tempo* pelos dois jogadores individualmente;

3º) à indiferença do equilíbrio a uma extensão razoável do jogo (cujas condições são definidas com precisão por Nash) fazendo aparecer o jogo primitivo como um "subjogo";

4º) à simetria em relação aos dois jogadores: se são colocados pelo jogo em condições idênticas, o valor de equilíbrio deve ser o mesmo para cada um deles.

---
33. Uma exposição a esse respeito se encontraria, por volta de 1957, no livro de Luce e Raiffa.

34. *The Bargaining problem,* em *Econometrica,* 18, pp. 155-162; exposição no livro de LUCE e RAIFFA, pp. 124 e ss.

Demonstra-se, sem dificuldade, (cf. Luce e Raiffa, *op. cit.*, p. 127) que a única função dos dois ganhos que satisfaça a esses quatro axiomas é justamente o seu produto algébrico. Assim, a determinação de uma estratégia de equilíbrio é reconduzida a uma axiomática, *não da ação propriamente dita, mas de seu quadro e de seu resultado:* persistência do estilo de neutralização até mesmo nessa tentativa embora muito acentuada de uma microanálise do comportamento.

Estendida por Shapley ao esquema geral do jogo cooperativo com n pessoas, a concepção de troca de mercadorias é, no entanto, criticada por Luce e Raiffa pela sua incapacidade em dar conta de uma dissimetria tática possível dos dois jogadores. Com efeito, seja um jogo tal como este, indicado por Luce e Raiffa:

	β_1	β_2
α_1	1,4	−1, −4
α_2	−4, −1	4,1

- FIG. 25. Matriz de um dual de soma não-nula.

a solução de Nash dá, para cada um dos dois jogadores, o valor 5/2, confirmando uma aparente simetria das matrizes. Ora, dizem Luce e Raiffa, suponhamos que β *ameace* empregar sua estratégia pura β_1. O jogador α não pode, observam eles, opor-lhe então α_1, que levaria à saída optimal para seu adversário; o único contra-"realista" seria, dizem os autores, então α_2, no entanto muito desfavorável a α.

O jogador β possuiria, pois, uma vantagem tática que não aparece, à primeira vista, nas matrizes do jogo e que tornaria inaceitável a solução de Nash. Mas se esse raciocínio crítico traz à luz uma insuficiência do modelo, não é, no entanto, eqüitativo. Se, com efeito, se levar em conta as convenções liminares do jogo cooperativo, exclui-se a tática de ameaça. Cada um dos jogadores procurará uma saída que seja para ele, pelo menos, tão vantajosa quanto o seu *maximin,* ou nível de segurança (nesse caso igual a 0 para todos os dois). Aceitar a tática de intimidação de β, respondendo-lhe pela "escalada", que constitui a escolha de α_2, é decidir que a *norma* da ação mudou: o jogador α preocupa-se em infligir uma perda importante ao seu adversário e "puni-lo", mais do que em assegurar a si mesmo um *mini-*

mum de ganho. A. Rapoport distingue, com justa razão, em *Fights, games and debates* (Ann Arbor, 1960), os jogos propriamente ditos dos combates, onde a norma de ação não é a procura de um "ganho", mas a punição ou a destruição do adversário. A solução de Nash-Shapley para o duelo cooperativo é, pois, coerente, se se trata unicamente de um verdadeiro jogo, e a crítica de Luce-Raiffa mostra simplesmente que a concepção do jogo não poderia constituir o modo de objetivação único de uma ação competitiva.

VIII, 20.

Afinal, as tentativas de definição de uma ação pela procura de um equilíbrio que caracterizam a teoria dos jogos, contribuem para fazer ressaltar as limitações que a escolha necessária de um estilo impõe ao modelo. A orientação para uma neutralização da ação, cuja influência indicamos aqui e ali, determina, quaisquer que sejam os esforços feitos no sentido contrário, uma característica preponderante da esquematização dos jogos. Em todos os casos, considera-se o equilíbrio *atingido de uma só vez* ou, pelo menos, atingido em um único nível. Ou a seqüência movimentada das "trocas de mercadorias" — a que a *theory of games* faz alusão a propósito do duelo cooperativo — é deliberadamente posta fora de circuito, e a dedução de seu resultado abandonada à argúcia ou remetida a outras disciplinas, ou então é tacitamente ignorada e reconduzida mais ou menos ao processo simplificado de um acordo sobre duas estratégias.

Provavelmente, essa simplificação era indispensável para o estabelecimento de um cálculo estratégico racional. Contudo, a noção de equilíbrio é suscetível de ser considerada simultaneamente em vários níveis.

Mas é necessário então esquematizar a ação como processo de estabelecimento de um equilíbrio, o qual figura um estado que serve de norma ao processo. Além disso, se toda ação for assim considerada em relação aos equilíbrios, ao aspecto construtivo que corresponde ao processo visto na perspectiva de um equilíbrio "superior" se acrescentará um aspecto destrutivo que corresponda à perspectiva de um equilíbrio "inferior". A ênfase dada ao equilíbrio para ser definido como *norma* dos processos mais do que como estado a ser descrito e a aparição de uma noção de hierarquização das figuras de equilíbrio determinam um novo estilo.

Escolheremos, como exemplo dessa óptica, a psicologia genética de Jean Piaget.

Equilíbrio e ação: a psicologia genética de Piaget

VIII, 21.

Do ponto de vista da integração da ação no objeto das ciências do homem, a psicologia e a epistemologia genéticas de Jean Piaget competem a um estilo bem particular. Se for permitido qualificar tão sumariamente um fenômeno de pensamento muito sutil, dir-se-á que a maneira pela qual Piaget aborda e desenvolve o problema é o fruto do encontro de um estilo "biológico" e de um estilo "matemático" de redução da experiência e de construção dos conceitos.

Se o tema central de suas pesquisas é justamente o modo de "crescimento" de nossos conhecimentos ("Programme et méthode de l'épistémologie génétique", em *Études d'épistémologie génétique,* I, Paris, 1957) é na qualidade de processo essencialmente biológico que esse fenômeno é visado. Contudo, o desenvolvimento biológico dos sistemas de conhecimento é concebido como sucessão de etapas de "equilíbrio", cuja descrição é feita em termos de normas matemáticas de um comportamento. Não pretendemos estudar em detalhe os caracteres estilísticos de uma obra importante, evolutiva e variada, cujos prolongamentos nos colaboradores e discípulos de Piaget não poderiam ser então ignorados. Nós nos limitaremos, pois, a fazer ressaltar alguns traços maiores de estilo da organização e da evolução da idéia piagetiana de objetivação do fenômeno psicológico.

VIII, 22.

Que o motivo dominante desse projeto seja a integração da ação no objeto da Psicologia, numerosos textos o testemunham. Num artigo de 1958 ("Assimilation et connaissance" em *Études d'épistémologie génétique,* V), por exemplo, criticando a posição primitiva do positivismo lógico a propósito "do papel das estruturas lógicas nas atividades do sujeito", reprova-o essencialmente por "reduzir ao mínimo as atividades" deste (p. 50). Enquanto um estilo de neutralização separa uma linguagem lógica toda constituída e um conteúdo "tirado da experiência pelo meio unicamente da percepção", o estilo piagetiano consiste em verificar que as estruturas lógicas "se manifestam igualmente sob as espécies de estruturas operatórias, em ligação com as coordenações gerais da ação" (*ibid.,* p. 51).

Mas o que é necessário precisamente entender por ação, tal é o ponto fundamental em que se exprime a escolha estilística. Para Piaget, parece que a ação é conceitualizável por meio de duas noções complementares: a de *assimilação* e a de *acomodação*. Para bem compreender o seu alcance, é por certo interessante aprender da própria boca do autor que sua origem se liga à sua formação de biólogo. "Essas noções solidárias de assimilação e de acomodação, como aliás toda nossa psicologia das funções cognitivas, diz Piaget, são provenientes de uma intuição ou de um modelo anteriores à nossa formação psicológica. Queira-se ou não, quase todos os psicólogos inspiram-se inicialmente em tais modelos que desempenham para eles um papel fundamental, ao mesmo tempo heurístico e interpretativo. Pelo fato de que a introspecção não fornece por si mesma nenhum modelo e só procede por analogia com os do mundo exterior, os psicólogos, empreendendo o estudo da consciência, inspiram-se, em geral, em alguma intuição fundamental tirada da disciplina que mais os estimulou no decurso de sua formação... Quanto a nós, foi o problema das relações entre genótipo e fenótipo (ou-"acomodatos") na adaptação das espécies animais ao meio que nos levou a refletir sobre a questão das relações epistemológicas entre o sujeito e o objeto e daí a ocupar-nos de psicologia genética" (*ibid.*, pp. 65/66).[35] Problema biológico cujo estudo mostra ao futuro psicólogo que toda adaptação de um organismo a um meio "constitui uma interação estritamente indissociável entre a assimilação (no sentido amplo) desse meio à estrutura anterior desses organismos, e a acomodação dessa estrutura a esse meio. Em outros termos, a adaptação é um equilíbrio entre a assimilação e a acomodação e é por isso que essas três noções nos parecem de uma importância fundamental em psicologia do conhecimento e em epistemologia genética" (*ibid.*, pp. 66/67).

Assim, a ação, categoria principal do objeto do psicólogo, é considerada como uma forma de adaptação de um organismo a um meio, e essa adaptação comporta solidariamente uma fase de acomodação — que modifica a estrutura desse organismo — e uma fase de assimilação, — que substitui os dados originários do contato com o mundo por esquemas de operação.

Além disso, assimilação e acomodação desenvolvem-se conjuntamente até que se chegue a um modo de comportamento cuja relativa estabilidade dependa das compensações ativas do sujeito em resposta às perturbações do meio (cf. por exemplo *Six Études de psychologie,* Paris, 1964, estudo IV). Mas, é somente através de uma sucessão de tais *equilíbrios* provisórios que o organismo humano atinge a figura definitiva do comportamento racional. O *equilíbrio,* pelo

---

35. Ver também as indicações biográficas mais pormenorizadas de *Sagesse et philosophie,* Paris, 1966.

menos nas etapas anteriores à estruturação da conduta estritamente lógica, é, pois, pensado como momento de uma gênese e as estruturas que o definem são inseparáveis de uma história.

Ao ler a *Introduction à l'épistémologie génétique* (Paris, 1950), percebe-se que esse mesmo esquema da ação humana se acha transposto para além do ciclo da aquisição dos conhecimentos individuais. Matemática e Psicologia, por exemplo, representam uma tendência dominante à assimilação do real; Física e Biologia, uma tendência à acomodação. Não discutiremos aqui essa tese generalizada, que pensamos atenuar de modo incômodo a cesura, a nossos olhos, radical, que separa a orientação da conduta perceptiva inteligente organizada em prática imediata, e a orientação da Ciência. Mas se nos interessamos unicamente pelo domínio de objetivação do psicólogo, vemos perfeitamente que a teoria piagetiana da sucessão dos equilíbrios constitui um passo original e fecundo para a transposição da imagem intuitiva da ação em uma categoria objetiva.

VIII, 23.

Uma análise da própria noção de equilíbrio nos fará apreender a sua significação nesse contexto. Longe de ser concebida diretamente segundo o arquétipo da balança, onde duas forças opostas se anulam, a noção de que Piaget se utiliza faz intervir essencialmente duas idéias, tomadas de empréstimo, aliás, à Mecânica: a do "movimento" *virtual* e a da *reversibilidade*. Uma figura de equilíbrio da ação de um sujeito não é um estado fixo de anulação de seus movimentos, mas um sistema de atos possíveis organizados de tal modo que contrabalancem certas mudanças do meio. Assim, o sistema das operações de pensamento autorizadas pela Lógica proposicional clássica permite ao sujeito que o possui encontrar identidades através das manipulações — virtuais — que ele opera sobre os enunciados que traduzem o estado de um mundo cambiante. Assim, o sistema menos elaborado das "operações concretas" que a criança de sete anos constitui permite-lhe já desenhar conjuntos estáveis em sua experiência, prefiguração do que serão os objetos para o adulto.

O equilíbrio liga-se, pois, antes a um sistema *de atos virtuais* do que a uma situação. Ora, é pela introdução do virtual que se efetua a aproximação essencial, para Piaget, entre o tema biológico e o tema matemático: as estruturas em questão em sua análise dos sistemas de ação são estruturas matemáticas, porque são constituídas por operações não visadas isoladamente, mas segundo *o conjunto de suas realizações virtuais*. Além disso, se elas definem um equilíbrio, é que representam transformações anuláveis por transformações inversas; toda operação num sistema de equilíbrio supõe, ou pelo menos invoca, uma operação associada que a compensa. Tal é o sentido da *reversibilidade* que Piaget afirma, várias vezes, caracterizar o equilíbrio acabado.

O equilíbrio assim concebido é uma espécie de norma da ação concreta, uma vez que consiste na possibilidade de uma *representação* de conjunto, pelo sujeito, das combinações de atos virtuais. O estilo de objetivação de Piaget não pode assim, em nenhum caso, ser confundido com uma tomada de posição de redução da ação a modelos abstratos de determinação mecânica; pois, a figura de equilíbrio não é de modo algum, como se vê, uma configuração de "forças" em confronto de onde nasceria uma situação resultante. A ação é objetivada sob a forma de um universo de possíveis. Observar-se-á a afinidade evidente de uma tal concepção com a que teve alguns de seus aspectos anteriormente examinados a propósito da teoria dos jogos. Assim também, Piaget indica, num texto já citado (*Six Études,* IV), que o tipo de modelo que melhor convém à categoria do equilíbrio, tal como ele a considera, é o dos jogos de estratégia.

VIII, 24.

Contudo, como notamos anteriormente, é melhor a idéia de equilíbrio de Piaget do que a da teoria dos jogos. Com efeito, não somente uma figura de equilíbrio da ação é aqui uma norma, graças à qual se acham — provisoriamente — unificados e organizados o comportamento de um sujeito e o meio onde ele se exerce, mas ainda envolve a possibilidade de sua próxima revisão. O método genético, diz Piaget — e nós antes diríamos aqui: o estilo, — consiste em "considerar o virtual e o possível apenas como uma criação continuamente prosseguida pela ação atual e real: cada ação nova, realizando uma das possibilidades engendradas pelas ações anteriores, abre ela mesma um conjunto de possibilidade até então inconcebíveis" (*Introduction à l'épistémologie génétique,* I, p. 34).

Uma descrição do fato humano como ação deve, pois, justamente proceder ao estabelecimento de modelos, fechados num sistema de possibilidades e, num certo sentido, normativos. Mas só se pode considerar esta descrição como apreendendo uma etapa da ação. Ela se abre para uma inversão eventual desse equilíbrio ocasionada pela própria prática, tal como se supõe que ela se exerça, apoiando-se nas representações que a descrição anterior codificou. A psicologia genética esforça-se por apreender essa passagem de um equilíbrio a um outro equilíbrio e, para fazê-lo, propõe-se apenas os mesmos instrumentos de análise que lhe permitem desligar a presença virtual dos sistemas de equilíbrio que distinguiu. Queremos dizer que ela não julga necessário ampliar o seu campo de objetivação, por exemplo, aos fenômenos propriamente sociais para dar conta do engendramento dos sistemas de ações virtuais pelas ações reais do sujeito. "Toda explicação psicológica acaba cedo ou tarde por apoiar-se na Biologia ou na Lógica (*ou na Sociologia, mas esta também desemboca na mesma alternativa*)", escreve Piaget (*La Psychologie de l'intelligence,* Paris, 1947, p. 7; o grifo é nosso). Sem dúvida, seria abusivo censurar ao psicólogo não ser, ao mesmo tempo, sociólogo, ou economista, ou historiador. Crendo poder denunciar uma das limitações desse estilo, não é esta, pois, a queixa que articulamos aqui. Se se estuda o interessante capítulo XII da *Introduction à l'épistémologie génétique,* onde se trata da explicação em Sociologia, constata-se justamente que Piaget não está disposto de modo algum a negligenciar a importância desta disciplina. Mas parece que, a seus olhos, Psicologia e Sociologia correspondem a dois pontos de vista *paralelos* sobre uma mesma realidade, cuja objetivação mais radical seria dada pela Biologia. A orientação de seu pensamento leva-o então a colocar à parte o que chama de os elementos "ideológicos e sociocêntricos" da ação, para somente considerar "um único e mesmo processo de conjunto" que poderia ser indiferentemente reivindicado como objeto de uma psicologia genética ou de uma sociologia. Por exemplo: "Ao analisar a cooperação enquanto tal (isto é, uma vez excluídos os elementos ideológicos ou sociocêntricos que podem acompanhá-la ou deformá-la) ela se resolve então em operações idênticas às que se observam nos estados de equilíbrio da ação individual" (*op. cit.,* III, Cap. XII, p. 264). Nessas condições, Piaget pode sublinhar com propriedade a importância de uma sociogênese dos sistemas de ação e sua interdependência com uma psicogênese: disso nada aparecerá, ou quase nada, em sua obra da psicologia da criança.

E, num paradoxo, constatar-se-á uma pesquisa dos ritmos e dos níveis da aquisição de noções, por crianças expostas a um ensino escolar — que aparentemente tem como um de seus fins fornecer-lhes estas noções —, sem que sejam verdadeiramente levados em conta pelo experimentador os possíveis efeitos dessa formação. Ele insiste, ao contrário, notemos de passagem, no fato de que, apesar das pressões sociais que tendem a impor à criança as noções lógicas totalmente constituídas, é necessário que esta "passe novamente por todas as etapas de uma reconstrução intuitiva pré-operatória" (*ibid.*, p. 195); observação importante e difícil de se recusar, mas que exigiria uma investigação complementar feita paralelamente, por exemplo, em meios de civilização tribal tradicional, para esclarecer o papel exato das "ideologias" circundantes. O estilo piagetiano implica, pois, em definitivo, apesar da abertura à "ação" que ele testemunha, uma redução neutralizante que incide essencialmente no que se chama de elementos ideológicos e sociocêntricos.

Ação e significações

VIII, 25.

Ora, esses elementos que Piaget assim coloca fora de circuito remetem-nos finalmente, no termo deste capítulo, ao aspecto filosoficamente mais maciço de nosso problema estilístico. Levadas em conta análises e definições anteriormente propostas, pode-se formulá-lo do seguinte modo. Na medida em que o pensamento científico, abordando o "fato humano" segundo diversos estilos, consegue constituí-lo parcialmente em objeto, deve-se dizer que as significações que fazem parte por necessidade de experiência do vivido humano são assim reduzidas e transpostas no objeto ou, ao contrário, rebeldes a toda a objetivação, não deixam nesse objeto qualquer vestígio?

Inicialmente, observar-se-á que uma das teses, por sinal constantemente mantida e que tentamos apoiar nesta obra, impõe uma distinção radical entre o vivido e a Ciência e recusa, por conseguinte, como ilusória, uma introdução pura e simples das significações como aspectos do objeto de conhecimento. Se, pois, a ciência dos fatos humanos deve, como parece, integrar de um certo modo as significações, isso só pode existir em favor de um processo de objetivação: nesse sentido, elas são, pois, rebeldes à assimilação direta a que uma falsa concepção da Ciência aspira inconsideradamente. Mas a questão é saber se as tentativas de redução, de que estudamos algumas amostras, parecem suscetíveis de esposar todas as possibilidades de objetivação. Fomos levados, por todas as nossas análises, sem exceção, a sublinhar, mais no atual estado das coisas, as limitações severas a que se submetiam os estilos de redução apresentados.

VIII, 26.

No entanto, restaria empreender um estudo em que não poderíamos presentemente nos engajar sem prolongar por demais esta obra. Centrada ao redor da psicanálise, por um lado, e das pesquisas sociológicas e econômicas marxistas, por outro, ele nos introduziria no âmago de um domínio em que a caracterização rigorosa da abordagem científica se torna, em certos casos, muito mais delicada para ser definida. Vemos para essas dificuldades duas razões, que não se trata de modo algum de considerar como resultante de uma orientação errônea, mas como contrapartida da audácia completamente positiva desses estilos de abordagem do vivido humano. A primeira é o extremo e imediato conluio que estes aceitam entre o momento abstrato da objetivação e o seu momento diretamente prático. A segunda — estreitamente ligada, aliás, à primeira — é o acoplamento, com freqüência, singularmente rígido que instituem entre o conhecimento científico e uma visão de mundo. Embora esses dois traços, considerados absolutamente, pareçam-nos, de direito, decorrer de uma concepção completamente autêntica do que é na verdade a Ciência, sua brutal colocação em evidência como normas dos processos de objetivação do fato humano abrange o risco constante de confusão entre conhecimento científico, saber técnico e ideologia. Confusão, às vezes, grosseira, mas bastante freqüentemente muito sutil, o que torna o seu exame epistemológico particularmente delicado.

VIII, 27.

A dificuldade de uma análise desse tipo se verifica, por exemplo, negativamente pelo fato de que as tentativas de avaliação do marxismo e da psicanálise mais recentes e significativas foram conduzidas essencialmente no espírito de uma *reconstituição autêntica do pensamento de Marx e Freud,* sem conseguir — nem visar verdadeiramente — desligar os caracteres de um *estilo de conhecimento* que deveria, no entanto, constituir a herança viva e fecunda dos dois pensadores. Fixar o pensamento de Marx e de Freud por uma análise profunda e compreensiva de sua obra, que os desembarace da ganga e dos falsos ornamentos acumulados por seus sectários, é seguramente uma tarefa preliminar fundamental, e Althusser para um, Ricoeur para o outro,[36] vêm marcar, nesse sentido, uma etapa decisiva. Mas saber como e em que medida a psicanálise e o marxismo decidem efetivamente quanto a um enriquecimento e um renovamento dos estilos de objetivação do fato humano, é o que uma exegese, sozinha, não pode nos dar. O perigo mesmo desta é que pode servir para substituir uma Igreja por uma outra Igreja, fornecendo a discípulos uma nova interpretação da fala do Mestre, ao invés de mostrar aos "trabalhadores da prova" as novas vias que a obra magistral abre sem explorá--las. Sem dúvida, deve-se correr este risco e não há nada de mais legítimo para o filósofo ou o historiador da Filosofia do que procurar restituir em sua verdade uma doutrina. Mas é necessário evitar confundir exegese e epistemologia. Se a psicanálise e o marxismo, além das visões de mundo que subtendem, trazem efetivamente novos pontos de vista *para a Ciência,* é necessário provar-lhes o movimento caminhando. É, pois, de uma análise das obras científicas que eles inspiram que deve ressaltar a sua significação epistemológica, muito mais do que dos textos iniciais que lhes deu impulso. Quem quisesse limitar o conhecimento de uma economia e de uma sociologia marxistas a uma análise — por penetrante que fosse — do *Capital* faria lembrar um exegeta de Descartes querendo, a qualquer preço, expor o sentido da renovação cartesiana da Física, empenhando-se em comentar de perto o *Mundo* e os *Princípios.* Não é a física dos turbilhões e da matéria sutil que constitui o valor epistemológico do cartesianismo, mas a idéia cartesiana — de uma Física Matemática, cujo desenvolvimento não está na obra de Descartes, mas nos trabalhos científicos a que ela apenas preludia.

VIII, 28.

Tudo isto é para sublinhar que, se nos fosse necessário empreender um estudo do estilo marxista e psicanalítico nas ciências do homem, seria através das próprias obras científicas de Marx, Freud e seus sucessores, reconhecidos, desconhecidos ou renegados, que quereríamos conduzi-lo.[37] Resta fazer esse trabalho. Nós nos limitaremos aqui a indicar que, a nosso ver, a grande inovação desses dois estilos é reagir contra a redução julgada demasiado brutal das significações no objeto de um conhecimento científico do homem. Sob formas e com intenções bem diferentes, um e outro tendem a instituir a *ação* como categoria objetiva fundamental.

36. ALTHUSSER, *Pour Marx* (Paris, 1965) e ALTHUSSER e outros, *Lire "Le Capital"* (Paris, 1965); RICOEUR, *De l'Interprétation* (Paris, 1965).

37. E nem sempre seriam os "sábios marxistas" nem os "psicanalistas ortodoxos" que deveriam então fornecer os materiais dessa análise. Afinal, é *a posteriori* que se desenharia uma imagem da contribuição científica marxista ou psicanalítica, e não em virtude de profissões de fé ou de decisões de um Santo Ofício. Vê-se bem que dificuldades e que obstáculos o epistemólogo encontraria aqui para evitar transformar-se ele mesmo em teólogo.

Por mais diferentes que sejam essas intenções, elas, no entanto, comportam um duplo movimento que lhes é comum: tendência a relacionar sempre explicitamente os fatos humanos com uma história, tendência a relacioná-los sempre explicitamente com uma luta. Sem dúvida, a historicidade do sujeito psicanalítico, individual ou coletivo, é muito diferente da da humanidade marxista sem; dúvida, os conflitos psicanalíticos colocam-se num outro plano que o da luta marxista de classes. Um parentesco geral nos estilos de determinação do objeto humano não nos deixa de parecer dominante, pois, mascara evidentemente a profunda disparidade das visões de mundo. Mas se um estudo comparativo das duas *interpretações* do homem que elas desdobram parece acessível, uma análise estilística das *duas objetivações* do homem que elas propõem apresenta-se no momento atual como uma tarefa desesperadamente árdua.

Por um lado, psicanálise e marxismo engajam a Ciência na via mais difícil, cremos nós, justamente a via do futuro que, de início, só pode aparecer como uma regressão, uma vez que parece abandonar as conquistas de uma objetivação tão penosamente adquirida ao preço do sacrifício das significações. Regressão, aliás, completamente real em muitos pontos em razão do peso dogmático seja das visões de mundo, seja dos ritos, mas regressão provisória, embora, sem dúvida, inevitável, negativa unicamente pela inércia selvagem dos aparelhos sociais, mesmo os mais "progressistas" que tendem, pela força, a perpetuá-la.

Por outro lado, psicanálise e marxismo, exatamente por causa dessas dificuldades epistemológicas essenciais e dos contextos sociais de seu desenvolvimento, apenas produziram até o presente bem poucas obras propriamente científicas. As energias e os dons dos homens que as reclamam foram, na maior parte, mobilizadas pelas tarefas urgentes da prática imediata do combate e da doutrinação. Daí resulta que quase todos os trabalhos de inspiração marxista ou analítica referentes às ciências humanas apresentaram-se até então — não sem agressividade — como entrecruzando a cadeia de uma exposição científica e a trama de um manifesto dogmático. Seria pueril deplorar o que é um episódio da história; pode-se apenas constatar aqui a dificuldade quase intransponível que laí resulta para quem quer que queira empreender um exame sério e fundado de um estilo do conhecimento de que se entrevê unicamente a originalidade.

9. As Novas "Matemáticas Sociais"

> "Tomam como muito evidente o que não o é, e apenas aqueles a quem o uso da matemática esclareceu o espírito são capazes de descobrir a sua impostura."
>
> Jacques Iº Bernouilli,
> *Carta a um amigo sobre as partidas do jogo de péla.*

IX, 1.

O uso da Matemática em ciências humanas é certamente um dos temas mais freqüentemente abordados numa reflexão sobre os métodos.[1] Mas é do ponto de vista estilístico que pretendemos, neste capítulo, a isso voltar. Não vamos, pois, nos empenhar em revelar e estudar as estruturas matemáticas utilizadas pelo psicólogo, pelo economista, pelo sociólogo; nós nos interessaremos mais por seu *modo de utilização*. Sem dúvida, tais problemas já foram encontrados a propósito da linguagem, uma vez que certos aspectos matemáticos da lingüística foram examinados nessa ocasião. Mas foram-no então numa perspectiva de conjunto bastante diferente, uma vez que nos propusemos não analisar nesse domínio o uso da ferramenta matemática, mas precisar a estrutura do com-

---

[1] Nós mesmos a isso dedicamos, sob diversas formas, boa parte de três livros anteriores: *Méthodologie économique*, *La Mathématique sociale du marquis de Condorcet* e *Pensée formelle et sciences de l'homme*.

plexo sintaxe-semântica, a fim de definir uma noção lingüística de estilo. Trata-se agora de interrogar-se, de modo mais geral, sobre o estado presente da matemática social — se for possível retomar, ampliando o seu sentido — a bela expressão de Condorcet, mas de modo algum para enumerar as suas formas e descrever os seus instrumentos. Pelo menos, não é esse o nosso objetivo principal. Empreendemos assim uma tarefa menos clara e, sem dúvida, mais fértil em obstáculos. Através de exemplos, sendo que alguns deles parecerão completamente essenciais (como o das condições da medida ou o da interpretação das probabilidades), outros muito mais particulares — mas não menos significativos aos nossos olhos —, tentaremos descobrir algumas modalidades típicas do *uso* das estruturas matemáticas.

IX, 2.

Propomos classificar essas análises em três domínios que nos parecem suficientemente amplos, mas suficientemente distintos, para cobrir o conjunto das observações estilísticas que serão apresentadas.

Examinaremos primeiramente problemas de *tópico*. Por certo os primeiros na ordem das razões, tais problemas, com freqüência, são colocados conscientemente apenas numa etapa adiantada da Ciência. Pois, é somente então que se pode perguntar se e em que condições tal estruturação matemática é aplicável a um domínio fenomenal determinado. Mas o esforço crítico que se acha então desenvolvido tem conseqüências freqüentemente importantes para a delimitação precisa do campo experimental ao mesmo tempo que para a reestruturação do instrumental conceitual ingênuo.

Com o nome de problemas de *estratificação,* estudaremos, em segundo lugar, o valor heurístico do *caput mortuum* das reduções matemáticas. A dialética dos modelos propostos sucessivamente para dar conta dos resíduos do fenômeno não-integrados na estrutura faz aparecer, com efeito, ao que nos parece, a necessidade de uma estratificação desta. Estratificação que se poderia crer ser apenas um expediente técnico puro e simples para disfarçar a insuficiência de nossas ferramentas atuais. Ao contrário, pensamos que ela é essencial à própria natureza das relações do concreto com o abstrato.

É em terceiro e último lugar que serão evocados, enfim, problemas de *interpretação*. Por isso entendemos mais particularmente as questões que se colocam a respeito do vínculamento do modelo ao vivido ou, pelo menos, aos conceitos de ordem superior (numa escala de abstração decrescente). Sem dúvida, todas as considerações anteriores já dizem respeito à interpretação, no sentido amplo, das estruturas, uma vez que se trata de uma reflexão filosófica a seu propósito. Mas conservamos aqui a palavra num sentido mais estrito para designar a coordenação de um corpo de experiência — ou de um corpo de conceitos ainda próximos da experiência — com o corpo dos objetos abstratos definidos no modelo matemático.[2]

Os efeitos epistemológicos dessas interpretações, a sua inserção num contexto hermenêutico mais vasto, pareceram-nos particularmente próprias para dar a entender o alcance dos fatos estilísticos para uma filosofia do conhecimento efetivo.

IX, 3.

De uma maneira geral, as observações desenvolvidas neste capítulo têm por objetivo mostrar que uma estilística do pensamento objetivo deve poder fazer com que se compreenda melhor a significação do saber científico e a articulação da abstração com a experiência. E singularmente no caso de uma ciência do homem, que é aqui o único considerado. No entanto, uma ressalva deve ser formulada antes de se começar esta análise: querer-se-á não confundir esta contribuição para uma pesquisa da significação das estruturas com uma hermenêutica ontológica. Não são as relações entre o ser e o pensamento que estão aqui em questão, mas as entre uma atividade de redução por abstração e atividade de experiência. Os modelos, e a Matemática em geral, nunca são colocados aqui como figuras do pensamento opostas a figuras do ser: se a palavra realidade tem um sentido, parece-nos dever designar não os termos mas o próprio processo que os reúne. Assim, nossa hermenêutica estilística sempre visa apenas uma interpretação parcial, cujas categorias prático-teóricas encontram, a todo instante, o seu limite, e reconhecem a suserania de uma hermenêutica mais compreensiva. Mas esta é, no máximo, apenas poesia, se pretende ignorar completamente as primeiras e substituí-las de modo soberbo por uma imagem totalmente imaginária das condições do saber.

2. Observar-se-á que o uso dos lógicos autorizaria a falar aqui da interpretação da estrutura *por um modelo,* designando então este último termo um objeto de pensamento mais concreto do que a estrutura. Mas ao contrário, utilizamos constantemente, em epistemologia, a palavra *modelo* no sentido de estruturação de um domínio fenomenal, sendo a oposição marcada entre fenômeno e modelo, não entre modelo e estrutura.

Problemas de tópicos: as condições da medida

IX, 4.

Escolhamos inicialmente como tema de análise a introdução da *medida* nos fenômenos humanos e, mais particularmente, a determinação das "utilidades" em geral como grandezas. Nas ciências da natureza, desde a redução galileu-cartesiana do objeto, os problemas de medida são sempre reconduzidos mais ou menos indiretamente às três categorias do comprimento, do tempo, da massa. A primeira dentre elas fornece um protótipo intuitivo familiar do mensurável, imediatamente garantido por um sistema operatório ingênuo cuja gênese foi explorada e cuja estabilidade definida pelos trabalhos de J. Piaget e de sua Escola. Os necessários refinamentos que explicitaram a sua estrutura, desde Eudoxo e Euclides até os analistas contemporâneos, quase não foram diretamente dirigidos, pelo menos em sua origem, por uma exigência imperiosa dos físicos. O mesmo não ocorre no domínio das ciências do homem, onde a aplicação direta do sistema operatório ingênuo da medida levanta imediatamente objeções, dúvidas, e reclama uma explicitação precisa e cuidadosa das condições de sua validade. Um dos méritos menos contestáveis da filosofia bergsoniana da ciência é ter sublinhado aqui o papel desempenhado pela categoria do espaço — cuja quantificação é imediatamente acessível à intuição operatória. Mas o bergsonismo logo se desvia, quando conclui pela irredutibilidade universal do fato humano à quantidade, por não analisar de modo suficientemente sistemático os requisitos dessa redução quantitativa.

Em *Pensée formelle et sciences de l'homme,* tivemos ocasião de mostrar como a dialética da objetivação da qualidade, transbordando a redução estritamente quantitativa, devia ser antes pensada, em geral, como a passagem do não-estruturado ao estruturado (Cap. V, em particular § V, 27). No presente capítulo, ao contrário, limitamo-nos ao aspecto específico dessa dialética que é a quantificação no sentido estrito. Inicialmente, é-nos, pois, necessário descrever o projeto de introdução da medida.

IX, 5.

Dizer que um fenômeno é mensurável, é em primeiro lugar afirmar que pode ser considerado como um *conjunto de elementos* (por exemplo, o conjunto de certas partes — os intervalos — do conjunto dos pontos de uma reta; ou ainda o conjunto das "sensações de peso" para um sujeito ou o conjunto das "utilidades" ligadas para um sujeito a sortimentos de bens, a acòntecimentos incertos, a ações possíveis etc.). Esta condição trivial é absolutamente fundamental; exclui, pois, de toda possibilidade de quantificação as coleções de "objetos" bastante indistintos para não poderem constituir conjuntos no sentido do matemático.[3] Mas, aí se trata também de um requisito preliminar a toda objetivação científica do vivido: só há ciência, cremos nós, do estruturável, e toda estruturação incide necessariamente em conjuntos de elementos. É justamente porque se presta tão diretamente a esse recorte preliminar a que o espacialmente percebido fornece o arquétipo do objeto científico e, mais particularmente, mesmo do objeto quantificado. Mas a redução de conjunto não é de modo algum dada assim em todos os casos por uma intuição ingênua; ela faz parte do trabalho de constituição das categorias científicas e depende, em cada situação, do nível das técnicas que permitem discernir efetivamente elementos numa totalidade.

Uma vez satisfeita esta preliminar, dizer que o conjunto E assim constituído é mensurável[4] é supor que existe uma aplicação de E num conjunto de números (os inteiros, os racionais, os reais, conforme o caso), de tal modo que toda ou parte das propriedades algébricas (e eventualmente topológicas) do conjunto de números considerados sejam a imagem de certas propriedades operatoriamente definidas dos objetos-elementos de E. Dito de outro modo, existe um morfismo de uma espécie determinada da estrutura de E em relação a de um conjunto de números. Num sentido mais estrito, propusemos anteriormente[5] definir a quantificação pela conservação de uma estrutura de espaço vetorial: medir é então poder vincular ao resultado de uma operação de "reagrupamento" de elementos um número que seja a soma de números ligados pelo morfismo aos elementos reagrupados; é também poder "multiplicar" um elemento por um número, de tal forma que o resultado empírico corresponda pelo morfismo a uma multiplicação de seu número-imagem pela imagem do número operador; as operações empíricas de "reagrupamento" e "multiplicação" devem então possuir propriedades formais análogas às das operações-imagens do espaço vetorial de números. Mas é precisamente examinando exigências menos fortes que a consciência das condições de uma estruturação quantitativa se desenvolveu: que o considerado morfismo apenas conserve uma estrutura de ordem ou uma

---

3. Lembramos que objetos constituem um conjunto se e somente se de cada um deles se puder dizer, sem ambigüidade, que faz parte ou não desse conjunto.

4. É óbvio que a palavra não é tomada aqui no sentido em que a empregam os matemáticos na teoria da integração.

5 *Pensée formelle*, § 5, 22, pp. 137 e ss.

estrutura de grupo aditivo, e apareçam estruturações pré-quantitativas mais fracas, que podem ser mais facilmente realizadas.

De fato, o que nos interessa aqui é justamente o movimento que assegura a adequação de uma estrutura às condições efetivas da prática científica, através de dissociações e recomposições conceituais. Veremos em particular como a noção vivida de aposta e conjetura é formalizada e introduzida numa estrutura completamente específica de quantificação do fato humano.

IX, 6.

Sendo a condição fundamental de quantificação a *existência* de uma aplicação do conjunto fenomenal num conjunto de números, uma das questões que se apresentam inicialmente é a de sua *unicidade*. De uma maneira mais precisa, o morfismo escolhido como definindo tal tipo de quantificação subsiste quando é composto por certas transformações do conjunto numérico nele mesmo ou, ao contrário, é único e ligado a uma aplicação bem determinada dos objetos em relação aos números?

Está claro, por exemplo, que a medida da área das figuras recortadas num plano material dado pode ser definida por uma infinidade de aplicações numéricas tais que as medidas das figuras numa dessas escalas sejam proporcionais a suas medidas numa outra, sendo a figura de medida zero em todas as escalas a figura "vazia". Nesse caso, exceto por uma similitude, a escala é pois definida e pode-se dizer ainda que a unidade de medida, mas não sua origem, é arbitrária.

Pode-se estabelecer assim uma hierarquia das escalas, hierarquia cujo princípio transformacional parece, por certo, desde Klein, matematicamente natural, mas cuja colocação em operação é, a bem da verdade, contingente, uma vez que opera uma escolha matematicamente arbitrária entre a infinidade das famílias de transformações que seria possível considerar. A hierarquia construída por Suppes e Zinnes[6] é, no entanto, muito instrutiva, na medida em que demarca um dos caminhos que conduzem ao quantificado. Brevemente a lembremos:

1º) O primeiro grau ou *escala nominal* é fornecido por uma aplicação *qualquer* (que se pode, contudo, supor injetiva, se se quiser que todos os elementos empíricos tenham

---

6. "Basic measurement theory". In: *Handbook of math. psychology*, I, 1963.

"nomes" ou "índices" diferentes). Essa "escala nada mais faz do que atribuir um signo numérico distintivo a cada objeto, propriedade que evidentemente permanece invariante para todas as permutas do conjunto dos números considerados.

Define-se uma *escala classificatória* por uma aplicação não-injetiva, constituindo então todos os elementos de mesma imagem uma classe de equivalência. Toda permuta do conjunto dos números conserva ainda essa propriedade e a distinção desses dois primeiros tipos de escalas só tem sentido quanto a seu uso empírico.

2º) Produz-se uma *escala ordinal* por uma aplicação que conserva uma suposta relação de ordem estabelecida no conjunto empírico de partida. Toda transformação monótona dos números-imagens deixa subsistir essa propriedade (os objetos numerados 1, 2, 3... poderiam também ser numerados: 7, 12, 13...).

3º) Introduzem-se então três tipos de escalas que diferem por seu comportamento numa transformação linear (afim, no sentido dos geômetras).

Uma *escala de intervalos* é a definida a não ser por uma transformação linear geral; isto é, se x for a cotação de um objeto numa das escalas, $x' = ax + b$, para números a, b, sua cotação numa outra escala da mesma família será uma qualquer. A relação invariante entre objetos que caracteriza esse tipo de escalas é então o "intervalo", medido pelo quociente das diferenças entre suas cotas e que, com efeito, uma mudança de origem combinada com uma mudança de unidade não altera. Tais são as escalas práticas de temperatura.

Para uma *escala de diferenças* (definida a não ser por uma mudança de origem), é a diferença de cotação que é invariante; e para uma *escala de relações* (definida a não ser por uma mudança de unidade), é a relação das cotações que subsiste.[7]

4º) Resta, enfim, o último grau de quantificação, para o qual a atribuição de um número a um objeto só pode ser única. Nem a unidade de medida, nem sua origem são arbitrárias e pode-se falar então de uma escala absoluta.

Tal classificação, por arbitrária que seja aos olhos do matemático[8], permite compreender melhor os diversos graus de penetração do número no fenômeno. Somente podem ter um sentido, com efeito, numa escala de um tipo dado, as

---

7. Por exemplo, a escala termodinâmica das temperaturas absolutas. Estes três últimos tipos de escalas permitem definir sobre E um espaço vetorial que o morfismo conserva (sob a condição, evidentemente, de dar um sentido empírico às operações em E que têm como imagens respectivas a lei aditiva de grupo abeliano sobre os números e a lei exterior multiplicativa). Elas respondem às exigências que colocamos para uma medida no sentido estrito.

8. Para a reflexão, é verdadeiramente arbitrário privilegiar assim o linear?

operações numéricas cuja estrutura é invariante para esse tipo, sendo qualquer outra operação ou propriedade numérica desprovida de sentido no nível do fenômeno. Para fenômenos referenciados numa escala ordinal, é absurdo, por exemplo, procurar definir o elemento que corresponderia a uma soma de dois números; numa escala de diferenças, o elemento que corresponderia a uma relação. Mas, então, mesmo que a escala autorize tal operação numérica, ainda é necessário precisar a operação empírica no conjunto E de que ela seria a imagem. Dito de outro modo, uma teoria das condições da medida exige uma análise exata das manipulações fenomenais cujas propriedades formais serão refletidas por sua imagem numérica.

IX, 7.

Tomaremos de empréstimo a um artigo de Pfanzagl[9], um exemplo de introdução axiomática de tal operação fenomenal assegurando a existência de uma escala métrica, mais precisamente, de uma escala de intervalos. Supõe-se, inicialmente, que o conjunto E dos fenômenos pode ser *ordenado* por meio de uma relação determinada.[10] Postula-se, a seguir, a existência em E de uma operação notada *"o"*, que satisfaz aos axiomas:

1. $\forall a, b, \varepsilon E \; \exists \; c \, \varepsilon \, E \, (a \, o \, b \sim c)$, axioma de existência.[11]

2. $\forall b, a, a' \, \varepsilon \, E \, (a \leq a' \Rightarrow a \, o \, b \leq a' \, o \, b)$, axioma de monotonia.

3. $a \, o \, b$ é "contínuo" em relação a a e a b.

4. $(a \, o \, b) \, o \, (c \, o \, d) \sim (a \, o \, c) \, o \, (b \, o \, d)$, axioma de bissimetria.

Uma operação como a adição dos comprimentos, realizada por justaposição, é evidentemente uma operação métrica no sentido de Pfanzagl. Mas o sistema dos axiomas destina-se a caracterizar operações empíricas menos triviais. Por exemplo, a escolha por um sujeito de um estímulo "médio" entre dois estímulos é uma operação de Pfanzagl? Apenas a experiência pode naturalmente decidir. Mas o objetivo da análise axiomática é fornecer um critério de possibilidade de construção de uma escala a partir de uma operação dada.

9. *A General Theory of measurement.* In: *Readings in math. psychology,* II, reedição de um artigo de 1959.
10. Ter-se-á notado que, para as escalas de tipos 2, 3 e 4, a ordem numérica induz evidentemente a uma ordem sobre o conjunto E dos fenômenos. Todas essas escalas são, pois, *a fortiori,* escalas ordinais.
11. O signo ∽ assinala uma identidade dos objetos de E, permanecendo o signo = reservado para a igualdade dos números.

Demonstra-se, com efeito, que os quatro axiomas anteriores abrangem a existência de uma aplicação de E no conjunto dos reais, que goza das seguintes propriedades:

1. $\forall$, $a \in E$, $a^* \in R$, a aplicação $a \to a^*$ é contínua (o que supõe que se definiu uma topologia em E).

2. $\forall\ a, b \in E$; $a^*, b^* \in R$ $((a \leq b) \Rightarrow (a^* \leq b^*))$ (monotonia).

Além disso, a operação "o" corresponde isomorficamente a uma operação linear em R:

$$\forall\ a, b \in E\ ((a\ o\ b)^* = pa^* + qb^* + r)$$

Daí resulta imediatamente que a escala é assim determinada a não ser por uma transformação linear; é uma escala de intervalos. A operação empírica *"o"* é, além disso, determinada univocamente pelo par dos números p e q, independentemente da aplicação que define a escala. Mostra-se facilmente que, se $p+q = 1$, o parâmetro r é fixo e invariante para uma modificação da origem das escalas.[12] O caso particular trivial das grandezas aditivas tradicionais corresponde aos valores $p = q = 1$; a operação *"o"* pode então ser uma justaposição de duas linhas ou de duas superfícies, medindo a escala comprimentos ou áreas, e tem-se:

$$(a\ o\ b)^* = a^* + b^* + r$$

Se se faz $r = 0$, a escala é uma escala absoluta cujo zero corresponde ao objeto "vazio".

IX, 8.

Mas, a mais interessante realização de tal escala, aquela em vista de que a axiomática parece ter-se constituído, é a medida das "utilidades" no sentido de Von Neumann-Morgenstern.[13] A idéia dos dois autores da teoria dos jogos é definir uma escala de intervalos para a "utilidade" dos bens, por meio de uma operação "natural" de avaliação; esta consiste em combinar um bem u e um bem v atribuindo ao primeiro

---

12. Seja $a \to a^{**}$, a segunda escala obtida por aplicação linear dos a * em R: $a^{**} = \alpha\ a^* + \beta$.
Tem-se: $(a\ o\ b)^{**} = \alpha\ (a\ o\ b)^* + \beta$
$(a\ o\ b)^{**} = \alpha\ pa^* + \alpha\ qb^* + \alpha\ r + \beta$
$(a\ o\ b)^{**} = pa^{**} + qb^{**} + r'$, com: $r' = \alpha\ r - \beta(p + q - 1)$.

Para $p + q \neq 1$, o parâmetro r' depende da escala; para $p + q = 1$, o parâmetro r' é invariante para uma simples mudança de origem: depende somente da escolha da unidade (parâmetro α).

13. Cf. *Theory of games and economic behavior*, pp. 15-45 e ss. e Apêndice, pp. 617 e ss. Ver as observações apresentadas em nossa obra: *Méthodologie économique*, I, 1, § 23, p. 14, e II, 1, § 9, p. 196.

um "peso" α e ao segundo um "peso" 1 — α; sendo esses "pesos", números compreendidos entre 0 e 1, cuja interpretação expressa é um coeficiente de probabilidade, o bem composto apresenta-se então como um bilhete de loteria cujos prêmios alternativos seriam bens u e v. Tal é a origem da função de Pfanzagl: a diferença das duas apresentações deve-se ao fato de que a axiomática deste último define a operação "natural" por seus caracteres formais, sem fazer intervir nenhum número. É a imagem numérica dessa operação que se constata então ser uma função linear cujos coeficientes p, q e r são funções de α. Outras hipóteses da teoria dos jogos implicam que a escala obtida seja univocamente definida a não ser por uma transformação linear, qualquer que seja o valor do parâmetro α. Mas, a análise de Pfanzagl leva a distinguir, em geral, o parâmetro α que caracteriza a operação natural e o parâmetro p da função linear de utilidade, que lhe é associado. O autor propõe então considerar p como a probabilidade subjetiva atribuída ao acontecimento de probabilidade objetiva α, a que os axiomas de Von Neumann-Morgenstern a identificam. Teremos ocasião de voltar a essa distinção a propósito da interpretação das estruturas probabilitárias. Por ora, sublinharemos que a axiomática de Pfanzagl faz os seus postulados incidirem apenas na própria operação natural (enquanto a da teoria dos jogos deixa pairar um equívoco, fazendo α operar ao mesmo tempo sobre os dados fenomenais e sobre o conjunto numérico dos valores da escala. E esse novo rigor permite discernir com exatidão a natureza das escalas que daí derivam. A dialética da crítica "tópica" de quantificação aparece aqui de modo totalmente claro. O objetivo é garantir a validade de um certo tipo de escalas de medida. Por um lado, o motor inicial da estruturação é a introdução de uma operação fenomenal, mais ou menos "natural", que se constata ser aqui a formação de um "bilhete de loteria", supondo uma apreciação de grandezas incertas. Empreende-se então uma determinação puramente formal dessa operação fenomenal, de tal modo que se torne possível uma certa aplicação do conjunto dos bens no conjunto dos reais que conserva os resultados da operação. Para que a quantificação tenha um sentido, é necessário, pois, que se satisfaçam os axiomas de modo conveniente pela operação tal como ela efetivamente se realizou. Assim, a determinação estrutural das condições da medida manifesta-se, ao mesmo tempo, na escolha do tipo de escala razoável para tal situação de experiência e na caracterização axiomática da operação "métrica" fundamental. A estrutura aparece, pois, ao mesmo tempo, como se impondo por um decreto relativamente arbitrário da razão (vários tipos de escala podem ser igualmente admissíveis para uma situação dada), — e como resultando das coerções experimentais. O resultado final é então a constituição de uma categoria objetiva, rigorosamente determinada e operatoriamente coordenável à experiência que define de modo provisório, mas imperativo, o campo da investigação, da dedução e da medida.

Problemas de tópico:
a álgebra das relações e os liames de parentesco
IX, 9.

A questão: Em que condições tal conjunto de fenômenos admite a medida? — é, sem dúvida alguma, uma das mais importantes da problemática das ciências do homem. Não se poderia insistir demais, no entanto, no fato de que o seu interesse não se deriva tanto da espera de uma resposta afirmativa quanto da segurança de uma delimitação correta do domínio em que essa espera é vã. Agora examinaremos brevemente, como exemplo complementar de trabalho tópico, um caso em que a quantificação não está em questão. Este trabalho desemboca aqui em colocar em evidência um tipo de estrutura algébrica não-métrica; mas, a elaboração da categoria adequada à formalização do fenômeno não deixa de ser apropriada para fazer-nos apreender uma dialética análoga à anterior.

Os sistemas de parentesco são vividos numa sociedade como conjunto de relações interpessoais. Quando o etnólogo quer descrever e explicar o funcionamento dos sistemas que encontra em outras sociedades que não a sua, se lhes aplica os seus próprios conceitos interpessoais, acha-se na mesma situação que o lingüista que quer descrever uma língua muito afastada das línguas indo-européias aplicando-lhe, sem cuidados, os quadros de uma gramática tradicional. Um dos aspectos mais inovadores do livro de Claude Lévi-Strauss sobre as *Structures élémentaires de la parenté* consistiu justamente em romper esse círculo epistemológico, definindo *estruturas* de parentesco, modelos abstratos dos fatos sociais observados e vividos, construídos sem prejulgar a compreensão que deles nossa própria cultura sugere. Aqui, o traço decisivo da nova formalização dos fenômenos é o deslocamento do interesse do etnólogo da relação interpessoal para a relação entre *classes* de parentesco. Não se tentará descrever e compreender o funcionamento do sistema em termos de relações pai-filho, tio-sobrinho...; mas observando que a sociedade em questão se divide em classes[14] e que os liames de parentesco se determinam pela pertinência a essas classes, representar-se-á o sistema por um modelo abstrato cujos termos serão relações entre classes e suas combinações, à maneira de uma álgebra.

14. É óbvio que a palavra "classe" não tem aqui, em grau algum, um sentido marxista.

Essa revolucionária mudança de orientação já se realizou totalmente na obra de Lévi-Strauss e a perspectiva matemática que ele abre para o novo objeto sociológico assim definido achava-se magistralmente indicada numa nota de André Weil. No entanto, para a formalização explícita e exploração dessa idéia, nós nos referiremos de preferência a um artigo de Ph. Courrège: "Um modelo matemático das estruturas de parentesco".[15]

IX, 10.

O conjunto em que vai ser definida a estrutura não é mais, pois, o conjunto dos indivíduos que se oferecia imediatamente a uma transposição ingênua de nossa experiência do parentesco. É um conjunto de classes que constitui uma divisão da sociedade considerada e a partir das quais se definem as condições das alianças matrimoniais, assim como as relações verdadeiramente pertinentes de parentesco. Tais condições expressam-se pelo dado de uma permuta do conjunto S dessas classes matrimoniais, isto é, de uma bijeção de S em si mesmo, que se interpretará como designando os pares de classes cujos membros respectivos estão entre si numa relação a ser definida. Poder-se-á, pois, falar indiferentemente de permuta, de função ou de relação, conforme o ponto de vista em que se se coloque. Por exemplo, para uma sociedade dividida em duas classes, p e q, definir-se-á a relação, ou função conjugal, dizendo que os homens p podem esposar as mulheres q e os homens q as mulheres p; a bijeção $p \leftrightarrow q$ ou, se se preferir, a permuta $\begin{pmatrix} q & p \\ p & q \end{pmatrix}$ define, pois, as escolhas possíveis dos esposos e das esposas.

A partir daí, uma estrutura de parentesco pode ser construída como objeto algébrico: na versão de Courrège há, no conjunto S, um tripé de três permutas $\{\omega, \mu, \pi\}$, satisfazendo à condição[16] $\pi = \mu \omega$. Tal estrutura evidentemente só toma todo o seu sentido de modelo se se concorda em fazer corresponder às permutas as categorias sociais empíricas; ω será a função conjugal, μ a função maternal, π a função paternal. Compreende-se então o sentido da condição única: $\pi = \mu\omega$

— que exprime que $\forall\, x, y \in S\ (x \xrightarrow{\omega} y\ \&\ y \xrightarrow{\mu} z \implies x \xrightarrow{\pi} z)$, isto é, que a classe de que podem fazer parte as crianças de um homem da classe x é idêntica à classe de que podem

---

15 Em *L'Homme*, jul.-dez. 1965, pp. 248-290. Cf. também H. WHITE, *An Anatomy of kinship*, New Jersey, p. 963.

16. "$\mu\ \omega$" assinala o produto de composição das duas permutas ω e μ.

fazer parte as crianças de uma mulher que ele poderia esposar. (A figura dá o exemplo de uma sociedade de duas "metades" exogâmicas patrilineares.)

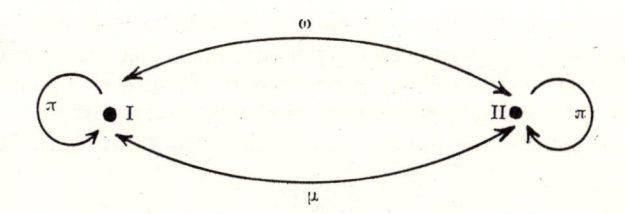

FIG. 26. Sociedade com duas metades exogâmicas patrilineares.

De fato, o interesse do modelo é, de início, permitir uma descrição clara e simples de todas as regras possíveis de parentesco e, por conseguinte, de todos os sistemas concebíveis *a priori*. Uma condição como a regra do casamento dos primos cruzados matrilaterais exprime-se, por exemplo, por meio da relação algébrica: $\mu\omega = \omega\mu$.

Com efeito, analisemos em termos de função essa igualdade; seja x uma classe de parentesco.

$\omega(x)$ é a classe das esposas virtuais dos homens da classe x.

$\mu(\omega(x))$ é a classe das crianças das esposas virtuais dos homens da classe x.

$\mu(x)$ é a classe das crianças das mulheres da classe x.

$\omega(\mu(x))$ é a classe das esposas virtuais dos filhos das mulheres da classe x.

Na linguagem das relações pessoais, a igualdade das duas classes exprime que os filhos dos homens da classe x esposam as filhas das mulheres da mesma classe, isto é, *em particular,* de suas irmãs. Mas independentemente do sentido intuitivo das permutas ω, μ e π, pode-se naturalmente pensar em considerar em si mesmo o objeto matemático assim construído.

IX, 11.

A título de exemplo, examinemos um modelo correspondente ao sistema Kariera descrito por Lévi-Strauss. A sociedade Kariera é, do ponto de vista dos parentescos, dividida em 4 classes, *p, q, r, s,* sobre que se definem as permutas.

$$\omega = \begin{pmatrix} p\ q\ r\ s \\ r\ s\ p\ q \end{pmatrix}, \quad \mu = \begin{pmatrix} p\ q\ r\ s \\ q\ p\ s\ r \end{pmatrix} \quad \text{e } \pi = \mu\omega$$

Pode-se representar essa estrutura num multidiagrama, correspondendo as flechas tipográficas distintas às três relações: $p \dashrightarrow q$, significando, por exemplo, que as crianças de uma mulher da classe p fazem parte de q; $q \to s$, que os homens da classe q esposam as mulheres da classe s; $p \cdots \!\!> s$, que as crianças dos homens da classe p fazem parte da classe s.

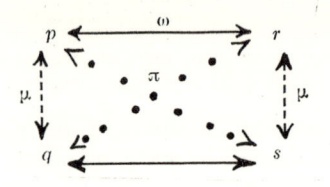

FIG. 27. Sociedade Kariera.

Formalmente, tal estrutura caracteriza-se pelas propriedades extremamente simples:

$$\pi = \mu\omega = \omega\mu$$
$$\omega^2 = \mu^2 = \varepsilon$$

(ε = permuta idêntica).

Daí resulta que $\omega^{-1} = \omega$; $\mu^{-1} = \mu$; $\pi^{-1} = \pi$ e que μ e ω constituem com ε os geradores de um subgrupo abeliano de permutas que é exatamente o grupo de Klein, cuja tábua de multiplicação se conhece bem:

	ω	μ	π
ω	ε	π	μ
μ	π	ε	ω
π	μ	ω	ε

FIG. 28. Ascendentes Kariera e grupo de Klein.

Um teorema da álgebra dos grupos finitos informa-nos imediatamente que tal grupo pode ser decomposto num produto direto[17] de dois grupos cíclicos de ordem 2, $\{\varepsilon', \omega'\}$ e $\{\varepsilon'', \omega''\}$. Pode-se representar graficamente essa propriedade no caso considerado, figurando as novas operações como incidindo em reagrupamentos de elementos e não mais nos próprios elementos:

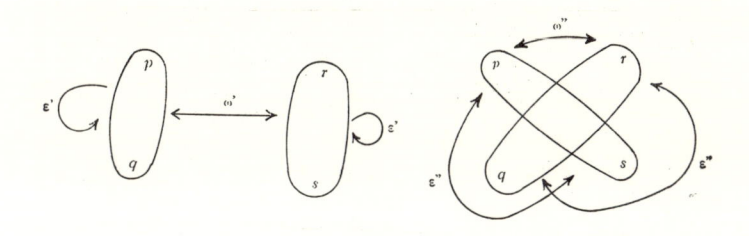

Fig. 29. Decomposição da estrutura Kariera.

A análise algébrica mostra que, nesse caso particular, essa decomposição estende-se diretamente à própria estrutura de parentesco que se acha dissociada em duas subestruturas, aparecendo os reagrupamentos como duas "metades" exogâmicas, umas patrilineares, outras matrilineares, conforme o esquema da figura:

I
$\omega' = \omega$
$\mu' = \varepsilon$
$\pi' = \omega$

— duas metades exogâmicas matrilineares

II
$\omega'' = \omega$
$\mu'' = \omega$
$\pi'' = \varepsilon$

— duas metades exogâmicas patrilineares

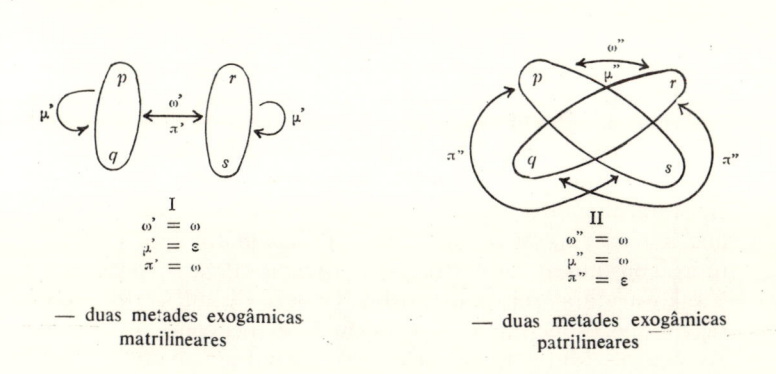

Fig. 30. Os dois sistemas de metades Kariera.

Assim, acha-se interpretado como conseqüência matemática dos pressupostos do modelo o funcionamento constatado por Lévi-Strauss da dupla dicotomia do sistema Kariera.

17. Lembramos que o *produto direto* de dois grupos g $\{\alpha, \beta \ldots\}$, h $\{\alpha', \beta' \ldots\}$ é o grupo definido sobre o produto cartesiano dos conjuntos de seus elementos pela lei de composição: $(\alpha, \alpha') \times (\beta, \beta') = (\alpha \cdot \beta, \alpha' \cdot \beta')$. Esta definição generaliza-se, aliás, a um produto de estruturas quaisquer.

IX, 12.

A introdução do "grupo dos termos de parentesco" constitui, pois, uma formulação condensada das propriedades algébricas de tal estrutura e poder-se-ia pensar que todo estudo dessas estruturas é reconduzido elegantemente à teoria dos grupos finitos. Sublinhando a inexatidão dessa conjetura, será melhor ressaltar a natureza da relação entre o modelo e o campo fenomenal que ele determina. De fato, a esquematização da estrutura de parentesco não é expressa exaustivamente pelo dado de seu grupo. É assim que termos diferentes de parentesco, tais como $\mu\mu^{-1}$ e $\pi\pi^{-1}$, ambos iguais ao elemento neutro ε do grupo, representam respectivamente a relação entre primos cruzados matrilineares e patrilineares. De um modo geral, a permuta que deixa invariantes as classes de parentesco recobre todas as relações que a estrutura estabelece entre indivíduos da mesma classe. Seria necessário deter-se aqui, uma vez que a concepção de estrutura de parentesco substitui essas relações interindividuais das relações entre classes. Mas é mais importante constatar, ao contrário, que várias estruturas distintas podem ter o mesmo grupo de parentesco. A análise algébrica mantém-se, pois, constantemente no limite pela necessidade de dar um sentido empírico ao modelo.

IX, 13.

Finalmente, o projeto tal como é formulado por Courrège em sua forma mais geral seria o seguinte. Dá-se um "sistema de parentesco", isto é, um conjunto finito S de classes e condições relativas a uma estrutura de parentesco $\{\omega, \mu, \pi\}$ sobre esse conjunto. A questão é então determinar efetivamente todas as estruturas de parentesco $\{\omega', \mu', \pi'\}$ que satisfaçam essas condições. O conjunto dessas estruturas constitui o "espectro" do sistema. Pode ocorrer que essas estruturas sejam isomorfas, embora distintas, pelas posições que as permutas fundamentais aí ocupem. É o caso do sistema Murgim, em que duas estruturas isomorfas funcionam alternativamente de uma geração à outra (se um homem segue a lei do casamento ω_1, seu filho seguirá a lei ω_2).

Neste domínio, o trabalho tópico consistiu, pois, em delimitar elementos representativos da experiência, sobre os quais uma álgebra podia exercer-se. Assim, acha-se colocado de modo rigoroso um problema de formalização dos dados observados e reduzida ao cálculo — isto é, fundada no sustentáculo de uma coerência do sistema —, a justificação de regras aparentemente arbitrárias. O modelo aparece então em plena luz, como *uma descrição normativa, mas objetivada, do fato vivido*. A análise algébrica define o modelo e determina assim o *objeto* que o pensamento científico substitui ao fenômeno diretamente observado. Mas ela nada nos diz sobre o *funcionamento* do modelo, pois, as regras abstratamente expressas numa estrutura não devem ser consideradas como simples constantes empíricas, como *leis* no sentido em que as entenderia um positivismo sumário. Na realização do modelo de parentesco, essas regras podem ser transgredidas, postas em xeque. Ao nível desse funcionamento do modelo, entra em jogo um novo processo de redução e de objetivação que põe em operação outros instrumentos conceituais e novos dados. Mas o exame das relações da estrutura e da experiência não diz mais respeito então a um tópico. Vamos encontrar um de seus aspectos nos exemplos sobre que nos propomos agora refletir.

Problemas de estratificação

IX, 14.

O que entendemos aqui por "problemas de estratificação" vincula-se ao que o método dos resíduos de Stuart Mill evoca, em geral. Neste último caso, tendo sido esgotada a capacidade de explicação das hipóteses adiantadas, trata-se de vincular o "resíduo" não explicado de um fenômeno a uma hipótese restante, admitindo-se que se esteja de posse de uma enumeração exaustiva das hipóteses. Na mesma ordem de idéias, mas de modo mais preciso e metodologicamente menos ambicioso, consideraremos o valor heurístico dos desvios entre o "fenômeno" fictício, calculado na hipótese de uma estruturação determinada, e o fenômeno observado. E encararemos o aspecto mais interessante dessa dinâmica do erro: a orientação para uma estruturação num outro nível do objeto científico, levando não a uma substituição, mas a uma estratificação das estruturas.

O primeiro exemplo de que partiremos é tomado de empréstimo, numa forma muito simples, à sociologia dos modelos de opinião e de atitude descritos por Coleman.[18] Mas poder-se-ia estendê-lo, se não se temesse sobrecarregar a exposição com pormenores por demais complexos, ao rico domínio dos modelos psicológicos de aprendizagem.

IX, 15.

Suponhamos que um questionário que comporte uma resposta sim ou não tenha sido submetido a uma população

---

18. *Introduction to mathematical sociology*, Nova York, 1964.

de indivíduos que constitui uma amostra da sociedade a ser estudada. Constata-se então a proporção de respostas afirmativas, p_1, e de respostas negativas, $1 — p_1$. Aplicando-se o mesmo questionário numa outra data posterior, modificam-se as proporções constatadas. O problema que o sociólogo se propõe é construir um modelo de opiniões que leve em conta essa variação com o decorrer do tempo.

O primeiro tipo de estruturação consiste em considerar cada indivíduo como suscetível de achar-se em um ou em outro de dois "estados"; interrogado no "estado" 1 sua resposta é positiva, no "estado" 2 é negativa.

Supõe-se então que tem lugar para cada um dos indivíduos um processo aleatório de transformação que pode ser expresso, a cada instante, pela probabilidade que cada indivíduo teria de passar do estado 1 ao estado 2, se se encontrasse no estado 1 e, do estado 2 ao estado 1, no caso contrário. Caracteriza-se pois o modelo, por "taxas de transição", notadas q_{ij} (probabilidade de passagem do estado i ao estado j). Se p_i é a proporção dos indivíduos no estado i, n o volume total da amostra, pode-se, então, escrever uma equação diferencial exprimindo a evolução do sistema:

$$\frac{d}{dt} np_1 = - q_{12}\ np_1 + q_{21}\ np_2$$

Estimam-se os efetivos np_1 e np_2 a partir dos dados. Pode-se perguntar se existe uma situação estacionária, em que esses efetivos não mais se modifiquem, em razão de uma compensação das migrações de um estado para o outro. A solução desse problema é fornecida por um cálculo elementar de análise e conduz a um valor assintótico que depende das duas taxas de transição. Inversamente, a estimação pela observação desse valor estacionário permite calcular senão taxas de transição, pelo menos a sua relação.

Nesse modelo simples, caracteriza-se pois o fenômeno por dois estados subjacentes, que se supõe *exprimir-se diretamente* no conteúdo da observação: cada indivíduo da população responderá sim ou não, conforme esteja no estado 1 ou no estado 2. A preocupação de seguir mais de perto as condições de variação das respostas levou a considerar, por assim dizer, *abaixo* desse modelo de expressão direta um modelo mais complexo, cujo funcionamento se estabeleceria num nível mais profundo.

IX, 16.

Ao invés de considerar um sujeito como um ser simples que exprime direta e univocamente o seu "estado" em sua resposta, deve-se considerá-lo, ele mesmo, como dotado de uma espécie de estrutura apurada, constituída por um certo número de elementos, uns associados a uma resposta positiva, outros a uma resposta negativa. E é somente a *probabilidade* de uma resposta afirmativa (por exemplo) que o quociente $\dfrac{m_1}{m_1 + m_2}$ dos elementos "afirmativos" no número total dos elementos[19] definirá.

Demonstra-se facilmente que a observação de dois resultados experimentais sucessivos deve permitir decidir entre os dois modelos, tendo a proporção dos indivíduos conservado a mesma resposta dando lugar, em uma e outra hipótese, a duas predições essencialmente distintas. Mas na maioria dos casos, a experiência não poderá nem anular nem confirmar uma hipótese referente aos m_1. Isso levará, então, a generalizar o segundo modelo. Os pares de parâmetros m_1 e m_2, ou se se preferir, a relação $\dfrac{m_1}{m_1 + m_2} = v_1$, a única em questão, ao invés de ser uma constante, supor-se-á aleatoriamente distribuída no conjunto dos indivíduos. Assim, é-se levado a considerar como essencial a hipótese de uma lei de distribuição determinada de v e, por conseguinte, a introduzir novos parâmetros que comparados com os parâmetros p_i e q_{ij} dos modelos anteriores parecem afastados de mais um grau do fenômeno, uma vez que caracterizam não mais diretamente as variações deste, mas por assim dizer, as *propriedades de suas propriedades* estruturais primárias. Na hipótese mais simples de uma lei binomial, introduz-se um número N correspondendo ao número das provas no esquema intuitivo que a define.[20] Coleman, que expõe esse modelo, faz observar que se pode interpretá-lo de modo conveniente por um esquema de urnas. "Suponhamos que haja n urnas, uma por indivíduo da amostra. Em todas, há nNv bolas brancas e $nN(1-v)$ bolas pretas. No que diz respeito à cor, essas bolas repartem-se ao acaso, N bolas em cada urna. Uma questão e a sua resposta correspondem a tirar-se de uma urna uma bola, olhar sua cor e recolocá-la a seguir. Uma bola branca é uma resposta afirmativa, uma bola preta uma resposta negativa" (*op.

---

19. Está claro que o modelo anterior pode ser reconduzido a um caso particular deste, supondo duas classes de indivíduos, para cada uma das quais um dos dois parâmetros m_1 é nulo, reduzindo-se os quocientes a 1 ou 0.

20. A distribuição binominal pode ser considerada como o conjunto das probabilidades vinculadas respectivamente a cada um dos tipos de seqüências de N lances de cara ou coroa, definidas unicamente pela proporção das caras e das coroas, independentemente de sua ordem.

cit., Cap. XII, p. 387). Cada urna aqui representa, pois, um indivíduo enquanto sistema aleatório, compreendendo N elementos repartidos em duas espécies, segundo as proporções *v* e 1—*v*. A probabilidade para um indivíduo de associar-se a tal valor do parâmetro *v* está, pois, bem distribuída como as freqüências das caras nas seqüências de N vezes do jogo de cara ou coroa. É esta estruturação interna que determina aleatoriamente numa tirada — numa questão — a natureza afirmativa ou negativa da resposta, dando uma probabilidade *v* à resposta afirmativa.[21]

IX, 17.

Interessar-nos-emos aqui apenas por um único traço epistemológico desse novo modelo, que consiste na adjunção de um nível suplementar ao modelo do parágrafo anterior. Pode-se fazer ressaltar e resumir, no quadro abaixo, a organização estrutural assim analisada.

	Modelo I	Modelo II
nível do fenômeno como "caixa negra"	estados p_i, p_{ij} q_{ij}	estados
nível do "microfenômeno"		elementos N

Fig. 31. A clivagem epistemológica.

No modelo I, o conceito fundamental de "estado" achava-se situado no próprio nível do fenômeno. Um estado revela-se univocamente pela resposta do sujeito, sendo os parâmetros p_i (proporção dos estados *i*, isto é, das *respostas de tipo i*), p_{ii} (proporção dos sujeitos que se acham no mesmo estado em duas experiências sucessivas) observáveis imediatos. Os parâmetros q_{ij} que são estimados no modelo a partir dos dados primários, correspondem ainda às taxas de variação parciais do número dos indivíduos em cada um dos dois "estados". Pode-se, pois, considerar que um único nível de estruturação esteja em jogo no modelo.

O mesmo não ocorre com o modelo II. A noção de "estado" analisa-se num conceito subjacente, coordenado aos

---

21. Nas teorias psicológicas que utilizam modelos análogos, a interpretação pode ser diferente. Consideram-se os "elementos" como os diferentes aspectos de um estímulo global, a que o sujeito é aleatoriamente sensível e que determinam suas respostas.

próprios estados por uma ligação estocástica. Os "elementos" e o seu parâmetro característico fazem parte de um nível de estruturação mais profundo do que os estados, e a lei de distribuição desse parâmetro introduz o número N que escapa completamente à observação. Sem dúvida, pode-se encontrar interpretações intuitivamente simples de N (Coleman nota, por exemplo, que $1/N$ é a probabilidade, para um indivíduo, de dar duas vezes em seguida a mesma resposta). No entanto, isso não impede que o modelo esteja em dois níveis e que seja esta dupla estruturação que condicione o seu funcionamento.

IX, 18.

Este desdobramento e esta estratificação representam, cremos, uma tendência totalmente positiva e fecunda da introdução e da manipulação das estruturas nas ciências do homem. Complementaremos a sua análise tomando por exemplo uma forma muito diferente do mesmo fato de estilo. Trata-se, desta vez, de construir não mais um modelo explicativo do fenômeno, mas uma verdadeira "máquina", suscetível de reproduzir *performances* análogas às de um pensamento humano. Inicialmente, notar-se-á a diferença de posição entre os dois problemas. Suponhamos que o fato a ser examinado possa ser descrito como a realização de uma certa tarefa, cuja representação mais simples é fornecida pelo esquema da "caixa negra" dos cibernéticos.

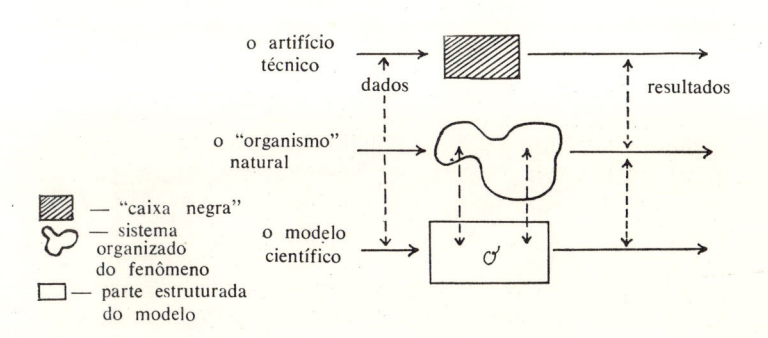

FIG. 32. Artifício, organismo e modelo.

A primeira colocação do problema, que é o de toda a Ciência em geral, consiste em procurar uma estruturação do operador $\mathcal{O}$ que, por um lado, satisfaça à condição geral de transformação dos dados nos resultados observados e, por outro, seja conforme a todas as observações que eventualmente possam ser feitas sobre o seu funcionamento interno. A ambição da Ciência seria, pois, em termos amplos, reproduzir por um modelo abstrato não somente um resultado global, mas ainda o processo que o atinge. Querer-se-ia, por exemplo, que uma psicologia da linguagem fornecesse um modelo capaz de dar conta das *performances* realizadas pelo sujeito falante, mas também, realizando-as, num certo sentido, *da mesma maneira*. Tal é, pelo menos aparentemente, o ideal de um conhecimento positivo.

A segunda colocação introduzida anteriormente é mais modesta. Consiste em contentar-se com um modelo que satisfizesse as exigências globais de transformação dos dados em resultados, sem que se sujeitasse de modo algum a descobrir o mistério da "caixa negra". À primeira vista, aí se trata de uma orientação puramente *técnica*, em oposição à orientação científica: é necessário imitar a *performance*, mas de modo algum os meios naturais de atingi-la.

Contudo, se se olhar de perto a recente evolução da Ciência — e, muito particularmente, das ciências do homem —, percebe-se que esta segunda colocação do problema desempenha um papel cada vez mais importante na constituição do objeto científico. Parece que a imaginação criadora de modelos abstratos, liberta da preocupação de seguir passo a passo o pormenor das operações da natureza, possa, assim, dar livre curso a seus poderes. Na verdade, ela apenas se propõe então *artifícios*. Mas estão eles bem afastados dessa invenção de máquinas para o estabelecimento de modelos verdadeiramente explicativos de fenômenos observados? Ao jovem Burman, que o interroga sobre uma passagem da quarta parte dos *Princípios,* Descartes teria observado que "não estávamos suficientemente acostumados a considerar as máquinas, e essa é a origem de quase todos os erros em Filosofia" (*Entretiens avec Burman,* éd. de la Pléiade, p. 1394). Se se atribuir à palavra "máquina" o sentido complexo que hoje lhe cabe de direito, a resposta de Descartes poderá, nesse ponto, orientar a nossa meditação.

De fato, o que separa um modelo científico de um simples artifício de substituição, é unicamente o grau de adequação de um e de outro ao conjunto dos dados fenomenais. Toda teoria científica encontra, num momento de sua tematização, "caixas negras". A orientação científica distingue-se da orientação técnica simplesmente pelo fato de que ela não se contenta em reproduzir convenientemente a transformação das entradas em saídas, mas quer incentivar cada vez mais, na organização do modelo, a aparição dessas "caixas negras". Aliás, pode-se descrever um dos aspectos da dialética científica como processo de redução das caixas negras: assim, a passagem da macrofísica à Física Atômica, da Física Atômica à Física do núcleo.

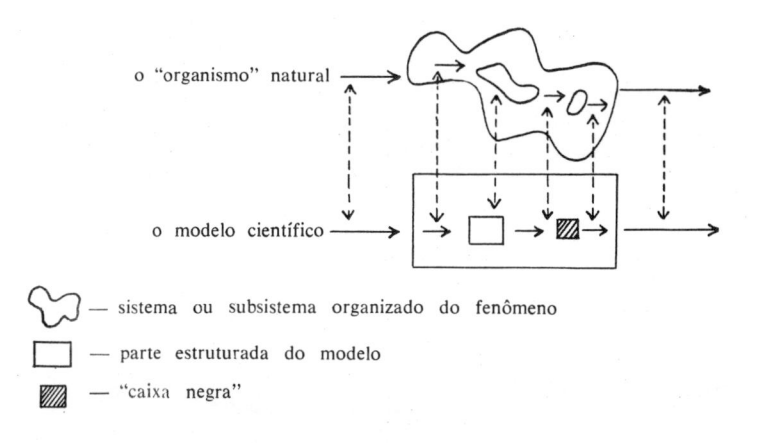

o "organismo" natural

o modelo científico

— sistema ou subsistema organizado do fenômeno
— parte estruturada do modelo
— "caixa negra"

Fig. 33. Modelo e "caixa negra"

Se, pois, uma teoria psicológica ou sociológica de um comportamento apresenta-se como um modelo, cujas entradas e saídas, unicamente, têm um sentido fenomenal controlável, sendo os processos intermediários do modelo propostos abertamente apenas por seu valor operatório, sem nenhuma pretensão de fazer deles uma imagem dos processos reais, poder-se-á declarar-se insatisfeito e ver aí somente uma máquina grosseira para imitar um comportamento humano. Mas é necessário admitir que, no entanto, essa máquina é o primeiro grau de uma aproximação explicativa desse comportamento por um modelo. No domínio dos fatos humanos, as categorias científicas mais gerais e mais fecundas são aparentemente as mais difíceis de se destacar do que no dos outros fenômenos, e a longa marcha que talvez a isso conduza exige essa divisão da dificuldade em estágios correspondendo cada um deles a um progresso, às vezes, irrisório. Contudo, progressivamente, complica-se a máquina grosseira, repelem-se as caixas negras para cada vez mais longe do cerne da estrutura que se constrói. Assim, podemos dizer que a colocação direta do problema de explicação por um modelo verdadeiro só toma, muito freqüentemente, todo o seu sentido como limite de uma seqüência de posições incompletas e limitadas, que consistem em imaginar máquinas a que se pede somente reproduzir não os processos, mas os efeitos.

IX, 19.

Esta longa digressão tinha por objetivo justificar o interesse científico dos trabalhos dos fabricantes de autômatos e, em particular, daquele que nos servirá de exemplo: o "programa geral de resolução de problemas". Trata-se de construir uma máquina (ou o programa de funcionamento de uma máquina) capaz de resolver problemas de tipos cada vez mais gerais: há problemas "desde que se deseje obter certos resultados ou certas situações que não se sabe imediatamente como produzir".[22] Procura-se a solução, pois, a partir das informações que se possui, fazendo tentativas sucessivas cuja seqüência é determinada, pelo menos em parte, pelos fracassos e êxitos encontrados. Não queremos aqui entrar pormenorizadamente nos programas imaginados pelos autores, mas somente comentar a estratificação bastante notável de sua máquina de resolver problemas. Máquina que, aliás, seus autores apresentam, com ou sem razão, como devendo "simular pormenorizadamente o comportamento de pesquisa de solução de um sujeito humano no laboratório" *(op. cit.,* p. 42). É já, pois, do processo que se quer fazer o modelo. Em realidade, os dados psicológicos que estão em questão não parecem ir além dos que uma introspecção atenta pode fornecer; não se tomará, pois, muito ao pé da letra, a ambição dos autores de construir um modelo do *comportamento* de pesquisa, mas a discussão anterior mostrou, de qualquer modo, a relatividade de um tal projeto. O importante aqui é que o modelo — ou a máquina — opera sua pesquisa em dois níveis.

Uma primeira estruturação, num único nível, já havia sido tentada pelos três autores com o nome de *logic theorist*. Aplicava-se então necessariamente a um tipo de tarefa bem definida, cujos objetos e operações são determinados. A tarefa que consiste em encontrar uma seqüência de operadores que transformem o objeto *a* inicial em objeto *b* desejado, analisa-se em dois tipos de tarefas subordinadas:

1º) aplicar um operador a um objeto;

2º) reduzir as diferenças entre dois objetos por uma modificação do primeiro. A máquina deve, pois, reconhecer *objetos,* aplicar *operadores,* discernir *diferenças.* Mas deve também *avaliar* essas diferenças do ponto de vista de um progresso em direção ao objetivo procurado.

Por exemplo, se o domínio considerado for o do cálculo das proposições, os objetos serão as expressões bem formadas;

---

22. NEWELL, SHAW, SIMON. Report on a general problem solving programm. In: *Readings in math. psychology,* II, p. 41. Cf. igualmente, na mesma coletânea, o artigo de MINSKY, Steps towards artificial intelligence, p. 18.

os operadores realizarão transformações correspondendo seja a equivalências (provenientes das teses do cálculo), como " $a \lor b \to b \lor a$ " onde a flecha figura a passagem da expressão de entrada à expressão de saída; seja a aplicações de regras de inferência, como: "$(a \supset b, b \supset c) \to a \supset c$".

As diferenças entre objetos são enumeradas e classificadas de modo titubeante; os autores distinguiram seis delas, tais como:

— aparição de uma variável nova; por exemplo: $a \supset b \neq a \supset c$;

— agrupamento diferente dos mesmos símbolos; por exemplo:

$$a \lor (b \supset c) \neq (a \lor b) \supset c.$$

A máquina naturalmente deverá manter em sua memória um quadro das modificações trazidas a cada diferença por todos os operadores.

Quanto aos critérios de progresso, serão definidos pelo estabelecimento de uma ordem de importância das diferenças e pela regra geral que coloca a dominância das diferenças referentes às expressões inteiras, em relação às diferenças que só se referem a elementos do léxico. A máquina comparará, pois, a expressão inicial e a expressão desejada. Procurará um operador que reduza a diferença e o aplicará. A nova diferença que pode subsistir, ou aparecer, entre o resultado e o objetivo é avaliada; se for de ordem inferior à diferença primitiva, esse resultado é tomado como ponto de partida para uma nova redução, se não, o processo recomeça com um outro operador.

Evidentemente, num domínio suficientemente complexo, há várias maneiras de se estabelecer a lista das diferenças e sua ordem, assim como a lista dos operadores. O esquema da máquina não se reduz, pois, ao decalque de um processo unívoco de cálculo, como existe no caso escolhido como exemplo: uma máquina procedendo simplesmente por redução às formas normais abdicaria de toda tentativa para imitar o processo de uma pesquisa titubeante. O programa em questão, ao contrário, quer-se heurístico e aplicável aos casos em que não existe ou não se conhece processo de decisão algum.

IX, 20.

Esse caráter heurístico e não-decisivo do comportamento da máquina é ainda mais aparente quando a essa estruturação de primeiro nível se superpõe uma estruturação prévia, cobrindo a outra, e que os autores denominaram *planning* ou pesquisa de um "plano". Trata-se, antes de se empenhar na aplicação de uma *tática* de redução das diferenças, de determinar uma ou várias *estratégias* de conjunto, referentes não

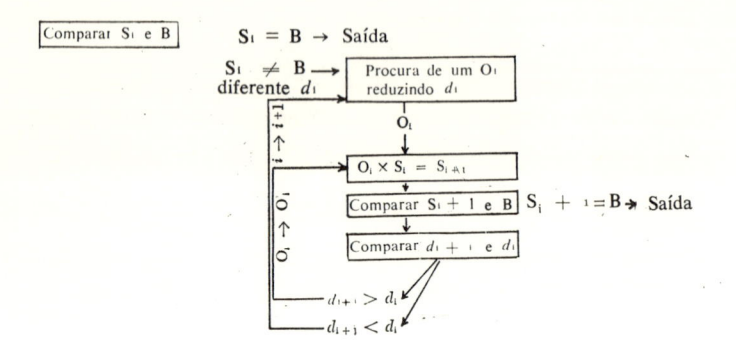

FIG. 34. O programa do *logic theorist* segundo Newell, Shaw e Simon.

aos próprios objetos, mas a objetos mais abstratos dos quais eles são realizações particulares. Por exemplo, os objetos distintos "$a \supset b$", "$a \lor b$", "$a \cdot b$" serão todos reduzidos à forma comum (a, b), onde se deixam indistintas a natureza da ligação lógica e a ordem dos elementos. Nessas condições, aos operadores do primeiro nível se associarão operadores "abstratos", aplicando-se numa nova estrutura, de um grau de abstração superior à estrutura originária do problema. Por exemplo, aos operadores do primeiro nível:

$$a \lor b \to b \lor a$$

$$a \cdot b \to b \cdot a$$

corresponderá um operador de *identidade,* uma vez que os objetos $(a \lor b)$, $(b \lor a)$, e respectivamente $(a \cdot b)$, $(b \cdot a)$ estão nas mesmas classes de equivalência que definem os objetos do segundo nível. Ao operador: $(a \supset b, b \supset c) \to a \supset c$ corresponderá o operador do segundo nível: $[(a, b), (b, c)] \to (a, c)$.

A aplicação do *planning* ao problema leva assim a destacar vários planos, ou estratégias abstratas, para passar da expressão inicial (reduzida) à expressão final (reduzida). Num segundo tempo, a máquina aplicará à expressão inicial completa os operadores do primeiro nível correspondendo aos operadores abstratos indicados pelo plano. Se esse plano fracassa, tentam-se os outros sucessivamente. O exemplo indicado por Newell, Shaw e Simon é simples. Reproduzimos os seus dados no quadro abaixo:

Nível I

Expressões originais

S_1: $(r \supset \sim p) . (\sim r \supset q)$
B: $\sim (A \sim q . p)$

Operadores do 1º nível

O_1: $a.b \to a$
    $a.b \to b$
O_2: $(a \supset b, b \supset c) \to (a \supset c)$

Aplicação do plano

Aplica-se a S_1 a seqüência dos operadores $(O_1{-}O_1{-}O_2)$ segundo o esquema do §9.19.

Nível II

Expressões reduzidas

σ_1: (R, P) (R, Q)
β: (Q, P)

Operadores do 2º nível

ω_1: (A, B) $\to$ A
ω_2: ((A, B), (B, C)) $\to$ (A, C)

Um plano possível

$\{\omega_1 - \omega_1 - \omega_2\}$
$\omega_1 \times \sigma_1 \to$ (R, P)
$\omega_1 \times \sigma_1 \to$ (Q, R)
$\omega_2 \times ((Q, R), (R, P))$
$\to (Q, P) = \beta$

Fig. 35. O programa de solução geral, segundo Newell, Shaw e Simon.

O programa geral de resolução de problemas realiza, pois, uma estratificação estrutural, desdobrando o modelo em dois níveis que se poderia, aliás, comparar aqui ao de uma língua-objeto e ao de uma metalíngua.

IX, 21.

A eficácia de uma tal estratificação pode, no presente caso, ser avaliada comparando-se o comprimento médio das pesquisas de soluções de um mesmo problema por um ou outro dos dois modelos. Os autores garantem com verossimilhança que o ganho é considerável.[23] Qualquer que ele seja, parece-nos que um tal tipo de utilização das estruturas abstratas constitui, afinal, uma estrita necessidade nos modelos do fato humano. Um dos traços epistemológicos mais constantes desse gênero de conhecimento parece-nos ser, com efeito, a

23. Pensamos que uma estratificação análoga é a condição necessária de um desenvolvimento realmente convincente dos modelos de linguagem e, em particular, das máquinas para traduzir.

objetivação de uma metalíngua que do meio extrínseco do discurso sobre o objeto de que ela era originária, acha-se aqui introduzida no interior do próprio objeto. Sem dúvida, dir-se-á que isso é introduzir sub-repticiamente a consciência no fato humano; é introduzir, com efeito, o esquema objetivo da consciência, independentemente de toda ideologia e de todo mito. O rastro objetivo do vivido designado pela palavra "consciência", seria justamente essa necessidade de construir em vários níveis os modelos do fato humano. Uma pseudo-ciência mecanicista do homem abandona a metalíngua ao discurso filosófico interpretativo; uma ciência verdadeira tenta integrar o aspecto objetivo dessa metalíngua e propõe modelos estratificados.

É permissível perguntar se as estruturas do segundo nível são ou não intrinsecamente do mesmo tipo que as do primeiro. Os lógicos já encontraram o problema e, em seu caso, parece bem que, *mediante algumas precauções,* a resposta seja afirmativa. A sintaxe da matemática-objeto é representável por meio da própria Matemática; mas as demonstrações no metadomínio têm um alcance estritamente limitado pelos teoremas de Goedel. Observar-se-á, contudo, que não se trata, num modelo dos fenômenos, de dobrar a sua estrutura de uma metalíngua própria a descrevê-la e a fixar demonstrativamente as suas propriedades. Em Lógica, o papel da metaestrutura é *crítico e filosófico;* aqui desempenha um papel totalmente diverso, que é funcional: ela coordena e orienta, como no presente caso, ou, mais simplesmente, como no exemplo anterior, ela resume e simplifica. A oposição língua-metalíngua, tomada de empréstimo a uma semiologia do mais abstrato discurso, somente pode ser generalizada com prudência. Ela tem, pelo menos, o mérito de sublinhar bem a diferença de nível epistemológico entre dois sistemas mais ou menos explicitamente formalizados.

Mas o desenvolvimento atual dos modelos do objeto humano é ainda por demais incerto para que se possa responder à questão colocada, referente a uma eventual especificidade matemática dos dois níveis. Quando muito arriscaríamos formular a conjetura plausível de que quanto mais se desvia do nível da linguagem-objeto, mais as estruturas utilizáveis aproximam-se da Matemática fundamental e da Lógica; mas essa distinção hierárquica dos níveis é, lembremos, totalmente relativa, o caráter mais ou menos "fundamental" de tal parte da Matemática é um conceito sempre ambíguo.

Nós nos contentaremos, pois, em reter das análises anteriores a idéia estilística simples de uma tendência essencial à hierarquização das estruturas formais em sua aplicação à construção do objeto.

Problemas de interpretação: programas lineares

IX, 22.

O primeiro tipo de problemas estilísticos considerados dizia respeito ao papel da estrutura abstrata na determinação do objeto das ciências humanas e à formulação das condições de redutibilidade da experiência. O segundo tipo referia-se a um dos traços notáveis da organização estrutural do objeto. O terceiro tipo de problemas estilísticos que abordaremos em último lugar diz respeito diretamente ao alcance do liame interpretativo que se estabelece entre as estruturas e a experiência. Sem dúvida, o característico de um modelo abstrato é ter em si mesmo valor de objeto matemático, cujo *sentido* de cada elemento apenas remete ao conjunto das relações que definem a estrutura. Mas enquanto modelo para uma objetivação da experiência, não pode, é evidente, ser cortado completamente da semântica de uma outra ordem, fornecendo as regras de um encadeamento possível com o vivido. Semântica de modo algum imediata e ingênua, fazendo ela mesma parte, até certo ponto, do processo total da prática científica; é suscetível de revisão e provisória, mas em compensação, exprime um momento real do estatuto dos conceitos abstratos; compete, pois, ao *trabalho* cujas características definam um estilo do pensamento objetivo. Poder-se-ia crer que a análise desse momento da Ciência é fácil, uma vez que toda estruturação se associa necessariamente às instâncias vividas de uma experiência a ser objetivada. De fato, essa análise torna-se delicada pela confusão constante que corre o risco de operar-se no curso do trabalho científico, entre uma interpretação objetivante positiva e uma interpretação ideológica dos conceitos; confusão a que a reflexão epistemológica não deve, por certo, prestar-se, mas que não deve deixar de reconhecer como um dado concreto da dialética do conhecimento que ela analisa. Escolhemos como exemplos dois temas de estruturação de amplitude e nível diferentes. Um é o da programação linear que nos permitirá comparar a interpretação dos economistas ocidentais e a do economista soviético Kantorovitch. O outro é o sistema das probabilidades em sua aplicação às ciências humanas.

IX, 23.

Há vinte anos que se conhece bem o conceito de *programa lienar*. Lembremos brevemente a sua estrutura. Sejam, por exemplo, n usinas de um mesmo grupo produzindo um mesmo bem, utilizando m materiais. Os estoques desses materiais são respectivamente iguais a $c_1, c_2 \ldots c_m$. A usina j consome

a_{ij} unidades de material i por unidade de produto finito. Por outro lado, a usina j vende pelo preço b_j uma unidade desse produto.

Propõe-se repartir do modo mais vantajoso a produção entre as usinas, isto é, determinar os volumes x de produção de cada uma delas, de tal modo que:

1º $\sum_j b_j . x_j$ seja máximo;

2º $\sum_j a_{ij} . x_j \leq c_i$ para cada um dos valores de i.

A segunda condição representa as coerções impostas pela limitação dos estoques de materiais; a primeira explime uma regra de maximização da cifra de negócio do grupo.

Matematicamente, trata-se de achar o ou os pontos P de coordenadas não-negativas de um n-espaço vetorial, em que um hiperplano de direção fixada toca exteriormente o poliedro formado por outros hiperplanos. Este problema é formalmente idêntico à pesquisa de uma estratégia optimal na teoria dos jogos de duas pessoas, de soma nula. Nesta última teoria, a pesquisa de uma estratégia optimal $x_1, x_2 \ldots x_n$ para um dos jogadores é correlativa à de uma estratégia optimal $y_1, y_2 \ldots y_m$ para o seu adversário. Os dois problemas são idênticos com exceção de que a forma linear é de maximizar em um e de minimizar no outro, que as duas matrizes de ganho são transpostas entre si e de que o signo   é substituído pelo signo

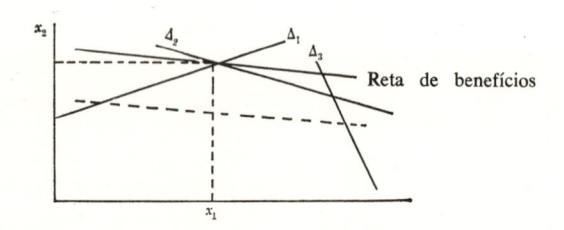

Duas usinas, três materiais.
O ponto (x_1, x_2) representa a repartição optimal das produções entre as duas usinas que maximiza o montante do negócio global.
As retas $\Delta_1, \Delta_2, \Delta_3$, representam as coerções dos estoques.

FIG. 36. Programa linear.

O teorema fundamental da teoria dos jogos permite estabelecer que, se uma solução de um dos problemas existe, a do problema dual também existe e que:

$$max \sum_j b_j x_j \; - \; min \sum_i c_i y_i$$

Voltemos à linguagem da programação linear. O ponto de vista que adotamos para apresentá-la põe em evidência de certo modo o conjunto das usinas (a solução $\{x_j\}$ é um ponto do "espaço das usinas"). Pode-se evidentemente considerar o ponto de vista dual que privilegia o "espaço dos materiais". A solução seria então um conjunto de números não-negativos $y_i(0<i\leqslant m)$, tais que:

1º $\sum_i c_i y_i$ seja mínimo;

2º $\sum_i a_{ij} y_i \geq b_j$ para cada valor de j.

Pode-se interpretar, nesse caso, o coeficiente y_i associado a cada material como o *valor unitário marginal* que convém atribuir-lhe — face à limitação dos estoques — para que os valores das produções unitárias de cada usina sejam, pelo menos, iguais aos preços de venda fixados, desde que se minimize o "custo" total. As grandezas "duais" das quantidades produzidas têm então aqui a dimensão econômica de um "valor". É a esta observação que queríamos chegar antes de analisar as duas interpretações de uma mesma estrutura que caracterizam, por um lado, o tratamento da programação por Kantorovitch e, por outro, o seu tratamento hoje clássico nos economistas ocidentais.[24]

IX, 24.

A colocação do problema de programação pelos economistas ocidentais, faça ela intervir uma maximização ou uma minimização de forma linear, consiste essencialmente em *tomar como dados valores,* seja sob forma de preço de venda, seja sob forma de custo; o que se maximiza recebe o nome de montante de negócio ou de lucro, o que se minimiza toma o nome do custo. Na literatura econômica, não se procurar colocar em relação as duas formas duais de um mesmo problema, permanecendo essa propriedade da estrutura em questão simplesmente um recurso possível para o matemático assistente.[25]

O ponto de vista de Kantorovitch é totalmente diferente. Na perspectiva de uma teoria marxista da economia, ele parte *unicamente dos dados tecnológicos* para organizar a produção

---

24. Cf. L. V. KANTOROVITCH, *Calcul économique et utilisation des ressources,* Paris, 1963. Para a interpretação ocidental, ver, por exemplo, KOOPMANS (ed.), *Activity analysis of production and consom.* New York, 1951; CHARNES, COOPER and HENDERSON, *An Introduction to linear progr.*, Nova York, 1953, VADJA, *Théorie des jeux et programmes linéaires,* Paris, 1959.

25. Na citada obra de Vadja, encontram-se três notas a esse respeito (pp. 140, 150 e 160), relativas à interpretação das grandezas duais como *custos marginais.* Essas notas são extremamente lúcidas e interessantes, mas não fazem parte do corpo da obra e são da pena do tradutor, M. Bouzitat.

de modo optimal. O problema da programação linear, assim colocado, leva naturalmente a uma solução no espaço das fabricações, solução que reparte as cargas de produção entre as diversas unidades disponíveis. Mas a originalidade de Kantorovitch é considerar então simultaneamente a solução dual *e servir-se dela como medida objetiva dos valores,* substituindo-se, levada em conta a raridade das matérias-primas e das coerções tecnológicas, por uma simples contabilização direta das quantidades de trabalho. Para melhor precisar isso, tomaremos um exemplo de empréstimo do próprio autor. O problema é um pouco diferente daquele de que partimos, mas a sua estrutura é essencialmente a mesma.

Sejam n setores de produção e m produtos simples. Cada setor pode fabricar indiferentemente cada um dos produtos, podendo o setor i, se a isso se consagrar totalmente, fabricar a_{ij} unidades do produto j. Quer-se que a produção de conjunto de cada um dos artigos respeite as proporções dadas para cada um deles (que haja, por exemplo, 4 vezes mais rodas do que carrocerias de automóveis...). Pergunta-se como repartir a produção de cada setor entre os m artigos de modo que a produção total do sortimento seja maximal. Aqui as coerções derivam, pois, ao mesmo tempo, da fixação dos volumes máximos de produção para cada setor e da harmonização da produção total dos diferentes artigos. O problema não deixa de ser reconduzido a uma programação linear, cujas soluções são sistemas de mn números, h_{ij} compreendido entre 0 e 1, representando a fração do setor i consagrada à fabricação de j. Mas Kantorovitch tem a idéia de associar sistematicamente a esse problema o seu dual. A solução deste atribui então a cada produto um número, que ele chama de "avaliação objetivamente determinada". Intuitivamente, se se considerar o valor de cada produto como medido por uma quantidade de trabalho, para um mesmo setor i, os valores-trabalho de cada um dos produtos serão inversamente proporcionais às capacidades de produção a_{ik}. As "avaliações objetivamente determinadas" de um artigo aparecem então como o valor-trabalho definido por um setor marginal em que começa ser vantajoso abandonar no todo, ou em parte, a produção desse artigo.

Já que o plano é tecnologicamente optimal do ponto de vista do volume de produção, pode-se qualificar de "despesas necessárias", sob as coerções dadas, as quantidades de trabalho correspondendo a esse setor para o conjunto da produção do artigo. Kantorovich propõe, pois, tomar como estimativa dos valores objetivos de cada produto os coeficientes-soluções do problema dual. Essas estimativas serviriam então de base para os cálculos econômicos efetuados no quadro do plano.

IX, 25.

Quaisquer que sejam as críticas feitas a Kantorovitch por seus colegas soviéticos (e no próprio prefácio do livro o acadêmico Nementchikov não lhe poupa, o processo epistemológico que acabamos de descrever permanece extremamente significativo. Uma mesma estrutura matemática — a da programação linear — é utilizada de maneira essencialmente distinta pelos economistas ocidentais e por Kantorovitch. Este último, partindo apenas de dados tecnológicos, chega, considerando sistematicamente grandezas duais, a dar um sentido operatório preciso ao valor-trabalho, cujo caráter objetivo, numa perspectiva marxista menos elaborada, deixava muito a desejar.

A noção bruta e simplista de trabalho considerado como processo unívoco — monódromo — de produção acha-se aqui substituída por uma noção mais complexa e mais *concreta,* onde se associa o processo indireto de optimização ao processo direto da produção; o que não introduz de modo algum um elemento subjetivo.

Assim se acharia talvez integrado no marxismo o essencial dos temas marginalistas, pelo menos no tocante à produção, sem se adotar, de modo algum, para tanto, uma teoria subjetivista do valor. A interpretação da estrutura de programação, isto é, seu vinculamento determinado a um conjunto de conceitos ligados na experiência, é, pois, muito suscetível de modificar consideravelmente o seu alcance e de influenciar as tentativas subseqüentes de estruturação.

Problemas de interpretação: *a axiomática das probabilidades*

IX, 26.

Propomo-nos agora fazer ressaltar a importância das variantes de interpretação no caso de uma estrutura tão universalmente presente nas ciências como a das probabilidades.

Será bom lembrar inicialmente o caráter de grande simplicidade da estrutura algébrica de base. Sendo dado um conjunto finito E, associa-se a cada uma de suas partes X, chamadas "acontecimentos", um número real P (X), tal que:

$P(X) \geq 0$

$P(E) = 1$

$P(\emptyset) = 0$

$P(X \cup Y) = P(X) + P(Y) - P(X \cap Y)$

ou $X \cap Y = \emptyset \Rightarrow P(X \cup Y) = P(X) + P(Y)$.

A medida aditiva de conjuntos P aplica, pois, a álgebra de Boole das partes de E no intervalo fechado dos reais [0,1.] É necessário, para precisar essa aplicação no caso da intersecção, introduzir um novo conceito: a "probabilidade condicional" de um acontecimento X para a hipótese H, por exemplo, por meio do axioma: "Para todo X e para todo H, se $P(H) \neq 0$, existe um número real $P(X|H)$ do intervalo fechado [0, 1], tal que

$$P(X \cap H) = P(X \mid H) \cdot P(H)$$

As noções essenciais de acontecimentos "incompatíveis" e "independentes" em probabilidade podem então ser definidas, e demonstrados todos os teoremas de adição e de multiplicação das probabilidades num conjunto finito. Para passar aos conjuntos infinitos, utilizam-se os recursos da Análise, voltando o processo fundamental a distribuir em tais conjuntos a "massa" unidade representada por $(P(E) = 1$.

IX, 27.

Mas por mais simples que seja essa estrutura, o seu relacionamento com um universo de experiências é ambíguo. De fato, pôde-se adiantar três modos de interpretação.

De acordo com a primeira interpretação, dita "objetivista",[26] as probabilidades podem ser identificadas a *freqüências* de realização dos acontecimentos para seqüências de provas infinitas. À primeira vista, tal interpretação seria clara e racional, uma vez que o cálculo das probabilidades permite efetivamente prever certas propriedades das freqüências. Mas desde que se tente precisar o sentido da "idealização" da freqüência representada por uma probabilidade, esbarra-se com dificuldades consideráveis. Kolmogorof e Von Mises não puderam superá-las convenientemente. Contudo, poder-se-ia crer que as pretensas "leis dos grandes números", conhecidas já por Bernoulli, pelo menos em seu princípio, fornecessem o liame desejado entre os conceitos do cálculo e os objetos da experiência. Isso não ocorre. Para tanto, seria necessário que fossem leis empíricas, resumindo resultados de observações referentes à "tendência" de uma freqüência do acontecimento aleatório para um número fixado que seria a sua probabilidade. Ora, elas nada mais são do que *teoremas de análise*. A lei fraca dos grandes números anuncia simplesmente que, se se considera um número *n* de variáveis aleatórias *independentes* e de σ limitadas, a probabilidade para que a sua soma se

---

26. A distinção entre probabilidade "objetiva" e probabilidade "subjetiva" é apresentada em *Logic of chance de* VENN (Londres, 1866) e desenvolvida por Carnap em seus *Logical foundations of probability*, Chicago 1950.

afaste tão pouco quanto se quer de sua esperança matemática, pode tornar-se, escolhendo-se n grande o suficiente, arbitrariamente vizinha de zero.[27]

Observar-se-á, inicialmente, que o desenvolvimento da noção de probabilidade se efetua bem no próprio interior do cálculo. Há, no entanto, um progresso importante do conhecimento quando se passa de um enunciado como este: "A probabilidade de obter cara no jogo de cara ou coroa é $1/2$" a um enunciado do tipo: "A probabilidade de não ultrapassar um desvio reduzido k para uma série de n partidas de cara ou coroa é p". No segundo enunciado, se bem que se trate sempre de uma propriedade da estrutura probabilista abstrata e não de um fato de experiência, a noção de probabilidade reflete-se, por assim dizer, sobre si mesma. A primeira probabilidade, objetivada através do conceito de desvio como propriedade de uma seqüência abstrata virtual, é substituída por uma probabilidade da segunda ordem que, desta vez, faz intervir um conjunto de seqüências abstratas. Numa linguagem intuitiva, sem rigor, poder-se-ia traduzir assim enunciados desse gênero: a probabilidade para que a probabilidade em questão "se realize" a não ser por tal desvio, é p... Esta dialética do provável é extremamente fecunda; mas pode-se sempre multiplicar os graus da hierarquia de probabilidades e nunca se chegará a resolver rigorosamente a questão da passagem das probabilidades às freqüências, isto é, a definir, sem equívocos, um esquema de objeto experimental com que a primeira possa se relacionar. Até o presente, todos os esforços para caracterizar uma seqüência de acontecimentos como seqüência aleatória de freqüência dada fracassaram[28]. Jean Cavaillès, num artigo surgido em 1940, já sublinhava esse fracasso a propósito das tentativas de Von Mises e Jean Ville:[29] "A teoria do Coletivo, escrevia ele, tinha por objetivo primeiro fixar o seu liame com o real; ora, ela pretende fazê-lo determinando para o cálculo um objeto que, por definição, não se encontra em parte alguma" (p. 151). O nó da dificuldade, como Cavaillès também mostra, é aqui a intervenção *essencial* do infinito na determinação da freqüência-objeto que deve responder à estrutura probabilista; ora, tal intervenção escapa

---

27. A lei forte dos grandes números traz um refinamento à descrição da maneira pela qual a soma das variáveis aleatórias permanece "quase certamente" igual à sua esperança matemática. Mas, produzindo-se o desvio fixo, para n superior a N, apenas num conjunto de casos de medida nula, ela em nada muda as considerações que seguem.

28. Para VON MISES (Théorie des probabilités; fondements et applications. In: *Annales de l'Institut Poincaré*, III, 1932), o objeto do cálculo das probabilidades é formado por seqüências infinitas de experiências uniformes nas quais os limites das freqüências relativas de cada resultado individual existem e são invariantes para as seleções de uma infinidade de elementos, que ele denomina "escolha de posição". Infelizmente, desde que se queira dar explicitamente a lei de uma tal seqüência, ela se torna sensível a uma certa classe de escolha de posição... A teoria é retomada em Reichenbach, *Wahrscheinlichkeitslehre*, 1934.

29. Du Collectif au pari, em *Revue de métaphysique et de morale*, 1940.

a toda formulação rigorosa *em termos de experiência*. A interpretação freqüencial, cômoda que pareça, não é, pois, suscetível, enquanto tal, de uma explicitação formalmente correta de seus pressupostos. O seu valor heurístico não deixa de ser capital; mesmo historicamente, ela marca com seu selo o período[30] de desabrochamento da teoria das probabilidades, a dos Laplace, dos Poisson, dos Gauss, que coincide com a constituição de um conceito essencial para o desenvolvimento do cálculo, o de lei de repartição.

Sabe-se, contudo, que não é assim que as primeiras idéias nasceram, uma vez que os precursores, de Pascal e Fermat a Jacques I Bernoulli, tomam como ponto de partida a estimativa do "valor" de um jogo. Sem dúvida, em Fermat e Bernoulli sobretudo, a *Ars conjectandi* já pode, frequentemente, confundir-se com uma arte de estimar freqüências. Todavia, pode-se dizer que, nesses primeiros ensaios, acham-se já esboçadas as duas grandes direções de interpretações das probabilidades. A primeira, "objetivista", é a das freqüências; a segunda "subjetivista", é a das apostas. É apenas por volta dos anos vinte deste século que, para as diferentes ciências, este último modo de interpretação foi retomado e, depois, amplamente desenvolvido, muito particularmente no contexto de uma nova concepção dos comportamentos humanos. Analisaremos suas duas variantes, elas mesmas estilisticamente muito distintas, apesar de sua orientação comum.

IX, 28.

Enquanto a interpretação objetivista tendia a fazer da probabilidade uma propriedade de um objeto da natureza, as interpretações subjetivistas fazem dela a propriedade de um *conhecimento*. No segundo caso, a probabilidade vincula-se, pois, a uma proposição referente ao mundo. Conforme seja considerada como uma categoria lógica, no prolongamento do verdadeiro e do falso, ou como uma categoria da crença "razoável" em sua relação com uma decisão possível, tem-se as duas interpretações que vamos sumariamente distinguir.

A primeira remonta, sem dúvida, ao *Tractatus logico-philosophicus* de Wittgenstein (cf. 4.464 e 5.15 e 5.156). A idéia fundamental da interpretação é a de uma medida dos graus do liame de inferência que se pode estabelecer entre duas proposições. Quando, de uma proposição, pode-se logicamente inferir uma outra, esse liame é de necessidade. No que Wittgenstein chama de "espaço lógico", a situação então

---

30. Período durante o qual é justo, no entanto, dizer que ela coexiste com os temas que gerarão a interpretação "subjetivista", por exemplo em Laplace.

é a seguinte. Seja uma proposição $\mathcal{A}$ composta pela combinação das proposições elementares a e b. Chamar-se-á de "fundamentos de verdade de $\mathcal{A}$" ao conjunto das situações para que $\mathcal{A}$ é verdadeira. Por exemplo, uma certa $\mathcal{A}$ é verdadeira se se tem "a e b", ou "a e não-b", ou "não-a e b". Seja uma outra proposição $\mathcal{L}$ tal que $\mathcal{A}$ possa dela ser deduzida. Nesse caso, Wittgenstein observa que *o conjunto dos fundamentos de verdade de $\mathcal{L}$ está incluído no conjunto dos fundamentos de verdade de $\mathcal{A}$*. Por exemplo, tomemos como $\mathcal{L}$ a proposição cujo fundamento de verdade reduz-se a "a e b". Acham-se, pois, incluídos no conjunto { (a e b), (a e não-b), (não-a e b) } fundamentos de verdade da proposição $\mathcal{A}$ acima introduzida, sabendo-se que ela pode ser notada "a ou b". Como: (a e b) $\Longrightarrow$ (a ou b), o teorema da dedução permite, pois, dizer aqui que $\mathcal{A}$ é uma conseqüência de $\mathcal{L}$.

A *inferência probabilitária* aparece então somente enquanto *uma parte dos fundamentos de verdade* é comum, ao invés de serem encaixados.

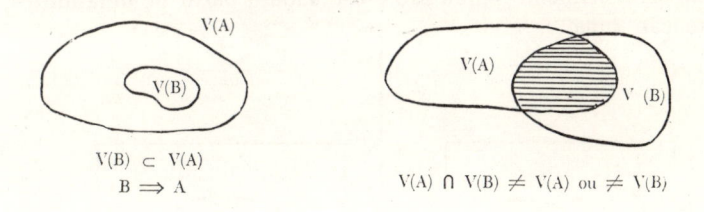

$V(B) \subset V(A)$
$B \Longrightarrow A$

$V(A) \cap V(B) \neq V(A)$ ou $\neq V(B)$

B permite inferir A com uma "probabilidade" p, a que se fará corresponder a relação da medida da parte hachurada na medida de $V(B)$.

Fig. 37. Implicação lógica e inferência probabilista.

O valor do grau de inferência é então definido por Wittgenstein como relação de duas medidas: ($V(A) \cap V(B)$) ε $V(B)$. A medida V dos conjuntos — que são conjuntos de proposições conjuntivas — é muito naturalmente escolhida como sendo igual ao número dessas últimas que, mais tarde, Carnap chamará de "descrições de estado". Vê-se imediatamente que os valores extremos da relação são 1 (no caso da inferência lógica) e 0 (no caso da independência: $V(A) \cap V(B) = \emptyset$). Do mesmo modo, verificar-se-iam facilmente os outros axiomas do § IX, 26. Vê-se, pois, que uma proposição de probabilidade em sua forma elementar se enunciará assim: "tais circunstâncias — de que nada mais sei — dão tal grau de probabilidade à ocorrência de tal acontecimento particular" (cf. *Tractatus*, 5.155). Se, por exemplo, considero duas proposições elementares *a* e *b,* portanto na teoria de Wittgenstein, estritamente independentes, elas se dão reciprocamente a probabilidade 1/2. Com efeito, os seus fundamentos de verdade respectivos são os dois conjuntos ¦ (*a* e *b*), (*a* e não-*b*) ¦ e ¦ (*b* e *a*) (*b* e não-*a*) ¦, cuja parte comum (*a* e *b*) tem por medida a metade da medida de cada um deles. Observar-se-á que, nessa interpretação, é a noção formal de "probabilidade condicional" que se torna primitiva. Para a tese objetivista, esta probabilidade deriva da probabilidade simples: ela designa a freqüência do acontecimento distinguido numa subseqüência obtida por aplicação da hipótese H à seqüência originária. Na interpretação do tipo atualmente apresentado, é a probabilidade "simples" que deriva da probabilidade condicional, a título de caso particular. Se se a toma, com efeito, como acontecimento implicando o que o conjunto de *todos* os fundamentos de verdade satisfazem — em outros termos, a *tautologia* — a probabilidade condicional assim definida identifica-se a uma probabilidade simples: isto é, a probabilidade do acontecimento implicado é estimada a partir de uma informação nula.

$B \overset{p}{\Rightarrow} A$

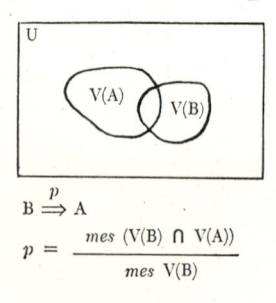

$$p = \frac{mes\ (V(B) \cap V(A))}{mes\ V(B)}$$

Imagem da probabilidade condicional P(A / B).

$U \overset{p}{\Rightarrow} A$

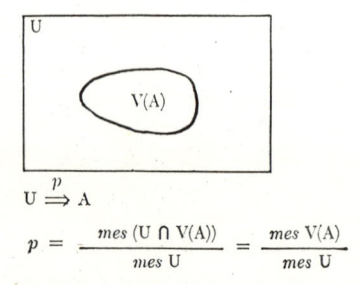

$$p = \frac{mes\ (U \cap V(A))}{mes\ U} = \frac{mes\ V(A)}{mes\ U}$$

Imagem da probabilidade simples, sendo o implicante o universo lógico.

Fig. 38. Probabilidade condicional.

As conseqüências dessa interpretação "logicista" são sublinhadas pelo próprio Wittgenstein e podem ser assim formuladas:

1º) A inferência provável é sempre correlativa de nossa ignorância: traduz um conhecimento incompleto de um fato, mas em compensação, um certo conhecimento de sua *forma,* isto é, de sua articulação em "descrições de estado".

2º) O provável não diz respeito diretamente a um acontecimento: um acontecimento ocorre ou não ocorre; não há meio-termo. Diz respeito a uma *inferência*.

3º) Não há objeto especial particular às propriedades de probabilidades. A probabilidade não é uma característica específica de certas partes da natureza.

É uma interpretação do mesmo tipo que será retomada por Carnap, *(Logical foundations of probability,* 1950), com numerosos refinamentos axiomáticos.[31]

IX, 29.

Para Wittgenstein e Carnap, a probabilidade aparece assim como medida de um grau de *ligação lógica* entre duas proposições. Para os defensores do segundo tipo de interpretação "subjetivista", é uma medida do *grau de credibilidade* de um acontecimento, tendo-se em conta o que sabemos das outras circunstâncias; poder-se-ia dizer ainda que ela mede o grau de intensidade de nossa espera. Enquanto a tese wittgensteiniana supunha um universo exaustivamente analisável em fatos atômicos agrupados em "estados de coisa", que os "fundamentos da verdade", descrevem as teses que agora analisamos em nada pressupõem essa possibilidade. O conceito que antecipam não é o de descrição do mundo, mas o de *aposta*.

É num escrito do matemático inglês F. P. Ramsey que se pode encontrar a primeira exposição sistemática dessa concepção que dissemos estar em germe em Pascal e Jacques Bernoulli. Condorcet, o primeiro talvez, distinguira-a claramente da interpretação objetiva.[32] Mas é Ramsey que a formula em termos rigorosos e dá impulso a uma série de trabalhos modernos particularmente interessantes para uma estilística das ciências do homem. Num capítulo datado de 1926 de seus *Fondements des mathématiques* (Londres, 1936), Ramsey, rejeitando a idéia de implicação probabilitária entre duas proposições porque empiricamente inapreensível, propõe-se interpretar o cálculo do provável como uma "lógica da crença parcial". Esta crença será medida pelos efeitos que engendra, e o esquema "experimental" proposto para fazer aparecer esse efeitos de modo uniforme será a *aposta*. A idéia diretriz consiste em intimar um sujeito a manifestar sua escolha entre uma situação certa e uma situação dependendo do acontecimento incerto cuja credibilidade se quer medir.

---

31. Em particular, a medida de condições de verdade é definida de outro modo. Pode-se também vincular à mesma família a interpretação de J. M. KEYNES (*A Treatise on probability*, Londres, 1921).

32. Revemos esse ponto em nosso estudo sobre *Les Mathématiques sociales du marquis de Condorcet*, Paris, 1956, pp. 67-70.

A questão colocada é assim formulada por Ramsey: "Você prefere a situação garantida qualquer que seja o resultado do acontecimento ou a alternativa da situação α se o acontecimento ocorrer e β se não ocorrer?" A partir do que se definirá o grau de crença no acontecimento como função simples dos valores numéricos atribuídos às situações em equilíbrio. As hipóteses subjacentes à validade desse procedimento são numerosas; tentemos, fazendo uso da axiomática de Ramsey, comentá-las.

IX, 30.

Os termos abstratos introduzidos são: as situações e as alternativas que chamaremos de bilhetes de loteria: $\alpha\ p\ \beta$ (obter a situação α se o acontecimento p tiver lugar, β no caso contrário). O bilhete de loteria desempenha um duplo papel:

1º) Permite quantificar a "utilidade" das situações por uma escala de intervalos no sentido do § 9, 6. Inicialmente, quer-se, a esse propósito, definir uma "diferença" entre duas situações α e β. Para tanto, postula-se a existência de acontecimentos p tais que se julguem os dois bilhetes de loteria

$$\alpha\ p\ \beta \quad e \quad \beta\ p\ \alpha$$

equivalentes.[33] Tais acontecimentos padrões correspondem às probabilidades $1/2$ que serão mais tarde definidas. Mas determinadas unicamente por essa equivalência, servem para dar um sentido à igualdade de duas diferenças: (α, β) e (γ, δ) serão ditas iguais quando existe um tal acontecimento neutro p para que $\alpha\ p\ \beta \equiv \gamma\ p\ \delta$.

Axiomas complementares garantem a invariância dessa propriedade para todo acontecimento neutro, que não seja o que serviu para a definição e para todo o transporte ao longo da escala. O resto da axiomática de Ramsey garante a existência de uma relação da ordem no conjunto das situações, assim como uma propriedade de "continuidade" (no sentido de uma completude) e uma propriedade arquimediana.

Este conjunto de situações acha-se assim estruturado de tal maneira que um morfismo injetor possa estabelecer-se para o conjunto dos reais, tal que às "diferenças" de situações sejam associadas as diferenças algébricas de suas imagens.

A escala assim constituída é evidentemente definida a não ser por uma transformação linear, isto é, sem unidade

---
[33]. Além disso, esse acontecimento não deve ter em si mesmo nenhum "valor", isto quer dizer que dois universos que diferem apenas por sua presença e sua ausência devem ser de igual "utilidade". Ele será dito "eticamente neutro".

absoluta nem origem. A formulação de Ramsey deixa, sem dúvida a desejar, do ponto de vista da elegância e da clareza axiomática, e a noção de escala de que nos utilizamos para dar conta disso não é destacada explicitamente; contudo, é justo ver, em seu ensaio, o primeiro exemplo de uma orientação decisiva nesse sentido.

2º) Uma vez constituída, a escala de intervalos garante a invariância dos quocientes do tipo $\dfrac{\alpha - \beta}{\gamma - \delta}$. É justamente por meio de tal quociente que vai ser definido o grau de crença, por um novo uso dos "bilhetes de loteria". Consideremos um acontecimento π qualquer (e não de modo necessário eticamente neutro). Se existem situações α, β, γ tais que o sujeito julga equivalentes a situação certa α e o bilhete $\beta \, \pi \, \gamma$, o grau de crença de π para o sujeito será medido por definição por meio do quociente $\dfrac{\alpha - \gamma}{\beta - \gamma}$, se ficar convencionado notar, por abuso de linguagem, por um mesmo sinal-signo uma situação e sua medida. Intuitivamente, essa confiança no acontecimento acha-se, pois, medida pela relação das diferenças entre o ganho em caso de fracasso e o ganho garantido, por um lado, e o ganho em caso de fracasso e o ganho em caso de êxito, por outro. O próprio Ramsey vincula essa concepção ao mais antigo princípio que se encontra nas origens do cálculo das probabilidades: o da esperança pascaliana, que dá um sentido preciso à aposta. Constata-se facilmente, com efeito, que o valor determinado à credibilidade de π é o que, multiplicado pelos valores das situações correspondentes, torna iguais as duas opções:

$$\alpha = \frac{\alpha - \gamma}{\beta - \gamma} \cdot \beta + \left[1 - \frac{\alpha - \gamma}{\beta - \gamma} \right] \cdot \gamma$$

Trata-se, por certo, de uma *conseqüência* da definição e dos axiomas e não de um princípio; no entanto, pode-se pensar que a própria definição foi assim construída a fim da satisfazê-lo precisamente.

Assim também o essencial da interpretação de Ramsey reside na estreita coordenação que se institui entre a determinação de uma *probabilidade* (subjetiva) dos acontecimentos e a de uma escala dos *valores* para os resultados desses acontecimentos. De uma maneira mais precisa, coeficientes de probabilidade e valores aparecem como as coordenadas de elementos de dois espaços vetoriais duais. Ramsey define as probabilidades a partir dos valores; viu-se como Von Neumann-Morgenstern determinavam, ao contrário, os valores supondo as probabilidades (§ 9, 8). Os dois procedimentos são inversos, mas a mesma dualidade os rege, dualidade que se exprime já muito claramente, aliás, na própria noção de esperança matemática, forma linear que aplica o espaço dos valores em si mesmo, e que é ela própria um vetor do espaço dual das probabilidades.

Mas, voltemos à maneira pela qual essa propriedade estrutural é posta em operação por Ramsey. Não se trata unicamente, nesse caso, de imaginar um tipo particular de experiência para dar corpo a uma estrutura formal entre outras; o modo de interpretação "subjetivista" que aparece com o ensaio de Ramsey liga-se à determinação muito mais geral de um objeto de conhecimento; é uma idéia do comportamento humano enquanto tal que se acha aqui implicada, num esforço de objetivação que não poderia dissimular o adjetivo infeliz de "subjetivo". Esforço a que, por certo, se poderia atribuir origens mais longínquas — e é em Condorcet que se pode então pensar —, mas que com Ramsey toma lugar na Ciência contemporânea. Direta ou indiretamente influenciadas, uma longa série de pesquisas e tentativas referentes à medida dos valores e à organização da ação humana vão prosseguir e tender progressivamente à unidade, pelo menos programática, de uma "teoria da decisão" constantemente ligada aos trabalhos atuais dos psicólogos e dos economistas. Em 1940, antes que essa corrente se delineasse, Jean Cavaillès, que não cita Ramsey, já escrevia a propósito dos ensaios de interpretação objetivista da probabilidade: "É a uma reforma mais profunda de nossas idéias sobre o real que o cálculo das probabilidades nos obriga, reforma cuja amplidão não deve criar ilusões. Não se trata de uma ressurreição do pragmatismo que fracassaria por ser fácil demais... *A aposta acha-se na linha divisória entre ação pura vivida e especulação autônoma*; ao mesmo tempo, impulso para o futuro, reconhecimento de uma novidade radical, risco e, por outro lado, ensaio de dominação por imposição de uma ordem, estabelecimento de simetrias" *(Du Collectif au pari,* p. 163; o grifo é nosso). Esta observação lúcida e antecipadora aplica-se perfeitamente à estilística das probabilidades que tentamos definir. Se é verdade que nenhuma das três interpretações que destacamos pode pretender afastar as outras, não se pode, no entanto, impedir-se de reconhecer o caráter privilegiado da última, em sua relação possível com o objeto das ciências humanas. Desenvolveremos agora essa indicação mostrando algumas conseqüências dessa orientação estilística.

IX, 31.

Inicialmente, tomaremos de empréstimo de Savage *(The Foundations of statistics,* Nova York, 1954) uma elaboração da interpretação ramseyana que leva a dissociar uma probabilidade *qualitativa* de uma probabilidade *quantitativa*.[34]

Quanto a Savage, podem-se considerar três espécies de objetos para constituir a teoria do provável. *Estados* do mundo (que anotaremos com maiúsculas romanas), *atos* (anotados com minúsculas latinas) e *conseqüências* dos atos (anotadas com minúsculas gregas). Um ato nada mais é do que uma aplicação funcional do conjunto dos subconjuntos de estados, chamados "acontecimentos", no das conseqüências. O postulado de uma relação de ordem fundamental que, em Ramsey, se referia aos estados do mundo, refere-se aqui aos atos. São, pois, funções e não elementos que se supõem diretamente comparáveis. O fio condutor do procedimento de Savage é dado justamente pela passagem de uma ordem dos atos a uma ordem das conseqüências, e de uma ordem das conseqüências a uma ordem dos acontecimentos, determinando esta última ordem as probabilidades qualitativas desses acontecimentos. A complexidade desse movimento reflete a preocupação de uma análise mais apurada dos conceitos de Ramsey. A relação das situações com os acontecimentos e com as apostas acha-se aqui explicitada de modo mais exato. Quanto ao papel do bilhete de loteria, é analisado por meio do conceito de *ato* que associa a cada acontecimento uma *conseqüência*.

Inicialmente, apenas relações de ordem serão consideradas. A ordem dos atos transfere-se para as conseqüências por intermédio dos "atos constantes", cujas conseqüências não dependem dos estados do mundo. O axioma P_3 de Savage garante que essa ordem dos atos induz, sob uma condição apropriada, a uma ordem sobre o conjunto das conseqüências, independentemente dos estados do universo.

Define-se então uma ordem sobre os acontecimentos introduzindo-se a *aposta,* isto é, um ato particular aplicando uma partição do conjunto dos estados $\{A, \bar{A}\}$ sobre um conjunto de duas conseqüências $\{\alpha, \beta\}$. Em termos intuitivos, a aposta é a aceitação do ganho α se o acontecimento A se

---

[34]. Notar-se-á que Savage substitui o termo probabilidade "subjetiva" por probabilidade "pessoal". Entre os seus precursores, é necessário citar, além de Ramsey, B. de Finetti (Por exemplo, *La Prévision, ses lois logiques,* Paris, 1937).

realiza, do ganho β no caso contrário. Uma aposta vincula, pois, um ato ao conjunto distinto A de uma partição. Duas apostas construídas sobre a mesma aplicação f (que define os atos) e só diferindo pelas partições características $\{A, \bar{A}\}$, $\{B, \bar{B}\}$ a que estão vinculadas, poderão, pois, ser biunivocamente associadas aos conjuntos distintos A ou B dessas partições. O axioma P_4 de Savage assegura então que a ordem dos atos induz a uma ordem dos conjuntos associados. Enuncia simplesmente que se a aposta (f, A) não for preferida à aposta (f, B), o mesmo ocorrerá para todos os pares de apostas (g, A) e (g, B), embora os novos atos g conservem a ordem das conseqüências induzida por f. Poder-se-á dizer então que A não é (qualitativamente) mais provável do que B.

A passagem às probabilidades quantitativas efetua-se a seguir, introduzindo-se uma função numérica de conjuntos como medida dos estados, e Savage explora as condições de compatibilidade de tal função com a probabilidade qualitativa. Nosso propósito não é entrar no pormenor dessa análise, mas somente sublinhar o interesse epistemológico da dissociação assim operada. A estrutura elementar que é posta em jogo aparece então como independente de toda medida de conjuntos e pode ser definida como uma relação de ordem respondendo às propriedades formais simples:

1º) $\leq$ é uma ordem simples (total) sobre o conjunto dos acontecimentos.

2º) $B \leq C \Leftrightarrow (B \cup D \leq C \cup D)$ desde que $B \cap D = C \cap D = \varnothing$

3º) $\leq B$ ($\varnothing \leq B$), e $\varnothing \leq E$, universo dos acontecimentos.

O estilo de interpretação "subjetivista" leva assim a pôr em evidência um aspecto fundamental da teoria das probabilidades, que a introdução imediata da medida pudera mascarar. A idéia é expressa muito claramente pelo próprio Savage, para quem "o papel da teoria matemática da probabilidade é pôr aquele que o usa em estado de revelar as inconseqüências de seu próprio comportamento, real ou projetado".[35] Assim, o cálculo do provável apresenta-se, de início, como cânon e organon de um procedimento coerente face ao incerto. Evidentemente, a estrutura de ordem de uma probabilidade qualitativa permanece implicitamente presente atrás das diversas axiomatizações constituídas segundo outros estilos. Contudo, é a tomada de posição estilística que dirigiu sua formalização e orientou a análise.

35. *Op. cit.*, p. 57.

IX, 32.

Concluiremos com uma observação sobre a concepção dita "bayesiana" da estatística, que se liga à interpretação subjetivista do provável. A qualificação de "bayesiana" é, como se sabe, uma homenagem a Thomas Bayes que, num trabalho póstumo[36] publicado em 1764, sugere o famoso teorema que faz apelo a probabilidades *a priori* atribuídas a hipóteses, cujas probabilidades *a posteriori*, tendo sido coletados certos dados de experiência, quer-se estimar. Em sua forma fundamental, o teorema de Bayes pode escrever-se:

$$P(h \mid d) = \frac{P(d \mid h) \cdot P(h)}{P(d)}$$

onde $P(d \mid h)$ é a probabilidade condicional de d, sendo averiguado h; $P(h)$ é a probabilidade *a priori* de h. A idéia diretriz de uma estatística bayesiana é simplesmente, como dizem Edwards, Lindman e Savage,[37] "que a probabilidade é uma opinião regrada e que a inferência a partir de dados nada mais é do que a revisão dessa opinião à luz das informações novas que aí se relacionam" *(op. cit.,* p 520).

Tal concepção da inferência indutiva deriva, pois, não de uma teoria estruturalmente original do cálculo das probabilidades, mas de sua interpretação numa prática previsional. Assim também, o que hoje se chama estatística bayesiana nasceu de um desenvolvimento conjunto dos teoremas da probabilidade "subjetiva" e dos temas de uma teoria da decisão.

Nós nos limitaremos aqui a uma indicação sumária de seu caráter original.[38] A estatística "objetivista" utilizada pela teoria da decisão tende a atribuir probabilidade apenas aos fenômenos redutíveis a seqüências de provas. A verificação de uma "hipótese" consistirá em examinar as conseqüências prováveis de uma certa distribuição aleatória dos valores observáveis. De uma maneira mais geral, uma "decisão" consistirá em escolher tal distribuição aleatória — em fazer uma certa hipótese — levando-se em conta observações realizadas. A escolha de tal decisão será governada pela

---

36. Essay towards solving a problem in the doctrine of chance, em *Philosophical Transactions* de Londres, para o ano 1763. O enunciado do teorema dito de Bayes deve-se a LAPLACE (*Mémoire sur la probabilité des causes par les événements*, 1774).

37. Bayesian statistical inference for psychophysical research. In: *Readings in mathematical psychology*, II, pp. 519 e ss.

38. Para um exame pormenorizado das concepções ditas bayesianas no seio de uma teoria da decisão, consultar-se-á, além do artigo de Edwards, Lindman e Savage anteriormente citado: De FINETTI, "La Prévision, ses lois logiques" (*Annales de l'Institut H. Poincaré*, 1937, n. 7); NEYMANN, *L'Estimation statistique*, A.S.I., Paris, 1938; RAIFFA e SCHLAIFER, *Applied statistical decision theory*, Harvard University Press, 1961; SAVAGE e outros *Decision and information processes*, Londres, 1962.

dupla consideração do "risco" a que se expõe quando uma hipótese falsa é aceita e uma hipótese verdadeira é rejeitada. Construir-se-á, pois, em cada caso particular, uma função de risco, supondo-se que uma medida tenha sido retida como o valor das "perdas" e do "deixar de ganhar" simbólicos. Quando se pode considerar uma escolha da decisão que torna mínimo o risco, qualquer que seja a distribuição real desconhecida — a hipótese verdadeira —, o enunciado de uma regra de optimação é possível. O mesmo não ocorre em geral e, no caso simples de uma alternativa entre duas hipóteses H_1 e H_2, é necessário adotar um compromisso entre a redução do risco associado à escolha ou à rejeição de H_1, e a redução do risco associado à escolha ou à rejeição de H_2. Este compromisso exprime-se pelo enunciado de uma regra *convencional,* como a da escolha de um "nível de significação", quando se reconduz o critério de decisão ao teste de uma das hipóteses, hipótese distinguida sob o nome de hipótese "nula".

A concepção subjetiva coloca o problema de outra forma, aceitando atribuir probabilidades *a priori* às hipóteses e fazendo o cálculo incidir na modificação dessas probabilidades iniciais pelas observações efetivas. O resultado de uma elaboração estatística desses duplos dados apresenta-se então, em geral, como uma nova distribuição aleatória das hipóteses, permitindo calcular e minimizar a esperança de erro.

Tal procedimento dá sempre resultado, desde que se aceite numerar as previsões *a priori.* Por certo, ele é mais satisfatório para o espírito, como se pode ver num exemplo simples dado por Edwards, Lindman e Savage, para mostrar a ambiguidade dos "testes de hipótese". Suponhamos que a hipótese considerada dá ao parâmetro que mede o acontecimento observado uma probabilidade igual, no máximo, a 2% de se achar no intervalo (2, 3). Uma observação situada nesse intervalo fará, pois, rejeitar a hipótese testada se se escolher como nível de significação 2%. Mas tal regra de decisão não leva de modo algum em conta a probabilidade efetiva para que o parâmetro observado esteja também nesse intervalo *se a hipótese for falsa,* e não se teria razão para acreditar que essa probabilidade é necessariamente igual ao complemento da primeira; muito ao contrário, ela pode ser ainda *inferior* a esta, de modo que a observação, ao invés de anular a hipótese, trar-lhe-ia antes uma confirmação. Mas para encarar essa possibilidade, é necessário admitir uma estimativa bayesiana da probabilidade *a priori* de observar um valor dado no parâmetro, no caso da hipótese ser falsa. Se se tem, por exemplo, razões para pensar que todos os valores do parâmetro compreendidos entre — 30 e + 30 são então igualmente prováveis, a probabilidade de observar um valor no intervalo (2, 3) é igual, quando a hipótese for falsa, a 1/60, ou cerca de 1,66%, que é inferior a 2%... A observação de tal valor, longe de sugerir uma rejeição da hipótese, deveria, pois, fazer inclinar a seu favor.

Pode-se, portanto, dizer que as regras de decisão relativamente simples e rudes, a que a interpretação objetivista conduz, não correspondem de modo algum a um rigor maior. "Convém julgar com conhecimento de causa e em cada caso particular", diz muito justamente um estatístico,[39] "quais os inconvenientes que pesam mais, os de uma escolha arriscada das probabilidades *a priori* e os de uma regra de escolha convencional que permita passar sem eles".

O traço epistemológico original da concepção bayesiana é o caráter dialético que ela imprime à decisão. Pede que o processo tenha como ponto de partida uma medida de nossa espera e que as observações substituam essa base por uma nova estimativa, que pode evidentemente servir, por sua vez, para uma revisão posterior. O invariante que aqui se postula não é uma certa propriedade de regularidade do mundo, mas uma coerência de nosso procedimento de manipulação do incerto. Tal deslocamento do suporte de uma mesma estrutura abstrata — aqui, o cálculo das probabilidades — aproxima-nos bem de uma interpretação do conhecimento como trabalho, desviando-nos da interpretação que desvendaria um ser escondido em si. Além disso, ligando diretamente as probabilidades aos atos de decisão que elas orientam, contribui para apresentá-las sob o prisma mais apropriado para integrá-las nas estruturas cada vez mais complexas que uma objetivação do comportamento do homem não cessa e não cessará de exigir.

Pode-se ler na quarta parte do *Ars conjectandi* (IV, 5, p. 228) esta audaciosa declaração: *"Conabor omnia reducere ad abstractam mathesin..."* Tal poderia ser a divisa da Ciência e, em particular, das ciências do homem, se se dá à palavra *mathesis* o seu sentido mais amplo e, ao mesmo tempo, mais profundo. Mas uma vez admitida essa orientação, seria vão crer que tudo se disse no procedimento científico. O que se tentou mostrar, neste capítulo, é o interesse e a importância das diferentes maneiras de operar essa redução, e as variantes segundo as quais uma mesma estrutura é utilizada para desenhar diversas figuras da objetividade mediata da Ciência.

---

39. MORLAT, G. "Statistique et théorie de la décision." In: *Mathématiques et sciences humaines*, n. 8, outono 1964, p. 7.

Conclusão

X, 1.

O projeto que tínhamos ao propor o ensaio de uma filosofia do estilo era seguramente demasiado ambicioso. Teria exigido, afinal, o exame de todas as modalidades de criação de formas e limitamo-nos a alguns exemplos tomados de empréstimo ao domínio da Ciência e ao domínio da linguagem. Vinculando-nos aos primeiros, abordamos evidentemente o problema do estilo por sua perspectiva mais árdua, uma vez que não é por seu estilo que o conhecimento científico é validado. Mas acreditamos justamente que esse caráter de traço secundário e escondido tornaria a demonstração mais convincente. Queríamos mostrar, com efeito, que toda obra do homem pode ser interpretada como uma formalização e só pode ser compreendida se, por um lado, esforçarmo-nos em libertar a forma freqüentemente dissimulada na obra e se, por outro, tentarmos definir a relação dessa forma com o que ela organiza. No que diz respeito à Ciência, a epistemologia no sentido estrito visa essencialmente a primeira dessas duas condições. Deveria, pois, ser completada por uma análise tateante e difícil que fizesse aparecer a estrutura como uma das figuras possíveis entre as que se acham concorrentemente esboçadas e, sobretudo, tornar visíveis as semi-estruturações latentes que organizam em diferentes graus o que, na experiência que a obra modela e transforma, permanece aparentemente um resíduo. É esta disposição das estruturas efetivas em relação às estruturas virtuais e ao não-estruturado que denominamos análise estilística.

X, 2.

No domínio da Matemática, logo se percebe que a curiosidade do filósofo se exerce em três direções. Com efeito, uma filosofia da Matemática é inicialmente o comentário de uma história dos conceitos. Considerado no plano de uma evolução tecnológica do instrumental matemático ou no plano de uma evolução das categorias constitutivas do objeto, esse comentário permanece muito estreitamente associado à História. Mas uma filosofia da Matemática é também, em segundo lugar, um comentário sobre a sistematicidade interna das teorias, achando-se então a epistemologia associada à Lógica. Resta, enfim, a direção estilística. A criação e o uso das estruturas estão, pois, em evidência. Não se trata, certamente, do desdobramento histórico que conduz às invenções, mas da relação de forma à matéria latente ou explícita, clara ou confusa, que condiciona, acompanha, limita, a instituição de uma estrutura e seu uso efetivo. Tal análise aplica-se a todos os grandes momentos do pensamento matemático; ela nos parece, no entanto, muito particularmente indispensável nos numerosos casos em que uma mesma estrutura aparece sob vários modos, introduzida e utilizada segundo diferentes estilos. Tais como por exemplo o cálculo das fluxões newtoniano e a análise infinitesimal leibniziana. Mas em todos os casos é o ponto de vista estilístico que pode dar a uma filosofia matemática a dimensão racional concreta, a de um trabalho essencial, que a análise dos sistemas evidentemente negligencia e de que a análise histórica só pode dar uma visão brusca freqüentemente enganadora.

Não pretendemos certamente que tais preocupações sejam essencialmente novas e que alguns grandes ensaios de filosofia matemática que se viu aparecer neste século as tenham ignorado. Ao contrário, mostrar-se-ia sem dificuldade em cada um deles que as três direções acima reconhecidas foram alternativamente e em graus diversos levadas adiante. Não cremos, todavia, que a terceira tenha sido considerada sob um enfoque adequado nem acompanhada bastante sistematicamente; isto porque acreditamos ser necessário isolar o seu propósito e dar-lhe esse nome talvez incongruente de estilística.

X, 3.

Quanto às ciências do homem, a idéia de uma estilística parece-nos um instrumento essencial de interpretação e diagnóstico epistemológico. Nessas disciplinas, onde a imprecisão do próprio objeto da pesquisa se mascara, freqüentemente, pela fertilidade e riqueza da interpretação ingênua do vivido veiculado pelas linguagens usuais, uma epistemologia lúcida não poderia contentar-se com uma análise das estruturas propostas pelos psicólogos, sociólogos, economistas. É aqui que um ensaio para discernir a relação exata do esquema abstrato e dos conteúdos de experiência, para apreciar eventualmente as estruturações latentes da parte oficialmente não-pertinente desses conteúdos, que uma análise estilística, enfim, se reveste de toda a sua importância. Os exemplos que escolhemos tendiam a mostrar como as próprias variações do estilo são aqui decisivas para a *constituição* do objeto. Uma das tentações do epistemólogo — e o autor deste livro não acredita preservar-se dela de modo algum — é, com efeito, deixar-se fascinar pelo aparelho lógico-matemático freqüentemente bastante sutil que as ciências do homem tentavam ainda em desordem pôr em operação e tratar essas estruturas exatamente no mesmo pé de igualdade que uma difícil revolução intelectual permitiu, há três séculos, ao físico, ajustar aos dados da experiência. Sem dúvida, é completamente essencial ao filósofo da Ciência compreender bem e fazer compreender a unidade profunda e a universalidade de princípio desse procedimento, pelo qual a própria Ciência se define. Mas nem por isso ele deve conferir às próprias estruturas uma espécie de poder-fetiche que delas faria os substitutos das essências e das formas substanciais. À medida que o pensamento científico toma posse, verdadeiramente, de domínios cada vez mais próximos do comportamento humano, o seu progresso torna-se sempre mais incerto, cada vez menos ligado com segurança ao desdobramento das propriedades abstratas de um modelo, cada vez mais dependente das condições complexas que determinam as relações entre o modelo e o fenômeno. Em suma, são essas relações e suas conseqüências que tentamos designar em alguns exemplos como *efeitos de estilo,* efeitos muito freqüente e imperfeitamente conscientes no próprio sábio e, algumas vezes, gravemente disfarçados ou ocultos por ideologias latentes ou proclamadas, que dissimulam a Ciência efetiva atrás de uma opinião sobre o que ela é.

Uma estilística das ciências do homem entendida como foi dito neste ensaio deveria, pois, completar toda a análise epistemológica das estruturas. Que o seu papel seja mais marcante nesse domínio que no das outras ciências deve ser considerado, parece-nos, não somente como um indício entre outros do caráter ainda incerto desse conhecimento, mas também como a marca intrínseca de seu objeto. Na medida em que o fenômeno de que partem é mais completo, mais concreto, do que o das outras ciências, o trabalho de estruturação acha-se aí menos determinado; a multiplicidade dos modelos possíveis aqui não significa o arbitrário, mas a necessidade de abordar o fenômeno segundo vários ângulos e, em todo caso, reconstruí-lo como objeto em vários níveis. Cada teoria, pois, será associada a um tipo de redução determinado que definirá o seu estilo, e o reconhecimento explícito das modalidades dessa redução do fenômeno em objeto pode somente permitir interpretar o conhecimento que ela formula.

Reencontra-se aqui, pois, até certo ponto, o caráter de singularidade que a língua associa aos diferentes usos da palavra *estilo*. Mas, essa singularidade da obra científica não poderia ser o pretexto de um estetismo, que fingiria assimilar a Ciência às Belas-Artes. O desígnio científico — e também nas ciências do homem — é a estrutura; o efeito de estilo é somente a conseqüência segunda de uma coerção de individuação. A obra de arte, ao contrário, visa criar diretamente uma experiência individuada, e os efeitos de estilo são então os primeiros meios que asseguram essa individuação do produto.

X, 4.

Tendo-se em vista marcar bem a diferença de orientação desses dois usos do estilo, quisemos examinar a aplicação de nossa definição ao domínio da linguagem. A estruturação cujas modalidades se trata então de estudar é, de início, imposta pela própria língua, tal como ela nos é transmitida. Mas essa estruturação ingênua é complexa e talvez distribuída em diferentes níveis; além disso, o que ela deixa como não-pertinente no material pelo qual se simboliza — as redundâncias do signo lingüístico — é suscetível de ser empregado numa organização significante imposta com acréscimo sobre a primeira, mais ou menos precisa, mais ou menos coercitiva. É essa organização em aumento dos materiais redundantes da linguagem que nos pareceu constituir aqui o essencial dos efeitos de estilo.

Evidentemente, nesse caso, a estilística não é auxiliar de uma análise das estruturas objetivantes que uma ciência propõe como modelos abstratos do fenômeno; ela é o fundamento de uma estética da linguagem, que se esforçaria por descrever e interpretar os procedimentos por meio dos quais o usuário de uma língua procura suscitar no auditor um vivido, uma experiência fértil e individuada.

X, 5.

Se foi assim possível relacionar com uma mesma noção do estilo o desígnio científico e o desígnio estético, o mesmo não deixa de ocorrer com zonas singulares da criação para que não se tentou aqui a aplicação dessa noção. É, por um lado, essa forma extrema do conhecimento objetivo que é a História e, por outro, esse conhecimento interpretativo e não-objetivante que é a Filosofia. Concluiremos com algumas observações a esse respeito.

Definimos a Ciência como construção de modelos abstratos dos fenômenos. A História, sem dúvida, constrói, ela também, "modelos",[1] no sentido de que não se limita a *pintar,* a reproduzir a vida ou a criar a sua aparência, como a Arte No entanto, se a construção do modelo nas ciências da natureza se orienta necessariamente para a redução da opacidade e da polivalência do fenômeno vivido a um esquema, a construção do modelo histórico, para além da abstração inelutável, visa essencialmente recompor a vida, a própria experiência, o acontecimento. Mesmo enquanto o historiador traz à luz uma estruturação estratificada de seu objeto, usando os mesmos procedimentos de articulação que o psicólogo, o economista ou o etnólogo, o seu objetivo é sempre mostrar como essas organizações parciais são apenas pontos de vista hierarquizados numa totalidade que escapa de outro modo a um conhecimento racional. Provavelmente poderá ocorrer que, por reação contra estes que se vinculam por demais exclusivamente à ilusória descrição dos acontecimentos, o historiador finja apagar isso de seu projeto em proveito unicamente das estruturas. Mas não se se enganará a esse respeito: uma história que efetivamente mantivesse essa aposta seria apenas uma sociologia de relance ou uma filosofia da história. Mas a grande história estruturalista, se feita com mão de mestre, nunca perderá de vista que sua razão de ser é mostrar a convergência das estruturas em direção do acontecimento, isto é, do que ocorre de fato, de singular, conteúdo de uma experiência vivida.

Nessas condições, vê-se que o estudo dos efeitos de estilo definidos neste ensaio deveria constituir não um aspecto vicariante mas o aspecto central de uma epistemologia da História. As estruturas, os tipos de modelos que o historiador, com efeito, utiliza, em nada se distiguem, enquanto esquemas abstratos, dos que as ciências sociais elaboram. A especificidade do trabalho histórico vai consistir na superposição e entrelaçamento desses modelos e na determinação, explícita ou não, do que, no fenômeno, é rejeitado como não-pertinente para a explicação histórica. O caráter essencial e inovador da

---
1. Cf. por exemplo o projeto de F. BRAUDEL em *Civilisation Matérielle et capitalisme,* Paris, 1967.

École des Annales, não é justamente ter abandonado a construção "monódroma" de modelos por uma técnica de hierarquização das estruturas? Nessa perspectiva estilística, o não-pertinente jamais é determinado enquanto tal a não ser para uma certa escala de tempos; constantemente recuperável num outro nível, ele aparece então como elemento de uma supra — ou de uma infra-estrutura. Desse modo, poder-se-ia dizer, num caso extremo, e para um estado supostamente muito adiantado das ciências sociais, que a obra histórica nada mais é precisamente do que *a expressão de um certo estilo na aplicação aos acontecimentos* de modelos que essas ciências forneceram.

Para falar aqui de uma estilística da História — e é a que primitivamente esperávamos chegar —, teria sido necessário, portanto, empreender o desenvolvimento completo de uma epistemologia do conhecimento histórico. Por falta de espaço, por falta de saber e para não abusar da paciência do leitor, foi-nos preciso a isso renunciar.

X, 6.

Resta a Filosofia. Em oposição à Ciência que constrói modelos, propusemo-nos defini-la como interpretação das significações. Quisemos com isso designar uma disciplina sem *objeto,* cujo propósito não é fornecer esquemas abstratos do fenômeno, mas recolocar este, enquanto vivido, na perspectiva de uma totalidade, visada como real ou como virtual, horizonte presente, em todo caso, à experiência, por oposição à fragmentariedade essencial dos modelos através do que o conhecimento científico transforma o fenômeno em *objetos.* Filosofar não é, pois, constituir estruturas, se se quiser conservar para essa palavra o sentido estrito que, quanto a nós, não cessamos de emprestar-lhe. É, contudo, revelar no vivido a possibilidade de relações que remetem de um a outro de seus aspectos, mas sempre sob a condição de remeter também a seu caráter próprio de totalidade. Assim a Filosofia é, ao mesmo tempo, criadora e descritiva. Os sistemas de significações que um filósofo organiza têm os seus elementos tomados de empréstimo de uma experiência que ele supõe, com certeza, comum o suficiente para que os seus eventuais leitores possam vivê-la analogicamente através da expressão que ele lhe dá. Nesse sentido, pois, ele descreve; mas, não se poderia admitir a unicidade da organização filosófica sem logo dever dar conta da pluralidade renovada incessantemente dos sistemas. Quanto a nós, renunciamos a esse dogmatismo. É necessário, pois, que a organização das significações que um filósofo propõe seja suscitada por ele, ou porque ele é o autor responsável ou porque justifica a sua disposição. Mas justificar não é provar.

Por indispensável que seja, para um filósofo, o recurso às análises e às demonstrações lógicas formalizáveis, elas são sempre apenas auxiliares e subordinadas a seu propósito de conjunto que é não dizer como um modelo do objeto *se aplica,* mas o que podem *significar* para o homem os diferentes aspectos que ele escolheu discernir e ligar no todo de sua experiência.

Essa concepção justifica, é claro, o caráter fortemente individual de todo sistema filosófico, mas sem, contudo, assimilar essa singularidade à singularidade da obra de arte. Sem dúvida, uma obra filosófica pode muito bem ser uma obra de arte *por acréscimo,* assim como uma obra de arte pode também, por acréscimo, veicular uma interpretação explícita da experiência humana. Mas o trabalho filosófico enquanto tal, do mesmo modo que não consiste em fabricar as estruturas através das quais a Ciência representa um mundo a ser manipulado, não visa recriar artificialmente um vivido. Como a Ciência, ela o supõe, mas ao invés de objetivá-lo, interpreta-o tentando preservar a sua integridade.

Não se poderá, pois, definir o estilo filosófico nem como o da obra da Ciência nem como o da obra de arte. Parece-nos que as relações das formas aos conteúdos diferenciam-se então sobretudo, por um lado, pelos setores da experiência que são escolhidos como fontes privilegiadas e, por outro lado, pela maneira através da qual as significações são estratificadas em sistemas autônomos ou interdependentes. É assim que a filosofia spinozista da *Ética* parece-nos privilegiar o conhecimento como experiência-fonte, hierarquizando as significações num sistema unificado dominado por uma ordem das *causas.* Mas uma caracterização tão sumária tem também tão pouco interesse quanto as definições de um estilo literário por meio de alguns adjetivos. Uma estilística da obra filosófica só pode ganhar consistência através do comentário atento ou da apreensão do que é dito e inseparável da compreensão do porquê e do como isso é dito. Se mantemos, no sentido indicado mais acima, a indecidibilidade radical das proposições do filósofo, pensamos, ao contrário, que a determinação de seu estilo torna possível uma justificação que não demonstra, mas mostra a razão dos efeitos e esclarece, por conseguinte, a adesão ou a rejeição. Assim, poder-se-ia dizer que a Filosofia, como a Arte e como a História, mas em sentidos diferentes, é essencialmente assunto de estilo. Desse modo, poder-se-ia conceber a História da Filosofia como uma estilística analiensão do que é dito e inseapável da compreensão do porquê organiza, justapõe ou hierarquiza, em suas relações com uma experiência pessoal ou coletiva cuja reconstituição representa o aspecto especificamente histórico da tarefa de historiador da Filosofia. O perigo é então dar forma de romance a essa restauração e ampliar o quadro até as dimensões de um afresco, tomando de empréstimo a múltiplas obras os diversos toques isolados com que se comporá o desenho. Parece-nos que a análise estilística, se quiser justificar mais do que deslumbrar, deve visar reconstituições mais modestas, pois, é unicamente a esse preço que poderá distinguir na obra filosófica, científica ou artística, as modalidades da formalização a que se submete a experiência de que ela parte.

Índice Onomástico

A

ABEL., 69.
Ação, 281 e ss.
Acomodação, 282 e ss.
Adaptações, 282.
ADJUKIEWICZ, K., 185.
Afinidade, 96 e ss.
ALEMBERT, d', 268.
Álgebra geométrica, 40 e ss., 60.
ALLARD. (Ellezière, Gardin, Hours e) 210.
ALTHUSSER, 287, 288.
Aplicação (das áreas), 43, 47.
APOLLONIUS, 60, 61, 84.
Aposta, 329 e ss.
ARISTÓTELES, 14, 55, 253, 265.
ARQUIMEDES, 36, 53 e s., 60, 93.
Assimilação, 281 e ss.
Ausdehnungslehre, 54, 90, 109 e ss.
Autômato, 174 e ss.
Axiomática, 39, 54, 70, 82 e ss., 126.

B

BAILLET, 57.
BAR HILLEL, J., 185.
Baricêntrico, (cálculo), 93 e ss.
BARTHES, R., 151, 158, 159.
Base, 94 e ss.
BAYES, 335 e ss.
BEAUGRAND, 84.
BEAUNE, (de), 67.
Behaviorism, 264 e ss.
Bens econômicos, ver utilidade.
BENZECRI, J. P., 155, 196.
BERGE, Cl., 45.
Bergsonismo, 294.
BERNOULLI, Jean, 268.
BERNOULLI, Jacques, 64, 291, 324, 326, 329.
BERTRAND, Joseph, 261.
BINET, L., 264.
Biologia, 282.
BLOCH, B., 224.
BOURBAKI, 176.
BOUZITAT, J., 321.
BRAFFORT (e Hirschberg), 176.
BRAUDEL, F., 343.
BRUNOT, F., 85.

C

CANTINEAU, J., 153.
Caracterologia, 23 e ss., 234.
CARNAP, R., 139, 140, 166, 327, 329.
CARNOT, Lazare, 61.
CARROLL, T. B., 224.
Categorias (gramaticais), 173, 185 e ss., 191 e ss.
CAUCHY, 126.
Causal (explicação), 142 e ss.
CAVAILLES, Jean, 83 e ss., 154.
CAVALIERI, B., 54, 80 e 91.
CAYLEY, A., 72, 92, 95.
CHARNES (Charnes, Cooper, and Henderson), 321.

CHASLES, M., 32, 61, 72, 93.
Chinesa (língua), 146, 228 e ss.
CHOMSKY, N., 170 e ss., 198, 230.
CHURCH, A., 180.
Ciências humanas, 134, 143, 160, 253, 268, 287 e ss., 289, 301, 312 e ss., 333, 337, 341 e ss.
Código, 219, 220.
COLEMAN, J. S., 307 e ss.
Comportamento, 258 e ss.
Compreensão, 142 e ss.
COMTE, A., 142.
CONDORCET, 291, 292, 329, 332.
Congruência, 41, 42, 96, 110.
Cônicas, 60, 161.
Constituintes imediatos (gramática dos), 187.
COOPER (Charnes, Cooper and Henderson), 321.
CORDIER, B., 155.
COURNOT, A., 258 e ss.
COURREGE, Ph., 302 e ss.
Crença (grau de), 329.

D

DAVIS, Martin, 178.
DEBREU, G., 256.
Decisão (teoria das), 332 e ss.; (questões de), 177.
DEDEKIND, 52.
DEMIEVILLE, P., 228.
Demonstração, (Euclides) 35 e ss., 42 e ss.; (Descartes), 69, 70; (Desargues), 73, 74, 82 e ss.
DESARGUES, 35, 57 e ss., 69, 86, 92, 97.
DESCARTES, 35, 65 e ss., 87, 92, 126, 289, 312.
Dimensão (de um espaço vetorial), 119.
DIXON, R. M. V., 147.
Duopólio, 259 e ss.
DUPUIT, Jules-Juvenal, 257.

E

EDGEWORTH, F. Y., 261.
EDWARDS, (Edwards, Lindmon and Savage), 335.
Energético (modelo), 144, 159, 160.
Entropia, 224 e ss.
Epistemologia, 22 e ss., 238, 239, 339 e ss.
Equilíbrio, 268 e ss.
Escalas, 296.
Espaços vetoriais, 87 e ss.
Estética, 36, 217 e ss.; 342.
Estratégia, 270 e ss.

Estratificação (Problemas de), 292, 307 e ss.
Estrutura, 21, 29, 30, 69, 89 e ss., 98 e ss., 134, 158, 217 e ss., 251, 341 e ss.
EUCLIDES, 35 e ss., 86, 89, 112.
EUDÓXIO, 37, 52, 294.
EULER, L., 96.

F

Fala, 147 e ss., 201 e ss.
FELLNER, W., 261.
FERMAT, 60, 62, 71, 72, 80, 326.
Filosofia, 20, 21, 125, 158 e ss., 170, 344 e ss.
FINETTI, B. de, 335.
FIRTH, R., 192.
FODOR, (Katz and Fodor), 203 e ss., 214.
Forma, 13 e ss., 30, 126, 339.
FRAISSE, P., 264.
FREGE, 125, 140.
Freqüência, 324 e ss.
FREUD, 160 e ss., 169, 287.
FUCKS, W., 224 e ss.

G

GAIFMAN, H,. 186.
GALOIS, 69.
CARDIN, J.-Cl., 210 e ss.
GAUSS, 100, 326.
Gerativas (gramáticas), 182 e ss.
GÖDEL, K., 180, 318.
GOLDMANN, L., 161.
GOSSEN, H. H., 257.
Grandes números (leis dos), 324.
Grandeza geométrica, 35 e ss., 63, 67, 120 e ss.
GRANGER, G., 235, 236, 291, 294, 329.
GRASSMANN, H. G., 35, 54, 88, 91, 109 e ss.
GREIMAS, A. J., 156.
GUEROULT, M., 62.
GUIRAUD, P., 149 e ss.

H

HALLIDAY, M. A. K., 148, 192 e ss.
HAMILTON, W. R., 35, 54, 88--90, 98 e ss.
HEATH, T. L., 40.
HEGEL, 124, 253.
HENDERSON, (Charnes, Cooper and Henderson), 321.
HILBERT, D., 177.
HILL, A. A., 226.
História, 343, 344.
HJELMSLEV, L. T., 154, 156.

HOURS (Allard, Ellezière, Gardin, Hours), 210.
HURET, 84.
HUSSERL, 138.
HUXLEY, A., 225.

I

Igualdade, 40 e ss., 110.
Imputação (de um jogo), 273 e ss.
Individuação, 16 e ss., 231 e ss.
Infinito, 72, 80.
Informação, 144 e ss.
Infra-estrutura (e superestrutura), 144, 159.
Interpretante (de Peirce), 136, 137.
Involução, 79.

J

JAKOBSON, R., 83, 219 e ss., 227 e ss.
JAMES, W., 264.
JASPERS, 225.
JAULIN, B., 176.
JEVONS, 254 e ss.
Jogos (Teoria dos), 268 e ss., 320.

K

KANT, 14, 36, 99, 114, 135, 136, 238.
KANTOROVITCH, L. V. 319, 321 e ss.
KATZ, J. (Katz and Fodor), 204 e ss., 214.
KEYNES, J. M., 268, 329.
KLEENE, S. C., 176 178, 180.
KOFFKA, K., 264-266.
KLEIN, F., 61, 78, 96, 296, 304.
KOLMOGOROV, A., 324.
KOOPMANS, T., 321.
KUO, Z. Y., 266.

L

LADD, G. T., 264.
LAGRANGE, 268.
LA HIRE, Ph. de, 61.
LAMBEK, 186.
LAPLACE, 326.
LEFEBVRE, H., 22.
LEIBNIZ, 88, 100, 110, 111, 126, 199.
LENGER, 80.
LE POIVRE, 61.
LEVIN, S. R., 222.
LÉVI-STRAUSS, 162 e ss., 169, 301.
Léxico, 182, 192 e ss., 206 e ss.
LEWIN, K., 265.

Liberdade de contexto (gramática de), 184.
LINDMAN, (Edwards, Lindman and Savage), 335.
Linear (combinação), 94, 117 e ss.
Linearmente limitados (autômatos), 181 e ss.
Língua documentário, 209 e ss.
Língua literária, 222, 223.
Língua natural, 152, 153.
Linguagem e Língua, 136 e ss., 188 e ss.
Linguagem (matemática), 32 e ss.
Linguagem (poética), 222 e ss., 244 e ss.
LÖWENHEIM, 177.
Lógica, 137, 139, 316.
LOTZ, J., 228.
LUCE (Luce and Raiffa), 271, 276 e ss.

M

MACHLUP, F., 261.
Máquina, 312 e ss. (ver Autômato).
Marginalismo, 253 e ss., 323.
MARSHALL, A., 268.
MARTIN, R., 140.
MARTINET, A., 140.
MARX, 166, 287 e ss., 323.
Matemático (objeto), 32 e ss., 57 e ss., 93 e ss.
MATORÉ, G., 155.
MC NAUGHTON, R., 176 e ss.
Mecânicas (curvas), 65 e ss.
Medida (das grandezas), 39 e ss., 64, 294 e ss.
Memória recalcada (Autômatos com), 176, 181. (*Push down storage automata* também chamados "com pilha de memória").
MENELAUS, 74.
MENGER, K., 256 e ss.
Mensagem, 219, 231, 323.
Mercadorias, troca de, 179.
MERSENNE, M., 57.
Metalíngua, 317 e ss.
MILLER, G. A., 181, 191.
MINSKY, M. L., 314.
MISES, R. von, 324, 325.
MÖBIUS, A. F., 89, 93 e ss.
MONGE, G., 32, 61, 72, 93.
Monóide livre, 176.
MORGAN, A., 59.
MORGENSTERN, O., 272 e ss., 299, 332.
MORLAT, G., 337.

MORRIS, C. W., 139.
MOUNIN, G., 154, 197, 199, 200.

N

NAGEL (Nagel, Suppes, Tarski), 181.
NASH, 278 e ss.
NEMENCHIKOV, 323.
NEUMANN, R. von, 269, 272 e ss., 299, 332.
NEWELL (Newell, Shaw, Simon), 176, 314.
NEWTON, 126.
NEYMANN, J., 335.
Número inteiro, 49 e ss.
Número irracional, 51 e ss.
Números complexos, 31 e ss.

O

OGDEN (Ogden and Richards), 137.
OHRMANN, R., 230.
Oligopólio (ver duopólio).
Opinião (modelo de), 308 e ss
Ordem, 64 e ss., 333, 334.
OSGOOD, C. E., 223, 235, 237.

P

PAPPUS, 74.
Paradigma, 83, 154, 176.
Parentesco (estrutura de), 301 e ss.
PARETO, V. 262 e ss.
PASCAL, 54, 73, 75, 80, 124, 326, 329.
PEANO, 109.
PEIRCE, 137 e ss.
PERELMAN, Ch., 139.
PFANZAGL, 298, 300 e ss.
PIAGET, J., 29, 281 e ss.
PLATÃO, 16, 30, 37.
POE, Edgar, 244 e ss.
POISSON, 326.
PONCELET, 61, 75.
POST, E. L., 177.
Prática, 13 e ss, 89, 125 e ss.
Probabilidades, 323 e ss.
PROCLUS, 35, 41, 43.
Produto exterior, 91, 115 e ss.
Programa linear, 319 e ss.
Projetiva (transformação), 76 e ss.
Proporções, 49 e ss., 67.
Psicanálise, 287 e ss.
Psicologia, 264 e ss., 281 e ss.
Pitagóricos, 37.

Q

Quatérnios, 100 e ss.

R

RAIFFA, (Luce and Raiffa), 271, 276 e ss.
RAMSEY, F. P., 329 e ss.
RAPOPORT, A., 280.
Redundância, 17, 18, 123, 147 e ss., 231 e ss.
Regulares (autômatos), 179 e ss.
REVEL, J. F., 240.
Reversibilidade (Piaget), 283.
RICHARDS (Ogden and Richards), 137.
RICOEUR, P., 160 e ss., 288.
RIFFATERRE, M., 227, 233, 234.
RILKE, R. M., 225.
RUWET, N., 224, 226, 228, 247.

S

SAUSSURE, F. de, 153, 176, 189, 201.
SAVAGE, L. J., 333 e ss.
SCHADEN, E., 165.
SCHRÖDER, 177.
SCHUTZENBERGER, M. P., 188.
Semântica, 133 e ss., 151 e ss., 169, 170, 197 e ss.
Semiologia, 158 e ss.
Semi-sentença, 203.
SHAKESPEARE, 225.
SHAPLEY, 279 e ss.
SHAW (Newell, Shaw and Simon), 176, 314.
Significação, 125 e ss., 133 e ss., 200, 344.
Signo, 136 e ss.
SIMON (Newell, Shaw and Simon), 176, 314.
SMITH, A., 254.
Sociologia, 285.
SOURIAU, J.-M., 225.
SPINOZA, 253.
Sintagma, 149 e ss., 176.
Sintaxe, 172 e ss.
Sistema formal, 190.
Sistema significante, 157 e ss.
Sistema simbólico, 139, 152.
STUART-MILL, J., 307.
SUPPES, P., 181, 296.
SYLVESTER, 95.

T

TARSKI, A., 140, 181.
TATON, R., 58, 72.
TEMPELS, R. P., 162.
TILQUIN, A., 266.
TODOROV, A., 224.

TOURAINE, A., 158.
Trabalho, 14 e ss., 90, 122 e ss., 147, 218, 322.
Transcendental, 17, 21, 135, 167, 344.
Transformação, 96 e ss.
Transformacionais (gramáticas), 187 e ss.
TRIER, J., 200.
TURING, A. M., 177 e ss.
TYTECA, L., 139.

U

Utilidade, 254 e ss., 299.

V

VAJDA, S., 321.
VALÉRY, P., 244.
Valor, 321 e ss.
VENN, J., 324.
VILLE, J., 325.

VIOLLET-LE-DUC, E. E., 240.
VOLTAIRE, 244.
VUILLEMIN, J., 63 e ss.

W

WALRAS, L., 256, 257.
WATSON, J. B., 266.
WEBER, M., 257.
WESSEL, K., 30, 100.
WHITE, H., 302.
WITTGENSTEIN, L., 151, 236 e ss.
WOELFFLIN, 21.
WUNDT, W., 264.

Y

YULE, G. U., 224.

Z

ZINNES, 296.
ZIPF, G., 149.

COLEÇÃO ESTUDOS

1. *Introdução à Cibernética*, W. Ross Ashby
2. *Mimesis*, Erich Auerbach
3. *A Criação Científica*, Abraham Moles
4. *Homo Ludens*, Johan Huizinga
5. *A Lingüística Estrutural*, Giulio Lepschy
6. *A Estrutura Ausente*, Umberto Eco
7. *Comportamento*, Donald Broadbent
8. *Nordeste 1817*, Carlos Guilherme Mota
9. *Cristãos-Novos na Bahia*, Anita Novinsky
10. *A Inteligência Humana*, H. J. Butcher
11. *João Caetano*, Décio de Almeida Prado
12. *As Grandes Correntes da Mística Judaica*, Gershom Scholem
13. *Vida e Valores do Povo Judeu*, Cecil Roth e outros
14. *A Lógica da Criação Literária*, Käthe Hamburger
15. *Sociodinâmica da Cultura*, Abraham Moles
16. *Gramatologia*, Jacques Derrida
17. *Estampagem e Aprendizagem Inicial*, W. Sluckin
18. *Estudos Afro-Brasileiros*, Roger Bastide
19. *Morfologia do Macunaíma*, Haroldo de Campos
20. *A Economia das Trocas Simbólicas*, Pierre Bourdieu
21. *A Realidade Figurativa*, Pierre Francastel
22. *Humberto Mauro, Cataguases, Cinearte*, Paulo Emílio Salles Gomes
23. *História e Historiografia*, Salo W. Baron
24. *Fernando Pessoa ou o Poetodrama*, José Augusto Seabra
25. *As Formas do Conteúdo*, Umberto Eco
26. *Filosofia da Nova Música*, Theodor Adorno
27. *Por uma Arquitetura*, Le Corbusier
28. *Percepção e Experiência*, M. D. Vernon
29. *Filosofia do Estilo*, G. G. Granger
30. *A Tradição do Novo*, Harold Rosenberg
31. *Introdução à Gramática Gerativa*, Nicolas Ruwet

SÍMBOLO S.A. INDÚSTRIAS GRÁFICAS
Rua General Flores, 518 522 525
Telefone 221 5833
São Paulo